제2판

강제수사실무 절차론

쟁점별 판례 · 사례 정리

김 정 헌

박영사

제2판
서문

　2023년 1월에 초판이 발행되고 불과 6개월 만에 모두 완판되었다. 과분하게 호평을 받은 점에 대해 독자들에게 감사드린다. 초판 완판 후 출판사로부터 2쇄 인쇄를 요청받았을 때만 하더라도 초판을 그대로 재출판할 생각이었다. 하지만 6개월 사이에 강제수사에 관한 중요한 판례들이 다수 선고되어 이를 소개하지 않을 수 없게 되었다. 부족한 초판을 재출판하기보다는 최신 판례를 반영한 개정판을 내기로 마음을 바꾸었다.

　독자들이 꼭 알아야 할 최신의 대법원과 하급심 판례를 빠짐없이 수록하려고 노력하였다. 2023년 6월 말까지 선고된 중요 판례를 추가하였다.

　한편으로 종전에 미흡했던 설명을 수정·보완하였다. 사건 개요 중 전체적인 맥락을 이해하는 데 불필요한 부분은 과감히 삭제하였다. 대법원 2021. 11. 18. 선고 2016도348 전원합의체 판결에서 최초로 언급한 '실질적 피압수자' 개념을 압수·수색의 참여권자 부분에 새로운 목차로 추가하여 상술하였다. 초판에서 설명이 부족하였던 '적법한 압수물의 별건 증거 사용'도 압수·수색의 관련성 부분에 추가하였고 그 밖에 일부 내용도 수정·보완하였다.

　본서가 독자들에게 조금이나마 도움이 되었으면 한다. 끝으로 저자에게 초판 및 개정판 발행의 기회를 주신 박영사에 큰 감사를 드린다.

2023년 6월

검사　김 정 헌

서문

    평검사, 부장검사로 전국 각지의 검찰청에서 근무하며 다양한 분야에서 수사와 공소유지 경험을 쌓았음에도, 형사절차법, 특히 강제수사의 적법절차는 늘 어렵게 느껴지는 분야이다. 사건처리단계에서 강제수사의 위법성과 관련된 쟁점이 생기면 바짝 긴장하게 된다. 왜냐하면 빠르게 변화하는 법과 실무 경향에 대해서 다시 한번 점검할 필요가 있기 때문이다.

    연구자들뿐만 아니라 실무가들도 형사실체법과 비교하여 절차법에 대해서는 상대적으로 적은 시간과 노력을 투입하여 연구했기 때문에 경험 많은 법률가들조차도 절차에 민감하지 못한 경향이 있다. 형사소송법 연구서가 방대한 수사절차를 다 아우를 수 없기에 사건처리단계에서 판례 검색을 통해 관련 쟁점을 찾아가면서 실무를 처리할 수밖에 없다. 하지만 대법원 종합법률정보 사이트는 거대한 바다이기에 그곳에서 쟁점 해결에 적합한 판례를 찾는 것은 많은 시간이 소요된다. 촌각을 다투는 수사와 공소유지 실무에서 자료의 부족함을 느낄 때가 많았다. 나날이 달라지고 있는 강제수사에 관하여 실무적합성이 뛰어난 솔루션을 신속하고 효율적으로 찾는 방법이 없을까 고민했다.

    물론 처음부터 책 쓸 생각을 가졌던 것은 아니었다. 수사업무를 하다가 강제수사와 관련된 쟁점이 생길 때마다 해당 내용을 파일로 정리하다 보니 어느덧 한 권의 책으로 출판할 분량이 되었다. 처음에는 동료들에게 자료를 공유해 주는 방법으로 활용하였다. 그러다가 형사절차를 연구하거나 실무에 임하는 모든 분들과 함께 보고 싶다는 생각에 이르러 출판을 결심했다. 이후 강제수사 관련 쟁점이 유난히 많았던 검찰 직접수사 전담부서인 대구지검 강력부와 영장전담부서인 창원지검 형사1부의 부장검사로 재직할 때 그동안 모아 둔 파일을 정리하여 본격적으로 저술을 시작하였고, 꼬박 2년이 걸렸다.

이 책에서는 이론적인 설명은 필요최소한의 범위로 과감히 줄이고, 강제수사와 관련된 중요하고 새로운 실무적 쟁점을 최대한 담아내려고 노력했다. 대법원 및 하급심 판례를 선별한 뒤 사실관계를 사례로 만들어 강제수사의 위법성 판단기준에 대한 판례의 논리를 입체적으로 이해할 수 있도록 하였다. 실무상 가장 많은 비중을 차지하는 체포·구속, 압수·수색 및 통신영장에 집중하였고, 나머지 강제수사 분야는 과감히 생략했다.

실체 진실은 적법한 형사절차의 토대 위에서 밝혀지는 것이다. 절차가 위법하면 진실은 더 이상 진실이 아니다. 이 책을 통해 형사절차가 더욱 적법하고 명료하게 처리되길 희망하며, 아무쪼록 이 책이 독자들로 하여금 강제수사절차를 이해하는 데 조금이나마 도움이 되었으면 한다. 강제수사절차는 시대와 함께 변화했고 앞으로도 법과 실무는 끊임없이 달라질 것이기에 로스쿨 학생, 연구자 및 실무가 등 형사절차에 관심 있는 많은 독자들의 조언을 통하여 꾸준히 업데이트해 나가고자 한다.

2022년 11월

검사 **김 정 헌**

차례

I

체포

Ⅱ

수사상 구속

III

영장에 의한 압수·수색

IV

영장에 의하지 아니한 압수·수색

V

통신사실 확인자료 제공요청 허가서

VI

위법수집증거배제법칙

체포

I

I 체포

1. 체포의 의의

체포란 범죄혐의가 상당하고 출석요구에 불응하거나 불응할 우려가 있는 경우 48시간을 한도로 피의자의 인신의 자유를 제한하는 처분을 말한다. 현행법상 체포에는 영장에 의한 체포($\frac{제200}{조의2}$), 긴급체포($\frac{제200}{조의3}$), 현행범인의 체포($\frac{제212}{조}$)가 있다.

2. 체포영장에 의한 체포

가. 의의

피의자가 죄를 범하였다고 의심할 만한 상당한 이유가 있고, 정당한 이유 없이 출석요구에 응하지 아니하거나 응하지 아니할 우려가 있는 때에는 검사는 관할지방법원판사에게 청구하여 체포영장을 발부받아 피의자를 체포할 수 있고, 사법경찰관은 검사에게 신청하여 검사의 청구로 관할지방법원판사의 체포영장을 발부받아 피의자를 체포할 수 있다($\frac{제200조}{의2 제1항}$).

나. '체포영장에 의한 체포'의 요건

체포영장에 의해 피의자를 체포하기 위해서는 피의자가 죄를 범하였다고 의심할 만한 상당한 이유가 있고($^{범죄혐의의}_{상당성}$), 정당한 이유 없이 출석요구에 응하지 아니하거나 응하지 아니할 우려($^{체포}_{사유}$)가 있어야 한다.

1) 범죄혐의의 상당성

체포영장의 발부요건으로 먼저 범죄혐의의 상당성, 즉 피의자가 죄를 범하였다고 의심할 만한 상당한 이유가 있어야 한다.

범죄혐의의 상당성은 수사기관의 주관적 판단만으로는 부족하고, 소명자료를 기초로 객관적이고 합리적으로 인정되어야 한다. 목격자 진술이나 증거물 등에 의하여 범죄가 발생하였다는 사실($^{객관적 범죄}_{혐의의 상당성}$)과 그 범죄가 피의자에 의해 이루어졌다는 사실($^{주관적 범죄}_{혐의의 상당성}$)이 입증되어야 한다.

범죄혐의의 상당성은 어느 정도 입증되어야 하는가. 기본적으로는 형사재판에서 사실의 인정에 필요한 증명의 정도인 법관의 합리적 의심이 없는 정도보다는 약한 정도의 소명이 필요하다고 해석되고 있다. 문제는 구속의 요건과 비교하여 구속단계의 범죄혐의 입증 정도까지 요구되는가이다. 형사소송법은 체포영장은 물론, 긴급체포, 구속영장에도 '피의자가 죄를 범하였다고 의심할 만한 상당한 이유'를 그 요건으로 규정하고 있어 상호간의 차이가 무엇인지 문제된다. 현재 이 부분에 대해 판례상 명확한 기준이 없고 학설도 동일설과 구별설로 나뉘고 있다.[1] 다만, 실무에서는 체포영장에 의한 체포($^{또는}_{긴급체포}$)에 있어서 범죄혐의의 상당성은 구속단계의 그것보다 상대적으로 낮은 단계의 혐의만으로 인정되고, 구속의 경우에는 형사재판에서 사실의 인정에 필요한 증명의 정도인 합리적 의심이 없는 정도까지는 이르지 않더라도 거의 이에 준하는 수준의 상당성을 요구하고 있다.

구성요건해당성은 충족되나 위법성조각사유나 책임조각사유가 존재하는 경우에도 영장에 의한 체포가 가능한가. 이 문제는 일률적으로 판단하기는 곤란하고 사안별로 나누어 살펴보아야 한다. 체포영장 발부를 검토하는 단계에서 기록상 위법성조각사유나 책임조각사유의 존재가 명확한 경우에는 영장 검토단계에서 체포영장을 기각함이 상당하다고 본다. 다만, 발부단계에서는 그 존재가 명확하

---

[1] 구별설은 체포와 달리 구속의 경우에는 영장실질심사 등 엄격한 사법적 심사가 마련되어 있고, 구속과 체포는 입법취지가 서로 다르다는 이유를 근거로 드는 반면, 동일설은 무죄추정의 원칙이 체포와 구속 모두에 적용되므로, 체포에 있어서도 무죄추정을 깨뜨릴 정도의 혐의가 인정되어야 함을 근거로 들고 있다.

지 않았으나 체포영장 집행 후 이루어진 수사단계에서 비로소 해당 사유의 존재가 밝혀진 경우라면 체포영장의 발부나 그 집행단계에서 하자가 있다고 보기는 어렵다.

체포영장을 발부하기 위해서는 친고죄의 고소 등 소송조건이 반드시 구비되어 있어야 하는가. 체포영장의 혐의대상 범죄는 공소를 제기할 수 있는 위법하고 유책한 범죄여야 하므로, 원칙적으로는 검사는 소송조건을 구비하여 체포영장을 청구함이 상당하다. 그러나 체포영장 청구시 누락된 친고죄의 고소나 기관고발 등과 같은 소송조건의 경우에는 영장 발부 이후에도 언제든지 보완이 가능하므로, 실무상으로는 소송조건이 누락된 경우라도 체포영장이 발부되는 경우가 간혹 있다.

2) 체포사유: 출석불응 또는 출석불응의 우려

피의자를 체포하기 위해서는 범죄혐의의 상당성 이외에도 피의자가 정당한 이유 없이 수사기관의 출석요구에 응하지 아니하거나 응하지 아니할 우려가 있어야 한다.

정당한 이유의 유무는 구체적인 사정을 종합적으로 고려해서 판단하게 되는데, 천재지변이나 중요한 업무 또는 질병으로 인한 불출석의 경우에는 정당한 이유가 있다고 하겠다. 그렇다면, 어떤 경우에 출석불응의 우려가 있다고 볼 것인가. 피의자가 도주하거나 지명수배 중에 있는 경우가 대표적인 예에 해당하는데, 피의자의 연령, 전과, 범죄의 경중, 피해자와 피의자의 관계 등 제반 사정을 종합적으로 고려하여 판단하게 된다.

실무상 출석불응 또는 그 우려가 있다고 보기 어려운 대표적인 사유로는, 피의자가 출석요구를 받고 수일 내에 자진출석하겠다고 하였음에도 체포영장이 청구된 경우, 피의자가 지명통보 상태에서 소재발견된 후 약속한 출석 기일이 도래하지 않은 상태에서 체포영장이 청구된 경우, 소재수사 결과 주소지에 거주하진 않지만 다른 자료에 의해 병원 입원 등 소재가 확인되었음에도 소환 노력 없이 체포영장을 청구한 경우, 소재수사 결과 소재불명이나 범죄경력조회 등의 자료로 피의자가 별건으로 다른 청에서 조사를 받고 있는 사실이 확인됨에도 체포영장을 청구한 경우 등이 있다.

다만, 다액 50만 원 이하의 벌금, 구류 또는 과료에 해당하는 사건에 관하여는 피의자가 일정한 주거가 없는 경우 또는 정당한 이유 없이 출석요구에 응하지 아니한 경우에 한하여 체포할 수 있다(제200조의2 제1항 단서). 즉 이 경우에는 출석요구에 응하지 아니할 우려가 있다는 장래의 사유는 체포사유에서 제외된다.

3) 체포의 필요성

범죄혐의의 상당성 및 체포사유가 인정되더라도 명백히 체포의 필요가 인정되지 아니하는 경우에는 체포영장을 발부하여서는 아니된다(제200조의2 제2항 단서).

형사소송규칙은 체포영장의 청구에 체포의 사유 외에도 체포의 필요성을 인정할 수 있는 자료를 제출하도록 규정하고 있는데(규칙 제96 조 제1항), 어떤 경우가 '명백히 체포의 필요가 인정되지 아니하는 경우'에 해당하는지 문제된다. 결국, 피의자의 연령과 경력, 가족관계나 교우관계, 범죄의 경중 및 태양 기타 제반 사정 등을 종합적으로 고려하여 판단하여야 한다(규칙 제96 조의2).

체포영장을 발부하기 위해서는 구속사유인 도망이나 증거인멸의 우려가 인정되어야 하는가. 체포를 위해서는 구속사유가 인정되어야 한다는 견해도 있으나, '명백히 체포의 필요가 인정되지 아니하는 경우에는 체포할 수 없다'라고만 규정하고 있는 형사소송법의 법문(제200조의2 제2항 단서)에 의할 때, 구속사유는 체포의 적극적 요건이 아니라 소극적 요건에 불과하다고 본다. 이와 같이 구속사유의 부존재가 명백한 경우에 한하여 체포를 할 수 없으므로, 체포의 필요성이 의심스러울 때에는 피의자를 체포할 수 있다.[2]

다. 체포영장에 의한 체포의 절차

1) 체포영장의 청구

가) 청구권자 및 영장청구심의

검사는 관할 지방법원판사에게 청구하여 체포영장을 발부받아 피의자를 체포할 수 있고, 사법경찰관은 검사에게 신청하여 검사의 청구로 관할지방법원판사의

---

2) 이은모·김정환, 형사소송법(제8판), 241쪽.

체포영장을 발부받아 피의자를 체포할 수 있다$\binom{제200조}{의2제1항}$.

　검사가 사법경찰관이 신청한 영장을 정당한 이유 없이 판사에게 청구하지 아니한 경우 사법경찰관은 그 검사 소속의 지방검찰청 소재지를 관할하는 고등검찰청에 영장 청구 여부에 대한 심의를 신청할 수 있다. 심의를 위하여 각 고등검찰청에 영장심의위원회를 둔다$\binom{제221}{조의5}$. 담당검사와 심의신청을 한 사법경찰관은 심의위원회에 의견서를 제출하거나 심의위원회에 출석하여 의견을 개진할 수 있다$\binom{영장심의위원회}{규칙 제17조}$. 담당검사는 심의결과를 존중하여야 하나 심의결과에 구속되지는 않는다$\binom{동규칙 제25조}{제2항 참고}$. 사법경찰관은 심의위원회의 심의가 있었거나 심의신청이 철회된 경우에는 심의대상이었던 영장과 동일한 내용의 영장 청구 여부에 대하여 다시 심의신청을 할 수 없다. 다만, 심의신청을 한 이후 영장 청구 여부에 직접적인 영향을 미치는 중요한 증거가 새로 발견된 경우에는 그렇지 않다$\binom{동규칙}{제26조}$.

나) 청구 방식

　영장의 청구는 서면으로 하여야 하고, 체포영장의 청구서에는 범죄사실의 요지를 따로 기재한 서면 1통$\binom{수통의 영장을 청구하는}{때에는 그에 상응하는 통수}$을 첨부하여야 한다$\binom{형사소송}{규칙 제93조}$.

　체포영장의 청구서에는 ① 피의자의 성명$\binom{분명하지 아니한 때에는 인상, 체격,}{그 밖에 피의자를 특정할 수 있는 사항}$, 주민등록번호 등, 직업, 주거, ② 피의자에게 변호인이 있는 때에는 그 성명, ③ 죄명 및 범죄사실의 요지, ④ 7일을 넘는 유효기간을 필요로 하는 때에는 그 취지 및 사유, ⑤ 여러 통의 영장을 청구하는 때에는 그 취지 및 사유, ⑥ 인치구금할 장소, ⑦ 체포의 사유, ⑧ 동일한 범죄사실에 관하여 그 피의자에 대하여 전에 체포영장을 청구하였거나 발부받은 사실이 있는 때에는 다시 체포영장을 청구하는 취지 및 이유, ⑨ 현재 수사 중인 다른 범죄사실에 관하여 그 피의자에 대하여 발부된 유효한 체포영장이 있는 경우에는 그 취지 및 그 범죄사실을 기재하여야 한다$\binom{규칙}{제95조}$. 체포영장의 청구에는 체포의 사유 및 필요를 인정할 수 있는 자료를 제출하여야 한다$\binom{규칙 제96}{조 제1항}$.

다) 동일한 범죄사실에 대한 재체포

　검사가 체포영장을 청구함에 있어서 동일한 범죄사실에 관하여 그 피의자에 대하여 전에 체포영장을 청구하였거나 발부받은 사실이 있는 때에는 다시 체포영장을 청구하는 취지 및 이유를 기재하여야 한다$\binom{제200조}{의2제4항}$.

체포영장에 의한 체포의 경우 긴급체포와 달리 동일한 범죄사실에 관하여 재체포의 제한 규정은 없다. 따라서 이전에 동일한 범죄사실로 체포영장에 의해 체포된 피의자라도 석방 후 체포사유나 체포의 필요성이 다시 인정되는 한 재체포가 가능하다.

다만, 체포적부심사결정에 의하여 석방된 피의자의 경우에는 도망하거나 죄증을 인멸하는 경우를 제외하고는 동일한 범죄사실에 관하여 재차 체포하지 못한다(제214조의3 제1항).

2) 체포영장의 심사 및 발부 여부 결정

체포영장의 청구를 받은 지방법원판사는 영장 기록을 충분히 심사한 후 검사의 청구가 상당하다고 인정할 때에는 체포영장을 발부한다(제200조의2 제2항). 체포영장의 경우에는 구속영장의 경우와 달리 기록 심사만으로 발부 여부를 결정하고 피의자 심문은 허용되지 아니한다. 판사는 영장 청구서의 기재사항에 흠결이 있는 경우에는 전화 기타 신속한 방법으로 영장을 청구한 검사에게 그 보정을 요구할 수 있다(규칙 제96조 제4항).

체포영장을 발부하는 경우에는 영장에 피의자의 성명, 주거, 죄명, 피의사실의 요지, 인치 구금할 장소, 발부년월일, 그 유효기간과 그 기간을 경과하면 집행에 착수하지 못하며 영장을 반환하여야 할 취지를 기재하고 법관이 서명날인하여야 한다(제200조의6, 제75조 제1항). 영장의 유효기간은 영장발부일로부터 7일로 한다.[3] 다만, 법관이 상당하다고 인정하는 때에는 7일을 넘는 기간을 정할 수 있다(규칙 제178조). 실무적으로는 지명수배자의 경우 유효기간을 공소시효 만료일로 하고 있고,[4] 그 외 연고지가 여러 곳인 경우와 같이 피의자의 소재파악에 7일 이상이 소요될 것으로 예상되는 때에는 7일을 초과하여 유효기간을 정하고 있다.

판사가 청구서의 형식적 요건에 대한 흠결이 보정되지 아니하였거나 체포사유에 대한 소명이 부족한 경우 등과 같은 사유로 체포영장을 발부하지 아니할 때

---

3) 이와 관련하여 법원실무제요: 형사[Ⅰ], 258쪽은 "기간을 계산함에 있어 초일은 산입하지 아니하나 말일이 휴일이어도 그 날까지를 유효기간으로 한다. 공소시효의 완성 등의 경우를 예외로 하고, 7일보다 단기간으로 정할 수는 없다. 유효기간을 기재하지 아니하여도 7일로 보므로 체포영장이 무효인 것은 아니고, 유효기간을 발부일 이전으로 기재하여도 체포영장이 무효인 것은 아니다"라고 기재하고 있다.

4) 이 경우에도 상당한 이유가 있는 때에는 그보다 짧은 기간으로 정할 수 있음은 물론이다.

에는 청구서에 그 취지 및 이유를 기재하고 서명날인하여 청구한 검사에게 교부한다$\left(\substack{제200조\\의 2 제3항}\right)$.

3) 체포영장의 집행

가) 집행지휘와 집행기관

체포영장은 검사의 지휘에 의하여 사법경찰관리가 집행한다$\left(\substack{제200조의 6,\\제81조 제1항}\right)$. 교도소 또는 구치소에 있는 피의자에 대하여 발부된 체포영장은 검사의 지휘에 의하여 교도관이 집행한다$\left(\substack{제200조의 6,\\제81조 제3항}\right)$.

검사는 필요에 의하여 관할구역 외에서 체포영장의 집행을 지휘할 수 있고 또는 당해 관할구역의 검사에게 집행지휘를 촉탁할 수 있다$\left(\substack{제200조의 6,\\제83조 제1항}\right)$. 사법경찰관리는 필요에 의하여 관할구역 외에서 체포영장을 집행할 수 있고 또는 당해 관할구역의 사법경찰관리에게 집행을 촉탁할 수 있다$\left(\substack{제200조의 6,\\제81조 제2항}\right)$. 사법경찰관리가 관할구역 외에서 수사하거나 관할구역 외의 사법경찰관리의 촉탁을 받아 수사할 때에는 관할지방검찰청 검사장 또는 지청장에게 보고하여야 한다$\left(\substack{제210\\조}\right)$.[5]

체포영장의 발부를 받은 후 ① 피의자를 체포하지 아니하거나 못한 경우, ② 체포 후 구속영장 청구기간이 만료하여 피의자를 석방한 경우, ③ 체포의 취소로 피의자를 석방한 경우, ④ 체포된 국회의원에 대하여 헌법 제44조의 규정에 의한 석방요구가 있어 체포영장의 집행이 정지된 경우에는 지체 없이 검사는 영장을 발부한 법원에 그 사유를 서면으로 통지하여야 한다$\left(\substack{제204조, 규칙\\제96조의 19 제1항}\right)$.

나) 체포영장의 제시, 사본 교부 및 체포이유 등의 고지

(1) 내용

체포영장을 집행함에는 피의자에게 반드시 이를 제시하고, 그 사본을 교부하여야 한다$\left(\substack{제200조의 6,\\제85조 제1항}\right)$. 체포영장을 소지하지 아니한 경우에 급속을 요하는 때에는 피의자에 대하여 피의사실의 요지와 영장이 발부되었음을 고하고 집행할 수 있다$\left(\substack{제200조의 6,\\제85조 제3항}\right)$. 다만, 이 경우에는 집행을 완료한 후 신속히 체포영장을 제시하고 그 사본을 교부하여야 한다$\left(\substack{제200조의 6,\\제85조 제4항}\right)$. 여기서 급속을 요하는 경우란 발부된 체포영장

---

5) 다만, 제200조의3(긴급체포), 제212조(현행범인의 체포), 제214조(경미사건과 현행범인의 체포), 제216조(영장에 의하지 아니한 강제처분), 제217조(영장에 의하지 아니한 강제처분)의 규정에 의한 수사를 하는 경우에 긴급을 요할 때에는 사후에 보고할 수 있다.

을 소지하지 않은 상태에서 피의자를 우연히 발견한 경우와 같이 현장에서 바로 피의자를 검거하지 않으면 피의자가 도주하여 체포영장의 집행이 현저히 곤란해지는 경우 등을 의미한다. 이와 같이 급속을 요하는 상황에서 영장제시 없이 체포 절차에 착수하였으나 결과적으로 체포를 완료하지 못한 경우에는 집행 완료에 이르지 못한 체포영장을 피의자에게 제시할 필요는 없다.[6]

검사 또는 사법경찰관은 피의자를 체포하는 경우에는 피의사실의 요지, 체포의 이유와 변호인을 선임할 수 있음을 말하고 변명할 기회를 주어야 한다($\frac{제200}{조의5}$).

이와 같은 체포영장의 제시나 피의사실의 요지, 체포이유 등의 고지는 체포를 위한 실력행사에 들어가기 이전에 미리 하여야 하는 것이 원칙이나, 달아나는 피의자를 쫓아가 붙들거나 폭력으로 대항하는 피의자를 실력으로 제압하는 경우에는 붙들거나 제압하는 과정에서 하거나, 그것이 여의치 않은 경우에라도 일단 붙들거나 제압한 후에 지체 없이 행하여야 한다.[7]

(2) 체포영장 사본 교부와 관련된 쟁점

기존 형사소송법은 체포영장 집행시 피의자에게 '영장을 제시하여야 한다'라고만 규정하고 사본 교부 등에 대해서는 규정하지 않아 실무상 수사기관이 제대로 영장을 제시하지 않음에 따라 피의자의 방어권 보장에 제약이 있다는 비판이 제기되어 왔다. 이에 따라 피의자의 방어권을 실질적으로 보장하는 취지에서 2022. 2. 3. 형사소송법 개정으로 체포영장 집행시 피의자에게 영장제시는 물론, 원칙적으로 사본을 교부하도록 하였다.

체포영장의 사본 교부는 체포영장의 제시와 마찬가지로 체포를 위한 실력행사에 들어가기 이전에 미리 하여야 하는 것이 원칙이나, 피의자가 도주하는 등 그것이 여의치 않은 경우에는 피의자를 제압한 후에 지체 없이 이루어져야 한다.

한편, 체포영장을 소지하지 아니한 경우에 급속을 요하는 때에는 피의자에 대하여 피의사실의 요지와 영장이 발부되었음을 고하고 집행할 수 있고, 이 경우에는 집행을 완료한 후 신속히 체포영장을 제시하고 그 사본을 교부하여야 하는데, 이때 '신속히'는 체포영장 원본에 기재된 인치장소에 피의자를 인치한 직후라고 해

---

6) 대법원 2021. 6. 24. 선고 2021도4648 판결.
7) 대법원 2000. 7. 4. 선고 99도4341 판결, 대법원 2008. 2. 14. 선고 2007도10006 판결.

석함이 상당하다.

영장 사본은 영장 원본 전체를 복사한 것이어야 한다. 영장 원본의 일부만 사본한 것은 사본 교부로 평가하기 어렵다. 다만, 일부만 사본해 주었다고 하더라도 영장의 본질적 내용은 모두 포함되어 있어 피의자의 방어권 보장을 침해하였다고 볼 여지가 없는 정도라면 위법성은 없다고 보아야 한다.

실무적으로 문제가 되는 것은 체포영장이나 구속영장 원본에 수사기관이 체포·구속의 필요성과 관련하여 '기록 203쪽 수사보고서 참고'라고 기재한 문구가 포함되어 있을 때(^{원본에 해당}_{서류는 미첨부}), 수사기관은 해당 수사보고서를 피의자에게 사본해 주어야 할 의무를 부담하는지이다. 비록 해당 수사보고서가 영장 원본에는 첨부되어 있지 않지만, 이는 영장의 본질적 내용에 해당하여 영장 원본과 함께 일체를 이루는 것으로 평가할 수 있으므로 수사기관은 해당 서류도 사본해 주어야 할 의무를 부담한다.

체포영장 원본이 제시는 되었으나 그 사본이 교부되지 않은 경우 체포의 효력 및 사본 미교부하에서 이루어진 피의자의 진술(진술증거)과 그에 따른 2차적 증거의 증거능력이 문제된다. 이에 대한 학설이나 대법원 판례는 현재 정립되어 있지 않다. 생각건대, 영장 사본 교부의 취지는 피의자의 방어권 보장에 있는 점, 대법원 판례는 방어권 침해를 영장주의의 본질적인 내용을 훼손한 것으로 보아 체포, 구속행위의 효력 및 그에 따른 증거의 증거능력을 엄격히 제한하는 점을 감안할 때, 사본 미교부 상태에서의 체포 내지 구금 상태는 위법하고, 그에 따라 이루어진 피의자의 진술(진술증거) 및 2차적 증거 역시 증거능력이 없다고 보아야 한다.

한편, 위와 같이 체포영장 집행시까지 그 사본이 교부되지 않은 경우 체포행위가 위법하다고 하더라도 사후 교부행위로 예외적으로 하자가 치유될 수 있는지, 가능하다면 그 시간적 한계가 어디까지인지가 문제된다. 생각건대, 체포영장 사본 교부에 앞서 원본이 제시되는 점, 사본 교부의 취지가 방어권 보장에 있는 만큼, 이러한 방어권 보장이 침해될 여지가 없는 단계까지는 하자 치유를 인정해도 무방할 것으로 보이는 점, 방어권 행사의 주된 부분은 범죄 구성요건에 대한 요증사실과 관련되는 점 등을 종합하면, 피의자신문조서의 작성 또는 요증사실에 대한 면담(^{조서 형식 이외의}_{일체의 문답}) 등이 이루어지기 전까지 영장 사본이 교부되어 피의자가 충분히 방어권을 행사할 수 있는 정도에 이르렀다면 예외적으로 하자가 치유된 것으로 봄이 상당하다. 따라서 위와 같은 하자치유의 시간적 한계를 넘어서서 영장 사본이 교부되었다면, 이는 곧 방어권을 본질적으로 침해한 것으로 보아 영장 사본을 교부하지 않은 것으로 평가하여야 한다.

(3) 체포이유 등의 고지 시기와 관련된 구체적 사례

(가) 경찰관이 피의자의 이름을 부르자 도망간 피의자를 검거한 후 경찰차 안에서 미란다원칙을 고지한 경우

【사안의 개요】

경찰관이 A를 발견하고 체포영장을 집행하기 위하여 A의 이름을 부르자 A는 경찰관을 밀치면서 도주하려고 하였고, A의 일행인 B는 소지하고 있던 깃봉을 경찰관에게 휘두르는 등 저항하였으며, 그 과정에서 A는 경찰관의 우측다리를 물어 상해를 입혔다. 이에 경찰관은 다른 경찰관들과 함께 실력을 행사하여 A를 검거하여 경찰차에 태운 후 A에게 범죄사실의 요지, 변호인선임권 등을 고지하였다.

【법원 판단】[8]

경찰관이 피고인 A에 대한 체포영장을 집행하기 위하여 범죄사실의 요지, 변호인선임권 등을 고지하기 전에 이미 피고인은 경찰관이 자신을 체포하려는 것임을 알고 경찰관을 밀치면서 도주하려고 시도하였고, 이에 경찰관이 실력을 행사하여 피고인을 검거한 후 바로 위와 같은 고지를 한 이상 이는 적법한 공무집행으로 보아야 한다.

(나) 경찰관이 체포현장에서 반항하지 않는 피의자를 제압하면서 수갑을 채운 뒤 미란다원칙을 고지한 경우

【사안의 개요】

경찰관들이 A를 제압하면서 수갑을 채운 뒤 그 자리에서 바로 마약류 관리에 관한 법률위반(향정) 등 범죄사실에 대한 체포영장을 보여주고 미란다원칙을 고지하였다. 당시 A는 체포현장에서 전혀 반항하지 않았고, 당시 마약에 취했거나 환각상태라는 게 육안으로 확인되지도 않았다.

---

8) 대법원 2004. 8. 30. 선고 2004도3212 판결.

다만, 당시 경찰관들은 통상적으로 마약사건 피의자들이 환각상태에서 돌발 상황을 야기할 수 있다는 점을 인식하여 이를 대비하기 위해 일단 신병부터 확보 해야겠다는 생각으로 A에게 미리 영장제시 및 미란다원칙 고지 조치를 취하지 않고 수갑을 채운 후 해당 조치를 취하였다.

【법원 판단】[9]

1. 체포영장 집행의 위법

검거 당시 피의자가 전혀 반항하지 않았고, 피의자가 마약에 많이 취했거나 환각상태라는 게 육안으로 확인되지도 않았다는 점 등을 고려하면 경찰관들은 체포를 위한 실력행사로 나아가기 전에 피고인에게 체포영장을 제시하거나 피의사실의 요지, 체포의 이유와 변호인을 선임할 수 있음을 말하고 변명할 기회를 주는 것이 가능하였다. 그럼에도 위 경찰관들은 체포를 위한 실력행사에 들어가기 전에 체포의 이유 등을 고지하고 변명할 기회를 주지 아니한 채 피고인에게 수갑을 채운 후에야 미란다원칙을 고지하고 체포영장을 제시하였는바, 이러한 체포는 위법하다.

2. 증거능력에 대한 판단

가. 수사기관이 헌법과 형사소송법이 정한 절차에 따르지 아니하고 수집한 증거는 물론, 이를 기초로 하여 획득한 2차적 증거 역시 유죄 인정의 증거로 삼을 수 없는 것이 원칙이다. 다만, 수사기관의 절차 위반행위가 적법절차의 실질적인 내용을 침해하는 경우에 해당하지 아니하고, 오히려 그 증거의 증거능력을 배제하는 것이 헌법과 형사소송법이 형사소송에 관한 절차 조항을 마련하여 적법절차의 원칙과 실체적 진실 규명의 조화를 도모하고, 이를 통하여 형사 사법 정의를 실현하려 한 취지에 반하는 결과를 초래하는 것으로 평가되는 예외적인 경우라면, 법원은 그 증거를 유죄 인정의 증거로 사용할 수 있다.

나. ① 체포경찰관들은 피고인을 체포하기에 앞서 체포영장, 압수·수색영장 원본을 소지한 채 피고인을 체포하려 하였는바, 영장주의를 잠탈하거나 적법절차를 의도적으로 위반하려는 시도를 한 것은 아니라고 보이는 점, ② 당시 체포경찰관은 마약사범의 특성상 피의자를 체포할 때 도주할 위험성이 높다는 이유로 피고

---

9) 서울북부지방법원 2020. 8. 27. 선고 2020노231 판결(대법원 2020도12796 판결로 확정).

인의 신병을 확보하기 위하여 피고인을 먼저 제압한 직후 피고인의 차량 바로 옆에서 체포영장을 제시하고 미란다원칙을 고지하였는바, 마약범죄의 특성상 피고인의 신속한 체포가 필요한 측면이 있고, 피고인이 자신의 차량의 운전석 문을 열고 있었으므로 피고인의 신병을 미리 확보할 필요도 어느 정도 있어 보이는 점, ③ 체포경찰관은 피고인을 제압한 즉시 피고인에게 체포영장을 제시하면서 피고인에게 미란다원칙을 고지하였는바, 체포와 체포영장 제시시점 및 미란다원칙의 고지시점과의 시간적 간격이 매우 근접하여 그 위반의 정도가 중하지 아니한 것으로 보이고, 피고인을 체포한 후 곧바로 체포영장을 제시함과 함께 미란다원칙까지 고지하였으므로 피고인이 방어권을 행사하는데 큰 지장이 있다고 보이지도 아니한 점, ④ 체포 이후 경찰관들은 4~5미터 정도 떨어진 승합차로 피고인을 데려와 이미 발부되어 있는 압수·수색영장을 보여주고 압수·수색을 실시하였으므로, 영장 집행절차의 순서를 지켰다고 하더라도 그 증거수집의 결과가 달라지지 않았을 것으로 보이는 점, ⑤ 한편 마약범죄는 개인의 육체와 정신을 피폐하게 할 뿐만 아니라 국민건강 및 사회적 안전을 해할 위험성이 높아 이를 엄히 처벌할 필요가 있는 범죄인 점을 아울러 고려하면 수사기관의 절차 위반행위가 적법절차의 실질적인 내용을 침해하는 경우에 해당하지 아니하고, 오히려 그 증거의 증거능력을 배제하는 것이 헌법과 형사소송법이 형사소송에 관한 절차 조항을 마련하여 적법절차의 원칙과 실체적 진실 규명의 조화를 도모하고, 이를 통하여 형사 사법 정의를 실현하려 한 취지에 반하는 결과를 초래하는 것으로 평가되는 예외적인 경우로 보이고, 아니라 하여도 경찰관들이 이미 발부된 피고인에 대한 압수·수색영장을 집행하여 관련 증거를 수집한 이상 위 체포이후 영장을 제시하고 실시한 압수·수색 및 피의자신문은 위법한 체포와 인과관계가 희석 또는 단절되었다고 할 것이므로 피고인에 대한 각 피의자신문조서, 압수조서, 압수목록, 압수물사진은 증거능력이 인정되어 그 증거를 유죄 인정의 증거로 사용할 수 있다.

(다) 체포영장의 제시를 요구하는 피의자가 도주하자 피의자를 검거한 후 진술거부권 등을 고지한 경우

【사안의 개요】

① 경찰관은 A가 필로폰을 투약한다는 제보를 받고, A의 집 안으로 들어갔다. 당시 경찰관은 반바지 차림에 상의를 탈의하고 있었던 A를 발견하고 "ㅇㅇ지방경찰청 마약수사대 소속 경찰관이다"라고 신분을 밝히자, A는 체포영장의 제시를 요구하였다.

② 경찰관은 영장을 제시하기 위해 A에게 다가가던 중 방 청소를 하던 A가 손에 플라스틱 조각을 들고 있는 것을 발견하고, "요거 놓고 얘기하자"라고 말하면서 A의 손을 잡았다. 이에 A는 "이거 놓으시오"라고 하면서 잡은 손을 뿌리치며 방 밖으로 도망하려 하여, 경찰관이 A의 목덜미 부분을 잡고 A와 몸싸움이 벌어졌다.

③ 그 과정에서 A는 경찰관의 손가락을 무는 등 저항하였고, 경찰관은 A에게 수갑을 채운 후 비로소 체포영장을 제시하고, 미란다원칙을 고지하였다.

【법원 판단】[10]

위와 같은 체포경위에 비추어 볼 때, 피고인은 단지 위 경찰관들의 소속만을 고지받았을 뿐 체포의 이유 등은 알지 못한 상태에서 손과 목덜미 등을 붙잡히자 이를 피하기 위하여 방안에서 도망하게 된 것으로 보인다. 이 사건 발생 전에 피고인이 플라스틱으로 된 물건을 손에 들고 있었고 영장제시를 요구한 후 도망하려한 바 있다고 하더라도, 경찰관들이 피고인의 목덜미를 잡고 체포를 시도하기 전까지는 피고인이 위 경찰관들에게 적극적으로 폭력을 행사한 바가 없다.

당시 체포현장은 피고인이 주거하던 건물의 내부로서 피고인은 현관에서 들어가면 왼쪽에 있는 방안에서 상의를 탈의한 상태였고, 경찰관들은 방문 앞에 서 있었는바, 피고인이 경찰관들을 보자 바로 외부로 달아나려고 하였다거나 미리부터 폭력으로 대항하려 했다고 볼 만한 사정을 찾을 수 없다. 오히려 피고인이 먼저 체포영장의 제시를 요구하던 상황이었으므로, 경찰관들은 체포를 위한 실력행사로 나아가기 전에 피고인에게 체포영장을 제시하거나 피의사실의 요지,

---

10) 대구지방법원 2017. 6. 21. 선고 2017노133 판결(대법원 2017도10866 판결로 확정).

체포의 이유와 변호인을 선임할 수 있음을 말하고 변명할 기회를 주는 것이 가능하였다.

그럼에도 경찰관들은 체포를 위한 실력행사에 들어가기 전에 체포의 이유 등을 고지하고 변명할 기회를 주지 아니한 채 곧바로 피고인의 손이나 목덜미를 잡으며 체포하려 하였고, 피고인을 체포한 이후에야 미란다원칙을 고지하였다.

그렇다면 피고인이 경찰관들과 마주하자마자 도망가려는 태도를 보이거나 먼저 폭력을 행사하며 대항한 바 없는 등 경찰관들이 체포를 위한 실력행사에 나아가기 전에 체포영장을 제시하고 미란다원칙을 고지할 여유가 있었음에도 애초부터 미란다원칙을 체포 후에 고지할 생각으로 먼저 체포행위에 나선 경찰관들의 행위가 적법한 공무집행이라고 보기 어렵다.

(라) 긴급체포를 위하여 주거에 침입하는 경우 실제로 피의자를 검거하기 전이라도 주거에 침입한 직후에 미란다원칙을 고지해야 하는지 여부

【사안의 개요】

① 경찰관은 절도 혐의로 지명수배(긴급체포)된 A가 그 처와 함께 KS모텔 307호에 은신하고 있음을 확인한 후 모텔 주인으로부터 마스터키를 건네받아 모텔 방으로 들어갔다.

② 경찰관은 A의 이름을 부른 후 경찰관 신분증을 제시하면서 A가 지명수배되어 있는 사실과 범죄사실을 말하고 이어 A에게 신분증을 제시해 줄 것을 요구하였다.

③ A는 "나는 A가 아니고 A의 동생 B입니다"라고 말하면서 B의 운전면허증을 제시하였다. 경찰관은 지문번호를 확인한 다음 A에게 "지문을 좀 봅시다"라고 말하자 A는 유리창을 주먹으로 깨뜨리고 깨진 유리조각을 경찰관에게 휘둘러 상해를 가하였다.

④ 이에 경찰관 3명은 A를 제압하기 위하여 한꺼번에 A에게 달려들어 약 20분간 엉켜서 서로 몸싸움을 하여 A를 완전히 제압하였고, 그 후 A에게 'A가 흉기를 휴대하여 경찰관들에게 상해를 가하고 경찰관들의 체포업무를 방해하였으며, 모텔 유리창과 정수기 등을 파손하고, 불실기재된 운전면허증을 제시하여 행사하였다'라는 범죄사실과 진술거부권, 변호인선임권 등을 말해준 후 A를 위 범죄사실

의 현행범인으로 체포하였다.

⑤ 한편, A에 대해 지명수배되었던 절도 혐의사실에 대하여는 그 후 증거불충분으로 혐의없음 처분이 내려졌다.

【법원 판단】[11]

경찰관들은 피고인이 처와 함께 모텔에 투숙하였음을 확인한 후 도주나 자해 우려를 이유로 방안으로 검거하러 들어가서 피고인의 이름을 부른 다음, 그 지명수배사실 및 범죄사실을 말하고 신분증 제시를 요구하였는데, 피고인이 자신은 동생인 B라고 주장하면서 B 명의의 운전면허증을 제시하는 경우라면, 경찰관으로서는 체포하려는 상대방이 A 본인이 맞는지를 먼저 확인한 후에 이른바 미란다원칙을 고지하여야 하는 것이지, 그 상대방이 A인지 B인지를 확인하지 아니한 채로 일단 체포하면서 미란다원칙을 고지할 것은 아니라고 보아야 한다. 만약 상대방을 확인하지도 않은 채로 먼저 체포하고 미란다원칙을 고지한다면, 때로는 실제 피의자가 아닌 사람을 체포하는 경우도 생길 수 있고, 이런 경우에는 일반적으로 미란다원칙의 고지가 앞당겨짐에서 얻어지는 인권보호보다도 훨씬 더 큰 인권침해가 생길 수도 있다. 따라서 이 사건 경찰관들이 미란다원칙의 고지사항을 전부 고지하지 않은 채로 신원확인절차에 나아갔다고 해서, 그 행위가 부적법하다고 볼 수는 없다.

그리고 피고인은 경찰관들이 지문을 확인하려 하자 태도를 돌변하여 욕설을 하면서 주먹으로 유리창을 깨뜨리고 유리조각을 쥐고 경찰관들이 다가오지 못하도록 앞으로 휘둘렀으며, 이에 경찰관들은 피고인을 제압하기 위하여 피고인과 엉켜서 20분간의 몸싸움을 하기에 이르렀는바, 이와 같이 폭력으로 대항하는 피의자를 실력으로 제압하는 단계에 이르면, 경찰관들로서는 그 제압 과정 또는 그것이 여의치 않으면 제압한 후에 지체 없이 미란다원칙을 고지하면 되는 것이라고 보아야 할 것이며, 이 사건 경찰관들의 긴급체포행위를 적법한 공무집행이라고 보아야 한다.

다) 체포에 수반하는 강제처분

검사 또는 사법경찰관은 피의자를 체포하는 경우에 필요한 때에는 영장 없이

---

11) 대법원 2007. 11. 29. 선고 2007도7961 판결.

체포현장에서 압수, 수색, 검증을 할 수 있고,[12] 타인의 주거나 타인이 간수하는 가옥, 건조물, 항공기, 선차 내에서 피의자 수색을 할 수 있다. 다만, 피의자 수색은 미리 수색영장을 발부받기 어려운 긴급한 사정이 있는 때에 한정한다(제216조 제1항 제1호 단서).

경찰관은 현행범인이나 사형·무기 또는 장기 3년 이상의 징역이나 금고에 해당하는 죄를 범한 범인의 체포 또는 도주 방지를 위해 필요한 한도에서 수갑, 포승, 경찰봉, 방패 등 경찰장구를 사용할 수 있다(경찰관직무집행법 제10조의2). 나아가 범인의 체포 등을 위해 필요한 한도에서 무기도 사용할 수 있다(동법 제10조의4).

라) 피의자의 인치

피의자를 체포한 때에는 신속히 영장에서 지정된 장소에 피의자를 인치하여야 한다(제200조의6, 제85조 제1항). 다만, 체포영장의 집행을 받은 피의자를 호송할 경우에 필요하면 가장 가까운 교도소 또는 구치소에 임시로 유치할 수 있다(제200조의6, 제86조).

마) 집행 후의 조치

체포영장을 집행한 때에는 체포영장에 집행일시와 장소를, 집행할 수 없었을 때에는 그 사유를 각 기재하고 기명날인하여야 한다(규칙 제100조 제1항, 제49조 제1항).

피의자를 체포한 때 변호인이 있는 경우에는 변호인에게, 변호인이 없는 경우에는 변호인선임권자(피의자의 법정대리인, 배우자, 직계친족과 형제자매) 중 피의자가 지정한 자에게 피의사건명, 체포일시·장소, 범죄사실의 요지, 체포의 이유와 변호인을 선임할 수 있는 취지를 알려야 하고(제200조의6, 제87조), 그 통지는 체포한 때로부터 늦어도 24시간 이내에 서면으로 하여야 한다(규칙 제100조 제1항, 제51조 제2항). 급속을 요하는 경우에는 체포되었다는 취지 및 체포의 일시·장소를 전화 또는 모사전송기 기타 상당한 방법에 의하여 통지할 수 있으나, 이 경우에도 체포통지는 다시 서면으로 하여야 한다(동조 제3항). 만약 피의자에게 변호인이 없거나 위 변호인선임권자가 없는 경우에는 피의자가 지정하는 1인에게 통지하여야 하나, 피의자가 지정하는 1인마저도 없어 통지를 하지 못한 경우에는 그 취지를 기재한 서면을 기록에 철하여야 한다(동조 제2항).

피의자를 체포한 검사 또는 사법경찰관은 체포된 피의자와 체포적부심사청구권자[13]

---

12) 검사 또는 사법경찰관은 압수한 물건을 계속 압수할 필요가 있는 경우에는 지체 없이 압수·수색영장을 청구하여야 한다. 이 경우 압수·수색영장의 청구는 체포한 때부터 48시간 이내에 하여야 한다(제217조 제2항).

13) 그 변호인, 법정대리인, 배우자, 직계친족, 형제자매나 가족, 동거인 또는 고용주.

중에서 피의자가 지정하는 자에게 체포적부심사를 청구할 수 있음을 알려야 한다$\binom{제214조}{의2 제2항}$. 체포된 피의자, 그 변호인, 법정대리인, 배우자, 직계친족, 형제자매나 동거인 또는 고용주는 체포영장을 보관하고 있는 검사, 사법경찰관 또는 법원사무관 등에게 그 등본의 교부를 청구할 수 있다$\binom{규칙}{제101조}$.

4) 체포 후의 조치

가) 구속영장의 청구

체포한 피의자를 구속하고자 할 때에는 체포한 때부터 48시간 이내에 구속영장을 청구하여야 한다$\binom{제200조}{의2 제5항}$. 48시간 이내에 구속영장을 청구하기만 하면 되고 그 시간 내에 구속영장이 발부될 것을 요하지는 않는다.

체포된 피의자가 체포적부심사를 청구한 경우에는 법원이 수사 관계 서류와 증거물을 접수한 때부터 결정 후 검찰청에 반환된 때까지의 기간은 위 48시간에 산입하지 아니한다$\binom{제214조}{의2 제13항}$. 체포된 피의자에 대해 구속영장이 발부된 경우 구속기간은 피의자를 체포한 날부터 기산한다$\binom{제203}{조의2}$.

검사는 사법경찰관의 구속영장 신청에 대해 구속의 사유 등을 심사하기 위해 필요하다고 인정하는 때에는 피의자를 면담 또는 조사할 수 있다$\binom{피의자면담 절차}{지침 제2조 제2항}$. 다만, 피의자가 명시적인 거부의사를 표시한 경우, 수사기록만으로 구속사유 등의 존부를 명백히 판단할 수 있는 경우 등의 사유가 있는 경우에는 예외로 한다$\binom{동조}{단서}$. 검사는 구속사유 등 심사에 필요한 경우에 구속영장을 신청한 사법경찰관 등에게 피의자 면담·조사 일시까지 의견을 제시할 것을 요청할 수 있고 필요한 때에는 면담·조사 도중 또는 그 종료 후에도 추가로 의견제시를 요청할 수 있다$\binom{지침 제6조}{제1항, 제2항}$.

검사가 사법경찰관의 구속영장 신청에 대해 정당한 이유 없이 판사에게 청구하지 아니한 경우 사법경찰관은 그 검사 소속의 지방검찰청 소재지를 관할하는 고등검찰청에 영장 청구 여부에 대한 심의를 신청할 수 있다$\binom{제221}{조의5}$.

나) 피의자의 석방

검사 또는 사법경찰관은 구속영장을 청구하거나 신청하지 않고 체포한 피의자를 석방하려는 때에는 피의자를 즉시 석방하여야 한다$\binom{제200조}{의2 제5항}$. 이때 피의자 석방서를 작성하여야 하고, 체포 일시·장소, 체포 사유, 석방 일시·장소, 석방 사유 등을 기재하여야 한다$\binom{수사준칙}{제36조 제1항}$.

사법경찰관은 구속영장을 신청하지 않고 체포한 피의자를 석방한 경우 지체 없이 검사에게 석방사실을 통보하고, 그 통보서 사본을 사건기록에 편철하여야 한다$\binom{동조}{제2항}$.

라. 체포영장과 관련된 실무상 쟁점

1) '출석요구에 단 1회 응하지 아니한 경우'에도 출석불응 또는 출석불응의 우려가 있다고 볼 수 있는지 여부

형사소송법 제200조의2 제1항은 '정당한 이유 없이 출석요구에 응하지 아니하거나 …'라고 규정하고 있을 뿐 불응 횟수에 제한을 두고 있지 않은 점, 피의자의 신병을 단기간 확보한다는 체포제도의 도입취지 등에 비추어 볼 때 피의자가 출석요구에 1회 불응한 경우라도 정당한 이유 없이 불응하였다면 체포사유에 해당한다고 본다.

법원의 실무지침인 '인신구속사무의 처리에 관한 예규' 역시 '체포영장에 의한 체포사유를 심사함에 있어, 피의자가 수사기관의 출석 요구에 대하여 1회 응하지 아니한 경우에도 정당한 이유 없이 출석 요구에 응하지 아니하였는가는 구체적인 사건에 따라 여러 가지 사정을 종합적으로 고려하여 판단하여야 한다'라고 규정하여$\binom{재판예규}{제15조 제1항}$, 피의자가 출석요구에 1회 불응한 경우에도 정당한 이유 없이 불응하였다면 체포사유에 해당할 수 있음을 암시하고 있다.

실무상으로는 출석불응 횟수보다는 불응한 '정당한 이유'의 존부에 대한 수사기관의 소명이 더 문제된다. 수사기관이 피의자의 직장 출근일 등 개인사정을 전혀 고려하지 않고 소환일자를 자의적으로 긴급히 잡은 경우에는 피의자의 출석불응에 정당한 이유가 없다고 인정받기는 어려울 것이다. 반면, 수사기관이 피의자와 협의하여 소환일자를 넉넉히 잡고, 피의자에게 수사에 대비할 시간을 충분히 주었음에도 불구하고, 피의자가 아무런 연락도 없이 출석하지 않고, 그 사이에 증거인멸 등을 시도한 정황이 포착된 경우라면 1회 불출석이라도 체포사유에 해당할 수 있을 것이다.

인권보호수사규칙은 피의자에게 출석을 요구할 때 다음 각 사항에 유의하여야 한다고 규정하고 있다(인권보호수사 규칙 제37조).

1. 검사가 「형사소송법」 제200조에 따라 피의자에게 출석을 요구하는 경우 조사의 필요성, 우편·전자우편·전화를 통한 진술 등 출석을 대체할 수 있는 방법의 선택 가능성 등 수사 상황과 진행 경과를 고려해야 한다.

2. 피의자에게 전화, 문자메시지 등으로 출석을 요구한 경우 그 사실을 서면으로 작성하여 기록에 첨부한다.

3. 출석 요구 방법, 출석 일시 등을 정할 때 피의자의 명예 또는 사생활의 비밀이 침해되거나 생업에 지장을 주지 않도록 노력해야 한다.

4. 피의자에게 출석을 요구할 때에는 특별한 사정이 없는 한 피의자가 출석하는데 필요한 시간을 부여하고, 주요 죄명 또는 피의사실의 요지 등 출석요구 사유를 알려주어야 한다.

5. 양벌규정을 적용하여 기업체나 그 대표자를 조사하는 경우에는 가능한 한 우편을 통한 진술 등을 활용하여 기업 활동이 위축되지 않도록 한다.

6. 피의자에 대하여 불필요하게 여러 차례 출석 요구를 하지 않는다. 특히 진술을 거부하거나 범행을 부인하는 피의자에게 자백을 강요하기 위한 수단으로 불필요하게 반복적인 출석 요구를 해서는 안 된다.

2) 체포영장에 의해 체포에 착수하였으나, 별건 범죄사실로 현행범인으로 체포한 경우

【사안의 개요】

① A에 대해서 이미 성폭력범죄의 처벌 등에 관한 특례법위반 혐의로 체포영장이 발부되어 있었다.

② 그 후 경찰관은 'A의 차량이 30분 정도 따라온다'라는 내용의 112신고를 받고 현장에 출동하여 A의 주민등록번호를 조회하던 중 A에 대한 체포영장이 발부된 것을 확인하였다.

③ 경찰관은 A에게 "성폭력처벌법위반으로 수배가 되어 있으니, 변호인을 선임할 수 있고 묵비권을 행사할 수 있으며, 체포적부심을 청구할 수 있고 변명의 기회가 있다"라고 고지하며 하차를 요구하였고, 당시 체포영장을 소지하고 있지

않아 A에게 체포영장을 제시하지는 못하였다.

④ 위와 같이 경찰관이 체포영장을 근거로 체포절차에 착수하였으나 A가 흥분하며 타고 있던 승용차를 출발시켜 경찰관에게 상해를 입히는 범죄를 추가로 저지르자, 경찰관은 위 승용차를 멈춘 후 체포영장에 기재된 범죄사실이 아닌 새로운 피의사실인 특수공무집행방해치상을 이유로 저항하는 A를 현행범인으로 체포하였고, 그 과정에서 현행범인 체포에 관한 제반 절차를 준수하였다.

⑤ A는 재판과정에서 "경찰관은 피의자를 체포하는 과정에서 급속을 요하여 체포영장을 제시하지 못하더라도 사후에 신속히 이를 제시해야 한다. 하지만 위 규정에 따라 해당 경찰관이 체포 직후 체포영장을 제시하지 않았으므로, 위와 같은 체포행위를 적법한 공무집행으로 볼 수 없다"라고 주장하였다.

【법원 판단】[14]

경찰관이 체포영장 소지 없이 피고인에 대한 체포절차에 착수하였고, 이후 피고인에게 이를 제시하지 않았던 사실은 인정된다. 하지만 다음 사정에 비추어 볼 때, 체포 과정의 불법성을 인정할 만한 증거나 정황을 찾을 수 없다.

1. 이 사건은 '경찰관이 적법하게 발부된 체포영장을 소지할 여유 없이 우연히 그 상대방(피고인)을 만난 경우'로서, 경찰관이 체포영장 제시 없이 체포영장을 집행할 수 있는 '급속을 요하는 때'에 해당한다.

2. 당시 경찰관은 성폭력범죄의 처벌 등에 관한 특례법위반 범행에 관한 체포영장을 근거로 체포절차에 착수하였으나, 그 과정에서 피고인이 거칠게 반항하면서 경찰관에게 상해를 입히는 범죄를 추가로 저지르자, 피고인을 별도 범죄인 '특수공무집행방해치상'의 현행범인으로 체포하였던 것이다. 이와 같이 경찰관이 체포영장에 기재된 범죄사실이 아닌 새로운 범죄사실(특수공무집행방해치상)을 근거로 피고인을 현행범인으로 체포하였고, 현행범인 체포에 관한 제반 절차도 준수하였던 이상, 경찰관의 피고인에 대한 체포 및 그 이후 절차에 잘못이 있었다고는 볼

---

14) 광주고등법원 전주지부 2021. 4. 7. 선고 2021노7 판결(대법원 2021도4648 판결로 확정). 대법원은 "원심이 든 위 사정들과 함께 이 사건 당시 체포영장에 의한 체포절차가 착수된 단계에 불과하였고, 피고인에 대한 체포가 체포영장과 관련 없는 새로운 피의사실인 특수공무집행방해치상을 이유로 별도의 현행범인 체포 절차에 따라 진행된 이상, 집행 완료에 이르지 못한 체포영장을 사후에 피고인에게 제시할 필요는 없는 점까지 더하여 보면, 피고인에 대한 체포절차가 적법하다는 원심의 판단이 타당하다"라고 판시하였다.

수 없다. 경찰관이 형사소송법 규정을 회피하기 위해 체포하는 범죄사실과 체포절차를 변경했던 것으로도 보이지 않는다.

3. 형사소송법 제200조의6, 제85조 제4항은 '체포영장의 집행 완료'를 그 제시 요건 또는 제시 시점으로 정한다. 결국, 체포영장에 의한 체포절차가 착수된 단계에 불과하였고, 경찰관의 피고인에 대한 체포가 체포영장과 관련 없는 범죄사실$\binom{\text{특수공무집행}}{\text{방해치상}}$을 근거로 별도의 절차$\binom{\text{현행범인}}{\text{체포}}$에 따라 진행되었던 이상, 사후에 경찰관이 집행 완료에 이르지 못한 체포영장을 피고인에게 제시하지 않은 것이 위 규정의 취지나 문언에 명백히 반하는 것으로는 단정하기 어렵다.

3) 피의자 1인에 대한 수개의 체포영장 필요성 여부

피의자 1인에 대해 이미 별건으로 체포영장이 발부되어 있음에도 그와 다른 사건의 수사를 위해 체포영장을 청구할 필요성이 있는지가 수사실무상 문제된다.[15] 형사소송규칙 제95조 제9호는 체포영장의 청구서에 '현재 수사 중인 다른 범죄사실에 관하여 그 피의자에 대하여 발부된 유효한 체포영장이 있는 경우에는 그 취지 및 그 범죄사실을 기재하여야 한다'라고 규정하고 있는데, 이는 별건 체포영장이 이미 발부되어 있는 경우에도 그와 다른 사건으로 체포영장을 발부할 수 있다는 것을 전제로 하는 것이다.

영장의 효력범위에 대한 통설인 사건단위설의 입장에서 본다면, 각 사건마다 체포영장이 필요하다고 볼 것이나, 그럴 경우 1인에 대해 수개의 체포영장이 발부되면 체포시한(48시간)이 체포영장 개수별로 연장되어 신병 구속이 부당하게 장기화되는 문제가 발생하게 된다. 그렇다고 피의자 1인에 대한 수개의 체포영장 발부를 엄격히 제한하게 되면 수개의 사건이 모두 방대하고 쟁점도 복잡할 경우에는 이미 발부되어 있는 체포영장의 체포시한 내에 모든 사건에 대해서 피의자 조사를 완료할 수 없게 되는 어려움에 직면하게 된다.

결국, 이는 수사의 효율성과 인권침해 방지를 어떻게 조화시킬 것이냐의 문제이다. 수사실무상으로는 담당수배 관서가 동일하고, 사안이 중하지 아니하여 구속영장 청구 가능성이 낮고, 사안이 복잡하지 않아 이미 발부된 체포영장의 체포시

---

15) 별건으로 체포영장이 발부된 소재불명인 피의자 1인에 대해 지명수배를 위해서 별도의 체포영장을 추가로 청구하는 경우가 대표적이다.

한 내에 여러 사건의 조사가 충분히 가능하여 새로운 체포영장이 필요 없음이 명백한 경우에는 체포영장을 청구하지 않고 그 대신 지명통보를 활용하고 있다.

4) 구속피의자에 대한 체포영장 청구 가부 및 구인방법

구속영장에 의해 구속된 피의자를 조사해야 하는데 피의자가 구치소나 유치장 내에서 조사에 응하지 않겠다며 수사기관 출석에 불응하는 경우가 실무상 종종 발생한다. 이 경우 피의자에 대해 체포영장을 청구하는 등의 방법으로 출석을 강제할 수 있는지 여부가 문제된다.

형사소송규칙은 출석에 불응하는 경우라도 도망 또는 증거인멸의 염려가 없는 등 명백히 체포의 필요가 없다고 인정되는 때에는 체포영장의 청구를 기각하여야 한다고 규정하고 있다($^{제96}_{조의2}$). 구속 피의자가 도망하거나 증거를 인멸할 염려가 있다고 보기는 어려운 만큼 구속 피의자에 대해 체포영장을 발부하기는 어려울 것으로 보인다. 법원의 실무이기도 하다.

대법원은 "수사기관이 구속영장에 의하여 피의자를 구속하는 경우, 그 구속영장은 기본적으로 장차 공판정에의 출석이나 형의 집행을 담보하기 위한 것이지만, 이와 함께 구속기간의 범위 내에서 수사기관이 피의자신문의 방식으로 구속된 피의자를 조사하는 등 적정한 방법으로 범죄를 수사하는 것도 예정하고 있다고 할 것이다. 따라서 구속영장 발부에 의하여 적법하게 구금된 피의자가 피의자신문을 위한 출석요구에 응하지 아니하면서 수사기관 조사실에 출석을 거부한다면 수사기관은 그 구속영장의 효력에 의하여 피의자를 조사실로 구인할 수 있다"라고 판시하였는바,[16] 이에 따라 수사실무에서는 이미 발부받은 구속영장으로 피의자를 조사실로 구인하여 조사를 하고 있다.

5) 구금장소의 임의적 변경의 위법성 여부 및 그 법률효과

체포영장에 의하여 피의자를 체포한 때에는 즉시 영장에 기재된 인치·구금장소로 호송하여 인치 또는 구금하여야 하고($^{제200조의6,}_{제85조 제1항}$), 장소를 변경하기 위해서는 법원으로부터 인치·구금장소를 변경하는 결정을 받아야 한다($^{규칙 제96}_{조의3}$).[17]

---

16) 대법원 2013. 7. 1. 선고 2013모160 결정.

17) 인치·구금장소의 변경 청구는 체포영장에 의하여 피의자를 체포하기 전에만 가능하며, 체포영장

판례는 영장에 기재된 구금장소 이외에 구금장소를 임의적으로 변경한 것은 피의자의 방어권이나 접견교통권의 행사에 중대한 장애를 초래하는 것이므로 위법하다고 판시하였다.[18]

불법구금, 구금장소의 임의적 변경 등의 위법사유가 있는 경우, 판례는 그 위법한 절차에 의하여 수집된 증거를 배제할 수 있다고 하면서도 공소제기의 절차가 위법하여 무효인 경우에는 해당하지 않는다라고 판시하였다.[19]

6) 체포영장이 멸실된 경우 체포 자체의 효력

수사실무에서 체포영장의 원본이 간혹 멸실되는 경우가 있다. 피의자를 체포하기 전에 체포영장이 멸실된 경우에는 체포영장을 재청구하면 되나, 체포영장에 의해 피의자를 체포한 이후 체포영장 원본이 멸실된 경우에는 체포의 효력이 문제될 수 있다. 형사소송법은 체포영장에 의하여 피의자를 체포할 때 체포영장을 제시하고, 피의사실의 요지 등을 고지하도록 규정하고 있을 뿐, 체포영장 원본의 계속적 보관을 체포의 유효요건으로 정하고 있지 않으므로, 피의자를 체포한 후 체포영장이 멸실된 경우에도 체포 자체는 유효하다. 수사실무에서는 이 경우 체포 후 체포영장이 멸실된 사유를 수사보고서에 상세히 기재하여 기록에 편철하고 있다.

7) 수사기관이 외국인을 체포하거나 구속하면서 지체 없이 영사통보권 등이 있음을 고지하지 않은 경우, 체포나 구속 절차가 위법한지 여부

영사관계에 관한 비엔나협약(Vienna Convention on Consular Relations, 1977. 4. 6. 대한민국에 대하여 발효된 조약 제594호, 이하 '협약'이라 한다) 제36조 제1항은 "파견국의 국민에 관련되는 영사기능의 수행을 용이하게 할 목적으로 다음의 규정이 적용된다"라고 하면서, (b)호에서 "파견국의 영사관할구역 내에서 파견국의 국민이 체포되는 경우, 재판에 회부되기 전에 구금되거나 유치되는 경우, 또는 그 밖의 방법으로 구속되는 경우에, 그 국민이 파견국의 영사기관에 통보할 것을 요청하면 접수국의

에 의한 체포 이후에는 변경 청구는 불가하다(규칙 제96조의3, 인신구속사무의 처리에 관한 예규 제20조 참고).

18) 대법원 1996. 5. 15. 선고 95모94 결정.

19) 대법원 1996. 5. 14. 선고 96도561 판결.

권한 있는 당국은 지체 없이 통보하여야 한다. 체포, 구금, 유치되거나 구속되어 있는 자가 영사기관에 보내는 어떠한 통신도 위 당국에 의하여 지체 없이 전달되어야 한다. 위 당국은 관계자에게 (b)호에 따른 그의 권리를 지체 없이 통보하여야 한다"라고 정하고 있다. 이에 따라 경찰수사규칙 제91조 제2항, 제3항은 "사법경찰관리는 외국인을 체포·구속하는 경우 국내 법령을 위반하지 않는 범위에서 영사관원과 자유롭게 접견·교통할 수 있고, 체포·구속된 사실을 영사기관에 통보해 줄 것을 요청할 수 있다는 사실을 알려야 한다. 사법경찰관리는 체포·구속된 외국인이 제2항에 따른 통보를 요청하는 경우에는 [별지 제93호 서식]의 영사기관 체포·구속 통보서를 작성하여 지체 없이 해당 영사기관에 체포·구속 사실을 통보해야 한다"라고 정하고 있다.

위와 같이 협약 제36조 제1항 (b)호, 경찰수사규칙 제91조 제2항, 제3항이 외국인을 체포·구속하는 경우 지체 없이 외국인에게 영사통보권 등이 있음을 고지하고, 외국인의 요청이 있는 경우 영사기관에 체포·구금 사실을 통보하도록 정한 것은 외국인의 본국이 자국민의 보호를 위한 조치를 취할 수 있도록 협조하기 위한 것이다. 따라서 수사기관이 외국인을 체포하거나 구속하면서 지체 없이 영사통보권 등이 있음을 고지하지 않았다면 체포나 구속 절차는 국내법과 같은 효력을 가지는 협약 제36조 제1항 (b)호를 위반한 것으로 위법하다.[20]

---

20) 대법원 2022. 4. 28. 선고 2021도17103 판결은 "피고인은 체포 당시 인도네시아어로 체포의 사유, 변명의 기회, 변호인 선임권 등을 고지받은 점, 수사절차에서 소변검사 결과 등 객관적인 증거를 제시받고 통역인의 조력을 받으면서 범행을 자백한 점, 그 후 제1심과 원심에서 통역인과 국선변호인의 조력을 받은 상태에서 자백을 하면서 이 사건 수사나 공판절차의 위법을 주장하지 않은 점 등에 비추어 보면 이 사건 체포나 구속 절차에 협약 제36조 제1항 (b)호를 위반한 위법이 있더라도 절차 위반의 내용과 정도가 중대하거나 절차 조항이 보호하고자 하는 외국인 피고인의 권리나 법익을 본질적으로 침해하였다고 볼 수 없다. 따라서 이 사건 체포나 구속 이후 수집된 증거와 이에 기초한 증거들은 유죄 인정의 증거로 사용할 수 있다"라고 판단하였다.

3. 긴급체포

가. 의의

검사 또는 사법경찰관은 피의자가 사형·무기 또는 장기 3년 이상의 징역이나 금고에 해당하는 죄를 범하였다고 의심할 만한 상당한 이유가 있고, 증거를 인멸할 염려가 있거나 도망 또는 도망할 염려가 있으며, 긴급을 요하여 지방법원판사의 체포영장을 받을 수 없는 때에는 그 사유를 알리고 영장 없이 피의자를 체포할 수 있다(제200조의3 제1항).

나. 긴급체포의 요건

1) 범죄혐의의 상당성

긴급체포를 하기 위해서는 먼저 범죄혐의의 상당성, 즉 피의자가 죄를 범하였다고 의심할 만한 상당한 이유가 있어야 한다. 범죄혐의의 상당성은 전술한 체포영장에 의한 체포의 경우와 같다.

2) 범죄의 중대성

긴급체포의 대상 범죄는 법정형이 사형·무기 또는 장기 3년 이상의 징역이나 금고에 해당하는 죄이다. 법정형이 장기 3년 이하의 징역인 범죄도 장기는 3년에 해당하므로 긴급체포 대상 범죄이다.

3) 체포의 필요성

긴급체포를 하기 위해서는 피의자가 증거를 인멸할 염려가 있거나 도망하거나 또는 도망할 우려가 있어야 한다. 즉 긴급체포를 위해서는 구속사유가 존재할 것을 요한다.

4) 체포의 긴급성

피의자를 긴급체포하기 위해서는 긴급을 요하여 판사의 체포영장을 받을 수 없는 것을 요한다. 이 경우 '긴급을 요한다'라 함은 피의자를 우연히 발견한 경우 등과 같이 체포영장을 받을 시간적 여유가 없는 때를 말한다. 긴급성의 판단기준은 후술한다.

다. 긴급체포 절차

1) 긴급체포 주체

형사소송법은 긴급체포의 주체를 검사 또는 사법경찰관으로 제한하고 있으므로, 사법경찰리는 긴급체포의 주체가 될 수 없다. 따라서 사법경찰리의 긴급체포 행위는 위법하다.[21]

그럼에도 불구하고 수사실무에서는 사법경찰리가 피의자를 긴급체포하는 경우가 매우 많다. 다만, 사법경찰리가 긴급체포하였다고 해서 모두 위법하다고는 할 수 없다. 사법경찰리가 사법경찰관의 지휘를 받아 긴급체포를 하였다면 사법경찰리는 사법경찰관의 긴급체포행위를 조력하는 보조자의 지위에 있다고 볼 수 있으므로, 이를 사법경찰관의 긴급체포와 동일시해도 무방하기 때문이다. 수사실무에서는 사법경찰리가 사법경찰관의 지휘에 따라 피의자를 긴급체포하고 긴급체포서에는 사법경찰관을 긴급체포자로 작성하고 있는 것이 대부분이다.

2) 체포이유 등의 고지

검사 또는 사법경찰관은 긴급체포시 피의자에게 긴급체포의 사유를 알리고, 피의사실의 요지, 변호인을 선임할 수 있음을 말하고 변명할 기회를 주어야 한다($\binom{제200}{조의5}$). 이와 같은 피의사실의 요지, 체포이유 등의 고지는 긴급체포를 위한 실력행사에 들어가기 이전에 미리 하여야 하는 것이 원칙이나, 달아나는 피의자를 쫓아가 붙들거나 폭력으로 대항하는 피의자를 실력으로 제압하는 경우에는 붙들거나 제압하는 과정에서 하거나, 그것이 여의치 않은 경우에라도 일단 붙들거나 제압한 후에 지체 없이 행하여야 한다.[22] 긴급체포시 체포이유 등의 고지 시기와 관련된

---

21) 법원에서는 긴급체포에 따른 사후 구속영장 심사시 긴급체포를 사법경찰리가 하였음이 밝혀진 경우에는 절차상 위법을 이유로 구속영장을 기각하고 있다.
22) 대법원 2000. 7. 4. 선고 99도4341 판결, 대법원 2008. 2. 14. 선고 2007도10006 판결.

구체적 사례는 전술한 체포영장 부분과 동일하다.

　　피의자를 체포한 때 변호인이 있는 경우에는 변호인에게, 변호인이 없는 경우
에는 변호인선임권자(피의자의 법정대리인, 배우자, 직계친족과 형제자매) 중 피의자가 지정한 자에게 피의사건명,
체포일시·장소, 범죄사실의 요지, 체포의 이유와 변호인을 선임할 수 있는 취지를
알려야 하고(제200조의6, 제87조), 그 통지는 체포한 때로부터 늦어도 24시간 이내에 서면으로
하여야 한다(규칙 제100조 제1항, 제51조 제2항). 급속을 요하는 경우에는 체포되었다는 취지 및 체포의
일시·장소를 전화 또는 모사전송기 기타 상당한 방법에 의하여 통지할 수 있으나,
이 경우에도 체포통지는 다시 서면으로 하여야 한다(동조 제3항). 만약 피의자에게 변호
인이 없거나 위 변호인선임권자가 없는 경우에는 피의자가 지정하는 1인에게 통
지하여야 하나, 피의자가 지정하는 1인마저도 없어 통지를 하지 못한 경우에는 그
취지를 기재한 서면을 기록에 철하여야 한다(동조 제2항).

　　피의자를 긴급체포한 검사 또는 사법경찰관은 체포된 피의자와 체포적부심사
청구권자[23] 중에서 피의자가 지정하는 자에게 체포적부심사를 청구할 수 있음을
알려야 한다(제214조의2 제2항). 체포된 피의자, 그 변호인, 법정대리인, 배우자, 직계친족, 형
제자매나 동거인 또는 고용주는 긴급체포서를 보관하고 있는 검사, 사법경찰관 또
는 법원사무관등에게 그 등본의 교부를 청구할 수 있다(규칙 제101조).

3) 긴급체포에 수반하는 강제처분

　　검사 또는 사법경찰관은 피의자를 긴급체포하는 경우에 필요한 때에는 영장
없이 체포현장에서 압수, 수색, 검증을 할 수 있고, 타인의 주거나 타인이 간수하
는 가옥, 건조물, 항공기, 선차 내에서 피의자 수색을 할 수 있다(제216조 제1항). 또한, 긴급
체포된 자가 소유·소지 또는 보관하는 물건에 대하여 긴급히 압수할 필요가 있는
경우에는 체포한 때부터 24시간 이내에 한하여 영장 없이 압수·수색 또는 검증을
할 수 있다(제217조 제1항). 검사 또는 사법경찰관은 긴급체포시 압수한 물건을 계속 압수
할 필요가 있는 경우에는 지체 없이 압수·수색영장을 청구하여야 한다. 이 경우
압수·수색영장의 청구는 체포한 때부터 48시간 이내에 하여야 한다(제217조 제2항). 청구
한 압수·수색영장을 발부받지 못한 때에는 압수한 물건을 즉시 반환하여야 한다
(제217조 제3항).

---

23) 그 변호인, 법정대리인, 배우자, 직계친족, 형제자매나 가족, 동거인 또는 고용주.

경찰관은 현행범인이나 사형·무기 또는 장기 3년 이상의 징역이나 금고에 해당하는 죄를 범한 범인의 체포 또는 도주 방지를 위해 필요한 한도에서 수갑, 포승, 경찰봉, 방패 등 경찰장구를 사용할 수 있다(경찰관직무집행법 제10조의2). 나아가 범인의 체포 등을 위해 필요한 한도에서 무기도 사용할 수 있다(동법 제10조의4).

4) 긴급체포서 작성 및 검사의 승인 등

검사 또는 사법경찰관은 피의자를 긴급체포한 경우에는 즉시 긴급체포서를 작성하여야 한다(제200조의3 제3항). 긴급체포서에는 범죄사실의 요지, 긴급체포의 사유 등을 기재하여야 한다(제200조의3 제4항).

사법경찰관이 피의자를 체포한 경우에는 즉시 검사의 승인을 얻어야 한다(제200조의3 제2항). 검사가 긴급체포를 승인하지 않은 경우에는 피의자를 즉시 석방하여야 한다. 사법경찰관은 긴급체포 후 12시간 내에 검사에게 긴급체포의 승인을 요청해야 한다(수사준칙 제27조 제1항). 다만, 수사중지 결정 또는 기소중지 결정이 된 피의자를 소속 경찰관서가 위치하는 특별시·광역시·특별자치시·도 또는 특별자치도 외의 지역이나 연안관리법상의 바다에서 긴급체포한 경우에는 긴급체포 후 24시간 이내에 긴급체포의 승인을 요청해야 한다. 긴급체포의 승인을 요청할 때에는 범죄사실의 요지, 긴급체포의 일시·장소, 긴급체포의 사유, 체포를 계속해야 하는 사유 등을 적은 긴급체포 승인요청서로 요청해야 한다. 다만, 긴급한 경우에는 형사사법정보시스템 또는 팩스를 이용하여 긴급체포의 승인을 요청할 수 있다(동조 제2항). 검사는 사법경찰관의 긴급체포 승인 요청이 이유 있다고 인정하는 경우에는 지체 없이 긴급체포 승인서를 사법경찰관에게 송부해야 한다(동조 제3항). 사법경찰관의 긴급체포 승인 요청이 이유 없다고 인정하는 경우에는 지체 없이 사법경찰관에게 불승인 통보를 해야 한다. 이 경우 사법경찰관은 긴급체포된 피의자를 즉시 석방하고 그 석방 일시와 사유 등을 검사에게 통보해야 한다(동조 제4항).

긴급체포 승인과 관련하여 실무상 문제되는 것은 긴급체포의 요건은 충족되었으나 긴급체포 후 체포를 계속하여야 할 필요성이 인정되지 않는 경우, 예컨대 긴급체포 후 피의자가 피해자와 합의를 한 경우 등과 같은 사정변경이 발생하였거나 사안의 경중, 피해정도 등에 비추어 피의자를 석방함이 상당할 때 검사는 사법경찰관의 긴급체포 승인요청에 대해 불승인 결정을 하여야 하는지 여부이다.

　　이는 긴급체포 승인 제도의 취지와 관련되는 문제이기도 하다. 긴급체포 승인 제도는 단순히 긴급체포시를 기준으로 긴급체포의 적법성 여부만 심사하는 것이 라기보다는 승인 요청이 있은 때를 기준으로 체포를 계속할 필요성까지도 아울러 심사하여 피의자의 인권을 보호하는 제도라고 봄이 상당하다. 수사준칙 제27조 제 2항도 긴급체포 승인요청서에 '체포를 계속해야 하는 사유'를 기재토록 규정하고 있다. 따라서 검사는 위와 같은 경우 불승인 처분을 함이 상당하다.

5) 긴급체포 후의 조치

가) 구속영장의 청구

　　검사 또는 사법경찰관이 피의자를 긴급체포한 경우 피의자를 구속하고자 할 때에는 지체 없이 검사는 관할지방법원판사에게 구속영장을 청구하여야 하고, 사 법경찰관은 검사에게 신청하여 검사의 청구로 관할지방법원판사에게 구속영장을 청구하여야 한다. 이 경우 구속영장은 피의자를 체포한 때부터 48시간 이내에 청 구하여야 하며, 긴급체포서를 첨부하여야 한다$\binom{\text{제200조}}{\text{의 4 제1항}}$. 구속영장이 48시간 이내 에 청구한 경우에도 '지체 없이' 청구되었는지 여부는 여전히 심사대상이다. 그러 나 수사실무에 있어 긴급체포 후 이루어지는 피의자조사 시간, 사법경찰관의 신 청 기록이 검찰청으로 이송되는 시간, 검사의 기록 검토 시간 등을 종합적으로 고려하면 48시간 이내에 구속영장이 청구된 경우에는 '지체 없이' 청구되었다고 보고 있다.

　　긴급체포된 피의자가 체포적부심사를 청구한 경우에는 법원이 수사 관계 서 류와 증거물을 접수한 때부터 결정 후 검찰청에 반환된 때까지의 기간은 위 48시 간에 산입하지 아니한다$\binom{\text{제214조}}{\text{의 2 제13항}}$. 긴급체포된 피의자에 대해 구속영장이 발부된 경우 구속기간은 피의자를 긴급체포한 날부터 기산한다$\binom{\text{제203}}{\text{조의 2}}$.

　　검사는 사법경찰관의 구속영장 신청에 대해 구속의 사유 등을 심사하기 위해 필요하다고 인정하는 때에는 피의자를 면담 또는 조사할 수 있다$\binom{\text{피의자면담절차}}{\text{지침 제2조 제2항}}$. 다 만, 피의자가 명시적인 거부의사를 표시한 경우, 수사기록만으로 구속사유 등의 존부를 명백히 판단할 수 있는 경우 등의 사유가 있는 경우에는 예외로 한다$\binom{\text{동조}}{\text{단서}}$. 검사는 구속사유 등 심사에 필요한 경우에 구속영장을 신청한 사법경찰관 등에게 피의자 면담·조사 일시까지 의견을 제시할 것을 요청할 수 있고, 필요한 때에는 면담·조사 도중 또는 그 종료 후에도 추가로 의견제시를 요청할 수 있다$\binom{\text{지침 제6조}}{\text{제1항, 제2항}}$.

검사가 사법경찰관의 구속영장 신청에 대해 정당한 이유 없이 판사에게 청구하지 아니한 경우 사법경찰관은 그 검사 소속의 지방검찰청 소재지를 관할하는 고등검찰청에 영장 청구 여부에 대한 심의를 신청할 수 있다$\binom{\text{제221}}{\text{조의 5}}$.

나) 피의자의 석방

검사 또는 사법경찰관은 긴급체포한 피의자에 대해 구속영장을 청구 또는 신청하지 아니하거나 발부받지 못한 때에는 피의자를 즉시 석방하여야 한다$\binom{\text{제200조}}{\text{의 4 제2항}}$. 이때 피의자 석방서를 작성하여야 하고, 체포 일시·장소, 체포 사유, 석방 일시·장소, 석방 사유 등을 기재하여야 한다$\binom{\text{수사준칙}}{\text{제36조 제1항}}$. 사법경찰관은 긴급체포한 피의자에 대하여 구속영장을 신청하지 아니하고 석방한 경우에는 즉시 검사에게 보고하여야 한다$\binom{\text{동조}}{\text{제2항}}$.

긴급체포한 피의자에 대해 구속영장을 청구하지 아니하고 피의자를 석방한 경우에는 석방한 날부터 30일 이내에 서면으로 ① 긴급체포 후 석방된 자의 인적사항, ② 긴급체포의 일시·장소와 긴급체포하게 된 구체적 이유, ③ 석방의 일시·장소 및 사유, ④ 긴급체포 및 석방한 검사 또는 사법경찰관의 성명을 법원에 통지하여야 한다. 이 경우 긴급체포서의 사본을 첨부하여야 한다$\binom{\text{제200조}}{\text{의 4 제4항}}$.

긴급체포 후 석방된 자 또는 그 변호인·법정대리인·배우자·직계친족·형제자매는 통지서 및 관련 서류를 열람하거나 등사할 수 있다$\binom{\text{동조}}{\text{제5항}}$.

6) 재체포의 제한

긴급체포 후 석방된 자는 영장 없이는 동일한 범죄사실에 관하여 체포하지 못한다$\binom{\text{제200조}}{\text{의 4 제3항}}$. 따라서 수사기관은 긴급체포 후 석방된 피의자를 동일한 범죄사실로 다시 긴급체포할 수 없다. 법원으로부터 체포영장을 발부받은 경우에는 다시 체포할 수 있음은 물론이다.

라. 긴급체포와 관련된 실무상 쟁점

1) 긴급성의 판단기준 및 기준시

긴급체포의 요건을 충족하였는지 여부는 사후에 밝혀진 사정을 기초로 판단하는 것이 아니라 체포 당시의 상황을 기초로 판단하여야 한다.[24] 반드시 체포영장에 의한 체포가 객관적으로 불가능해야 하는 것은 아니고, 수사기관의 합리적 판단에 의하여 긴급체포가 아니면 체포의 목적을 달성할 수 없게 된다고 인정되면 충분하다.[25]

긴급체포의 요건 충족 여부에 관한 수사기관의 판단에는 상당한 재량의 여지가 있으나, 긴급체포 당시의 상황으로 보아서도 수사기관의 판단이 경험칙에 비추어 현저히 합리성을 잃은 경우에는 긴급체포는 위법하다.[26] 주의하여야 할 것은 긴급체포가 단순히 위법한데 그치지 않고, 수사기관이 고의로 직권을 남용하여 피의자를 체포, 감금하였다고 인정되는 경우에는 불법체포·감금죄가 성립할 수 있다는 것이다.[27]

2) 체포영장으로 체포하였다가 석방한 사람을 다시 긴급체포할 수 있는지

가) 동일한 범죄사실의 경우

형사소송법 제200조의4 제3항 재체포의 제한 규정에 따라, 이미 긴급체포한 후 석방된 자에 대하여는 다시 동일한 범죄사실로 긴급체포할 수 없고, 체포영장 또는 구속영장을 발부받아 집행할 수밖에 없다.

그렇다면 체포영장으로 체포하였다가 석방한 사람을 동일한 범죄사실로 긴급체포하는 경우도 허용되지 않는가. 예컨대, 마약복용사범을 체포영장으로 체포하였다가 소변 간이시약검사 결과에서 음성반응이 나와 석방하였는데 그 후 정밀감정결과에서 양성반응이 나와 피의자를 긴급체포하려고 하는 경우이다.

---

24) 대법원 2006. 9. 8. 선고 2006도148 판결.
25) 이재상, 형사소송법(제11판), 251쪽.
26) 대법원 2006. 9. 8. 선고 2006도148 판결.
27) 대법원 2003. 3. 27. 선고 2002모81 결정. 형법 제124조 제1항은 재판, 검찰, 경찰 기타 인신구속에 관한 직무를 행하는 자 또는 이를 보조하는 자가 그 직권을 남용하여 사람을 체포 또는 감금한 때에는 7년 이하의 징역과 10년 이하의 자격정지에 처한다라고 규정하고 있다.

긴급체포 후 석방된 사람에 대해 동일한 범죄사실로 체포영장에 의한 체포가 가능하듯이,[28] 이러한 경우에도 역시 긴급체포가 가능하다. 왜냐하면, 긴급체포와 체포영장에 의한 체포는 별개이기 때문이다.

나) 다른 범죄사실의 경우

체포영장으로 체포하였다가 석방한 사람을 다른 범죄사실로 긴급체포하는 경우에도 긴급체포의 요건이 충족된다면 허용된다.

대구지방검찰청 강력범죄형사부는 2020. 9.경 사기 혐의의 체포영장으로 체포한 피의자를 조사하던 중 사기 혐의를 인정하기 어렵다고 판단하여 석방하고 그 즉시 국민체육진흥법위반(도박개장 등)으로 피의자를 긴급체포한 후 법원으로부터 구속영장을 발부받은 예가 있다. 당시 법원에 제출되었던 검사의 구속의견서는 다음과 같다.

---

3. 피의자를 구속할 필요성이 있습니다.

가. 본건 수사 착수 경위, 긴급체포 사유 등 수사 상황에 관한 설명

○ 수사 착수 경위

– 본건은 유령법인을 설립하여 대포통장을 유통한 송치사건을 수사하던 과정에서 유령법인의 하나인 ㈜바○○패션 명의의 계좌가 보이스피싱에 사용된 정황을 확인하고, 계좌 추적 등을 통해 피의자의 인적사항을 특정하게 되었던 것입니다.

– 위 ㈜바○○패션 명의의 계좌가 보이스피싱에 이용된 사실은 별건 판결문 등을 통해서 이미 확인된 것인바, 애초 본건에 대한 수사계획은 ㈜바○○패션 명의의 계좌 등에 입금된 보이스피싱 피해금의 흐름을 추적하여 피혐의자의 인적사항을 특정하려고 하였으나, 자금 흐름이 매우 복잡하고 사용통장 역시 대포통장이 대부분인 관계로 그와 같은 수사기법으로는 피혐의자의 인적사항을 특정하기 어렵다고 판단하였습니다.

---

28) 대법원 2001. 9. 28. 선고 2001도4291 판결은 "형사소송법 제200조의4 제3항은 영장 없는 긴급체포 후 석방된 피의자를 동일한 범죄사실에 관하여 체포하지 못한다는 규정으로, 위와 같이 석방된 피의자라도 법원으로부터 구속영장을 발부받아 구속할 수 있음은 물론이고, 같은 법 제208조 소정의 '구속되었다가 석방된 자'라 함은 구속영장에 의하여 구속되었다가 석방된 경우를 말하는 것이지, 긴급체포나 현행범인으로 체포되었다가 사후영장발부 전에 석방된 경우는 포함되지 않는다 할 것이므로, 피고인이 수사 당시 긴급체포되었다가 수사기관의 조치로 석방된 후 법원이 발부한 구속영장에 의하여 구속이 이루어진 경우 앞서 본 법조에 위배되는 위법한 구속이라고 볼 수 없다"라고 판시한 바 있다.

- 이에 ㈜바○○패션 명의 계좌 및 이와 연결된 계좌들의 IP분석 및 MAC 분석을 통해서 해당 계좌의 사용자가 누구인지를 추적하는 방법으로 수사를 진행하였고, 그 결과 해당 계좌의 사용자로 피의자를 특정하게 된 것입니다.

○ 피의자 특정 경위

- 이와 같은 방식에 따라 피의자의 인적사항을 특정하게 되었고, 애초 수사단서가 되었던 ㈜바○○패션 명의 계좌가 보이스피싱에 사용된 점은 이미 관련 판결문 등을 통해서 명확하게 확인된 이상 피의자를 보이스피싱 사기 범죄의 공범으로 파악하여 피의자에 대해 체포영장을 발부받아 피의자를 검거하였습니다.

○ 체포 이후 피의자 조사 과정에서 본건 국민체육진흥법위반(도박개장 등) 혐의 확인 후 수사 전환

- 그런데 피의자는 조사 과정에서 관련 계좌를 사용한 사실은 있다고 인정하면서도 자신은 보이스피싱에는 전혀 가담한 사실이 없고, 해당 계좌를 이용하여 불법 스포츠토토 도박 사이트 운영에만 관여하였을 뿐이라고 주장하였습니다.

- 통상 보이스피싱에 사용되는 통장은 대부분이 대포통장이고, 본건에 이용된 계좌들도 모두 대포통장인데, 전전 유통되는 대포통장의 특성상 대포통장이 보이스피싱에도 이용되었다가 그 이후에 불법 도박 사이트에도 이용되는 등 사용용도가 순차적으로 변경될 가능성은 경험칙상 충분히 인정됩니다.

- 피의자가 사기 범행에 대해서는 극구 부인하고 스포츠토토 도박 사이트에만 관여하였다고 주장하고 있는 상황에서 계좌의 입출금 내역을 확인했더니 일부 스포츠토토 도박 사이트에 이용되었을 정황이 확인되는 점, 피의자의 휴대폰에서 공범과 배당률을 정하는 과정이 확인되고, 더 나아가 '우리나라가 지면, (우리가) 2,000만 원을 잃는다'라는 내용이 확인되는 점 등에 비추어 볼 때 피의자를 보이스피싱 조직원으로 단정짓기 어렵다고 판단하였고, 이에 피의자에 대한 사기를 인정하기 어려워 피의자를 우선 석방하였습니다.

- 다만, 피의자는 과거에 보이스피싱 사기방조죄로 대구지방법원에서 징역 6월, 집행유예 2년을 선고받은 전력이 있는 점, 피의자는 과거 사건의 집행유예 기간 중에 본건 범행을 범한 점에 비추어 피의자를 석방할 시 도주의 우려가 충분히 있고, 체포영장을 발부받을 시간적 여유도 없어 부득이 석방한 피의자를 긴급체포하였습니다.

3) 자진출석 또는 임의동행한 피의자에 대한 긴급체포 가부

가) 판단기준

이 문제는 '긴급을 요한다 함은 피의자를 우연히 발견한 경우 등과 같이 체포영장을 받을 시간적 여유가 없는 때를 말한다'라고 규정한 형사소송법 제200조의3 제1항 단서조항의 해석과 관련이 있다.

위 법문의 문언만 놓고 본다면 자진출석 또는 임의동행한 피의자에 대한 긴급체포를 예상하기는 어려울 것처럼 보인다. 그럼에도 불구하고 수사실무상 피의자가 수사기관에 자진하여 출석하였거나 임의동행으로 출석한 경우에도 조사가 진행되면서 증거인멸이나 도주의 우려가 생길 수 있고, 이때 사전영장을 받을 여유가 없는 상황이 발생할 수 있다. 예컨대, 피의자가 수사기관에 임의로 출석하였으나 조사를 받는 과정에서 자신의 혐의가 매우 중하다는 사실을 인지하게 되자 갑자기 납득하기 어려운 이유로 조사 중단을 요청하면서 귀가를 요구하는 경우, 피의자 변소의 타당성 여부, 피의자의 진술 태도, 사건의 경위 등을 종합할 때 피의자를 귀가시키게 되면 피의자가 도주하거나 조사 과정에서 알게 된 주요 참고인을 회유할 정황 또는 가능성이 매우 높다고 판단될 때에는 수사기관으로서는 피의자의 신병 확보를 고민하지 않을 수 없다.

이러한 경우에 긴급체포를 할 수 없다면 수사기관은 피의자의 도주 또는 증거인멸에 효율적으로 대처할 수 없게 되는 문제가 발생하게 된다. 이 문제에 대해 법원이나 수사기관의 실무 경향은 자진출석 또는 임의동행하였다는 이유만으로 긴급성이 없다고 단정하기보다는 범죄혐의의 소명, 사안의 중대성, 피의자가 출석하게 된 경위, 출석횟수, 출석불응사실, 조사기간, 미체포 공범이나 주요 참고인과의 관계, 중요 증거의 수집 여부 및 사전영장을 청구하기 위해 피의자를 귀가시키게 되면 귀가 후 증거를 인멸하거나 도주할 우려가 있는지 여부를 종합적으로 고려하여 긴급성 유무를 판단하고 있다.[29] 다만, 이 경우에는 피의자를 우연히 발견한 경우에 비해서 더 엄격한 기준이 적용될 것이다.

---

29) 이은모·김정환, 형사소송법(제8판), 246쪽도 "자진출석하여 조사를 받는 경우에도 조사과정을 통하여 자신의 죄가 무겁다고 인식되거나 변명이 받아들여지지 않음을 느낀 때에는 조사 후 영장을 청구하는 사이에 도망할 우려가 있으므로 긴급체포가 가능하다고 보아야 한다"라고 적고 있다.

나) 자진 출석한 피의자에 대한 긴급체포가 문제된 구체적 사례

(1) 자진 출석한 기무부대장이 피의자 조사 과정에서 혐의를 부인하자 긴급체포한 사안에 서 인사에 영향력을 행사할 수 있는 직위에 있는 기무부대장이 석방시 관련자들과의 접촉을 통해 증거를 인멸할 우려가 있다고 판단한 사례[30]

검찰관은 피고인으로부터 주식회사 ○○건설과 관련하여 공사시 편의제공 등을 부탁받은 전투비행단 시설대대장 A의 진술을 먼저 확보한 다음, 2003. 5. 17. 경 자진출석한 피고인을 상대로 피의자신문조서를 작성하였고, 그 후 피고인으로 부터 장병신체검사 지정병원 선정과 관련한 부탁을 받은 전투비행단 인사처장 B 의 진술을 확보한 후, 2003. 5. 18.경 피고인을 긴급체포하였는데, 피고인은 인사 처장 B에게 부탁을 한 사실은 인정하면서도 병원으로부터 그 대가를 수수하거나 약속한 사실을 부인하고, 공사 편의제공과 관련하여 시설대대장 A에게 사실상의 영향력을 행사한 사실도 부인하였던 사실이 인정되고, 피고인이 담당 부대 장교들 에 대한 동향관찰보고를 통하여 진급, 인사 등에 영향력을 행사할 수 있는 기무부 대장으로 근무하고 있었던 점을 감안하면, 피고인이 관련자들과의 접촉을 통하여 증거를 인멸할 염려가 있다고 보이므로, 피고인을 긴급체포할 당시 그 요건의 충 족 여부에 관한 검찰관의 판단이 경험칙에 비추어 현저히 합리성을 잃었다고 보기 는 어렵다.

(2) 도로교통법위반으로 기소유예 처분을 받은 자가 혐의없음을 주장하며 담당 경찰관의 처벌을 요구하는 진정서를 제출하고 그 진정사건의 담당검사의 교체를 요구하기 위해 자진 출석하여 부장검사 부속실에서 대기하고 있다가 진정사건 담당검사에 의해 긴급 체포된 사례

【사안의 개요】

피의자는 도로교통법위반으로 기소유예 처분을 받은 후 검찰청에 '담당 경찰 관이 공권력을 남용하여 피해자인 자신을 가해자로 입건하였다'라는 취지의 진정 을 하였으나, 자신의 주장이 받아들여지지 않자 그 후 동일한 내용으로 반복 진정 을 하였다. 그 후 진정사건의 담당검사 A는 이미 기소유예 처분을 받은 피의자에 대한 위 도로교통법위반 피의사건을 재기하였다. 얼마 뒤 피의자는 A 검사 소속

---

30) 대법원 2005. 11. 10. 선고 2004도42 판결.

형사부의 부장검사 부속실에서 A 검사의 교체를 요구하고자 부장검사와의 면담을 기다리던 중 검사 A가 피의자를 도로교통법위반 피의사실에 기하여 긴급체포하였다.

【법원 판단】[31]

이 사건 긴급체포 당시 피의자는 담당검사 A가 위와 같이 종결된 도로교통법위반 피의사건을 재기함으로써 다시 수사대상자의 입장에 놓이게 되었지만, 그것은 어디까지나 피의자가 무혐의라는 취지의 주장과 함께 수사담당 경찰관을 상대로 진정을 제기함에 따라 이루어진 것이었던 점, 검찰은 피의자에 대한 위 도로교통법위반 피의사건에 관하여 나름대로의 증거수집이 마쳐졌다고 판단하고 제반 정상을 참작하여 피의자에 대하여 기소유예의 종국처분을 한 다음, 피의자의 진정에 따라 이를 재기하여 그 피해자에 대한 확인 조사까지 마쳤던 점, 또한 피의자는 이 사건 긴급체포 당시 수사대상자인 동시에 진정인의 지위도 아울러 가지고 있었는데, 위와 같은 일련의 수사과정에서 수사대상자로서 경찰과 검찰의 출석요구에 순순히 응하였을 뿐만 아니라, 진정인의 지위에서 철저한 수사를 요구하는 능동적인 입장에 있었고, 다만 최초 진정일인 1998. 2. 9.부터 1년 가까이 지난 1999. 1. 14. 이후에야 비로소 담당검사의 교체를 요구하는 태도를 취하였을 뿐인 점, 특히 이 사건 긴급체포 당시 피의자는 진정인의 입장에서 담당검사의 상관인 형사 제2부장검사를 면담하기 위하여 스스로 검찰청을 방문하여 대기하고 있었던 점 등의 여러 사정을 종합하여 볼 때, 이 사건 긴급체포는 체포영장을 발부받을 수 없을 정도로 긴급을 요하는 경우에 해당한다고 도저히 볼 수 없다.

4) 수사기관에 출석한 참고인에 대한 긴급체포 가부

참고인이 수사기관에 출석하여 조사를 받는 도중 범죄를 저질렀다고 인정할 만한 자료 등이 확인되면 그때부터 그 참고인을 피의자로 전환하여 수사하는 경우가 있다. 그런데 이때 해당 참고인을 피의자로 입건함과 동시에 긴급체포를 할 수 있는지가 실무상 문제된다.

대법원은 검사가 참고인으로 소환한 사람을 곧바로 위증죄의 피의자로 조사

---

31) 대법원 2003. 3. 27. 선고 2002모81 결정.

하려 하다가 참고인이 귀가를 요구하며 퇴거하려 하자 이를 제지하면서 긴급체포
한 사안에서 이 당시 그 참고인이 위증죄 등 범행을 범하였다고 의심할 상당한
이유가 있었다고 볼 수 없어 긴급체포 요건을 갖추지 못하였다고 판단한 바 있다.
위 판결은 긴급체포의 위법성의 근거로 범죄혐의의 상당성을 인정하기 어렵다는
이유를 들었고, 그 외에도 도망할 우려 또는 증거인멸의 우려가 없다는 점을 제시
하였다.[32]

　　그렇다면 범죄혐의의 상당성이 인정되는 경우라면 참고인을 피의자로 긴급체
포할 수 있는가. 통상의 경우 참고인은 자신이 피의자로 조사받을 것이라고는 예
상하지 못하고 피의자의 방어권을 행사할 준비도 갖추지 못한 상태에서 수사기관
에 출석하기 때문에 임의출석한 참고인을 긴급체포하는 것은 체포의 필요성이나
긴급성이 부정될 가능성이 매우 크다고 본다. 이와 관련하여 검찰은 2020. 10.경부
터 참고인 조사 당일에는 원칙적으로 출석한 참고인을 피의자로 전환하여 신문 또
는 체포할 수 없도록 하고 있다.[33] 따라서 수사기관에 임의출석한 참고인을 긴급
체포하는 사례는 실무적으로 찾아보기 힘들 것으로 보인다.

　　다만, 그렇다고 하더라도 참고인을 긴급체포하는 것이 예외 없이 불허된다고
는 할 수 없다. 참고인 조사를 진행하는 과정에서 조사진행 경과나 새로운 자료
등으로 인하여 참고인을 피의자로 변경하여야 할 만한 상황이 발생하고, 살인사건
등과 같이 범죄가 매우 중대하며, 참고인을 귀가시키면 도주하거나 증거인멸의 우
려가 명백히 인정될 경우에는 참고인에 대한 긴급체포도 가능하다. 물론, 그 사전
적 조치로서 참고인에게 자신의 신분이 피의자로 바뀌었음을 명확히 고지하고, 진
술거부권 등 피의자의 권리고지도 병행되어야 할 것이다.

5) 긴급체포의 적법성이 문제된 구체적 사례

가) 위법한 임의동행 후 이루어진 긴급체포의 위법성 여부

【사안의 개요】

　① 경찰관 4명은 새벽 06:00경 자택으로 귀가하는 피의자 A를 발견하고 한꺼

---

32) 대법원 2006. 9. 8. 선고 2006도148 판결.

33) 인권TF 개선방안(2020. 10. 14.). 다만, 참고인이 자신의 범행을 자백하면서 당일 피의자 조사를
　　요청하는 경우에는 예외적으로 피의자로 전환하여 신문할 수 있도록 하고 있다.

번에 차에서 내려 피의사실을 부인하는 A를 임의동행하려고 하였다.

② 경찰관은 A를 현장에서 긴급체포하려고 하였으나 A가 혐의사실을 완강히 부인하고, 甲의 진술 외에 확실한 증거가 없어 현장에서 바로 A를 긴급체포하면 보강증거를 찾기에 시간이 너무 부족한 것 같아 A에게 임의동행을 요구하였다.

③ 경찰관들이 임의동행을 요구할 당시 A에게 그 요구를 거부할 수 있음을 말해주지 않았다.

④ A는 임의동행 형식으로 경찰서에 갔고, 화장실에 갈 때에도 경찰관 1명이 따라와 감시하는 등 임의로 퇴거할 수 없는 상황에서 긴급체포를 당하였다.

【법원 판단】[34]

비록 사법경찰관이 피고인을 동행할 당시에 물리력을 행사한 바가 없고, 피고인이 명시적으로 거부의사를 표명한 적이 없다고 하더라도, 사법경찰관이 피의자를 수사관서까지 동행한 것은 적법요건이 갖추어지지 아니한 채 사법경찰관의 동행 요구를 거절할 수 없는 심리적 압박 아래 행하여진 사실상의 강제연행, 즉 불법 체포에 해당한다고 보아야 할 것이고, 사법경찰관이 그로부터 6시간 상당이 경과한 이후에 비로소 피고인에 대하여 긴급체포의 절차를 밟았다고 하더라도 이는 동행의 형식 아래 행해진 불법 체포에 기하여 사후적으로 취해진 것에 불과하므로, 그와 같은 긴급체포 또한 위법하다.

나) 현직 군수에 대한 뇌물수수사건에서 검사가 참고인들의 진술을 먼저 확보한 후, 군청 소속 계장을 통해 현직 군수의 소재지를 확인하여 그곳에서 현직 군수를 긴급체포한 경우

【사안의 개요】

① 검사는 피의자 A에게 뇌물을 주었다는 참고인들의 진술을 먼저 확보한 다음, 현직 군수인 피의자 A를 소환·조사하기 위하여 검찰수사관을 군수실로 보냈으나 군수실에서 A를 찾지 못했다.

② A는 검찰수사관이 올 것을 미리 알고 사전에 군수실 직원에게 "자신은 자택 옆 초야농장 농막에서 기다리고 있을 테니 수사관이 오면 그리 오라고 해라"라

---

34) 대법원 2006. 7. 6. 선고 2005도6810 판결.

고 말을 전하였다.

③ 이에 검찰수사관은 해당 농막으로 가서 A를 긴급체포하였다.

【법원 판단】 [35)]

피고인은 현직 군수직에 종사하고 있어 검사로서도 피고인의 소재를 쉽게 알 수 있었고, 참고인의 진술 이후 시간적 여유가 있었으며, 피고인도 도망이나 증거 인멸의 의도가 없었음은 물론, 언제든지 검사의 소환조사에 응할 태세를 갖추고 있었고, 그 사정을 위 검찰수사관으로서도 충분히 알 수 있었다 할 것이어서, 위 긴급체포는 그 당시로 보아서도 형사소송법 제200조의3 제1항의 요건을 갖추지 못한 것으로 쉽게 보여져 이를 실행한 검사 등의 판단이 현저히 합리성을 잃었다고 할 것이므로, 이러한 위법한 긴급체포에 의한 유치 중에 작성된 이 사건 각 피의자신문조서는 이를 유죄의 증거로 하지 못한다.

다) 경찰관이 피의자의 필로폰 투약 제보를 받고, 피의자의 신원, 주거지 등을 이미 파악한 상태에서 피의자의 주거지를 방문하여 피의자를 긴급체포한 경우

【사안의 개요】

① 경찰관은 피의자 A가 필로폰을 투약한다는 제보를 받았다.

② 경찰관은 제보된 주거지에 A가 살고 있는지 등 제보의 정확성을 사전에 확인한 후 제보자를 불러 조사하기 위하여 A의 주거지를 방문하였다.

③ 경찰관은 현관에서 담배를 피우고 있는 A를 발견하고 사진을 찍어 제보자에게 전송하여 사진에 있는 사람이 제보한 대상자가 맞다는 확인을 하였다.

④ 이에 경찰관은 가지고 있던 A의 전화번호로 전화를 하여 차량 접촉사고가 났으니 나오라고 하였으나 A가 나오지 않고, 또한 경찰관임을 밝히고 만나자고 하는데도 현재 집에 있지 않다는 취지로 거짓말을 하자 A의 집 문을 강제로 열고 들어가 A를 긴급체포하였다.

【법원 판단】 [36)]

피고인이 마약에 관한 죄를 범하였다고 의심할 만한 상당한 이유가 있었더라

---

35) 대법원 2002. 6. 11. 선고 2000도5701 판결.
36) 대법원 2016. 10. 13. 선고 2016도5814 판결.

도, 경찰관이 이미 피고인의 신원과 주거지 및 전화번호 등을 모두 파악하고 있었고, 당시 마약 투약의 범죄 증거가 급속하게 소멸될 상황도 아니었던 점 등의 사정을 감안하면, 긴급체포가 미리 체포영장을 받을 시간적 여유가 없었던 경우에 해당하지 않아 위법하다고 본 원심판단이 정당하다.

라) 현행범인으로 체포하였으나, 법정에서 현행범인 체포의 요건 총족이 인정되지 않자 검사가 공판에서 실질은 긴급체포의 요건을 갖춘 체포행위라고 주장할 수 있는지 여부

원심판결 이유와 같이 이 사건 체포가 긴급체포로서의 요건을 갖추었다고 볼 수 없을 뿐 아니라, 경찰관이 피고인을 현행범인으로 체포한 것이고 긴급체포를 하려던 것이 아니었으며 실제 긴급체포서가 작성된 적도 없으므로 긴급체포의 요건을 갖춘 체포행위로서는 적법하다는 상고이유 주장도 받아들일 수 없다.[37]

마) 경찰관이 피의자 부재중인 상태에서 점유자인 피의자가 아닌 관리자인 모텔 종업원의 허락을 얻어 피의자의 모텔객실을 수색하여 1회용 주사기를 발견한 후, 현장에 대기하다 귀가한 피의자를 긴급체포한 경우

【사안의 개요】

① 렌트카업체 직원으로부터 '렌트카 차량 뒷좌석에서 마약 투약에 사용된 1회용 주사기가 다량 발견되었다'라는 신고를 접수한 경찰관은 렌트카 고객인 피의자 A의 인적사항을 확인하고, A가 마약류 관리에 관한 법률위반(향정)죄로 수회 처벌받은 전력이 있다는 점을 확인하였다.

② 경찰관은 A가 △△△ 모텔 701호에 투숙하고 있음을 확인하고 A가 모텔 밖으로 나간 것을 확인한 다음 A가 없는 상태에서 모텔 종업원의 동의를 얻어 A의 객실로 들어가 수색하여 그곳에 필로폰을 투약한 후 숨겨놓은 것으로 보이는 1회용 주사기를 발견하였다.

③ 그 후 경찰관은 모텔 주변에서 기다리다가 A를 필로폰 보관, 소지, 투약 혐의로 긴급체포하였다.

---

37) 대법원 2019. 7. 10. 선고 2018도10099 판결.

【법원 판단】[38)]

1. 이 사건 객실 701호에 대한 수색의 적법여부

가. 우선, 경찰관들이 영장 없이 이 사건 모텔 701호에 직접점유자인 피고인의 허락이 아닌 관리자의 허락을 받아 들어가 증거물을 수집하기 위한 수색을 한 행위를 긴급체포의 부수처분으로 보지 않고 독립한 증거수집행위로 본다면, 이는 그 자체로 수색영장 없이 타인의 주거를 수색한 것으로서 법률상 아무런 근거 없이 피의자의 주거를 수색한 위법한 수사에 해당함은 명백하다.

나. 이와는 달리, 경찰관들이 이 사건 모텔 701호에 들어간 시점에 긴급체포가 개시된 것이고, 이와 같이 수색한 행위를 긴급체포의 한 과정으로 보면 강제처분으로 수색이 가능한지 살펴볼 필요가 있다. 검사 또는 사법경찰관은 피의자를 체포 또는 구속하는 경우에 필요한 때에는 영장 없이 타인의 주거나 타인이 간수하는 가옥, 건조물, 항공기, 선차 내에서의 피의자 수색을 할 수 있다. 그런데 이 사건 경찰관들은 이미 피의자가 해당 객실 내에 없다는 것을 CCTV를 통해 확인하였는데도 불구하고 마약 투약의 증거물을 찾기 위해 위 장소를 수색한 것으로 보이므로, 이는 피의자를 긴급체포하기 위해 피의자를 찾는 행위라고 볼 수 없고 위 형사소송법 제216조 제1항 제1호에 위반한 위법한 수사에 해당한다. 나아가 이 사건 수색이 피고인에 대한 체포현장에서 이루어진 것도 아닌 이상 같은 항 제2호에 의한 수색에도 해당하지 아니한다.

2. 이 사건 긴급체포의 적법 여부

그러나 앞서 본 바와 같이 경찰관들이 이 사건 모텔 701호를 수색한 것이 위법한 이상, 위 수색을 통해 얻은 증거나 정보를 기초로 피고인을 긴급체포한 것은 그 형식적 적법성을 불문하고 위법함을 면치 못한다. 이렇게 해석하지 아니하고 '실제 체포가 이루어진 시점'만을 기준으로 범죄혐의의 상당성 등을 따진다면, 이는 사형·무기 또는 장기 3년 이상의 징역이나 금고에 해당하는 죄를 범하였다는 증거를 결과적으로 얻어낼 수 있는 자이기만 하면 그에 대한 긴급체포를 위한 영장 없는 탐색적 수색이나 강제처분을 제한 없이 허용하고, 다시 그 결과에 근거한 긴급체포까지 별다른 제한 없이 허용하게 되는 것이므로, 미리 범죄혐의의 상당성

---

38) 서울북부지방법원 2020. 8. 27. 선고 2020노231 판결(대법원 2020도12796 판결로 확정).

등을 소명하여 판사로부터 영장을 발부받아 체포·구속·압수·수색을 하도록 하는 사전 영장주의 원칙이 형해화되기 때문이다.

앞서 본 바에 의하면, 단속경찰관들이 2017. 7. 26. 오전경 이 사건 모텔 701 호에 들어가는 시점에, ① 필로폰 투약과 관련하여 확보한 증거로는 '2017. 7. 25. 피고인이 렌트하였다 반납한 차량 뒷좌석에서 인슐린 주사기가 다량 발견되었고, 피고인의 인상착의 또한 짧은 머리에 염색을 하고, 마른 체형으로 전형적인 필로 폰 투약자로 보인다'라는 취지의 제보와 피고인이 마약범죄로 처벌받은 전력이 있 다는 범죄경력에 관한 정보 전부이다. 그런데 위 주사기는 당뇨병 환자가 사용하 는 인슐린 주사기일 가능성도 있는 것이고 피고인이 짧은 머리에 염색을 하고 마 른 체형이라는 이유만으로 필로폰 투약자로 보인다는 것은 추상적인 제보일 뿐이 어서 이러한 제보내용과 마약 전과가 있다는 점만으로는 피고인이 마약을 투약한 것으로 의심할 만한 상당한 이유가 있다고 보기도 어렵고, ② 필로폰 소지, 보관과 관련하여 확보한 증거는 없는바, 피고인에 대한 위 범죄를 의심할 만한 상당한 이 유가 있지도 않다.

결국 피고인에 대한 긴급체포는 범죄혐의의 상당성을 인정할 수 없고 위법한 사전 수색행위를 기초로 이루어진 것이라 평가함이 상당하므로, 위법함을 면치 못 한다.

4. 현행범인의 체포

가. 의의

형사소송법은 현행범인은 누구든지 영장 없이 체포할 수 있다고 규정하고 있 다(제212조). 현행범인의 경우에는 그 범죄가 명백하고 수사기관에 의한 권한남용의 위험성이 없을 뿐만 아니라 긴급한 체포의 필요성도 인정되기 때문에 영장주의의 예외가 인정되는 것이다.

현행범인은 고유한 의미의 현행범인과 준현행범인으로 나누어진다.

나. 현행범인의 요건

1) 고유한 의미의 현행범인

현행범인이란 범죄를 실행하고 있거나 실행하고 난 직후의 사람을 말한다 $\left(\substack{\text{제211조}\\\text{제1항}}\right)$.

'범죄를 실행하고 있다'라는 것은 범죄의 실행에 착수하였으나 종료하지 못한 상태를 의미한다. 범죄는 특정한 범죄임을 요하나 죄명이나 죄질, 죄의 경중 등을 묻지 않는다. 미수범 처벌규정이 있는 범죄는 실행의 착수가 있으면 족하고, 예비·음모 처벌규정이 있는 범죄는 예비·음모행위가 실행행위가 된다. 교사범과 방조범은 정범의 실행행위가 개시된 때에 현행범인이 된다. 다만, 교사행위가 예비·음모에 준하여 처벌되는 경우$\left(\substack{\text{형법제31조}\\\text{제2항, 제3항}}\right)$에는 교사행위 자체를 실행행위로 보아야 한다. 간접정범의 경우에는 간접정범의 이용행위를 기준으로 실행행위를 판단하여야 한다는 견해가 있다. 그러나 이용행위 자체는 구성요건적 정형성이 없고 간접정범의 성립에 범죄행위의 결과가 발생하여야 하므로$\left(\substack{\text{형법 제34}\\\text{조 제1항}}\right)$, 피이용자의 행위를 기준으로 실행행위 여부를 결정하여야 한다.

'범죄를 실행하고 난 직후'란 범죄의 실행행위를 종료한 직후의 범인이라는 것이 체포하는 자의 입장에서 볼 때 명백한 경우를 말한다.[39] 결과가 발생하였는지, 실행행위를 전부 종료하였는지는 묻지 않는다. '종료 직후'란 범죄행위를 실행하여 끝마친 순간 또는 이에 아주 근접한 시간적 단계를 의미한다. 따라서 시간적으로나 장소적으로 보아 체포를 당하는 자가 방금 범죄를 실행한 범인이라는 점에 관한 죄증이 명백히 존재하는 것으로 인정되어야만 현행범인으로 볼 수 있다.[40] 현행범인은 기본적으로 시간적 단계의 개념이지만 범행장소 또는 그 인접장소를 이탈한 때에는 시간적 근접성을 인정하기 어렵다는 점에서 장소적 근접성도 요건으로 하는 것이다.

---

39) 대법원 2006. 2. 10. 선고 2005도7158 판결.
40) 대법원 2006. 2. 10. 선고 2005도7158 판결.

2) 준현행범인

준현행범인이란 고유한 의미의 현행범인은 아니나 특정한 경우를 현행범인으로 보는 사람을 말한다. 현행범인으로 보는 경우는 ① 범인으로 불리며 추적되고 있을 때, ② 장물이나 범죄에 사용되었다고 인정하기에 충분한 흉기나 그 밖의 물건을 소지하고 있을 때, ③ 신체나 의복류에 증거가 될 만한 뚜렷한 흔적이 있을 때, ④ 누구냐고 묻자 도망하려고 할 때이다(제211조 제2항).

여기서 '흉기나 그 밖의 물건을 소지하고 있을 때'란 준현행범인으로 인정되는 시점에서 흉기 등을 소지하면 되고 체포 당시까지 소지할 필요는 없다. 대법원은 "이 사건 교통사고가 발생한 지점과 피고인이 체포된 지점은 거리상으로 약 1km 떨어져 있고 시간상으로도 10분 정도의 차이가 있으며 경찰관들이 피고인의 차량을 사고현장에서부터 추적하여 따라간 것도 아니고 순찰 중 경찰서로부터 무전연락을 받고 도주차량 용의자를 수색하다가 그 용의자로 보이는 피고인을 발견하고 검문을 하게 된 사정에 비추어 보면 피고인을 현행범인으로 보기 어렵다. 그러나 이 사건 교통사고가 발생한 지 4분 만에 경찰서 지령실로부터 교통사고를 일으킨 검정색 그랜져 승용차가 경찰서 방면으로 도주하였다는 무전연락을 받고 아파트 쪽으로 진행하고 있었는데 다시 도보 순찰자인 순경으로부터 검정색 그랜져 승용차가 펑크가 난 상태로 아파트 뒷골목으로 도주하였다는 무전연락을 받고 그 주변을 수색하던 중 아파트 뒤편 철로 옆에 세워져 있던 검정색 그랜져 승용차에서 피고인이 내리는 것을 발견하였고 그 승용차의 운전석 범퍼 및 펜더 부분이 파손된 상태였다는 것인바 사정이 이와 같다면 피고인으로서는 형사소송법 제211조 제2항 제2호의 장물이나 범죄에 사용되었다고 인정함에 충분한 흉기 기타의 물건을 소지하고 있는 때에 해당한다고 볼 수 있으므로 준현행범인으로서 영장 없이 체포할 수 있는 경우에 해당한다"라고 판시하였다.[41]

'누구냐고 묻자 도망하려고 할 때'란 주로 경찰관 직무집행법에 의한 불심검문의 경우이다. 질문 주체는 반드시 경찰관임을 요하지 않고 사인(私人)의 경우도 포함된다. 반드시 말로써 누구냐고 물을 것을 요하지도 않는다.[42]

---

41) 대법원 2000. 7. 4. 선고 99도4341 판결.
42) 이재상, 형사소송법(제11판), 254쪽.

준현행범인의 경우에도 현행범인과 같이 시간적 근접성을 요구하는지 문제된다. 비록 법문은 이를 요구하고 있지 않지만, 시간적 근접성이 없으면 준현행범인으로 볼 수 없다는 견해가 있다.[43] 이에 의하면 절도범행 뒤 며칠 후에 장물을 소지한 자가 발견되거나 특정 범죄와 무관하게 경찰관의 신원확인을 거부하고 도주한 경우에는 준현행범인으로 볼 수 없다는 것이다. 이때에는 준현행범인 체포가 아니라 긴급체포 등의 다른 조치를 취하여야 한다고 설명한다. 준현행범인 개념에 시간적 근접성을 요하지 않게 되면 영장주의의 예외를 지나치게 확장하는 폐단이 있다는 이유이다. 매우 타당하다고 생각한다.

다. 현행범인 체포의 요건

1) 범죄의 명백성

현행범인은 체포시에 특정범죄의 범인임이 명백하여야 한다. 특히 준현행범인의 경우에는 준현행범인으로 볼 수 있는 사정이 발생하였더라도 바로 현행범인으로 체포할 수 있는 것이 아니라 그 사람이 특정범죄를 범한 자임이 명백한 경우라야 함에 유의할 필요가 있다.

외형상 죄를 범한 것처럼 보여도 구성요건해당성이 인정되지 않는 경우, 위법성조각사유나 책임조각사유가 명백한 경우에는 현행범인으로 체포할 수 없다 (형사미성년자임이 명백한 경우 등). 그러나 현행범인 체포 당시에서는 객관적으로 보아 구성요건해당성이 인정되고, 위법성조각사유나 책임조각사유가 없다고 인정할 만한 충분한 이유가 있는 경우라면 가사 사후적으로 구성요건에 해당하지 않는다는 이유 등으로 무죄로 판단되더라도 적법한 체포라고 할 것이다.[44]

---

43) 주석 형사소송법(제5판), 218쪽.

44) 대법원 2013. 8. 23. 선고 2011도4763 판결은 "비록 피고인이 식당 안에서 소리를 지르거나 양은 그릇을 부딪치는 등의 소란행위가 업무방해죄의 구성요건에 해당하지 않아 사후적으로 무죄로 판단된다고 하더라도, 피고인이 상황을 설명해 달라거나 밖에서 얘기하자는 경찰관의 요구를 거부하고 경찰관 앞에서 소리를 지르고 양은 그릇을 두드리면서 소란을 피운 당시 상황에서는 객관적으로 보아 피고인이 업무방해죄의 현행범인이라고 인정할 만한 충분한 이유가 있으므로, 경찰관들이 피고인을 체포하려고 한 행위는 적법한 공무집행이라고 보아야 하고, 그 과정에서 피고인이 체포에 저항하며 피해자들을 폭행하거나 상해를 가한 것은 공무집행방해죄 등을 구성한다고 할 것이다"라고 판시하였다.

소송조건의 존재는 체포의 요건이 아니다. 따라서 친고죄에서 고소가 없어도 체포 자체는 할 수 있다. 하지만 체포 당시를 기준으로 고소의 가능성이 없다는 것이 객관적으로 명백한 경우라면,[45] 애초 수사도 할 수 없으므로 이 경우에는 현행범인의 체포도 허용되지 않는다.

2) 체포의 필요성

긴급체포의 경우에는 명문으로 체포의 필요성(도주또는증거인멸의우려)을 그 요건으로 정해 놓고 있으나, 현행범인의 체포에 있어서는 그러한 규정이 없으므로, 체포의 필요성이 현행범인 체포의 요건인지가 해석상 문제된다.

대법원은 "현행범인으로 체포하기 위해서는 행위의 가벌성, 범죄의 현행성·시간적 접착성, 범인·범죄의 명백성 이외에 체포의 필요성, 즉 도망 또는 증거인멸의 염려가 있어야 하고, 이러한 요건을 갖추지 못한 현행범인 체포는 법적 근거에 의하지 아니한 영장 없는 체포로서 위법한 체포에 해당한다. 여기서 현행범인 체포의 요건을 갖추었는지는 체포 당시 상황을 기초로 판단하여야 하고, 이에 관한 검사나 사법경찰관 등 수사주체의 판단에는 상당한 재량 여지가 있으나, 체포 당시 상황으로 보아도 요건 충족 여부에 관한 검사나 사법경찰관 등의 판단이 경험칙에 비추어 현저히 합리성을 잃은 경우에는 그 체포는 위법하다고 보아야 한다"라고 판시하여 현행범인 체포의 요건으로 체포의 필요성을 요구하고 있다.[46]

위 판례의 설시 내용을 근거로 대법원은 체포의 필요성을 현행범인 체포의 적극적 요건으로 보고 있다는 견해도 있으나, 형사소송법은 '현행범인은 누구든지 영장 없이 체포할 수 있다'라고만 규정하고 있을 뿐 체포의 필요성을 명시하고 있지 않은 점, 대법원은 현행범인 요건 충족에 대한 수사기관의 판단이 경험칙상 '현저히' 합리성을 잃은 경우에만 문제 삼고 있는 점을 고려하면, 대법원은 체포의 필요성을 현행범인 체포의 적극적 요건이 아니라 소극적 요건으로 보고 있다고 할 것이다. 이와 같이 체포 필요성의 부존재가 명백한 경우에 한하여 현행범인 체포가 허용되지 않으므로, 체포의 필요성이 의심스러울 때에는 피의자를 현행범인으

45) 예컨대, 범죄현장에서 친고죄의 피해자가 고소할 의사가 없다는 뜻을 명백하게 표시한 경우에는 현행범인으로 체포할 수 없다.
46) 대법원 2011. 5. 26. 선고 2011도3682 판결.

로 체포할 수 있다고 할 것이다.

대법원은 A가 경찰관의 불심검문을 받아 운전면허증을 교부한 후 경찰관에게 욕설을 하였고, 이에 경찰관이 모욕죄의 현행범인으로 체포하겠다고 고지한 후 A의 오른쪽 어깨를 붙잡자 경찰관에게 상해를 가한 사안에서, "경찰관이 피고인을 현행범인으로 체포할 당시 피고인이 이 사건 모욕 범행을 실행 중이거나 실행행위를 종료한 직후에 있었다고 하더라도, 피고인은 경찰관의 불심검문에 응하여 이미 운전면허증을 교부한 상태이고, 경찰관뿐 아니라 인근 주민도 피고인의 욕설을 직접 들었으므로, 피고인이 도망하거나 증거를 인멸할 염려가 있다고 보기는 어려울 것이다. 또한 피고인의 이 사건 모욕 범행은 불심검문에 항의하는 과정에서 저지른 일시적, 우발적인 행위로서 사안 자체가 경미할 뿐 아니라, 고소를 통하여 검사 등 수사 주체의 객관적 판단을 받지도 아니한 채 피해자인 경찰관이 범행현장에서 즉시 범인을 체포할 급박한 사정이 있다고 보기도 어렵다. 따라서 경찰관이 피고인을 체포한 행위는 현행범인 체포의 요건을 갖추지 못하여 적법한 공무집행이라고 볼 수 없으므로 공무집행방해죄의 구성요건을 충족하지 아니한다"라고 판시하였다.[47]

3) 비례성의 원칙

현행범인 체포는 경미사건에 대해서 일정한 제한이 있는바, 다액 50만 원 이하의 벌금, 구류 또는 과료에 해당하는 죄의 현행범인에 대하여는 범인의 주거가 분명하지 아니한 때에 한하여 현행범인 체포를 할 수 있다(제214조).

라. 현행범인 체포의 절차

1) 현행범인 체포의 주체

현행범인 체포는 누구든지 영장 없이 할 수 있다(제212조). 검사 또는 사법경찰관리가 아닌 사인도 현행범인을 체포할 수 있다. 다만, 검사 또는 사법경찰관리 아닌 자가 현행범인을 체포한 때에는 즉시 검사 또는 사법경찰관리에게 인도하여야 한

---

47) 대법원 2011. 5. 26. 선고 2011도3682 판결.

다. 여기서 '즉시'라고 함은 반드시 체포시점과 시간적으로 밀착된 시점이어야 하는 것은 아니고, '정당한 이유 없이 인도를 지연하거나 체포를 계속하는 등으로 불필요한 지체를 함이 없이'라는 뜻이다.[48] 사인이 수사기관에게 현행범인을 인도하지 않고 임의로 석방하는 것은 허용되지 않는다. 이를 허용할 경우 사인의 체포권이 남용될 위험이 크기 때문이다.

사법경찰관리가 현행범인의 인도를 받은 때에는 체포자의 성명, 주거, 체포의 사유를 물어야 하고 필요한 때에는 체포자에 대하여 경찰관서에 동행함을 요구할 수 있다(제213조제2항). 이때의 동행요구는 임의동행이다. 따라서 사인은 이를 거절할 수 있다.

2) 체포이유 등의 고지

검사와 사법경찰관리가 피의자를 체포하는 경우에는 피의사실의 요지, 체포의 이유와 변호인을 선임할 수 있음을 말하고 변명할 기회를 주어야 한다(제213조의2, 제200조의5). 사인이 현행범인을 체포한 경우에는 사인의 고지행위를 기대하기 어려우므로, 이러한 권리고지는 사인으로부터 현행범인의 인도를 받은 검사와 사법경찰관리에 의해 진행된다(제213조의2후단).

이와 같은 피의사실의 요지, 체포이유 등의 고지는 체포를 위한 실력행사에 들어가기 이전에 미리 하여야 하는 것이 원칙이나, 달아나는 피의자를 쫓아가 붙들거나 폭력으로 대항하는 피의자를 실력으로 제압하는 경우에는 붙들거나 제압하는 과정에서 하거나, 그것이 여의치 않은 경우에라도 일단 붙들거나 제압한 후에 지체 없이 행하여야 한다.[49]

수사기관이 현행범인을 체포하거나 사인으로부터 인도받은 때에 변호인이 있는 경우에는 변호인에게, 변호인이 없는 경우에는 변호인선임권자(피의자의 법정대리인, 배우자, 직계친족과 형제자매) 중 피의자가 지정한 자에게 피의사건명, 체포일시·장소, 범죄사실의 요지, 체포의 이유와 변호인을 선임할 수 있는 취지를 알려야 하고(제200조의6, 제87조), 그 통지는 체포한 때로부터 늦어도 24시간 이내에 서면으로 하여야 한다(규칙 제100조제1항, 제51조제2항). 급속을 요하는 경우에는 체포되었다는 취지 및 체포의 일시·장소를 전화 또는 모사

---

48) 대법원 2011. 12. 22. 선고 2011도12927 판결.

49) 대법원 2000. 7. 4. 선고 99도4341 판결, 대법원 2008. 2. 14. 선고 2007도10006 판결.

3

전송기 기타 상당한 방법에 의하여 통지할 수 있으나, 이 경우에도 체포통지는 다시 서면으로 하여야 한다(동조 제3항). 만약 피의자에게 변호인이 없거나 위 변호인선임권자가 없는 경우에는 피의자가 지정하는 1인에게 통지하여야 하나, 피의자가 지정하는 1인마저도 없어 통지를 하지 못한 경우에는 그 취지를 기재한 서면을 기록에 철하여야 한다(동조 제2항).

　　피의자를 체포하거나 인도받은 검사 또는 사법경찰관은 체포된 피의자와 체포적부심사청구권자[50] 중에서 피의자가 지정하는 자에게 체포적부심사를 청구할 수 있음을 알려야 한다(제214조 의2제2항). 체포된 피의자, 그 변호인, 법정대리인, 배우자, 직계친족, 형제자매나 동거인 또는 고용주는 현행범인체포서를 보관하고 있는 검사, 사법경찰관 또는 법원사무관등에게 그 등본의 교부를 청구할 수 있다(규칙 제101조).

3) 신속한 조사

　　검사 또는 사법경찰관은 현행범인을 체포하거나 체포된 현행범인을 인수했을 때에는 조사가 현저히 곤란하다고 인정되는 경우가 아니면 지체 없이 조사해야 하며, 조사 결과 계속 구금할 필요가 없다고 인정할 때에는 현행범인을 즉시 석방해야 한다(수사준칙 제28조 제1항).

4) 현행범인 체포에 수반하는 강제처분

　　검사 또는 사법경찰관은 피의자를 현행범인으로 체포하는 경우에 필요한 때에는 영장 없이 체포현장에서 압수, 수색, 검증을 할 수 있고, 타인의 주거나 타인이 간수하는 가옥, 건조물, 항공기, 선차 내에서 피의자 수색을 할 수 있다(제216조 제1항). 그러나 사인은 현행범인의 체포를 위해서 타인의 주거에 들어가 피의자 수색을 할 수 없고, 체포현장에서 압수, 수색, 검증도 할 수 없다.

　　사인은 현행범인을 체포하는 과정에서 현행범인으로부터 저항을 받게 되는 경우에는 체포의 목적을 달성하는 데 필요한 범위 내에서 강제력을 행사할 수 있다. 그 행위 자체로서는 다소 공격적인 행위로 보이더라도 사회통념상 허용될 수 있는 행위인 경우에는 위법성이 없다고 할 것이나, 적정한 한계를 벗어나는 현행범인 체포행위는 위법하다. 현행범인 체포행위가 적정한 한계를 벗어나는 행위인

---

50) 그 변호인, 법정대리인, 배우자, 직계친족, 형제자매나 가족, 동거인 또는 고용주.

지 여부의 판단기준에 대해서 대법원은 "적정한 한계를 벗어나는 현행범인 체포행위는 그 부분에 관한 한 법령에 의한 행위로 될 수 없다고 할 것이나, 적정한 한계를 벗어나는 행위인가 여부는 결국 정당행위의 일반적 요건을 갖추었는지 여부에 따라 결정되어야 할 것이지 그 행위가 소극적인 방어행위인가 적극적인 공격행위인가에 따라 결정되어야 하는 것은 아니다"라고 판시하면서 A가 자신의 차를 손괴하고 도망하려는 B를 도망하지 못하게 멱살을 잡고 흔들어 B에게 전치 14일의 흉부찰과상을 가한 경우 A의 행위는 정당행위에 해당한다고 판단하였다.[51]

경찰관은 현행범인이나 사형·무기 또는 장기 3년 이상의 징역이나 금고에 해당하는 죄를 범한 범인의 체포 또는 도주 방지를 위해 필요한 한도에서 수갑, 포승, 경찰봉, 방패 등 경찰장구를 사용할 수 있다(경찰관직무집행법 제10조의2 제1항). 나아가 범인의 체포 등을 위해 필요한 한도에서 무기도 사용할 수 있다(동법 제10 조의4).

5) 현행범인 체포 후의 조치

가) 구속영장의 청구

체포한 피의자를 구속하고자 할 때에는 체포한 때부터 48시간 이내에 구속영장을 청구하여야 한다(제213조의2, 제200조의2 제5항). 48시간 이내에 구속영장을 청구하기만 하면 되고 그 시간 내에 구속영장이 발부될 것을 요하지는 않는다. 수사기관이 사인으로부터 현행범인을 인수한 경우 구속영장의 청구 시한인 48시간의 기산점은 체포시가 아니라 수사기관이 현행범인을 인도받은 때이다.[52]

체포된 피의자가 체포적부심사를 청구한 경우에는 법원이 수사 관계 서류와 증거물을 접수한 때부터 결정 후 검찰청에 반환된 때까지의 기간은 위 48시간에 산입하지 아니한다(제214조의2 제13항). 체포된 피의자에 대해 구속영장이 발부된 경우 구속기간은 피의자를 체포한 날부터 기산한다(제203조의2).

검사는 사법경찰관의 구속영장 신청에 대해 구속의 사유 등을 심사하기 위해

51) 대법원 1999. 1. 26. 선고 98도3029 판결. 어떠한 행위가 위법성 조각사유로서의 정당행위가 되는지의 여부는 구체적인 경우에 따라 합목적적, 합리적으로 가려져야 할 것인바, 정당행위를 인정하려면 첫째 그 행위의 동기나 목적의 정당성, 둘째 행위의 수단이나 방법의 상당성, 셋째 보호법익과 침해법익의 균형성, 넷째 긴급성, 다섯째 그 행위 이외의 다른 수단이나 방법이 없다는 보충성의 요건을 모두 갖추어야 할 것이다.
52) 대법원 2011. 12. 22. 선고 2011도12927 판결.

필요하다고 인정하는 때에는 피의자를 면담 또는 조사할 수 있다(피의자면담 절차 지침 제2조 제2항). 다만, 피의자가 명시적인 거부의사를 표시한 경우, 수사기록만으로 구속사유 등의 존부를 명백히 판단할 수 있는 경우 등의 사유가 있는 경우에는 예외로 한다(동조 단서). 검사는 구속사유 등 심사에 필요한 경우에 구속영장을 신청한 사법경찰관 등에게 피의자 면담·조사 일시까지 의견을 제시할 것을 요청할 수 있고 필요한 때에는 면담·조사 도중 또는 그 종료 후에도 추가로 의견제시를 요청할 수 있다(지침 제6조 제1항, 제2항).

검사가 사법경찰관의 구속영장 신청에 대해 정당한 이유 없이 판사에게 청구하지 아니한 경우 사법경찰관은 그 검사 소속의 지방검찰청 소재지를 관할하는 고등검찰청에 영장 청구 여부에 대한 심의를 신청할 수 있다(제221 조의5).

나) 피의자의 석방

검사 또는 사법경찰관은 구속영장을 청구하거나 신청하지 않고 체포한 피의자를 석방하려는 때에는 피의자를 즉시 석방하여야 한다(제213조의2, 제200조의2 제5항). 이때 피의자 석방서를 작성하여야 하고, 체포 일시·장소, 체포 사유, 석방 일시·장소, 석방 사유 등을 기재하여야 한다(수사준칙 제36조 제1항).

사법경찰관은 구속영장을 신청하지 않고 체포한 피의자를 석방한 경우 지체 없이 검사에게 석방사실을 통보하고, 그 통보서 사본을 사건기록에 편철하여야 한다(동조 제2항).

마. 현행범인 체포의 적법성이 문제된 구체적 사례

1) 목욕탕 탈의실에서 피해자를 구타한 지 25분 이내에 탈의실에서 체포된 경우

【사안의 개요】

① A는 사건 당일 09:10경 목욕탕 탈의실에서 피해자를 구타하였고, 목욕탕 주인이 경찰에 112신고를 하여 경찰관이 바로 출동하였다.

② 경찰관은 피해자 등을 상대로 신고내용을 듣고 탈의실에 있는 A를 상해죄의 현행범인으로 체포하려고 하였으나, A는 탈의실 바닥에 누워 한동안 체포에 불응하였다.

③ 이에 경찰관은 09:35경 강제로 A를 목욕탕 밖으로 데리고 나와 112 순찰

차량의 뒷좌석에 태웠고, 그때 A가 갑자기 차 밖으로 뛰쳐나와 양 주먹으로 경찰관의 얼굴을 수회 때렸다.

【원심의 판단】

피고인이 범죄의 실행행위를 종료한 직후임이 체포자인 경찰관에게 명백히 인정되는 경우라고 보기 어려워 피고인을 현행범인이라고 볼 수 없다.

【대법원의 판단】[53]

원심의 판단은 다음과 같은 이유에서 수긍하기 어렵다. 경찰관이 피고인을 현행범인으로 체포한 시기는 피고인이 피해자에 대한 상해행위를 종료한 순간과 아주 접착된 시간적 단계에 있고 피고인을 체포한 장소도 피고인이 상해범행을 저지른 목욕탕 탈의실이어서, 경찰관이 피고인을 체포할 당시는 피고인이 방금 범죄를 실행한 범인이라고 볼 죄증이 명백히 존재하는 것으로 인정할 수 있는 상황이므로, 피고인을 현행범인으로 볼 수 있다고 할 것이다.

2) 피해자의 자동차를 걷어차고 싸운 지 10분 후에 범행장소와 인접한 학교 운동장에서 체포된 경우

경찰관이 112신고를 받고 출동하여 피고인을 체포하려고 할 때는, 피고인이 ○○학교 앞길에서 피해자의 자동차를 발로 걷어차고 그와 싸우는 범행을 한 지 겨우 10분 후에 지나지 않고, 그 장소도 범행현장에 인접한 위 학교의 운동장이며, 피해자의 친구가 112신고를 하고 나서 피고인이 도주하는지 여부를 계속 감시하고 있던 중 신고를 받고 출동한 경찰관들에게 피고인을 지적하여 체포하도록 한 것인바, 피고인은 "범죄 실행의 즉후인 자"로서 현행범인에 해당한다.[54]

3) 교장실에서 식칼을 들고 피해자를 협박한 지 40분 후에 교무실에서 체포된 경우

A가 교장실에 들어가 약 5분 동안 식칼을 휘두르며 교장을 협박하는 등의 소란을 피운 후 40여 분 정도가 지나 경찰관들이 출동하여 교장실이 아닌 서무실에

---

53) 대법원 2006. 2. 10. 선고 2005도7158 판결.
54) 대법원 1993. 8. 13. 선고 93도926 판결.

서 A를 연행하려 하자 A가 구속영장의 제시를 요구하면서 동행을 거부하였다면, 체포 당시 서무실에 앉아 있던 A가 방금 범죄를 실행한 범인이라는 죄증이 경찰관들에게 명백히 인식될 만한 상황이었다고 단정할 수 없는데도 이와 달리 그를 '범죄의 실행의 즉후인 자'로서 현행범인이라고 단정한 원심판결에는 현행범인에 관한 법리오해의 위법이 있다.[55]

4) 음주운전을 종료한 지 40분 이상 경과한 시점에서 길가에 앉아 있는데 술 냄새가 난다는 이유로 현행범인으로 체포된 경우

신고를 받고 출동한 경찰관이 피고인이 음주운전을 종료한 후 40분 이상이 경과한 시점에서 길가에 앉아 있던 피고인에게서 술 냄새가 난다는 점만을 근거로 피고인을 음주운전의 현행범인으로 체포한 것은 피고인이 '방금 음주운전을 실행한 범인이라는 점에 관한 죄증이 명백하다고 할 수 없는 상태'에서 이루어진 것으로서 적법한 공무집행이라고 볼 수 없고, 그 이후에 피고인에 대하여 음주측정을 요구한 것은 절차적 적법성을 구비하지 못한 것이고 피고인에 대한 조사행위 역시 적법한 직무집행행위라고 볼 수 없다.[56]

5) 체포경위에 관한 현행범인체포서의 기재내용과 실제 체포경위가 상이한 경우

【사안의 개요】

① 경찰관은 2007. 7. 23. 10:50경 A로부터 맞아 상처가 났다는 피해자의 신고를 받고 이 사건 여관 302호로 피해자와 함께 들어갔다.

② 경찰관이 302호로 들어가니 A가 만취상태에서 피해자를 밀어 방바닥에 넘어뜨리고, 이에 경찰관이 A와 피해자를 이 사건 여관 밖으로 나오게 하였는데, 여관 앞 노상에서 A가 또다시 피해자를 밀어 땅바닥에 넘어뜨리자, 경찰관이 A를 현행범인으로 체포하였다.

③ A에 대한 현행범인체포서에는 "2007. 7. 23. 11:00" "여관 302호내"에서 A를 현행범인으로 체포한 것으로 기재되어 있으나, 공소사실에는 현행범인 체포의 일시가 "2007. 7. 23. 10:50경", 체포장소가 "여관 앞 노상"으로 되어 있었다.

55) 대법원 1991. 9. 24. 선고 91도1314 판결.
56) 대법원 2007. 4. 13. 선고 2007도1249 판결.

【법원 판단】[57]

체포장소와 시간, 체포사유 등 경찰관의 현행범인 체포경위 및 그에 대한 현행범인체포서와 범죄사실의 기재에 다소 차이가 있다고 하더라도 그러한 차이가 체포대상이 된 일련의 피고인의 범행이 장소적·시간적으로 근접한 것에 기인한 것으로서 그 장소적·시간적인 동일성을 해치지 아니하는 정도에 불과하다면 논리와 경험칙상 그러한 사유로 경찰관의 현행범인 체포행위를 부적법한 공무집행이라고는 할 수 없다.

6) 경찰관이 범행 후 약 40분이 지난 때에 노점에서 장사를 하고 있던 피의자를 상해 범행의 공범으로 오인하여 체포한 경우

【사안의 개요】

'甲 외 2명으로부터 상해를 당하였다'라는 피해자의 신고를 받은 경찰관이 사건현장에 도착하였는데, 현장에 도착한 당시에는 이미 甲이 피해자를 폭행한 범행이 끝난 지 40분이 경과하였다. 경찰관은 현장에 도착한 후 노점에서 장사를 하고 있는 A와 甲을 발견하고 A를 甲의 공범으로 오해하여 현행범인으로 체포하였다.

【법원 판단】[58]

이 사건 공소사실에 의하더라도 경찰관이 피고인을 甲의 상해범죄의 공범으로 오해하였다는 것이어서 피고인이 당시 현행범인이라고 할 수 없을뿐더러 경찰관이 현장에 도착한 당시에는 이미 甲이 피해자를 폭행하는 범행이 끝난 지 40분이 경과한 사실이 인정되므로, 현행범인 체포의 요건인 범죄의 현행성·시간적 접착성도 결여하였다.

---

57) 대법원 2008. 10. 9. 선고 2008도3640 판결.
58) 수원지방법원 2000. 12. 21. 선고 2000노1931 판결(대법원 2001도300 판결로 확정).

7) 그 외 수사실무에서 문제되었던 위법한 현행범인의 체포 사례[59]

현행범인 체포경위	위법사유
피의자의 일행인 성명불상자가 경찰관을 폭행한 것을 피의자가 폭행한 것으로 오인하여 피의자를 공무집행방해죄로 현행범인 체포	경찰관을 상대로 폭력을 행사한 대상자가 불분명함에도 피의자를 공무집행방해죄로 현행범인 체포
경찰관이 상해 신고를 받고 출동하여 피의자를 지구대로 임의동행한 후 지구대에서 피의자가 인적사항을 밝히지 않고 소란을 피우자 피의자를 상해죄로 현행범인 체포	이미 지구대로 임의동행하여 도망 또는 증거인멸 염려가 해소된 상황이므로 체포의 필요성 없고, 시간적 접착성도 인정하기 어려움
영화관 매표소에서 술에 취해 발권을 요구하는 등 업무방해를 한다는 신고를 받고 경찰관이 출동한 후 매표소에서 피의자에게 귀가조치를 시도하다가 주차장에서 피의자가 경찰관의 멱살을 잡자 피의자를 업무방해죄로 현행범인 체포	이미 업무방해의 범행이 종료된 후에 경찰관이 도착하여 피의자를 귀가시키다가 현행범인 체포한 것으로 체포의 필요성 및 시간적 접착성 인정 어려움
도난당한 카드가 편의점에서 사용되었다는 신고를 받고 경찰관이 범행 25분 후 현장에 도착하여 편의점에서 약 400m 떨어진 터미널 근처 벤치에서 피의자를 발견하고 여신전문금융업법 위반죄로 현행범인 체포	시간적·장소적 접착성을 인정하기 어려움

---

59) 해당 내용은 인천지검 형사 제2부, 현행범인 체포 사례 분석 및 조치방안 검토, 2020, 3-5쪽에서 인용하였다.

수사상 구속

Ⅱ

Ⅱ 수사상 구속

1. 수사상 구속의 의의

가. 개념

수사상 구속이란 수사기관이 판사의 구속영장을 발부받아 피의자의 신체의 자유를 제한하는 대인적 강제처분을 말한다. 구속은 체포에 비해 요건이 엄격하고 기간이 상대적으로 장기간이라는 점에서 체포와 차이가 있다.

나. 구속의 종류

구속은 구인과 구금을 포함한다($^{제69}_{조}$). 구인은 피의자를 법원 기타 장소에 인치하는 강제처분이고, 구금은 피의자를 교도소 또는 구치소 등에 감금하는 처분이다. 피의자에 대한 구인은 구속 전 피의자심문 절차에서 이루어진다($^{제201조의2}_{제2항 참고}$). 즉, 사후영장이 아닌 사전 구속영장을 청구받은 판사는 구인을 위한 구속영장을 발부하고 피의자를 구인하여 심문한 후 구금용 구속영장을 발부하게 된다. 구인한 피의자를 법원에 인치한 경우에 구금할 필요가 없다고 인정한 때에는 그 인치한 때로부터 24시간 내에 석방하여야 한다($^{제209조·}_{제71조}$).

2. 구속의 요건

피의자가 죄를 범하였다고 의심할 만한 상당한 이유가 있고 일정한 사유 (주거부정, 증거인멸의 염려, 도망 또는 도망할 염려)가 있을 때에는 검사는 관할지방법원판사에게 청구하여 구속영장을 받아 피의자를 구속할 수 있고 사법경찰관은 검사에게 신청하여 검사의 청구로 관할지방법원판사의 구속영장을 받아 피의자를 구속할 수 있다. 다만, 다액 50만 원 이하의 벌금, 구류 또는 과료에 해당하는 범죄에 관하여는 피의자가 일정한 주거가 없는 경우에 한한다(제201조 제1항).

가. 범죄혐의의 상당성

피의자를 구속하기 위해서는 피의자가 죄를 범하였다고 의심할 만한 상당한 이유가 있어야 한다.

범죄혐의의 상당성은 수사기관의 주관적 판단에 의하는 것만으로는 부족하고, 소명자료를 기초로 객관적이고 합리적으로 인정되어야 한다. 목격자 진술이나 증거물 등에 의하여 범죄가 발생하였다는 사실(객관적 범죄 혐의의 상당성)과 그 범죄가 피의자에 의해 이루어졌다는 사실(주관적 범죄 혐의의 상당성)이 입증되어야 한다.

범죄혐의의 상당성은 어느 정도 입증되어야 하는가. 구속은 체포에 비해 요건이 엄격한 만큼 범죄혐의는 피의자가 유죄판결을 받을 고도의 개연성이 인정될 정도로 입증되어야 한다. 따라서 형사재판에서 사실의 인정에 필요한 증명의 정도인 합리적 의심이 없는 정도까지는 이르지 않더라도 거의 이에 준하는 수준의 입증이 요구된다.

범죄혐의는 피의자가 유죄판결을 받을 고도의 개연성이 인정되어야 하므로 위법성조각사유나 책임조각사유가 있는 경우는 물론, 소송조건이 구비될 수 없음이 명백한 경우에는 구속이 허용되지 않는다. 다만, 심신상실로 책임능력이 없는 자의 경우는 검사가 법원으로부터 치료감호영장을 발부받아 보호구속을 할 수 있다(치료감호법 제6조).

나. 구속사유

구속사유는 ① 일정한 주거가 없는 때, ② 증거를 인멸할 염려가 있을 때, ③ 도망하거나 도망할 염려가 있는 때이다. 이들 사유가 모두 충족되어야 하는 것은 아니고 셋 중에 하나만 인정되어도 구속사유는 인정된다.

1) 주거부정

주거부정 여부는 주거의 종류, 주거기간, 주민등록 유무, 피의자의 직업, 가족관계, 피의자의 의사 등 제반사정을 종합적으로 고려하여 판단하게 된다. 주거부정은 도망할 염려를 인정할 중요한 판단자료이긴 하나 구속사유로서 독자적 의미를 가지는 것은 아니다. 따라서 주거부정만으로 구속하기는 어렵고, 다른 구속사유와 결합할 때 비로소 구속사유로서의 가치를 가지게 된다.

다만, 다액 50만 원 이하의 벌금, 구류 또는 과료에 해당하는 범죄에 관하여는 피의자가 일정한 주거가 없는 경우에 한하여 구속할 수 있으므로(제201조 제1항 단서), 이 경우에는 주거부정이 구속사유로서의 독자적 의미를 가지게 된다. 따라서 경미한 범죄에 있어서는 증거인멸의 염려나 도망 또는 도망할 우려가 있더라도 주거부정이 인정되지 않는 이상 피의자를 구속할 수 없다.

2) 증거인멸의 염려

증거를 인멸할 염려는 ① 인멸의 대상이 되는 증거의 존재 여부, ② 그 증거가 범죄사실의 입증에 결정적으로 영향을 주는지 여부, ③ 피의자에 의하여 그 증거를 인멸하는 것이 물리적·사회적으로 가능한 것인지 여부, ④ 피의자가 공범이나 피해자 등에 대하여 어느 정도의 압력이나 영향력을 행사할 수 있는지 여부 등을 종합적으로 고려하여 판단해야 한다.

증거인멸의 염려가 있다고 볼 수 있는 예로는 ① 증거서류와 증거물을 파기, 변경, 은닉, 위조 또는 변조한 때, ② 대향적, 조직적, 집단적 범행 등 공범이 있는 경우 공범에 대해 통모·회유·협박하거나 그와 같은 우려가 있는 때, ③ 사건 관계인의 진술이 범죄사실의 입증을 위한 중요한 증거인 경우 그 진술을 조작·번복시키거나 그와 같은 우려가 있는 때, ④ 피해자, 당해 사건의 수사와 관련된 사실을 알고 있다고 인정되는 자, 감정인 등에게 부정한 방법으로 영향을 미치거나 미칠 우려가 있는 때, ⑤ 피해자, 당해 사건의 수사와 관련된 사실을 알고 있다고 인정되는 자 또는 그 친족의 생명·신체나 재산에 해를 가하거나 가할 우려가 있는 때 등을 들 수 있다.

한편, 피의자는 자신의 혐의에 대해서 방어권을 행사할 수 있으므로 피의자가 범행을 부인하거나 진술거부권을 행사한다는 이유만으로 증거인멸의 염려가 있다고 할 수 없다. 인권보호수사규칙도 피의자가 범행을 부인하거나 진술거부권을 행사한다는 이유 또는 그 사건이 여론의 주목을 받는다는 이유만으로 곧바로 도망이나 증거인멸의 염려가 있다고 단정하지 않는다고 규정하고 있다(인권보호수사규칙 제20조 제2항 제3호).

3) 도망 또는 도망할 염려

'피의자가 도망한 때'란 피의자가 수사를 회피할 의사로 주거를 장기간 이탈한 때를 말한다. '도망할 염려'란 피의자가 수사를 회피할 고도의 개연성이 있는 경우를 의미한다.

피의자가 도망할 염려가 있는지 여부를 판단할 때에는 사안의 경중, 범행의 동기, 수단과 결과, 전문적·영업적 범죄 여부, 피의자의 성행, 연령, 건강 및 가족 관계, 피의자의 직업, 재산, 교우, 조직·지역 사회 정착성, 사회적 환경, 주거의 형태 및 안정성, 국외 근거지의 존재 여부, 출국 행태 및 가능성, 수사 협조 등 범행 후의 정황, 범죄 전력, 자수 여부, 피해자와의 관계, 피해 회복 및 합의 여부 등을 고려하여야 한다. 도망할 염려는 피의자가 장소적으로 잠적할 우려뿐만 아니라 약물복용 등으로 심신상실상태를 초래하여 수사를 받을 수 없게 될 우려가 있는 경우에도 인정된다.

수사실무에서는 ① 사형·무기 또는 장기 10년이 넘는 징역이나 금고에 해당하는 죄를 범한 때, ② 누범에 해당하거나 상습범인 죄를 범한 때, ③ 범죄를 계속하거나 다시 동종의 죄를 범할 우려가 있는 때, ④ 집행유예 기간 중이거나 집행유예 결격인 때, ⑤ 피의자가 인적 사항을 허위로 진술하거나 인적 사항이 판명되지 아니한 때, ⑥ 피의자가 도망한 전력이 있거나 도망을 준비한 때, ⑦ 사안의 경중, 범죄 전력, 범행의 습성, 피해 회복 여부 등 여러 사정에 비추어 중형의 선고 가능성이 높은 때를 도망의 우려가 높은 경우로 보고 있다.[1]

---

1) 구속 수사 기준에 관한 지침 제7조 제3항.

4) 그 외 구속사유 심사시 고려할 사항

법원은 구속사유를 심사함에 있어서 범죄의 중대성, 재범의 위험성, 피해자 및 중요 참고인 등에 대한 위해우려 등도 고려하여야 한다(제209조, 제70조 제2항).

범죄의 중대성, 재범의 위험성, 피해자 등에 대한 위해우려 등은 독자적인 구속사유는 아니고 구속사유를 판단함에 있어 고려하여야 할 구체적이고 전형적인 사례를 예시한 것에 불과하다. 따라서 구속사유가 없거나 구속의 필요성이 적은데도 범죄의 중대성 등만을 고려하여 구속하는 것은 허용되지 않으며, 반면에 구속사유가 존재한다고 하여 바로 구속이 결정되는 것이 아니라 거기에 더하여 의무적 고려사항인 범죄의 중대성, 재범의 위험성, 중요 참고인 등에 대한 위해우려를 종합적으로 판단하여 구속 여부를 결정하여야 한다.[2]

범죄의 중대성이란 범죄의 유형, 피해정도 등을 고려할 때 중대범죄를 범한 자에게 높은 처단형이 예상되는 경우를 말하는데, 범죄의 중대성이 인정되면 구속사유 중 도주의 우려를 인정할 가능성이 그만큼 커진다. 재범의 위험성은 피해자의 수, 범행 횟수, 전과 등에 비추어 피의자가 추가 범행을 범할 가능성이 크다는 것으로, 이 또한 도주의 우려를 인정할 적극적 요소라고 할 것이다. 피해자 등에 대한 위해우려는 피해자 또는 중요 참고인에 대한 회유, 협박을 통한 증거인멸의 우려를 의미하는데, 이는 구속사유 중 증거인멸의 우려를 인정할 적극적 요소라고 할 것이다.

다. 구속의 제한

1) 비례성의 원칙

구속은 비례성의 원칙이 적용되어야 한다. 피의자에게 구속사유가 존재하더라도 사건의 경중, 예상되는 형량, 구속이 국가형벌권의 적정한 행사 필요성을 초과하는지 여부 등을 종합적으로 비교 형량하여 구속이 필요 없거나 상당하지 아니한 때에는 피의자를 구속할 수 없다.

---

2) 헌법재판소 2010. 11. 25. 선고 2009헌바8 결정.

2) 경미사건

다액 50만 원 이하의 벌금, 구류 또는 과료에 해당하는 범죄에 관하여는 피의자가 일정한 주거가 없는 경우에 한하여 구속할 수 있다(제201조제1항 단서).

3) 소년범 구속의 제한

소년에 대한 구속영장은 부득이한 경우가 아니면 발부하지 못한다. 소년을 구속하는 경우에는 특별한 사정이 없으면 다른 피의자나 피고인과 분리하여 수용하여야 한다(소년법 제55조).

4) 국회의원, 쟁의근로자 등에 대한 구속 제한

국회의원은 현행범인인 경우를 제외하고는 회기 중 국회의 동의 없이 체포 또는 구금되지 아니한다. 국회의원이 회기 전에 체포 또는 구금된 때에는 현행범인이 아닌 한 국회의 요구가 있으면 회기 중 석방된다(헌법 제44조).

근로자는 쟁의행위 기간 중에는 현행범인 외에는 노동조합 및 노동관계조정법 위반을 이유로 구속되지 아니한다(노동조합법 제39조).

대통령선거의 후보자는 후보자의 등록이 끝난 때부터 개표종료시까지 사형·무기 또는 장기 7년 이상의 징역이나 금고에 해당하는 죄를 범한 경우를 제외하고는 현행범인이 아니면 체포 또는 구속되지 아니한다(공직선거법 제11조 제1항).

국회의원선거, 지방의회의원 및 지방자치단체의 장의 선거의 후보자는 후보자의 등록이 끝난 때부터 개표종료시까지 사형·무기 또는 장기 5년 이상의 징역이나 금고에 해당하는 죄를 범하였거나 공직선거법 제16장 벌칙에 규정된 죄를 범한 경우를 제외하고는 현행범인이 아니면 체포 또는 구속되지 아니한다(동조 제2항).

선거사무장·선거연락소장·선거사무원·회계책임자·투표참관인·사전투표참관인과 개표참관인(예비후보자가 선임한 선거사무장·선거사무원 및 회계책임자는 제외한다)은 해당 신분을 취득한 때부터 개표종료시까지 사형·무기 또는 장기 3년 이상의 징역이나 금고에 해당하는 죄를 범하였거나 공직선거법 제230조부터 제235조까지 및 제237조부터 제259조까지의 죄를 범한 경우를 제외하고는 현행범인이 아니면 체포 또는 구속되지 아니한다(동조 제3항).

3. 수사상 구속의 절차

가. 구속영장의 청구

구속영장 청구권자는 검사이며, 사법경찰관은 검사에게 구속영장 청구를 신청할 수 있다(제201조 제1항).

검사는 사법경찰관의 구속영장 신청에 대해 구속의 사유 등을 심사하기 위해 필요하다고 인정하는 때에는 피의자를 면담 또는 조사할 수 있다(피의자면담 절차 지침 제2조 제2항). 다만, 피의자가 명시적인 거부의사를 표시한 경우, 수사기록만으로 구속사유 등의 존부를 명백히 판단할 수 있는 경우 등의 사유가 있는 경우에는 예외로 한다(동조 단서). 검사는 구속사유 등 심사에 필요한 경우에 구속영장을 신청한 사법경찰관 등에게 피의자 면담·조사 일시까지 의견을 제시할 것을 요청할 수 있고 필요한 때에는 면담·조사 도중 또는 그 종료 후에도 추가로 의견제시를 요청할 수 있다(지침 제6조 제1항, 제2항).

검사가 사법경찰관의 구속영장 신청에 대해 정당한 이유 없이 판사에게 청구하지 아니한 경우 사법경찰관은 그 검사 소속의 지방검찰청 소재지를 관할하는 고등검찰청에 영장 청구 여부에 대한 심의를 신청할 수 있다(제221조 의5 제1항). 심의를 위하여 각 고등검찰청에 영장심의위원회를 둔다(제221조 의5 제2항). 담당검사와 심의신청을 한 사법경찰관은 심의위원회에 의견서를 제출하거나 심의위원회에 출석하여 의견을 개진할 수 있다(영장심의위원회규칙 제16조, 제17조). 담당검사는 심의결과를 존중하여야 하나 심의결과에 구속되지는 않는다(동규칙 제25조 제2항 참고). 사법경찰관은 심의위원회의 심의가 있었거나 심의신청이 철회된 경우에는 심의대상이었던 영장과 동일한 내용의 영장 청구 여부에 대하여 다시 심의신청을 할 수 없다. 다만, 심의신청을 한 이후 영장 청구 여부에 직접적인 영향을 미치는 중요한 증거가 새로 발견된 경우에는 그렇지 않다(동규칙 제26조).

구속영장의 청구는 서면으로 하여야 하고, 구속영장의 청구서에는 범죄사실의 요지를 따로 기재한 서면 1통(수통의 영장을 청구하는 때에는 그에 상응하는 통수)을 첨부하여야 한다(제201조 제2항, 규칙 제93조).

구속영장의 청구서에는 ① 피의자의 성명(분명하지 아니한 때에는 인상, 체격, 그 밖에 피의자를 특정할 수 있는 사항), 주민등록번호 등, 직업, 주거, ② 피의자에게 변호인이 있는 때에는 그 성명, ③ 죄명 및 범죄사실의 요지, ④ 7일을 넘는 유효기간을 필요로 하는 때에는 그 취지 및 사유, ⑤ 여러 통의 영장을 청구하는 때에는 그 취지 및 사유, ⑥ 인치구금할 장소, ⑦ 법 제70조

제1항 각 호에 규정한 구속의 사유(주거부정, 증거인멸의염려, 도망또는도망할염려), ⑧ 피의자의 체포여부 및 체포된 경우에는 그 형식, ⑨ 피의자가 지정한 사람에게 체포이유 등을 알린 경우에는 그 사람의 성명과 연락처를 기재하여야 한다(규칙 제95조의 2). 검사가 동일한 범죄사실에 관하여 그 피의자에 대하여 전에 구속영장을 청구하거나 발부받은 사실이 있을 때에는 다시 구속영장을 청구하는 취지 및 이유를 기재하여야 한다(제201조 제5항). 체포영장에 의하여 체포된 자 또는 현행범인으로 체포된 자에 대하여 구속영장을 청구하는 경우에는 체포영장 또는 현행범인으로 체포된 취지와 체포의 일시 및 장소가 기재된 서류를 제출하여야 하고(규칙 제96조 제2항), 긴급체포된 피의자에 대해 구속영장을 청구하는 경우에는 긴급체포서를 제출하여야 한다(제200조의 4 제1항).

　　구속적부심사청구권자(피의자, 그 변호인, 법정대리인, 배우자, 직계친족, 형제자매나 가족, 동거인 또는 고용주)도 구속영장의 청구를 받은 판사에게 유리한 자료를 제출할 수 있다(규칙 제96조 제3항). 판사는 영장 청구서의 기재사항에 흠결이 있는 경우에는 전화 기타 신속한 방법으로 영장을 청구한 검사에게 그 보정을 요구할 수 있다(동조 제4항).

나. 구속 전 피의자심문

1) 구속 전 피의자심문의 의의

　　구속 전 피의자심문이란 구속영장의 청구를 받은 판사가 피의자를 직접 심문하여 구속사유를 판단하는 것을 말한다. 이는 1995년 형사소송법 개정에 의해 도입된 제도인데, 그 이전에는 수사기관이 제출한 기록만으로 구속여부를 결정하여 왔다.

2) 준비절차

가) 심문기일의 지정과 통지

　　체포영장에 의한 체포, 긴급체포 또는 현행범인의 체포에 의해 체포된 피의자에 대하여 구속영장을 청구받은 판사는 특별한 사정이 없는 한 구속영장이 청구된 날의 다음날까지 심문하여야 하고, 판사는 즉시 검사, 피의자 및 변호인에게 심문기일과 장소를 통지하여야 한다(제201조의 2 제1항, 제3항).

체포되지 않은 피의자의 경우에는 판사는 피의자 인치 후 즉시 검사, 피의자 및 변호인에게 심문기일과 장소를 통지하여야 하고, 관계인에 대한 심문기일의 통지 및 그 출석에 소요되는 시간 등을 고려하여 피의자가 법원에 인치된 때로부터 가능한 한 빠른 일시로 지정하여야 한다(제201조의2 제3항, 규칙 제96조의12 제2항).

심문기일의 통지는 서면 이외에 구술·전화·모사전송·전자우편·휴대전화 문자전송 그 밖에 적당한 방법으로 신속하게 하여야 한다(규칙 제96조의12 제3항). 판사는 지정된 심문기일에 피의자를 심문할 수 없는 특별한 사정이 있는 경우에는 그 심문기일을 변경할 수 있다(규칙 제96조의22).

이와 같이 피의자심문을 피의자 의사나 법관의 필요성 판단과 상관없이 의무적으로 실시하도록 한 취지는 영장주의의 실효성을 확보하고 피의자의 법관대면권을 보장하기 위함이다.[3]

나) 피의자의 인치

구속 전 피의자심문이 이루어지기 위해서는 피의자를 법원에 인치하여야 한다. 체포된 피의자의 경우에는 검사 또는 사법경찰관이 심문기일에 피의자를 출석시켜야 한다(제201조의2 제3항; 수사준칙 제30조).

체포되지 아니한 피의자의 경우에는 판사가 구인을 위한 구속영장을 발부하여 피의자를 구인한 후 심문하여야 한다. 다만, 피의자가 도망하는 등의 사유로 심문할 수 없는 경우에는 그러하지 아니하다(제201조의2 제2항).

법원은 인치받은 피의자를 유치할 필요가 있는 때에는 교도소·구치소 또는 경찰서 유치장에 유치할 수 있다. 이 경우 유치기간은 인치한 때부터 24시간을 초과할 수 없다(제201조의2 제10항, 제71조의2).

판사는 피의자가 심문기일에의 출석을 거부하거나 질병 그 밖의 사유로 출석이 현저하게 곤란하고, 피의자를 심문 법정에 인치할 수 없다고 인정되는 때에는 피의자의 출석 없이 심문절차를 진행할 수 있다(규칙 제96조의13 제1항). 검사는 피의자가 심문기일에의 출석을 거부하는 때에는 판사에게 그 취지 및 사유를 기재한 서면을 작성 제출하여야 한다(동조 제2항). 피의자의 출석 없이 심문절차를 진행할 경우에는 출석한 검사 및 변호인의 의견을 듣고, 수사기록 그 밖에 적당하다고 인정하는 방법으로

---

3) 임동규, 형사소송법(제15판), 203쪽.

구속사유의 유무를 조사할 수 있다($\substack{동조\\제3항}$).

다) 신뢰관계 있는 사람의 동석

판사는 피의자를 신문하는 때에 ① 피의자가 신체적 또는 정신적 장애로 사물을 변별하거나 의사를 결정·전달할 능력이 미약한 경우, ② 피의자의 연령·성별·국적 등의 사정을 고려하여 그 심리적 안정의 도모와 원활한 의사소통을 위하여 필요한 경우에는 직권 또는 피의자·법정대리인·검사의 신청에 따라 피의자와 신뢰관계에 있는 자를 동석하게 할 수 있다($\substack{제201조의 2 제10항,\\제276조의 2 제1항}$).

라) 국선변호인의 선정

심문할 피의자에게 변호인이 없는 때에는 판사는 직권으로 변호인을 선정하여야 한다. 이 경우 변호인의 선정은 피의자에 대한 구속영장 청구가 기각되어 효력이 소멸한 경우를 제외하고는 제1심까지 효력이 있다($\substack{제201조\\의 2 제8항}$). 법원은 변호인의 사정이나 그 밖의 사유로 변호인 선정결정이 취소되어 변호인이 없게 된 때에는 직권으로 변호인을 다시 선정할 수 있다($\substack{동조\\제9항}$).

마) 변호인의 접견, 구속영장청구서 및 소명자료의 열람

변호인은 구속영장이 청구된 피의자에 대한 심문 시작 전에 피의자와 접견할 수 있다. 판사는 심문할 피의자의 수, 사건의 성격 등을 고려하여 변호인과 피의자의 접견 시간을 정할 수 있고, 검사 또는 사법경찰관에게 접견에 필요한 조치를 요구할 수 있다($\substack{규칙 제96\\조의 20}$).

피의자심문에 참여할 변호인은 판사에게 제출된 구속영장청구서 및 그에 첨부된 고소·고발장, 피의자의 진술을 기재한 서류와 피의자가 제출한 서류를 열람할 수 있고, 판사는 열람에 관하여 그 일시, 장소를 지정할 수 있다. 검사는 증거인멸 또는 피의자나 공범 관계에 있는 자가 도망할 염려가 있는 등 수사에 방해가 될 염려가 있는 때에는 판사에게 위 서류(구속영장청구서는 제외한다)의 열람 제한에 관한 의견을 제출할 수 있고, 판사는 검사의 의견이 상당하다고 인정하는 때에는 그 전부 또는 일부의 열람을 제한할 수 있다($\substack{규칙 제96\\조의 21}$).

3) 심문기일의 절차

가) 심문 장소 및 심문의 비공개

피의자의 심문은 법원청사 내에서 하여야 한다. 다만, 피의자가 출석을 거부하거나 질병 기타 부득이한 사유로 법원에 출석할 수 없는 때에는 경찰서, 구치소 기타 적당한 장소에서 심문할 수 있다(규칙 제96조의15).

피의자에 대한 심문절차는 공개하지 아니한다. 다만, 판사는 상당하다고 인정하는 경우에는 피의자의 친족, 피해자 등 이해관계인의 방청을 허가할 수 있다(규칙 제96조의14). 판사는 피의자를 심문하는 때에는 공범의 분리심문이나 그 밖에 수사상의 비밀보호를 위하여 필요한 조치를 하여야 하고(제201조의2 제5항), 심문을 위하여 필요하다고 인정하는 경우에는 호송경찰관 기타의 자를 퇴실하게 하고 심문을 진행할 수 있다(규칙 제96조의16 제7항).

나) 심문의 방법

(1) 진술거부권의 고지

판사는 피의자에게 구속영장청구서에 기재된 범죄사실의 요지를 고지하고, 피의자에게 일체의 진술을 하지 아니하거나 개개의 질문에 대하여 진술을 거부할 수 있으며, 이익되는 사실을 진술할 수 있음을 알려주어야 한다(규칙 제96조의16 제1항).

(2) 피의자에 대한 심문

판사는 구속 여부를 판단하기 위하여 필요한 사항에 관하여 신속하고 간결하게 심문하여야 한다. 증거인멸 또는 도망의 염려를 판단하기 위하여 필요한 때에는 피의자의 경력, 가족관계나 교우관계 등 개인적인 사항에 관하여 심문할 수 있다(동조 제2항).

검사와 변호인은 판사의 심문이 끝난 후에 의견을 진술할 수 있다.[4] 다만, 필요한 경우에는 심문 도중에도 판사의 허가를 얻어 의견을 진술할 수 있다(동조 제3항). 피의자는 판사의 심문 도중에도 변호인에게 조력을 구할 수 있다(동조 제4항).

---

4) 검사와 변호인은 의견만 진술할 수 있고, 문답형식으로 피의자를 심문할 수 없다. 이러한 심문방식을 허용하게 되면 영장실질심사절차가 사실상 본안재판화하거나 검사가 법관면전에서 자백을 획득하는 절차로 변질될 우려가 있기 때문이다[이은모·김정환, 형사소송법(제8판), 265쪽].

(3) 제3자에 대한 심문

판사는 구속 여부의 판단을 위하여 필요하다고 인정하는 때에는 심문장소에 출석한 피해자 그 밖의 제3자를 심문할 수 있다(동조 제5항).

구속영장이 청구된 피의자의 법정대리인, 배우자, 직계친족, 형제자매나 가족, 동거인 또는 고용주는 판사의 허가를 얻어 사건에 관한 의견을 진술할 수 있다(동조 제6항).

(4) 심문조서의 작성

피의자를 심문하는 경우 법원사무관 등은 심문의 요지 등을 조서로 작성하여야 한다(제201조 의2제6항). 심문조서는 공판조서와 같은 방식으로 작성되나(동조 제10항), 공판조서 작성상의 특례 규정(제52 조)은 적용되지 않는다.

구속 전 피의자심문절차에서 작성된 피의자심문조서는 '공판준비 또는 공판기일에 피고인이나 피고인 아닌 자의 진술을 기재한 조서'(제311 조)에는 해당하지 않지만, 법관 면전의 조서이므로 '기타 특히 신용할 만한 정황에 의하여 작성된 문서'(제315조 제3호)에 해당하여 당연히 증거능력을 가진다.[5]

4) 구속여부의 결정

가) 구속영장의 발부

구속영장 청구를 받은 판사는 신속히 구속영장의 발부여부를 결정하여야 하고, 상당하다고 인정할 때에는 구속영장을 발부한다(제201조 제3항, 제4항).

구속영장에는 피의자의 성명, 주거, 죄명, 피의사실의 요지, 인치·구금할 장소, 발부년월일, 그 유효기간과 그 기간을 경과하면 집행에 착수하지 못하며 영장을 반환하여야 할 취지를 기재하고 법관이 서명날인하여야 한다. 피의자의 성명이 분명하지 아니한 때에는 인상, 체격, 기타 피의자를 특정할 수 있는 사항으로 피의자를 표시할 수 있다. 피의자의 주거가 분명하지 아니한 때에는 그 주거의 기재를 생략할 수 있다(제209조· 제75조).

구속영장의 유효기간은 7일로 한다. 다만, 법관이 상당하다고 인정하는 때에는 7일을 넘는 기간을 정할 수 있다(규칙 제178조).

---

5) 이은모·김정환, 형사소송법(제8판), 265쪽.

피의자심문을 하는 경우 법원이 구속영장청구서·수사 관계 서류 및 증거물을 접수한 날부터 구속영장을 발부하여 검찰청에 반환한 날까지의 기간은 사법경찰관과 검사의 구속기간 적용에 있어서 그 구속기간에 이를 산입하지 아니한다$\binom{\text{제201조}}{\text{의 2 제7항}}$.

나) 구속영장의 기각

판사는 구속사유에 대한 소명이 부족하거나 구속영장청구서의 형식적 요건에 대한 흠결이 보정 또는 치유되지 않는 등 구속 요건이 충족되지 않은 경우에는 구속영장의 청구를 기각하여야 한다. 이때 구속영장청구서에 그 취지 및 이유를 기재하고 서명날인하여 청구한 검사에게 교부하여야 한다$\binom{\text{제201조}}{\text{제4항}}$.

체포된 피의자에 대한 구속영장이 기각된 때에는 피의자를 즉시 석방하여야 한다$\binom{\text{제200조의 4 제2항,}}{\text{규칙 제100조 제2항}}$.

다) 구속영장 결정에 대한 불복

검사의 체포영장 또는 구속영장 청구에 대한 지방법원판사의 재판이 항고나 준항고의 대상이 되는지 문제된다.

이에 대해 대법원은 "검사의 체포영장 또는 구속영장 청구에 대한 지방법원판사의 재판은 형사소송법 제402조의 규정에 의하여 항고의 대상이 되는 '법원의 결정'에 해당하지 아니하고, 제416조 제1항의 규정에 의하여 준항고의 대상이 되는 '재판장 또는 수명법관의 구금 등에 관한 재판'에도 해당하지 아니한다"라고 판시하여 부정적인 입장을 취하고 있다.[6]

다. 구속영장의 집행

1) 구속영장의 법적성격

구속영장의 법적성격에 대해서는 법원의 허가장이라는 견해와 법원의 명령장이라는 견해가 대립하고 있다. 허가장설은 강제수사의 절차는 수사기관이 담당하고 수사기관은 구속영장을 발부받은 후에도 이를 집행하지 않을 수 있는 권한이

---

6) 대법원 2006. 12. 18. 선고 2006모646 결정.

있다$\binom{제204조}{참고}$는 점을 근거로 든다. 이에 반해 명령장설은 수사절차상의 강제처분권은 법원의 고유권한으로서 장래의 재판을 위해 법원이 행사하는 것이라고 주장한다.

강제수사의 현실적 주체는 수사기관이고, 법원의 영장 심사기능은 인권보호를 위해 수사기관을 사법적으로 통제하는 의미가 크다는 점에서 허가장설이 타당하다.

2) 구속영장의 집행절차

구속영장의 집행절차는 체포영장과 동일하다.

구속영장의 집행지휘와 집행기관, 구속영장의 제시 및 구속이유 등의 고지, 각종 통지, 피의자의 인치 등은 '체포영장의 집행' 부분에서 설시한 내용과 동일하다$\binom{제209조}{참고}$.

3) 구속영장 집행 후의 조치

구속영장을 집행한 때에는 구속영장에 집행일시와 장소를, 집행할 수 없었을 때에는 그 사유를 각 기재하고 기명날인하여야 한다$\binom{규칙 제100조 제}{1항, 제49조 제1항}$.

피의자를 구속한 때 변호인이 있는 경우에는 변호인에게, 변호인이 없는 경우에는 변호인선임권자$\binom{피의자의 법정대리인, 배우}{자, 직계친족과 형제자매}$ 중 피의자가 지정한 자에게 피의사건명, 구속일시·장소, 범죄사실의 요지, 구속의 이유와 변호인을 선임할 수 있는 취지를 알려야 하고$\binom{제209조,}{제87조}$, 그 통지는 구속한 때로부터 늦어도 24시간 이내에 서면으로 하여야 한다$\binom{규칙 제100조 제}{1항, 제51조 제2항}$. 급속을 요하는 경우에는 구속되었다는 취지 및 구속의 일시·장소를 전화 또는 모사전송기 기타 상당한 방법에 의하여 통지할 수 있으나, 이 경우에도 구속통지는 다시 서면으로 하여야 한다$\binom{동조}{제3항}$. 만약 피의자에게 변호인이 없거나 위 변호인선임권자가 없는 경우에는 피의자가 지정하는 1인에게 통지하여야 하나, 피의자가 지정하는 1인마저도 없어 통지를 하지 못한 경우에는 그 취지를 기재한 서면을 기록에 철하여야 한다$\binom{동조}{제2항}$.

피의자를 구속한 검사 또는 사법경찰관은 구속된 피의자와 구속적부심사청구권자[7] 중에서 피의자가 지정하는 자에게 구속적부심사를 청구할 수 있음을 알려야 한다$\binom{제214조}{의 2 제2항}$. 구속된 피의자, 그 변호인, 법정대리인, 배우자, 직계친족, 형제자

---

7) 그 변호인, 법정대리인, 배우자, 직계친족, 형제자매나 가족, 동거인 또는 고용주.

매나 동거인 또는 고용주는 구속영장을 보관하고 있는 검사, 사법경찰관 또는 법원사무관등에게 그 등본의 교부를 청구할 수 있다(규칙 제101조.).

구속된 피의자는 수사기관, 교도소장 또는 구치소장 또는 그 대리자에게 변호사를 지정하여 변호인의 선임을 의뢰할 수 있고, 의뢰를 받은 수사기관, 교도소장 또는 구치소장 또는 그 대리자는 급속히 피의자가 지명한 변호사에게 그 취지를 통지하여야 한다(제209조, 제90조.).

구속된 피의자는 법률의 범위 내에서 타인과 접견하고 서류 또는 물건을 수수하며 의사의 진료를 받을 수 있고(제209조, 제89조.), 변호인 또는 변호인이 되려는 자는 신체구속을 당한 피의자와 접견하고 서류 또는 물건을 수수할 수 있으며 의사로 하여금 진료하게 할 수 있다(제34 조.).

검사 또는 사법경찰관은 DNA 감식시료 채취 대상범죄(디엔에이법 제5조 제1항) 또는 이와 경합된 죄를 범하여 구속된 피의자 또는 「치료감호법」에 따라 보호구속된 치료감호 대상자로부터 DNA 감식시료를 채취할 수 있다(동법 제6조.). DNA 채취는 피의자의 동의를 얻거나 DNA 감식시료 채취영장에 의하여 가능하다(동법 제8조.).

라. 구속기간

사법경찰관이 피의자를 구속한 때에는 10일 이내에 피의자를 검사에게 인치하지 아니하면 석방하여야 한다(제202 조.). 검사가 피의자를 구속한 때 또는 사법경찰관으로부터 피의자의 인치를 받은 때에는 10일 이내에 공소를 제기하지 아니하면 석방하여야 한다(제203 조.). 지방법원판사는 검사의 신청에 의하여 수사를 계속함에 상당한 이유가 있다고 인정한 때에는 10일을 초과하지 아니하는 한도에서 구속기간의 연장을 1차에 한하여 허가할 수 있다(제205조 제1항.). 다만, 국가보안법 제3조 내지 제10조의 죄[8]에 대해서는 사법경찰관은 1회, 검사는 2회에 한하여 구속기간 연장이 허용된다(국가보안법 제19조.). 이 경우 구속기간은 최대 50일까지 연장가능하다.

연장 허가 여부 및 연장 일수는 판사의 재량사항이다. 구속기간의 연장을 허가하지 아니하는 지방법원 판사의 결정에 대하여는 항고 또는 준항고가 허용되지

---

8) 그러나 국가보안법 제7조(찬양·고무등) 및 제10조(불고지)의 죄에 대한 구속기간 연장은 헌법재판소가 위헌이라고 결정하였다(헌법재판소 1992. 4. 14. 선고 90헌마82 결정).

않는다.[9)]

피의자가 체포영장에 의한 체포, 긴급체포, 현행범인의 체포에 의하여 체포 또는 구인된 경우에는 구속기간은 피의자를 체포 또는 구인한 날부터 기산한다 ($^{제203}_{조의2}$). 구속기간연장허가결정이 있은 경우에 그 연장기간은 구속기간만료 다음날 로부터 기산한다($^{규칙}_{제98조}$).

구속기간의 계산에는 구속기간의 초일은 시간을 계산함이 없이 1일로 산정한 다($^{제66조 제}_{1항 단서}$). 기간의 말일이 공휴일 또는 토요일에 해당하는 때에도 기간에 산입하 여 계산한다($^{동조 제}_{3항 단서}$).

마. 재구속의 제한

검사 또는 사법경찰관에 의하여 구속되었다가 석방된 자는 다른 중요한 증거를 발견한 경우를 제외하고는 동일한 범죄사실에 관하여 재차 구속하지 못한다($^{제208조}_{제1항}$). 여기서 '구속되었다가 석방된 자'라 함은 구속영장에 의하여 구속되었다가 석 방된 경우를 말하는 것이지, 긴급체포나 현행범인으로 체포되었다가 사후영장발 부 전에 석방된 경우는 포함되지 않는다. 따라서 긴급체포되었다가 수사기관의 조 치로 석방된 후 법원이 발부한 구속영장에 의하여 구속된 경우에는 재구속의 제한 을 받지 않는다.[10)]

'동일한 범죄사실'이란 죄명에 관계없이 구속영장에 기재된 범죄사실과 기본 적 사실관계가 동일한 사실을 의미한다. 포괄일죄, 처분상의 일죄($^{상상적}_{경합}$)가 이에 포 함되며, 실체적 경합관계에 있다고 하더라도, 1개의 목적을 위하여 동시 또는 수 단결과의 관계에서 행하여진 행위는 동일한 범죄사실로 간주한다($^{제208조}_{제2항}$).

이러한 재구속의 제한은 동일사건에 대한 수사기관의 중복적 구속을 방지함 으로써 피의자의 인권을 보호하고자 하는 취지이기 때문에 수사기관이 피의자를 구속하는 경우에만 적용되고 법원이 피고인을 구속하는 경우에는 적용되지 않는 다.[11)] 따라서 구속기간의 만료로 구속의 효력이 상실된 후 수소법원이 판결을 선

---

9) 대법원 1997. 6. 16. 선고 97모1 결정.
10) 대법원 2001. 9. 28. 선고 2001도4291 판결.
11) 대법원 1969. 5. 27. 선고 69도509 판결.

고하면서 피고인을 구속하는 경우(대법원 85 모12 결정), 피의자가 수사당시 구속되었다가 구속적부심에서 석방된 후 1심 판결선고시 법정 구속된 경우(대법원 65 도509 판결)에는 재구속의 제한을 받지 않는다.

한편, 수사기관의 구속이어도 법령상 재구속 제한의 예외로 인정되는 경우가 있다. 국가보안법위반으로 구속되었다가 공소보류처분을 받아 석방된 피의자는 그 공소보류가 취소된 경우에 동일한 범죄사실로 재구속될 수 있고(국보법 제 20조 제4항), 구속적부심사결정에 의하여 석방된 피의자의 경우에는 다른 중요한 증거가 발견된 경우가 아니더라도 도망하거나 죄증을 인멸하는 경우에는 재차 구속할 수 있다(제214조 의3 제1항). 또한, 법원은 구속된 피의자에 대하여 피의자의 출석을 보증할 만한 보증금의 납입을 조건으로 하여 결정으로 석방을 명할 수 있는데, 보증금납입조건부로 석방된 피의자는 다른 중요한 증거가 발견된 경우가 아니더라도 ① 도망한 때, ② 도망하거나 범죄의 증거를 인멸할 염려가 있다고 믿을 만한 충분한 이유가 있는 때, ③ 출석요구를 받고 정당한 이유 없이 출석하지 아니한 때, ④ 주거의 제한이나 그 밖에 법원이 정한 조건을 위반한 때에는 수사기관에 의한 재구속이 가능하다(동조 제2항).

문제는 재구속이 가능한 '다른 중요한 증거를 발견한 경우'가 과연 무엇인가이다. 재구속 제한이 문제되는 경우는 수사기관이 구속된 피의자를 석방한 때이다. 그렇다면 동일한 피의사실에 대해 석방 후 재구속을 할 중요한 증거란 결국 수사기관이 피의자를 석방한 근거가 되는 증거나 정황을 배척할 정도의 중요한 증거가치를 가지는 증거이어야 한다. 예컨대, 친고죄에 있어서 고소취소를 이유로 석방을 하였는데 이후에 고소취소가 피의자의 강압에 의한 것임이 확인되거나, 살인죄의 피의자가 구속된 이후 새롭게 알리바이를 주장하여 구속취소가 되었으나 이후 알리바이가 조작되었음이 밝혀진 때에는 중요한 증거가 발견된 경우라고 할 것이다.

그렇다면, 피의자가 석방될 때까지 석방을 저지할 증거를 발견하지 못한 것이 수사기관의 과실이나 불성실함에 기인한 경우에도 석방 후 발견된 증거가 '중요한 증거'에 해당한다면 재구속이 가능한가. 법문언상으로 본다면 수사기관의 과실이 재구속 제한사유로 명시되어 있지 않기 때문에 이론상으로는 가능할 것이나, 실제 사건에서 이와 같은 쟁점이 첨예하게 다투어진다면 구속사유를 인정하기 어렵다는 이유로 구속영장이 기각될 가능성이 클 것이다. 왜냐하면 수사기관이 조금만

주의를 기울였다면 찾았을 증거라고 한다면, 피의자에게 증거인멸의 우려가 있다고 보기도 어렵고, 피의자로서는 이미 한차례 구속되어 상당한 정도로 조사까지 받은 다음 석방된 상태라 도주 우려 등을 인정하기도 쉽지 않을 것이기 때문이다.

재구속의 제한은 구속 자체의 효력에 관한 문제이므로, 재구속 제한을 위반하여 동일한 사건으로 재구속되었다 할지라도 그것만으로 공소제기 자체가 무효라고 할 수 없다.[12]

동일한 범죄사실에 관하여 재구속영장을 청구할 때에는 재구속영장의 청구서에 재구속영장의 청구라는 취지와 재구속의 사유를 기재하여야 한다(규칙 제99조 제2항).

4. 수사상 구속의 집행정지와 실효

가. 구속의 집행정지

구속집행정지란 구속영장의 효력은 유지한 채 구속의 집행력만 일시적으로 정지하여 피의자를 석방하는 제도를 말한다. 수사단계에서는 검사는 상당한 이유가 있는 때에는 결정으로 구속된 피의자를 친족·보호단체 기타 적당한 자에게 부탁하거나 피의자의 주거를 제한하여 구속의 집행을 정지할 수 있다(제209조, 제101조 제1항). 수사상 구속의 집행정지는 검사의 직권에 의해 이루어지는 점에서 구속적부심사와 구별된다. 사법경찰관도 검사에게 구속집행정지를 신청할 수 있다(검찰사건사무규칙 제86조 제1항).

구속집행정지는 구속집행정지결정서에 의하여야 한다(동조 제1항). 이 경우 정지기간을 정할 수도 있고, 정하지 않을 수도 있다. 구속된 국회의원에 대한 석방요구가 있으면 당연히 구속영장의 집행이 정지된다(제209조, 제101조 제4항).

검사는 집행정지된 피의자가 도망한 때, 도망하거나 죄증을 인멸할 염려가 있다고 믿을 만한 충분한 이유가 있는 때 등 일정한 사유가 있으면 결정으로 구속의 집행을 취소할 수 있다. 하지만 국회의원에 대한 구속집행정지는 그 회기 중에는 취소하지 못한다(제209조, 제102조 제2항).

구속집행정지로 정지된 잔여 구속기간은 집행정지 취소로 재구금한 때부터

---

12) 대법원 1966. 11. 22. 선고 66도1288 판결.

기산한다.

나. 구속의 실효

구속이 실효되는 경우는 구속기간이 만료되거나 구속이 취소되는 때이다.

구속기간이 만료되면 구속영장의 효력은 당연히 사라진다. 구속사유가 없거나 소멸된 때에는 검사는 결정으로 피의자에 대한 구속을 취소하여야 한다(제209조, 제93조).

구속사유가 없는 때란 구속사유가 처음부터 부재하였음이 판명된 경우이고, 구속사유가 소멸된 때란 구속사유가 사후적으로 사라진 경우를 말한다.

검사가 구속을 취소한 때에는 지체 없이 영장을 발부한 법원에 그 사유를 서면으로 통지하여야 한다(제204조).

5. 체포·구속적부심사제도

체포·구속적부심사제도란 수사기관에 의하여 체포·구속된 피의자에 대해 법원이 체포 또는 구속의 적법성 여부 및 그 필요성을 심사하여 피의자를 석방하는 제도이다. 이는 수사단계에서 피의자를 석방하는 제도라는 점에서 공소제기된 이후 수소법원이 피의자를 석방하는 보석제도와 구별된다.

적부심사청구권자는 체포 또는 구속된 피의자 및 그 변호인·법정대리인·배우자·직계친족·형제자매·가족·동거인 또는 고용주이다(제214조 의2제1항). 체포된 피의자는 체포영장에 의한 체포, 긴급체포 및 현행범인으로 체포된 자를 모두 포함하며, 수사기관에 의하여 임의동행으로 보호실에 유치되어 있는 자도 사실상 신체구속 상태에 있었으므로 청구권자에 포함된다. 다만, 사인에 의해 불법하게 신체구금을 당한 자는 여기에 포함되지 않는다.

체포·구속적부심사는 피의사건의 관할법원에 청구하여야 한다. 체포적부심사는 단독판사가 담당하나, 구속적부심사는 재정합의결정을 거쳐 합의부가 담당한다. 체포영장이나 구속영장을 발부한 법관은 체포·구속적부심사에 관여할 수 없다. 다만, 체포영장이나 구속영장을 발부한 법관 외에는 심문·조사·결정을 할 판사가 없는 경우에는 그러하지 아니하다$\binom{제214조}{의2 제12항}$.

법원은 청구서가 접수된 때부터 48시간 이내에 체포되거나 구속된 피의자를 심문하여야 한다$\binom{동조}{제4항}$. 심문기일에는 반드시 피의자가 출석하여야 하며, 검사 또는 사법경찰관은 심문기일에 피의자를 출석시켜야 한다$\binom{규칙 제104}{조 제2항}$. 피의자의 출석은 절차개시의 요건이다.

법원은 수사 관계 서류와 증거물을 조사하여 그 청구가 이유 없다고 인정한 경우에는 결정으로 기각하고, 이유 있다고 인정한 경우에는 결정으로 체포되거나 구속된 피의자의 석방을 명하여야 한다. 심사 청구 후 피의자에 대하여 공소제기가 있는 경우에도 또한 같다$\binom{제214조}{의2 제4항}$.

체포 또는 구속의 적부심사청구에 대한 결정은 체포 또는 구속된 피의자에 대한 심문이 종료된 때로부터 24시간 이내에 이를 하여야 한다$\binom{규칙}{제106조}$.

체포·구속적부심사에 대한 법원의 결정에 대해서는 항고가 허용되지 아니한다$\binom{제214조}{의2 제8항}$.

한편, 법원은 구속된 피의자$\binom{심사 청구 후 공소}{제기된 사람도 포함}$에 대하여 피의자의 출석을 보증할 만한 보증금의 납입을 조건으로 하여 결정으로 석방을 명할 수 있다$\binom{제214조}{의2 제5항}$. 보증금납입조건부 석방결정은 구속된 피의자에 대해서만 적용되며, 체포된 피의자에 대해서는 허용되지 않는다.

보증금납입조건부 석방결정이 내려지더라도 보증금을 납입하지 않으면 석방결정을 집행하지 못한다$\binom{제214조의2 제7항,}{제100조 제1항}$. 법원은 유가증권 또는 피고인 외의 자가 제출한 보증서로써 보증금에 갈음함을 허가할 수 있다. 보증서에는 보증금액을 언제든지 납입할 것을 기재하여야 한다$\binom{제214조의2 제7항,}{제100조 제4항}$. 보증금납입조건부 석방결정에 대해서는 비록 명문의 규정이 없지만, 대법원은 검사나 피의자가 항고를 할 수 있다고 판시하였다.[13]

---

13) 대법원 1997. 8. 27. 선고 97모21 결정은 "형사소송법 제402조의 규정에 의하면, 법원의 결정에 대하여 불복이 있으면 항고를 할 수 있으나 다만 같은 법에 특별한 규정이 있는 경우에는 예외로 하도록 되어 있는바, 체포 또는 구속적부심사절차에서의 법원의 결정에 대한 항고의 허용 여부에 관하여 같은 법 제214조의2 제7항은 제2항과 제3항의 기각결정 및 석방결정에 대하여 항고하지 못하는 것으로 규정하고 있을 뿐이고 제4항에 의한 석방결정에 대하여 항고하지 못한다는 규정은 없을 뿐만 아니라, 같은 법 제214조의2 제3항의 석방결정은 체포 또는 구속이 불법이거나 이를 계속할 사유가 없는 등 부적법한 경우에 피의자의 석방을 명하는 것임에 비하여, 같은 법 제214조의2 제4항의 석방결정은 구속의 적법을 전제로 하면서 그 단서에서 정한 제한사유가 없는 경우에 한하여 출석을 담보할 만한 보증금의 납입을 조건으로 하여 피의자의 석방을 명하는 것이어서 같

체포 또는 구속 적부심사결정에 의하여 석방된 피의자가 도망하거나 범죄의 증거를 인멸하는 경우를 제외하고는 동일한 범죄사실로 재차 체포하거나 구속할 수 없다(제214조의3 제1항).

그리고 보증금납입조건부로 석방된 피의자의 경우에는 피의자가 ① 도망한 때, ② 도망하거나 범죄의 증거를 인멸할 염려가 있다고 믿을 만한 충분한 이유가 있는 때, ③ 출석요구를 받고 정당한 이유 없이 출석하지 아니한 때, ④ 주거의 제한이나 그 밖에 법원이 정한 조건을 위반한 때를 제외하고는 동일한 범죄사실로 재차 체포하거나 구속할 수 없다(동조 제2항).

6. 구속과 관련된 실무상 쟁점

가. 구속영장의 효력범위

구속영장의 효력이 구속된 피의자를 단위로 미치느냐, 구속사유가 된 범죄사실을 기준으로 미치느냐가 문제된다. 전자를 인단위설, 후자를 사건단위설이라고 보통 칭한다.

인단위설에 의하면, 구속영장은 구속된 피의자를 기준으로 그 효력이 미치기 때문에 피의자의 모든 범죄사실이 구속영장의 효력을 받게 된다. 그러므로 구속영장에 기재되지 않은 범죄사실은 물론, 수사기관에 의해 입건 또는 인지되지 못한 범죄사실도 구속영장의 효력 범위 내에 있게 되어 사후에 수사기관이 추가 여죄를 밝혀내더라도 재구속 제한에 걸리게 될 여지가 있게 된다.

반면, 사건단위설은 구속사유가 된 범죄사실을 기준으로 하기 때문에 범죄사실별로 피의자를 구속할 수 있게 된다. 사기로 이미 구속되어 실형을 선고받았다고 하더라도 이후 뇌물죄가 추가로 드러나면 해당 범죄로 구속될 수 있는 것이다.

형사소송법 제208조는 '검사 또는 사법경찰관에 의하여 구속되었다가 석방된

은 법 제214조의2 제3항의 석방결정과 제4항의 석방결정은 원래 그 실질적인 취지와 내용을 달리하는 것이고, 또한 기소 후 보석결정에 대하여 항고가 인정되는 점에 비추어 그 보석결정과 성질 및 내용이 유사한 기소 전 보증금납입조건부 석방결정에 대하여도 항고할 수 있도록 하는 것이 균형에 맞는 측면도 있다 할 것이므로, 같은 법 제214조의2 제4항의 석방결정에 대하여는 피의자나 검사가 그 취소의 실익이 있는 한 같은 법 제402조에 의하여 항고할 수 있다"라고 판시하였다.

자는 다른 중요한 증거를 발견한 경우를 제외하고는 동일한 범죄사실에 관하여 재차 구속하지 못한다'라고 규정하고 있는데, 이를 보더라도 사건단위설이 타당하다.

대법원도 "구속의 효력은 원칙적으로 구속영장에 기재된 범죄사실에만 미치는 것이므로, 구속기간이 만료될 무렵에 종전 구속영장에 기재된 범죄사실과 다른 범죄사실로 피고인을 구속하였다는 사정만으로는 피고인에 대한 구속이 위법하다고 할 수 없다"라고 판시함으로써 사건단위설의 입장을 따르고 있다.[14]

구속영장의 효력은 구속영장에 기재된 범죄사실에 미치는데, 여기서의 범죄사실이란 구속영장에 기재된 그것에 국한하는 것은 아니고 영장에 기재된 피의사실과 기본적 사실관계가 동일한 범위까지를 포함하는 것이다. 이는 공소사실의 동일성 판단기준과 같다. 따라서 횡령의 피의사실로 피의자를 구속하여 수사하던 중에 사실관계는 기본적으로 같으나 배임으로 확인되는 경우는 횡령 피의사실의 구속영장의 효력이 배임 피의사실에도 미친다.[15]

나. 이중구속

실무상 이중구속이 가능한지가 문제된다. 이중구속이란 이미 구속되어 있는 피의자에 대해 다른 구속영장으로 다시 구속영장을 집행하여 이중구속 상태를 만드는 것을 의미한다.

이는 구속영장의 효력범위에 대한 논의와도 연결되어 있다. 인단위설에 의하면 구속영장은 구속된 피의자를 기준으로 그 효력이 미치기 때문에 피의자의 모든 범죄사실이 구속영장의 효력을 받게 된다. 따라서 이에 의하면 이중구속은 불가하다고 하겠다. 하지만 사건단위설에 의하면, 구속된 피고인 또는 피의자가 석방되는 경우를 대비하여 미리 구속해 둘 필요가 있다는 이유로 이중구속도 허용된다. 대법원도 "구속의 효력은 원칙적으로 구속영장에 기재된 범죄사실에만 미치는 것이므로, 구속기간이 만료될 무렵에 종전 구속영장에 기재된 범죄사실과 다른 범죄사실로 피고인을 구속하였다는 사정만으로는 피고인에 대한 구속이 위법하다고 할 수 없다"라고 판시하였다.[16]

---

14) 대법원 2014. 11. 18. 선고 2014모2488 결정.
15) 주석 형사소송법(제5판), 180쪽.
16) 대법원 2014. 11. 18. 선고 2014모2488 결정.

다. 별건구속와 여죄수사

　'별건구속'이란 수사기관이 본래 수사하고자 하는 본건 범죄에 대하여는 구속요건을 충족하기 어려워 피의자 구속이 어렵게 되자, 본건 수사에 활용할 목적으로 별개의 경미한 사건에 대해서 구속영장을 발부받아 피의자를 구속하는 것을 말한다.

　별건구속은 그 실질이 구속사유가 충족되지 않는 본건을 위한 구속이라는 점에서 위법하다고 보는 견해가 대다수이다. 사실상 구속사유가 없는 본건에 대해 구속을 하는 것이므로 영장주의에 반하고, 본건에 대한 자백강요의 수단으로 악용될 수 있다는 이유에서다.

　한편, 별건구속 수사와 구별해야 하는 것으로 여죄수사라는 것이 있다. '여죄수사'는 구속 중인 피의자에 대해 혐의가 있는 다른 범죄사실을 수사하는 것을 의미한다. 이러한 여죄수사의 적법성에 대해서 전면 허용설, 예외적 허용설로 일부 견해가 대립하고는 있으나, 통설은 전면 허용설로 보이며, 실무상으로도 구속 중인 피의자에 대한 여죄수사는 광범위하게 이루어지고 있다. 여죄수사는 본건수사에 대해 적법하게 구속영장을 발부받아 수사를 진행하던 중 추가 혐의에 대해서 수사를 진행하는 것이므로 위법하다고 볼 하등의 이유가 없다. 나아가 피의자 입장에서도 여러 개의 범죄사실에 대해 한꺼번에 수사와 재판을 받는 것이 유리하기 때문이다.

　문제는 별건구속 수사와 여죄수사를 어떤 기준으로 구별하느냐이다. 구속영장청구서에는 범죄사실이 기재되고, 해당 범죄사실에 대한 '구속을 필요로 하는 사유'가 기재된다. 그런데 실무상 '구속을 필요로 하는 사유'에 구속영장 범죄사실(A) 이외에 다른 범죄(B)에 대해 추가 수사가 필요하므로 구속수사가 필요하다는 취지를 종종 기재하는 경우가 있다. 구속영장 청구시를 기준으로 B 범죄가 구속영장 범죄사실로 구성될 만큼 그 혐의가 충분히 소명되지는 않았지만, 피의자에 대해 제기되는 혐의가 비단 구속영장 범죄사실에만 국한되는 것이 아니라는 점을 부각시켜 피의자 신병확보의 불가피성을 논증하려는 것이다. 물론, 수사기관이 아무 근거도 없이 B 범죄의 의혹이 있다고 주장하지는 않고, 객관적이고 합리적인 근거를 제시하게 된다.

　　그렇다면, 위 사안에서 법정형 등에 비추어 A 범죄사실이 B 범죄에 비해 상대적으로 경한 범죄라고 한다면 이를 별건구속 수사로 보아 위법하다고 할 수 있느냐이다. 구속된 피의자에 대해 그 구속기간 중에 피의자가 범한 다른 범죄에 대해 수사하는 것은 원칙적으로 적법하다는 점에서 위 사안을 별건구속으로 보기는 어려울 것이다.

　　결과적으로 범죄의 경중을 근거로 별건구속을 논한다는 것은 비현실적이다. 최근 구속 심사가 갈수록 엄격해지고 있는 법원 실무를 보더라도 경미한 사건에 대해 구속영장이 발부된다는 것은 생각하기 어렵다. 구속영장이 발부되었다는 것은 그 자체로 범죄의 중대성 등이 소명되었다는 것을 의미한다.

　　실무상 수사를 진행하다 보면 피의자 1인에 대해 여러 개의 혐의가 인지될 수 있고, 이 경우 각 혐의에 대한 입증 정도에 차이가 날 수밖에 없다. 그 과정에서 혐의 입증이 비교적 수월하게 이루어진 범죄에 대해 이를 구속영장의 범죄사실로 구성하여 피의자를 구속하고, 구속 후 여죄수사를 계속 진행하는 것은 매우 자연스러운 절차이다.

　　그런 의미에서 별건구속 논의는 실무에서는 거의 찾아볼 수 없는 교과서적 논쟁에 불과하다. 재판실무에서 피의자나 변호인 측이 방어권 행사 차원에서 별건구속을 주장하는 경우가 종종 있으나, 그 주장이 받아들여진 예는 거의 없다.

　　그럼에도 불구하고 별건구속의 위법성 논쟁이 실무적으로 전혀 무의미한 논쟁이라고는 볼 수 없다. 만약 수사기관이 구속된 피의자를 조사하는 과정에서 피의자에게 자신들이 주된 타겟으로 생각하는 범죄가 사실은 B라는 점과 B 범죄를 밝히기 위해 A 범죄사실로 구속하였다는 점을 언급하면서 B 범죄를 자백하고 공범자들의 공모행위에 대해서도 협조해 주면 석방해 주겠다고 적극적으로 회유한 사정이 밝혀진 경우라면 별건구속을 인정할 수도 있을 것이다. 결국, 별건구속 여부는 범죄의 경중, 구속영장 발부 가능성의 정도만으로 판단되어서는 아니 되며, 별건구속을 의도한 수사기관의 고의가 입증되어야 하고, 진행된 수사과정이 통상의 그것과 비교할 때 비례성의 원칙에 어긋나고 비정상적이라는 특단의 사정도[17]

---

17) 구속영장 청구 당시 기준으로 B 범죄에 대해서는 수사기록에 아무런 단서도 없고 수사진행 상황도 전혀 존재하지 않았는데, 피의자가 구속된 이후 갑자기 수사기관이 피의자에게 B 범죄를 추궁하기 시작하고, 정작 A 범죄사실에 대해서는 아무런 조사도 진행하지 않는 등의 사례를 생각해 볼 수 있겠다.

밝혀져야 할 것이다. 이러한 점들이 실제로 입증되기는 쉽지 않을 것이다.

라. 사법경찰관의 구속영장 신청에 따른 구속영장 청구 전 검사의 피의자 조사·면담 가부

검사가 사법경찰관으로부터 구속영장의 신청을 받아 구속영장을 청구하는 경우에 구속의 사유를 판단하기 위하여 필요하다고 인정하는 때에 피의자를 면담하거나 조사할 수 있는지, 가능하다면 어느 범위까지 가능한지가 실무상 문제된다.

검사가 사법경찰관 신청의 구속영장 신청서를 검토하는 단계는 아직 사건이 경찰에서 검찰로 송치되기 전이기 때문에 검사가 피의자를 면담하거나 조사할 법률적 근거가 존재하지 않는 것 아니냐는 의문이 들 수 있다.

이에 대해 대법원은 "검사의 구속영장 청구 전 피의자 대면조사는 긴급체포의 적법성을 의심할 만한 사유가 기록 기타 객관적 자료에 나타나고 피의자의 대면조사를 통해 그 여부의 판단이 가능할 것으로 보이는 예외적인 경우에 한하여 허용될 뿐, 긴급체포의 합당성이나 구속영장 청구에 필요한 사유를 보강하기 위한 목적으로 실시되어서는 아니 된다"라고 판시하여 제한적으로 허용된다는 입장을 보인 바 있다.[18]

'구속영장 청구 전 피의자 면담 등 절차에 관한 지침'에 의하면, 검사는 사법경찰관 등의 구속영장 신청에 대하여 구속의 사유 등을 심사하기 위해 필요하다고 인정하는 때에는 피의자를 면담 또는 조사할 수 있다. 다만, 다음의 각호의 사유가 있는 경우에는 예외로 한다'라고 규정하였다(대검예규 제2조 제2항).

1. 피의자가 명시적인 거부의사를 표시하거나 연락이 되지 않는 경우
2. 수사기록만으로 구속사유 등의 존부를 명백히 판단할 수 있는 경우
3. 사법경찰관 등의 사전 구속영장 신청 사실을 알리면 피의자가 도주할 가능성이 높다고 인정되는 경우
4. 피의자나 변호인과 면담·조사 일시, 장소, 방식이 조율되지 않는 경우
5. 그 밖에 위 각 호에 준하는 부득이한 사정이 있는 경우

---

18) 대법원 2010. 10. 28. 선고 2008도11999 판결.

마. 체포피의자에 대한 구속영장 집행이 지체되었을 때 체포 내지 구금의 위법성 여부

헌법이 정한 적법절차와 영장주의 원칙, 형사소송법이 정한 체포된 피의자의 구금을 위한 구속영장의 청구, 발부, 집행절차에 관한 규정을 종합하면, 법관이 검사의 청구에 의하여 체포된 피의자의 구금을 위한 구속영장을 발부하면 검사와 사법경찰관리는 지체 없이 신속하게 구속영장을 집행하여야 한다. 피의자에 대한 구속영장의 제시와 집행이 그 발부 시로부터 정당한 사유 없이 시간이 지체되어 이루어졌다면, 구속영장이 그 유효기간 내에 집행되었다고 하더라도 위 기간 동안의 체포 내지 구금 상태는 위법하다.[19)]

바. 피의자의 사선변호인 조력권을 침해한 구속의 위법성 여부

【사안의 개요】

① A는 체포영장에 의해 체포되어 검찰에서 조사를 받았다. 당시 A가 선임한 변호인 甲은 변호인선임계를 제출하고 위 조사 절차에 참여하였다.

② 그 후 검사는 구속영장을 법원에 청구하였는데, 그 구속영장청구서의 '변호인'란에는 아무런 기재가 없었다.

③ 판사는 A에 대한 구속영장 청구를 심사하기 위하여 피의자심문을 하였고, 당시 변호인으로는 A의 변호사 甲이 아니라 국선변호인인 乙 변호사가 참여하였다. 구속영장 청구 당시에 A가 선임한 변호인의 존재가 구속영장청구서에 기재되지 않은 결과, 구속영장 청구를 받은 법원으로서는 A에게 달리 선임된 변호인이 없다고 생각하여 직권으로 국선변호인 乙을 선정하였고, 그와 같이 선정된 국선변호인 乙의 참여 아래 피의자심문 절차가 진행되었다. 그 후 A는 판사가 발부한 구속영장에 의해 구속되었다.

---

19) 대법원 2021. 4. 29. 선고 2020도16438 판결. 이 사건은 피고인이 2020. 2. 6. 현행범인으로 체포되고, 2. 8. 구속영장이 발부되었음에도 경찰관이 외근 수사로 인하여 그로부터 3일이 지난 2. 11. 구속영장을 집행한 사안이다. 대법원은 위와 같이 체포 내지 구금상태가 위법하다고 판단하면서도 구금의 집행 절차상의 법령 위반이 피고인의 방어권이나 변호권을 본질적으로 침해하여 원심판결의 정당성마저 인정할 수 없게 한다거나 판결 결과에 영향을 미쳤다고는 보이지 않는다고 보았다.

【법원 판단】[20]

구속영장청구서에 변호인의 성명이 기재되지 않음으로써, 체포된 피의자가 자신이 스스로 선임한 변호인의 조력을 받지 못하고 그 변호인도 각 규정들에 따른 변호활동을 할 기회를 박탈당한 채 피의자심문이 실시되었다면, 그와 같은 피의자심문 절차에는 헌법이 형사소송법 등 관계 법령을 통하여 보장하는 기본권, 즉 체포된 피의자가 변호인의 조력을 받을 권리 또는 체포된 피의자를 조력할 변호인의 권리를 침해한 위법이 있는 것이 된다. 이러한 피의자심문의 결과 이루어진 구속은 헌법 제12조 제3항이 정하는 '적법한 절차'를 위반한 것으로서 위법하다고 봄이 마땅하다. 이 과정에서 체포된 피의자에게 국선변호인이 선정되어 그 국선변호인이 피의자심문에 참여하였더라도, 위와 같은 피의자심문이나 그에 따른 구속이 위법하다는 결론에는 영향이 없다.

그러므로 위와 같은 위법한 구속을 토대로 하여 수집된 증거, 즉 검사 작성의 피고인에 대한 제2회 피의자신문조서는 법 제308조의2가 정하는 '적법한 절차에 따르지 아니하고 수집한 증거'에 해당하므로 증거로 쓸 수 없다.[21]

---

20) 서울고등법원 2018. 11. 27. 선고 2018노1617 판결(대법원 2018도19612 판결로 확정). 이에 반해 이 사건의 원심인 서울남부지방법원 2018. 5. 24. 선고 2018고합143 판결은 "피고인의 사선변호인에게 구속 전 피의자심문 사실 및 그 일시, 장소를 통지하는 책임은 기본적으로 법원에게 있기는 하다. 그러나 법원으로서는 사선변호인 선임사실을 알지 못한 상태에서 구속 전 피의자심문에 앞서 피고인에게 국선변호인을 선정하였고 그 변호인의 참여하에 심문이 이루어진 이상 단지 사선변호인이 참석하지 못하였다는 사정만으로 피고인이 변호인의 조력을 받을 권리가 침해되었다고 볼 수는 없다. 따라서 이와 다른 전제에 선 피고인의 주장은 받아들일 수 없다"라고 판시하였다.

21) 위와 같은 판단의 구체적인 근거는 해당 판결문 참고. 아울러 법원은 "대법원은 일찍이, '법 제282조의 필요적 변호사건에 있어서 선임된 사선변호인에 대한 기일통지를 하지 아니함으로써 사선변호인의 출석 없이 제1회 공판기일을 진행하였더라도 그 공판기일에 국선변호인이 출석하였다면 변호인 없이 재판한 잘못이 있다 할 수 없고, 또한 사선변호인이 제2회 공판기일부터는 계속 출석하여 변호권을 행사하였다면 사선변호인으로부터의 변호를 받을 기회를 박탈하였다거나 사선변호인의 변호권을 제한하였다 할 수 없다'라는 취지로 판단하였다(대법원 1990. 9. 25. 선고 90도1571 판결 참조). 그러나 이는, 필요적 변호사건에서 '변호인 없이 개정하지 못한다'거나 이 경우 '변호인이 출석하지 아니한 때에는 법원은 직권으로 변호인을 선정하여야 한다'라는 법 제282, 283조의 해석론이 문제된 사안에 대한 판결로서 이 사건과는 그 적용 법조가 상이하다. 나아가 단 1회 그것도 구속영장 청구 다음날까지 실시되어야 하는 체포 피의자에 대한 피의자심문의 경우와 달리, 여러 번에 걸쳐 공판이 진행되었고 그 중 한 번의 공판기일을 제외한 나머지 공판기일에서는 사선변호인의 변호권 행사가 있었던 사안에 대한 판결로 보인다. 따라서 위 대법원 판결은 이 사건에 원용할 것이 아니다"라고 설시하였다.

영장에 의한 압수·수색

Ⅲ 영장에 의한 압수·수색

1. 수사과정에서의 압수·수색 일반론

가. 압수·수색의 의미

본 저서는 수사단계에서의 강제수사절차를 논의하므로 이하에서는 공소제기 후 이루어지는 법원에 의한 압수·수색은 논외로 하고 수사기관에 의한 압수·수색을 중심으로 서술한다.

검사는 범죄수사에 필요한 때에는 피의자가 죄를 범하였다고 의심할 만한 정황이 있고 해당 사건과 관계가 있다고 인정할 수 있는 것에 한정하여 지방법원판사에게 청구하여 발부받은 영장에 의하여 압수·수색을 할 수 있다. 사법경찰관은 검사에게 영장 청구를 신청할 수 있다.

수사상 '압수'란 수사기관이 증거방법으로 의미가 있는 물건이나 몰수가 예상되는 물건의 점유를 취득하는 강제수사를 의미하고, 법원의 압수에 관한 규정이 준용된다($\frac{제219}{조}$). 수사상 압수에는 압류와 영치가 있다. '압류'는 영장 발부를 전제로 점유자 또는 소유자의 의사에 반하여 물건의 점유를 강제로 취득하는 강제처분을 말하는데, 협의의 압수가 이에 해당한다. '영치'는 소유자 등이 임의로 제출한 물건이나 유류한 물건의 점유를 취득하는 것을 말한다. 이는 점유 취득 과정에서는 강제성이 없지만, 점유 취득 이후에는 소유자 등의 반환의사 유무를 불문하고 수사기관이 계속적으로 점유를 강제할 수 있다는 점에서 압수의 성격을 가진다.

'수색'이란 수사기관이 압수할 물건이나 피의자를 발견하기 위해 사람의 신체, 물건 또는 주거 기타의 장소에 대해 행해지는 강제처분이다.

압수와 수색은 성질상 서로 별개의 것이나 실제로는 같은 기회에 같은 장소에서 행해지는 것이 보통이고, 압수영장과 수색영장을 따로 발부하지 아니하고 이를 묶어서 압수·수색영장이라는 1통의 영장을 사용하고 있다.

나. 압수·수색영장의 청구

압수·수색영장의 청구권자는 검사이다. 사법경찰관은 검사에게 신청하여 검사의 청구로 지방법원 판사가 발부한 영장에 의하여 압수·수색을 할 수 있다($\binom{제215조}{제2항}$). 검사가 영장 청구를 할 때에는 피의자에게 범죄의 혐의가 있다고 인정되는 자료와 압수, 수색 또는 검증의 필요 및 해당 사건과의 관련성을 인정할 수 있는 자료를 제출하여야 한다($\binom{규칙 제108}{조 제1항}$).[1]

검사가 사법경찰관이 신청한 영장을 정당한 이유 없이 판사에게 청구하지 아니한 경우 사법경찰관은 그 검사 소속의 지방검찰청 소재지를 관할하는 고등검찰청에 영장 청구 여부에 대한 심의를 신청할 수 있다($\binom{제221조}{의5 제1항}$).

다. 압수·수색의 대상

1) 압수의 대상

가) 증거물 또는 몰수물

수사기관은 필요한 때에는 피의사건과 관계가 있다고 인정할 수 있는 것에 한정하여 증거물 또는 몰수할 것으로 사료하는 물건을 압수할 수 있다. 단, 법률에

---

1) 대법원은 2023. 2. 3. 압수·수색영장 발부와 관련하여 '임의적 법관 대면심리'를 도입하겠다는 취지 및 전자정보에 대한 압수·수색영장 청구서의 기재사항에 '집행계획'을 추가하는 내용의 형사소송규칙 개정안을 입법예고한 바 있다. 개정안 제58조의2에 의하면 법원은 필요하다고 인정한 때에는 압수·수색영장을 발부하기 전 심문기일을 정하여 압수·수색 요건 심사에 필요한 정보를 알고 있는 사람을 심문할 수 있고, 검사는 심문기일에 출석하여 의견을 진술할 수 있다. 나아가 개정안 제107조 제1항 제2호의2에 의하면 압수·수색영장 청구서에 전자정보가 저장된 정보저장매체등, 분석에 사용할 검색어, 검색대상기간 등 집행계획을 기재하여야 한다. 하지만 입법예고안에 대한 반대의견이 거세짐에 따라 대법원은 2023. 6. 현재 기준으로 개정안의 공표를 미루고 있는 상태다. 추후 개정 여부를 주목할 필요가 있다.

다른 규정이 있는 때에는 예외로 한다($^{제219조, 제}_{106조 제1항}$).

압수대상물에는 동산은 물론, 부동산도 포함된다. 하지만 사람의 신체는 검증의 대상일 뿐 압수 대상은 아니다. 다만, 신체에서 분리된 부산물, 예컨대 두발, 손톱, 혈액 등은 압수 대상에 해당된다. 몰수물에 대한 압수는 판결집행의 확보라는 의미를 가지며, 당해 사건에 대한 판결에서 몰수 선고가 될 가능성이 있는 물건을 말한다. 필요적 몰수는 물론, 임의적 몰수의 대상도 포함된다.

나) 우체물 또는 전기통신

피의사건과 관계가 있다고 인정할 수 있는 것에 한정하여 우체물 또는 전기통신($^{통신비밀보호법 제2}_{조 제3호에 따른 것}$)에 관한 것으로서 체신관서, 그 밖의 관련 기관 등이 소지 또는 보관하는 물건은 압수할 수 있다($^{제219조,}_{제107조}$).[2] 여기서 '전기통신'이라 함은 전화·전자우편·회원제정보서비스·모사전송·무선호출 등과 같이 유선·무선·광선 및 기타의 전자적 방식에 의하여 모든 종류의 음향·문언·부호 또는 영상을 송신하거나 수신하는 것을 말한다. 우체물 등을 압수한 때에는 발신인이나 수신인에게 그 취지를 통지하여야 한다. 단, 수사에 방해될 염려가 있는 경우에는 예외로 한다($^{동조}_{제3항}$).

다) 출판물

출판물도 압수·수색의 대상이 됨에는 의문의 여지가 없다. 다만, 경우에 따라서는 출판물에 대한 압수·수색이 사전검열 금지에 관한 헌법 규정에 위배될 여지가 있으므로 그 한도 내에서는 제한을 받을 수 있다.

즉, 출판 직전에 그 내용을 문제 삼아 출판물을 압수하는 것은 실질적으로 출판의 사전검열과 같은 효과를 가져올 수 있으므로 범죄혐의와 강제수사의 요건을 엄격히 해석하여야 한다.[3]

라) 전자정보에 대한 압수

전자정보란 컴퓨터용디스크 등 정보저장매체에 기억된 정보를 말한다($^{디지털증거규정}_{제3조 제1호}$).

정보저장매체 등은 기억된 정보의 범위를 정하여 출력하거나 복제하여 제출

---

2) 우체물 등은 그 내용을 파악하기 전에는 증거물 또는 몰수물 해당 여부를 알 수 없다는 점에서 위 규정은 필요성 및 관련성만 인정되면 해당 우편물 등이 증거물 또는 몰수물에 해당하지 않더라도 압수할 수 있도록 한 것이어서 압수의 요건을 완화한 특별규정이라고 이해할 수 있다.

3) 대법원 1991. 2. 26. 선고 91모1 결정.

받아야 한다. 다만, 범위를 정하여 출력 또는 복제하는 방법이 불가능하거나 압수의 목적을 달성하기에 현저히 곤란하다고 인정되는 때에는 정보저장매체 등을 압수할 수 있다($^{제219조, 제}_{106조 제3항}$). 수사기관은 정보저장매체 등에 기억된 정보를 제공받은 경우에는 정보주체($^{개인정보보호법}_{제2조 제3호}$)에게 해당 사실을 지체 없이 알려야 한다($^{제219조, 제}_{106조 제4항}$).

정보저장매체 등에 대한 구체적인 압수 절차에 대해서는 디지털증거에 대한 압수·수색편에서 자세히 살펴본다.

마) 금융거래정보에 대한 압수

(1) 의의

형사소송법은 압수·수색영장의 형식을 구분하고 있지 않지만, 실무상으로는 일반 압수·수색영장과 금융계좌추적용 압수·수색영장으로 그 형식을 구분하고 있으며, 양식도 서로 다르다.

금융기관을 상대로 금융거래정보를 압수·수색하고자 하는 경우에는 반드시 금융계좌추적용 압수·수색영장을 청구하여야 하며, 압수할 물건이 금융거래정보가 아닌 일반 물건인 경우에는 일반 압수·수색영장을 청구하여야 한다. 압수할 대상과 영장의 양식이 서로 맞지 않은 경우에는 법원은 해당 영장을 기각하고 있다.

(2) 금융계좌추적용 압수·수색영장의 법률적 근거

금융실명거래 및 비밀보장에 관한 법률에 의하면, 금융회사 등에 종사하는 자는 명의인의 서면상의 요구나 동의를 받지 아니하고는 그 금융거래의 내용에 대한 정보 또는 자료를 타인에게 제공하거나 누설하여서는 아니 되며, 누구든지 금융회사 등에 종사하는 자에게 거래정보 등의 제공을 요구하여서는 아니 된다라고 하면서 다만 법관이 발부한 영장에 따른 거래정보 등의 제공에 해당하는 경우로서 그 사용 목적에 필요 최소한의 범위에서 거래정보 등을 제공하거나 그 제공을 요구하는 경우에는 예외적으로 금융거래정보를 제공할 수 있다고 규정하고 있다($^{금융실명법}_{제4조 제1항}$).

여기서 금융거래의 내용에 대한 정보 또는 자료에 관하여 법관이 발부한 영장이 바로 금융계좌추적용 압수·수색영장이다.

금융실명법에 의할 때, 금융계좌추적용 압수·수색영장은 금융위원회가 정하는 표준양식에 의하도록 규정하고 있고($^{동조}_{제2항}$), 검찰사건사무규칙은 이를 반영하여 일반 압수·수색영장 서식과는 별도로 금융계좌추적용 압수·수색영장 서식을 규정하고 있다$\binom{\text{검찰사건사무규칙}}{\text{제89조 제1항 제2호}}$.

(3) 금융거래의 내용에 대한 정보 또는 자료의 의미

　　금융계좌추적용 압수·수색영장의 대상은 금융거래정보, 즉 금융거래의 내용에 대한 정보 또는 자료이다$\binom{\text{금융실명법 제}}{\text{4조 제1항 참고}}$.

　　금융실명법 시행령 제6조는 금융거래의 내용에 대한 정보 또는 자료를 '특정인의 금융거래사실과 금융회사 등이 보유하고 있는 금융거래에 관한 기록의 원본·사본 및 그 기록으로부터 알게 된 것[다만, 금융거래사실을 포함한 금융거래의 내용이 누구의 것인지를 알 수 없는 것(당해 거래정보 등만으로 그 거래자를 알 수 없더라도 다른 거래정보등과 용이하게 결합하여 그 거래자를 알 수 있는 것을 제외한다)을 제외]'으로 정의하고 있다.

　　여기서 '금융회사 등'이란 은행법에 따른 은행 등 금융실명법 제2조 제1호 및 시행령 제2조에서 정한 기관을 의미하고, '금융거래'란 금융회사 등이 금융자산[4]을 수입(受入)·매매·환매·중개·할인·발행·상환·환급·수탁·등록·교환하거나 그 이자, 할인액 또는 배당을 지급하는 것과 이를 대행하는 것 또는 그 밖에 금융자산을 대상으로 하는 거래로서 총리령[5]으로 정하는 것을 말한다$\binom{\text{금융실명법}}{\text{제2조 제3호}}$.

　　결국 금융거래정보란 금융실명법 제2조 제1호에 해당하는 '금융회사 등'이 취급하는 동조 제3호의 금융자산에 대한 정보 또는 자료인데, 구체적으로 어떤 것이 위 금융거래정보에 해당하는지는 해석을 통해서 정할 수밖에 없다.

　　실무상 주요 압수 대상인 금융거래의 정보와 자료는 계좌 개설에 관한 자료(거래신청서, 인터넷 뱅킹 신청서, 예금거래원장, 고객정보조회표[6] 등), 일정기간의 거래내역과 관련된 자료(입출금 거래내역서, 자기앞수표 지급내역조회, 외화 당발송금 원장 조회서, 별단원장 조회 전산출력, 현금인출기 사용내역, 신용카드 사용내역서 및 승인내역서[7] 등), 개별적 거래사

---

[4] '금융자산'이란 금융회사 등이 취급하는 예금·적금·부금(賦金)·계금(契金)·예탁금·출자금·신탁재산·주식·채권·수익증권·출자지분·어음·수표·채무증서 등 금전 및 유가증권과 그 밖에 이와 유사한 것으로서 총리령으로 정하는 것(신주인수권을 표시한 증서, 외국이나 외국법인이 발행한 증권 또는 증서)을 말한다(제2조 제2호).

[5] 이와 관련하여 총리령에서 구체적으로 정한 내용은 없다.

[6] CIF(Customer's Information File).

[7] 대법원 2020. 7. 23. 선고 2015도9917 판결은 "금융실명법 제4조 제1항은 비밀보장의 대상이 되는 '거래정보 등'을 금융거래에 대한 정보 또는 자료가 아니라 금융거래의 '내용'에 대한 정보 또는 자료라고 규정하고 있다. 또한 금융회사 등이 금융자산인 '예금이나 금전을 상환하는 것' 또는 '예금이나 금전을 수입하는 것'은 금융자산에 관한 거래로서 금융실명법 제2조 제3호에서 규정하고 있는 '금융거래'에 해당한다. 그리고 금융거래인 '상환'이나 '수입'이 일어나게 된 원인 중에는 '채무'가 포함된다. 따라서 위와 같은 채무를 발생시킨 행위는 위 금융거래와 밀접한 관련이 있고,

실과 관련된 자료(입출금·무통장 송금 전표철, 무전표거래 명세서철, 텔러별 거래명세서철, 마이크로필름, 신용카드에 의하여 물품을 거래할 때 금융회사 등이 발행하는 매출전표의 거래명의자에 관한 정보[8] 등) 등이다.

실무상 금융계좌추적용 압수·수색영장의 대상인지 여부가 문제되는 부분을 정리하면 다음과 같다.

(가) 신용(체크)카드 사용내용과 함께 실시간 사용내역을 조회하는 경우(실시간 위치 추적)

실시간 위치 추적을 위한 현재 및 장래의 신용카드 사용내역만 조회하는 경우에는 통신사실 확인자료 제공요청 허가청구서 또는 일반 압수·수색영장의 대상이 된다고 봄이 상당하다. 다만, 실무에서는 과거의 신용카드 사용내역과 함께 조회하고자 하는 경우에는 금융계좌추적용 압수·수색영장으로 처리하고 있다.

나아가 '상환'이나 '수입'의 내용을 특정하여 그것의 전체적인 모습이나 내용을 파악하는 데 필수적인 요소이므로 위 금융거래의 '내용'에 해당한다고 봄이 타당하다. 결국 위 금융거래의 원인이 되는 채무 및 그 채무 발생에 관한 정보나 자료는 금융거래의 내용에 대한 정보 또는 자료가 된다. 신용카드거래는 신용카드회원과 신용카드업자 사이에 체결된 신용카드 이용계약, 가맹점과 신용카드업자 사이에 체결된 가맹점계약에 따라, 신용카드회원이 가맹점에서 신용으로 상품을 구매하거나 용역을 제공받고, 신용카드업자가 신용카드회원을 대신하여 가맹점에 대금을 지급하며, 일정 기간이 지난 다음 신용카드업자가 신용카드회원으로부터 그 대금을 회수하는 구조로 이루어진다. 여기서 신용카드업자와 가맹점 사이 및 신용카드업자와 신용카드회원 사이에 예금이나 금전으로 상환이 이루어지거나 예금이나 금전의 수입이 발생하게 되고, 이는 금융실명법에서 정한 '금융거래'에 해당한다. 또한 위와 같은 금융거래인 상환이나 수입의 원인이 되는 채무는 신용카드회원의 가맹점에 대한 대금채무이고, 위 대금채무를 발생시킨 신용카드회원의 신용카드 이용거래는 위 상환이나 수입과 밀접한 관련이 있으며, 그 상환이나 수입의 내용을 특정하여 상환이나 수입의 전체적인 모습이나 내용을 파악하는 데 필수적인 요소이므로, 신용카드 거래내역은 금융거래인 '상환'이나 '수입'의 내용에 해당한다. 그렇다면 결국 신용카드 대금채무와 그 발생에 관한 정보나 자료에 해당하는 신용카드 사용내역(신용카드 사용일자, 가맹점명, 사용금액 등)이나 승인내역(신용카드 거래승인일시, 가맹점명, 승인금액 등)은 금융거래의 내용에 대한 정보 또는 자료에 해당한다고 할 것이다. 그런데도 신용카드 사용내역서와 신용카드 승인내역서가 금융실명법 제4조 제1항에 따른 비밀보장의 대상에 해당하지 않는다고 본 원심의 판단에는 금융실명법 제4조 제1항에서 정한 '거래정보 등'의 해석, 적용 범위에 관한 법리를 오해함으로써 판결에 영향을 미친 위법이 있다"라고 판시하였다.

8) 대법원 2013. 3. 28. 선고 2012도13607 판결.

(나) 인터넷뱅킹 접속 IP, 텔레뱅킹 접속 전화번호, 현금인출기 사용시 촬영된 CCTV 영상, 인터넷뱅킹에 이용된 노트북의 MAC 주소[9]

이는 통상적으로 통신사실 확인자료 제공요청 허가서 또는 일반 압수·수색영장으로 청구함이 상당하나, 금융거래정보와 함께 조회하고자 하는 때에는 이들 자료도 금융거래정보와 일체를 이루거나 금융거래에 필수적으로 수반되는 것으로 보아 금융계좌추적용 압수·수색영장으로 청구하고 있다.

(다) 순수한 대출거래·보증·담보내역 등에 관한 정보 및 자료

대법원은 대출이나 보증 등 특정인의 금융기관에 대한 채무부담을 내용으로 하는 거래는 금융자산에 관한 거래라고 할 수 없어 금융실명법 제4조 제1항에 의한 비밀보호의 대상이 되지 아니한다고 판시하였다.[10] 다만, 예금거래와 대출거래가 함께 발생하는 마이너스 대출은 금융자산에 관한 거래에 해당한다고 보았다.[11] 같은 논리로 예금거래와 대출거래가 함께 발생하는 당좌대출·종합통장대출 등도 금융계좌추적용 압수·수색영장의 대상이다.

대상자의 모든 계좌를 요구하는 포괄계좌 추적은 물론, 특정계좌와 전후로 연결되는 모든 계좌를 요구하는 계좌 추적은 허용되지 않는다. 실무상 특정계좌의 거래내역과 직전, 직후로 연결되는 연결계좌의 거래개설 정보, 거래내용 등에 한하여 영장이 발부되고 있다.

금융계좌추적용 압수·수색영장청구서의 '압수·수색할 물건'의 표준 서식례는 다음과 같다.

---

9) 특정 MAC 주소로 네이버 등 전기통신사업자 사이트에 접속한 경우 컴퓨터 통신 또는 인터넷의 로그기록 자료 또는 발신기지국의 위치추적 자료를 요구하는 경우에는 '통신사실 확인자료 제공요청 허가청구'의 대상이며, 해당 MAC 주소로 '금융기관이나 전기통신사업자'가 아닌 단체의 사이트에 접속한 경우에는 일반 압수·수색영장의 대상임을 유의하여야 한다.

10) 대출이나 보증 등 특정인의 금융기관에 대한 채무부담을 내용으로 하는 거래는 금융실명법상의 금융거래에 포함되지 않기 때문이다(대법원 2003. 2. 11. 선고 2002도6154 판결).

11) 대법원 2003. 2. 11. 선고 2002도6154 판결은 "이른바 마이너스예금거래계좌로서 통상의 예금과 일정 한도액 범위 내의 자동적 대출이 하나의 통장으로 함께 관리되는 계좌라면, 가사 조회 당시에 위 계좌의 잔고가 일시적으로 마이너스 상태(예금이 없고 대출만 되어 있는 상태)에 있었다고 하더라도, 위 계좌의 개설 이래 금융거래(예금 등의 거래)가 전혀 없이 대출만 행해졌다는 경우가 아닌 이상, 그러한 거래계좌에 관한 정보를 알려달라고 요구하거나 이에 응하여 그 내용을 알려주는 행위는 실명제법 제4조 제1항에서 금지하는 '거래정보 등'의 제공의 요구 또는 그 제공에 해당하는 것이다"라고 판시하였다.

□ 압수·수색할 물건

1. #별지1 관련 계좌에 대한 고객정보조회서(CIF), 계좌개설신청서, 거래내역서(거래시각, 상대계좌정보 포함한 거래내역 관련 전산 Raw Data), 위 거래내역과 관련된 전표, 입출금(고) 자원 관련 전산자료, 상대계좌의 거래 관련 전표, 수납장, 지급장, 시재장, 수표 사본, 수표 발행의뢰서, 수표의 제시정보 전산자료, 인터넷 뱅킹 등 전자금융거래 관련 전산자료, 마이크로필름, 현금인수도부 등 현금거래임을 확인 가능한 자료, 대리인·배서인 고객정보조회서(CIF)
   ※ 본항 및 아래 항의 자료 및 정보가 편철되어 있는 경우 해당일의 전표철, 전산 입력되어 있는 경우 해당일의 전산자료

2. 위 1항 기재 계좌의 입출금(고) 자원과 관련된 직전·직후 계좌[다만, 그 계좌가 가상계좌 또는 금융기관의 모계좌인 경우 실제 입출금(고)된 고객의 계좌]의 고객정보조회서(CIF), 계좌개설신청서, 거래일 전후 3개월 거래내역서, 위 거래내역과 관련된 전표 및 상대계좌의 고객정보조회서(CIF), 계좌개설신청서
   ※ 위 1항 및 2항 기재 계좌의 입출금 자원이 유가증권청약증거금과 관련된 거래인 경우 유가증권청약과 관련된 서류 및 전산자료

3. 위 1항 및 2항 관련 계좌에 수표(자기앞·당좌·가계수표 등 포함)가 입금되었을 경우 그 수표의 발행자원 관련 전표, 수표발행의뢰서, 그와 함께 발행된 수표의 사용 관련 전표, 그 수표가 다른 수표를 자원으로 재발행된 것일 경우 발행자원 관련 전표, 위 각 수표의 사본, 제시정보 전산자료, 발행자원 관련 계좌 및 수표가 입금된 계좌의 고객정보조회서(CIF), 계좌개설신청서, 입출금일 전후 3개월 거래내역서

4. 위 1항 및 2항 관련 계좌에서 수표로 지급되었을 경우 또는 그 수표를 자원으로 다른 수표가 재발행 되었을 경우 위 각 수표의 사본, 사용 관련 전표, 제시정보 전산자료, 현금교환자·배서자·발행의뢰인의 고객정보조회서(CIF), 위 수표와 함께 입금된 수표의 발행자원 관련 전표, 수표발행의뢰서, 위 각 수표가 입금된 계좌 및 발행자원 계좌에 대한 고객정보조회서(CIF), 계좌개설신청서, 입출금일 전후 3개월 거래내역서

5. #별지1 기재 대상자 명의의 대여금고 및 보호예수와 관련된 금융자료(사용내역 등 전산자료 포함) 및 대여금고 안에 보관되어 있는 각종 장부, 메모지, 통장, 서류 등 본건 관련자료

6. 위 대상자 명의로 외화거래한 내역(당·타발송금, 환전 등), 양도성예금증서 및 수표 거래한 내역(발행·사용에 관한 자료포함), 그 수표와 관련된 위 3항 내지 4항

기재 사항

7. 위 대상자 명의로 가입한 보험 관련자료(가입신청서, 보험료 및 보험금 납입·수령을 확인할 수 있는 서류 포함), 위 보험을 담보로 대출이 발생한 경우 그 대출금의 지급 및 상환 내역을 확인할 수 있는 자료

8. 위 대상자 명의로 개설 또는 발행된 신용카드·체크카드·직불카드·기프트카드 등의 발행 및 사용과 결제와 관련된 전산자료(카드발행 신청서, 카드번호, 카드발급일, 카드해지일, 사용대금 결제계좌 사용한도액, 카드 상세 사용내역) 및 전표(실물 및 컴퓨터 파일 포함), 카드 상세 사용 내역에 관한 전산자료(승인일시, 승인금액, 가맹점명, 가맹점주소, 가맹점연락처, 카드사용 내역과 관련된 거래항목·탑승 및 승·하차 정보 등) 일체, 별지 압수·수색 대상자 명의로 개설 또는 발행된 카드와 관련하여 여신(대출·카드론 등) 내역이 있는 경우 그 여신의 지급 및 상환내역을 확인할 수 있는 자료 일체

9. 위 거래와 관련된 점포 CCTV 자료 및 현금입출금기 등 자동화기기 녹화자료, 위 거래 중 인터넷뱅킹·스마트뱅킹·폰뱅킹 등으로 거래가 이루어진 경우 거래에 사용된 IP주소, 전화번호, 맥 어드레스(Mac address)

(4) 금융계좌추적용 압수·수색영장에서의 특칙

금융실명법은 금융계좌추적용 압수·수색영장에 관하여 특칙 규정을 두고 있는데, 금융거래정보 등의 제공사실의 통보(금융실명법 제4조의2), 거래정보 등의 제공내용의 기록·관리(금융실명법 제4조의3), 금융위원회의 거래정보 요구·제공 등에 관한 현황 파악 및 국회요구시 보고의무 규정(금융실명법 제4조의4)이 그것이다.

2) 수색의 대상

수사기관은 필요한 때에는 피의사건과 관계가 있다고 인정할 수 있는 것에 한정하여 피의자의 신체, 물건 또는 주거, 그 밖의 장소를 수색할 수 있다(제219조, 제109조 제1항). 즉, 수색의 대상은 피의사건과 관계가 있다고 인정할 수 있는 피의자의 신체, 물건 또는 주거, 그 밖의 장소이다.

그렇다면 피의자에 대한 범죄사실로 압수·수색을 하면서 피의자가 아닌 제3자의 신체, 물건, 주거지 등에 대해 수색이 가능한가. 형사소송법 제219조, 제109조 제2항은 '피의자 아닌 자의 신체, 물건, 주거 기타 장소에 관하여는 압수할 물건

이 있음을 인정할 수 있는 경우에 한하여 수색할 수 있다'라고 규정하여 제3자에 대한 압수·수색을 허용하고 있다. 다만, 이 경우에는 압수·수색의 필요성 등의 요건에 더하여 대상물건의 존재 개연성도 인정되어야 한다. 피의자 아닌 자의 신체, 물건, 주거 기타 장소의 수색을 위한 영장의 청구를 할 때에는 압수하여야 할 물건이 있다고 인정될 만한 자료를 제출하여야 한다(규칙제108조 제2항).

그렇다면 대상물건의 존재가능성을 어느 정도 소명하여야 하는가. 소명의 정도는 개별적·구체적으로 판단하여야 하겠지만, 참고인의 진술, 탐문 등에 의하여 압수할 물건이 해당 장소에 있다고 확인되는 경우는 물론, 범죄의 내용·성질, 피의자의 근무형태, 회사의 통상 업무형태, 수색할 장소의 성질 등으로 보아 당해 장소에 압수·수색의 대상물이 존재할 개연성이 높다고 보이는 경우에도 소명이 있다고 보아야 한다.

위와 같이 개연성이 인정되는 경우로 i) 피의자가 전적으로 금전적 지원을 하면서 사실상 동거하는 정부(情婦)의 집과 같이 피의자가 직접 지배·관리하고 있는 장소, ii) 조직적 범행에 있어서의 조직의 행동거점과 같이 당해 장소 자체가 피의사실과 밀접한 관계가 있는 장소, iii) 당해 장소를 관리하는 자가 공범자인 경우와 같이 당해 장소의 관리자가 피의사실과 밀접한 관계가 있는 경우, iv) 업무상횡령 사건에 있어서의 피의자의 근무처 등을 예로 들 수 있다.

제3자에 대한 수색과 관련하여 수사실무상 종종 문제되는 경우는 제3자가 사건 관계인의 지위에 있다는 점만 확인된 경우에도 제3자에 대한 수색이 허용되는지이다. 예컨대, 기업회장의 횡령사건에 있어서 회장의 비서실장이 회장의 횡령행위에 일정 정도 관여를 하였다고 볼 만한 아무런 정황도 없는 상황에서 단지 비서실장이니깐 회장의 비밀장부 등을 본인 자택에 보관하고 있을지도 모른다고 보아 수색을 할 수 있는가이다. 제3자에 대한 수색은 압수할 물건이 당해 장소에 있음을 인정할 수 있는 경우에 한한다라고 규정하고 있는 법문을 보더라도 사건 관계인의 지위만으로는 압수·수색이 허용되지 않는다. 다만, 비서실장의 회사 내 지위, 회장과의 친소관계, 평소 회장의 개인 물품을 자신의 자택에 보관하였던 전례가 있는지, 회장이 자택을 방문한 적이 있는지 등을 통해 압수할 물건이 비서실장 자택에 보관되어 있을 개연성이 입증된다면 수색은 허용된다고 할 것이다.

라. 압수·수색의 제한

1) 군사상 비밀과 압수·수색의 제한

군사상 비밀을 요하는 장소는 그 책임자의 승낙 없이는 압수 또는 수색할 수 없다. 그 책임자는 국가의 중대한 이익을 해하는 경우를 제외하고는 승낙을 거부하지 못한다(제219조, 제110조).

책임자의 승낙은 압수·수색영장의 집행요건일 뿐 발부요건은 아니다. 따라서 책임자의 승낙 없이 압수·수색이 발부되더라도 그 자체의 효력에는 문제가 없다. 책임자의 승낙 없이 압수·수색을 한 경우에는 위법수집증거배제법칙에 따라 해당 압수물의 증거능력이 문제될 수 있다. 다만 책임자의 승낙이 없다는 이유만으로 증거능력이 바로 배척되지는 않고, 국가의 중대한 이익을 해하는 경우가 아니어서 책임자의 승낙을 기대할 수 있는 사정이 존재하면 증거능력이 부정될 이유는 없다고 본다.

2) 공무상 비밀과 압수·수색의 제한

공무원 또는 공무원이었던 자가 소지 또는 보관하는 물건에 관하여는 본인 또는 그 해당 공무소가 직무상의 비밀에 관한 것임을 신고한 때에는 그 소속공무소 또는 당해 감독관공서의 승낙 없이는 압수하지 못한다. 소속공무소 또는 당해 감독관공서는 국가의 중대한 이익을 해하는 경우를 제외하고는 승낙을 거부하지 못한다(제219조, 제111조).

직무상 비밀에 관한 것임이 사전에 이미 신고된 경우에는 압수·수색집행에 착수하기 이전에 승낙을 받는 절차를 진행하게 될 것이다. 신고 사실을 모르고 압수·수색에 착수하였는데, 압수·수색 도중에 비밀 신고가 되어 있음을 안 때에는 즉시 해당 압수·수색을 중단하고, 승낙을 받는 절차를 진행하여야 할 것이다.

여기서 직무상 비밀에 관한 신고가 있기 전에 압수·수색이 이미 진행되어 종료되었는데, 그 후에 비로소 신고가 이루어진 경우 어떻게 하여야 하는지가 문제된다. 이 경우에도 승낙을 받는 절차를 진행하여야 하며, 만약 승낙을 받지 못하면 압수한 물건은 모두 반환하여야 한다.[12]

---

12) 주석 형사소송법(제5판), 594쪽.

소속공무소 또는 당해 감독관공서의 승낙은 압수·수색영장의 집행요건일 뿐 발부요건은 아니다. 따라서 그 승낙 없이 압수·수색이 발부되더라도 그 자체의 효력에는 문제가 없다. 승낙 없이 압수·수색을 한 경우에는 위법수집증거배제법칙에 따라 해당 압수물의 증거능력이 문제될 수 있다. 다만 승낙이 없다는 이유만으로 증거능력이 바로 배척되지는 않고, 국가의 중대한 이익을 해하는 경우가 아니어서 승낙을 기대할 수 있는 사정이 존재하면 증거능력이 부정될 이유는 없다고 본다.

3) 업무상 비밀과 압수·수색의 제한

가) 의의

변호사, 변리사, 공증인, 공인회계사, 세무사, 대서업자, 의사, 한의사, 치과의사, 약사, 약종상, 조산사, 간호사, 종교의 직에 있는 자 또는 이러한 직에 있던 자가 그 업무상 위탁을 받아 소지 또는 보관하는 물건으로 타인의 비밀에 관한 것은 압수를 거부할 수 있다. 단, 그 타인의 승낙이 있거나 중대한 공익상 필요가 있는 때에는 예외로 한다($\binom{제219조,}{제112조}$).

나) 압수거부권자

압수거부권자는 변호사, 변리사, 공증인, 공인회계사, 세무사, 대서업자, 의사, 한의사, 치과의사, 약사, 약종상, 조산사, 간호사, 종교의 직에 있는 자 또는 이러한 직에 있던 자이다.

이는 예시규정이 아니라 열거규정이므로 이에 열거되지 아니한 사람은 거부권자가 될 수 없다.

다) 압수거부의 대상물

압수를 거부할 수 있는 물건은 그 업무상 위탁을 받아 소지 또는 보관하는 것으로 타인의 비밀에 관한 것이어야 한다. 업무상 위탁을 받아 소지 또는 보관하는 물건이어야 하므로 의사, 변호사 등이 위탁의 결과로서 작성, 소지한 물건, 즉 업무처리 중에 작성한 물건($\binom{의사의\,차트,\,변호}{사의\,업무일지\,등}$)은 타인의 비밀에 관한 것이더라도 압수를 거부할 수 없다.

비밀성 여부는 위탁자가 비밀로 하여 줄 것을 요청하였는지 여부 등 여러 사정을 고려하여 객관적으로 판단하여야 한다.

라) 압수거부가 허용되지 않은 경우

비밀 주체인 타인의 승낙이 있거나 중대한 공익상 필요가 있는 때에는 변호사, 의사 등 업무종사자는 압수를 거부할 수 없다. 승낙의 주체는 비밀 주체인 타인이므로, 타인이 승낙한 이상 변호사 등 업무종사자가 압수를 거부하더라도 압수할 수 있음은 물론이다.

'중대한 공익상 필요가 있는 때'라 함은 실체진실의 발견을 위하여 압수가 필요하다고 볼 수 있는 경우를 말한다. 이를 판단할 권한은 업무종사자가 아니라 1차적으로는 압수·수색영장의 집행기관인 수사기관에게 있고 최종적으로는 법원에 있다고 할 것이다.

마) 압수거부된 물건의 압수

압수가 거부된 때에는 압수·수색을 할 수 없음은 물론이다. 문제는 압수절차가 진행 중일 때에는 별다른 이의가 없다가 절차가 종료된 후에 사후적으로 압수거부권을 행사한 경우이다. 이 경우 이미 행해진 압수의 효력에는 영향이 없다. 그러나 압수의 효력이 계속되는지에 대해서는 별도의 검토가 필요하다. 즉 별다른 이의가 없었던 사정을 압수과정에 대한 동의 내지 거부권 포기로 해석할 수 있는지 여부를 따져봐야 한다는 것이다. 만약 압수거부권자의 책임으로 돌릴 수 없는 사유, 예컨대 거부권자가 부재중인 상황에서 압수·수색이 이루어진 경우, 아니면 거부권자가 압수물의 비밀성을 제대로 인식하지 못하여 거부권을 제때에 행사하지 못한 경우 등 압수거부권을 정당하게 행사할 수 없었던 때에는 압수거부에 따른 압수물 환부신청이 있으면 압수물을 환부하여야 할 것이다.[13]

바) 업무종사자 자신이 피의자로 된 경우 압수거부권 행사 가부

의사 본인이 자신의 환자에 대한 업무상과실치상 등의 피의자로 조사를 받는 경우 피해자인 환자의 업무상 위탁을 받아 소지 또는 보관 중인 물건에 대해서 압수를 거부할 수 있는지가 문제된다.

업무종사자에게 압수거부권을 허용한 취지는 개인의 비밀자체를 보호하려는

---

13) 검찰수사 실무전범 Ⅱ(압수·수색), 116쪽.

것이 아니라 비밀위탁 업무에 대한 사회일반의 신뢰를 보호하려는 것에 있다. 그러므로 위와 같은 경우에는 의사가 거부해도 압수를 할 수 있다고 보아야 한다.

사) 형사책임을 모면하려는 목적에 의한 압수거부권 행사 가부

횡령 또는 배임죄로 수사받고 있는 회사 대표가 형사책임을 모면할 목적으로 관련 서류를 변호사에게 위탁하여 보관케 한 경우, 변호사의 거부권 행사에도 불구하고 압수·수색을 할 수 있는지 문제된다.

압수거부권을 허용한 법의 취지를 고려해 볼 때, 위와 같은 변호사의 거부행위는 위탁자의 면책을 목적으로 한 것에 불과할 뿐, 비밀위탁 업무에 대한 사회일반의 신뢰보호와는 무관한 것이므로 변호사의 거부에도 불구하고 압수·수색을 할 수 있다. 이는 곧 중대한 공익상 필요가 있는 경우에 해당되기도 한다.

아) 영미법상의 변호인-의뢰인 특권이론 인정 여부

미국, 영국 등 영미법계 국가에서는 변호인과 의뢰인 사이에서 의뢰인이 법률자문을 받을 목적으로 비밀리에 이루어진 의사 교환에 대하여 의뢰인이 공개를 거부할 수 있는 특권(Attorney-Client Privilege 또는 Legal Professional Privilege 등의 이름으로 불림)이 판례상 인정되고 있다.

실무상 수사기관이 변호사의 법률의견서 등을 압수하는 경우가 종종 있는데, 변호인-의뢰인 특권이론에 의하여 법률의견서 등의 증거능력을 배척할 수 있는지가 문제된다.

하급심 판결 중에는 변호인과 의뢰인 사이의 비밀유지의 필요성, 현행법상 변호인과 의뢰인 사이의 비밀유지 관련 규정(변호사법 제26조, 형법 제317조 제1항, 형사소송법 제112조, 제149조), 현행법상 규정에 의한 보호의 한계, 영미법상의 판례 경향 등을 종합하여 "비록 형사소송법 등에서 구체적으로 규정되고 있지 않으나 헌법 제12조 제4항에 의하여 인정되는 변호인의 조력을 받을 권리 중 하나로서, 변호인과 의뢰인 사이에서 의뢰인이 법률자문을 받을 목적으로 비밀리에 이루어진 의사 교환에 대하여는 의뢰인이 그 공개를 거부할 수 있는 특권을 보유하는 것이라고 보아야 한다 … 법률의견서에 대한 압수절차의 위법 여부와 관계없이 변호인-의뢰인 특권에 의하여 의뢰인인 피고인에 대하여 그 범죄사실을 인정할 증거로 사용될 수는 없다"라고 판단한 사례가 있다.[14]

---

14) 서울중앙지방법원 2008. 10. 9. 선고 2007고합877 판결.

이에 대해 대법원은 "변호인의 조력을 받을 권리, 변호사와 의뢰인 사이의 비밀보호 범위 등에 관한 헌법과 형사소송법 규정의 내용과 취지 등에 비추어 볼 때, 아직 수사나 공판 등 형사절차가 개시되지 아니하여 피의자 또는 피고인에 해당한다고 볼 수 없는 사람이 일상적 생활관계에서 변호사와 상담한 법률자문에 대하여도 변호인의 조력을 받을 권리의 내용으로서 그 비밀의 공개를 거부할 수 있는 의뢰인의 특권을 도출할 수 있다거나, 위 특권에 의하여 의뢰인의 동의가 없는 관련 압수물은 압수절차의 위법 여부와 관계없이 형사재판의 증거로 사용할 수 없다는 견해는 받아들일 수 없다. 원심이 이 사건 법률의견서의 증거능력을 부정하는 이유를 설시함에 있어 위와 같은 이른바 변호인－의뢰인 특권을 근거로 내세운 것은 적절하다고 할 수 없다"라고 판단하였다.[15] 나아가 대법원은 "변호사의 법률의견서는 형사소송법 제313조 제1항에 의하여 성립의 진정이 증명되지 않으면 증거능력을 인정할 수 없고, 공판기일에 출석한 변호사가 법률의견서의 진정성립 등에 관하여 정당하게 증언거부권을 행사하여 증언을 거부한 행위는 형사소송법 제314조의 '그 밖에 이에 준하는 사유로 인하여 진술할 수 없는 때'에 해당하지 아니하므로 동조에 의하여 법률의견서의 증거능력을 인정할 수도 없다"라고 판단하였다.

마. 압수·수색의 요건

1) 범죄의 혐의 및 관련성

압수·수색을 하기 위해서는 피의자가 죄를 범하였다고 의심할 만한 정황이 있고 해당 사건과 관련성이 있어야 한다(제215조 제1항).

압수·수색을 위하여 필요한 범죄혐의는 신체의 자유를 제한하는 체포·구속의 경우에 요구되는 범죄혐의의 정도와는 차이가 있다. 체포·구속에 있어서는 피의자가 죄를 범하였다고 의심할 만한 '상당한 이유'가 있어야 하나, 압수·수색의 경우는 단지 피의자가 죄를 범하였다고 의심할 만한 '정황'만 있으면 충분하다. 그리고 압수·수색은 대부분 체포·구속에 앞서 행해진다. 이런 점에서 압수·수색에

---

15) 대법원 2012. 5. 17. 선고 2009도6788 판결.

필요한 범죄의 혐의는 수사개시에 필요한 초기 혐의[16] 정도로 족하다. 하지만 최소한의 입증도 없이 압수·수색을 통해서 범죄정보를 수집하거나 수사단서를 찾으려는 이른바 탐색적 압수·수색은 허용되지 않는다.

압수·수색할 대상이 해당 사건과 관련이 없는 경우에는 압수·수색이 허용되지 않는다. 해당사건과의 관련성의 의미 및 요건 등에 대하여는 항을 나누어 후술한다.

2) 압수·수색의 필요성

형사소송법은 '범죄수사에 필요한 때', 즉 범죄수사의 필요성을 압수·수색의 요건으로 명시하고 있다(제215조제1항). 필요성의 의미가 다소 모호하나, 이는 곧 압수·수색할 대상이 해당 사건과 관련이 있으니 부득이 이를 확보할 필요가 있다는 의미이다.

이런 측면에서 압수·수색의 필요성은 해당 사건과의 관련성과 사실상 동일한 의미로 볼 여지가 있다. 하지만 압수할 물건이 해당 사건과 관련되어 있어도 기록상 존재하지 않음이 명백한 경우이거나, 강제처분을 행하지 않더라도 수사의 목적을 달성할 수 있는 경우(물건소유자가임의제출한때)에는 강제처분인 압수·수색을 할 필요는 없다고 할 것이다. 결국 압수·수색의 필요성은 관련성보다는 포괄적인 의미이고, 관련성은 필요성을 이루는 내용의 하나로 이해함이 상당하다.

3) 비례의 원칙

압수·수색은 필요한 최소한도의 범위 안에서만 하여야 한다(제199조제1항). 따라서 범죄수사의 필요성이 인정되는 경우에도 압수·수색이 무제한적으로 허용되는 것은 아니며, 압수물이 증거물 내지 몰수하여야 할 물건으로 보이는 것이라 하더라도, 범죄의 형태나 경중, 압수물의 증거가치 및 중요성, 증거인멸의 우려 유무, 압수로 인하여 피압수자가 받을 불이익의 정도 등 제반 사정을 종합적으로 고려하여

---

16) 이러한 혐의는 수사기관의 단순한 주관적인 추측에 불과한 것만으로는 부족하고 객관적 근거자료에 기초하여 수사기관이 수사를 할 만하다고 인정할 정도여야 한다. 실무상으로는 수사기관의 첩보보고만을 근거로 청구된 압수·수색영장에 대해 그 근거가 빈약하다는 이유로 기각되는 예가 있다. 나아가 제보자의 진술 외에 이를 뒷받침할 다른 자료가 없다는 이유로 기각되는 경우도 있다. 따라서 수사단서에 대한 객관적이고 합리적인 소명이 충분히 이루어져야 할 것이다.

판단해야 한다.[17]

　　압수·수색의 비례성 원칙은 구체적으로 (1) 임의수사로써 동일한 목적을 달성할 수 있는 경우에는 허용되지 않고(보충성의 원칙), (2) 증거물이나 몰수물의 수집, 보전에 불가피하고도 최소한의 범위에 그쳐야 하며(최소침해의 원칙), (3) 압수·수색에 의한 기본권 침해는 피압수자가 받게 될 다양한 불이익의 정도와 균형관계를 유지하여야 한다(균형성의 원칙)는 것을 의미한다.

바. 압수·수색의 집행

　　압수·수색영장은 검사의 지휘에 의하여 사법경찰관리가 집행한다(제219조, 제115조 제1항). 검사는 필요에 의하여 관할구역 외에서 영장의 집행을 지휘할 수 있고 또는 당해 관할구역의 검사에게 집행지휘를 촉탁할 수 있다. 사법경찰관리도 관할구역 외에서 영장을 집행할 수 있고 또는 당해 관할구역의 사법경찰관리에게 집행을 촉탁할 수 있다(동조 제2항, 제83조).

　　그 외 압수·수색영장의 집행과 관련된 자세한 내용은 후술하는 '압수·수색영장의 집행' 및 '영장 집행 후의 조치' 부분에서 상술한다.

사. 압수·수색영장의 유효기간

　　영장의 유효기간은 7일로 한다. 다만, 법원 또는 법관이 상당하다고 인정하는 때에는 7일을 넘는 기간을 정할 수 있다(규칙 제178조).

　　수사기관이 압수·수색영장의 집행을 종료한 후 영장의 유효기간 내에 동일한 장소 또는 목적물에 대하여 다시 압수·수색할 수 있는지 여부가 문제된다.

　　형사소송법 제215조에 의한 압수·수색영장은 수사기관의 압수·수색에 대한 허가장으로서 거기에 기재되는 유효기간은 집행에 착수할 수 있는 종기를 의미하는 것일 뿐이므로, 수사기관이 압수·수색영장을 제시하고 집행에 착수하여 압수·수색을 실시하고 그 집행을 종료하였다면 이미 그 영장은 목적을 달성하여 효력이 상실되는 것이고, 동일한 장소 또는 목적물에 대하여 다시 압수·수색할 필

---

17) 대법원 2004. 3. 23. 선고 2003모126 결정.

요가 있는 경우라면 그 필요성을 소명하여 법원으로부터 새로운 압수·수색영장을 발부받아야 하는 것이지, 앞서 발부받은 압수·수색영장의 유효기간이 남아있다고 하여 이를 제시하고 다시 압수·수색을 할 수는 없다(압수·수색영장 집행의 1회성 원칙).[18]

한편, 금융계좌추적용 압수·수색영장 집행에 있어서도 동일한 금융기관에 대해 거래정보 등의 제공을 요구하여 제공받은 후에는 다시 집행할 수 없는지가 문제된다. 다수 계좌 또는 거래내역을 추적하는 금융거래정보 압수·수색의 특성상 특정 점포를 상대로 특정 거래내역에 대한 일부 자료를 받았다고 하여 영장의 목적을 달성하였다고 보기 어려운 점, 일반 압수·수색의 경우 동일 장소에 대한 수회 집행은 법익 침해의 정도가 크지만, 금융기관을 대상으로 하는 금융계좌추적용 압수·수색영장 집행은 법익 침해적 요소가 상대적으로 미약한 점, 특정 거래내역을 중심으로 추적을 하면서 그 중간 결과에 따라 거래내역을 특정·분리하여 정보 제공을 요구하는 것이 금융기관에도 부담이 덜 한 점, 동일 금융기관에 대해 1회만 집행할 수 있다고 한다면 기왕에 법원에서 발부한 계좌추적 영장의 실효성을 형해화시키는 결과를 초래할 수 있는 점 등을 고려하면, 금융거래정보 압수·수색의 경우 동일한 금융기관에 대해 수회 거래정보 등의 제공을 요구할 수 있다고 본다.[19] 실무의 관행이기도 하다.

압수·수색영장의 유효기간과 관련하여 참고할 만한 판례가 있어 소개한다. 수사기관이 2019. 3. 7. 압수·수색영장(유효기간 2019. 3. 31.)으로 대마 판매자 A의 휴대폰을 압수하고 2019. 3. 21. A를 대마 판매혐의로 기소한 후 해당 휴대폰을 보관하던 중 2019. 4. 8. 그 휴대폰의 메신저에서 대마 구입 희망의사를 밝히는 B의 메시지를 확인함에 따라 A 행세를 하면서 위장수사를 진행하여 2019. 4. 10. B를 현행범인으로 체포하여 B 소유의 휴대폰 등을 긴급압수하고 법원으로부터 사

---

18) 대법원 1999. 12. 1. 선고 99모161 결정. 이와 관련하여, 집행 종료로 압수·수색영장이 효력을 상실하였음에도 다시 압수하였으나 해당 압수물이 몰수물로서의 성격도 아울러 가지는 경우 몰수의 효력이 문제된다. 대법원은 "법원이나 수사기관은 필요한 때에는 증거물 또는 몰수할 것으로 사료하는 물건을 압수할 수 있으나, 몰수는 반드시 압수되어 있는 물건에 대하여서만 하는 것이 아니므로, 몰수대상물건이 압수되어 있는가 하는 점 및 적법한 절차에 의하여 압수되었는가 하는 점은 몰수의 요건이 아니다. 압수 자체가 위법하게 됨은 별론으로 하고, 그것이 압수물의 몰수의 효력에 영향을 미칠 수 없다"고 판단하였다(대법원 2003. 5. 30. 선고 2003도705 판결).

19) 수사지휘실무(2012), 법무연수원, 522쪽.

후 압수영장을 발부받던 사안에서, 검사는 "경찰은 2019. 3. 7. 압수·수색영장으로 A의 휴대폰을 적법하게 압수하였고, A가 기소된 후 경찰이 위 압수물을 그대로 보관하는 것은 관련 법령에 따라 적법하다. 경찰이 위와 같이 압수된 A의 휴대전화를 보관하던 중 피고인 B가 휴대전화의 메신저를 통해 보낸 대마 구매 의사 문자 메시지 정보를 취득한 것은 위 압수·수색영장의 효력 범위 내에 있다"라고 주장하였으나, 서울고등법원은 "경찰이 이 사건 메시지를 취득하는 행위는 영장의 유효기간 이후에 이루어진 위법한 집행으로 보아야 한다. 경찰이 위법하게 취득한 이 사건 메시지 등을 기초로 피고인 B를 현행범으로 체포한 이상, 피고인 B에 대한 현행범 체포와 그에 따른 피고인 소지품 등의 압수는 위법하므로, 법원으로부터 사후 압수·수색영장을 발부받았더라도 피고인 B를 현행범으로 체포하면서 수집한 증거는 위법하게 수집한 증거로서 증거능력이 없다"고 판단하였다.[20]

2. 해당 사건과의 관련성

가. 개관

수사기관이 압수·수색을 하기 위해서는 압수하고자 하는 대상이 해당 사건과 관련성이 있어야 한다(제215조).

관련성은 압수 범위에 관한 것으로서 일정한 범죄사실을 전제로 하여 발부받은 압수·수색영장에 의하여 어느 범위까지 압수할 수 있는가의 문제와 연관되어 있다. 수사기관은 압수·수색영장의 범죄혐의사실과 관계있는 범죄에 대한 증거만을 압수하여야 한다. 관련성이 없는 증거를 압수하였다면 이는 원칙적으로 위법한 압수·수색에 해당하므로 허용될 수 없다. 압수·수색이 종료되기 전에 혐의사실과 관련된 증거를 적법하게 탐색하는 과정에서 관련성 없는 별건 증거를 우연히 발견한 경우에는 이를 압수하기 위해서는 별도의 영장이 필요하다는 것이 대법원의 입장이다.

관련성이 있는 증거를 압수하였다면 관련성이 인정되는 범위 내에서 해당 증

---

20) 서울고등법원 2020. 4. 23. 선고 2020노19 판결(대법원 2020도5336 판결로 확정).

거를 적법하게 사용할 수 있음은 물론이다. 문제는 관련성이 인정되는 범위 내에서 적법하게 압수한 증거를 (별도의 영장 없이도) 관련성이 없는 별건 범죄의 증거로도 사용할 수 있느냐이다(^{적법한압수물의}_{별건증거사용}). 이에 대해 부정설을 따르는 하급심 판례도 있으나,[21] 판례 태도는 기본적으로 긍정설을 취하고 있는 것으로 보인다.[22]

서울고등법원 2021. 8. 19. 선고 2020노1756 판결은[23] "A에 대한 압수·수색영장의 집행으로 이 사건 각 보고서 파일에 대한 압수가 적법하다고 하더라도 이 사건 각 보고서 파일출력물을 A에 대한 압수·수색영장에 포함되어 있는 범죄사실과 관련성이 없는 이 사건 공소사실의 증거로 사용할 수 있는지 여부가 문제된다. 압수 범위에 관한 관련성 문제는 일정한 범죄사실을 전제로 하여 발부받은 압수·수색영장에 의하여 어떤 범위까지 압수할 수 있는가의 문제인 반면, 이 사건 각 보고서 파일출력물을 이 사건 공소사실의 증거로 사용할 수 있는지 여부는 적법하게 압수된 증거를 압수·수색영장의 범죄사실에 대한 증거로 사용하는 것과 별개로 별건 범죄사실에 대한 증거로 사용할 수 있는가의 문제이다. 영장주의는 대상물의 점유권을 침해당하는 과정에서 주거나 프라이버시의 침해와 재산권의 침해 등을 보호하기 위한 장치이므로, 법원이나 수사기관이 압수·수색영장에 의하여 적법하게 대상물의 점유권을 취득하면 그 취득된 압수물을 어떻게 사용하는 가의 문제는 영장주의와 관련이 없다. 따라서 법원 또는 수사기관이 압수·수색영장의 범죄사실과 관련된 대상물을 적법하게 압수하면 그 물건의 점유권이 법원 또는 수사기관에 속하게 되므로, 통신비밀보호법 제12조와 같은 법률상의 제한이[24] 없는 이상 그 압수물을 별건 범죄사실의 증거로 사용하는 것에는 아무런 제한이 없다. 이 사건 각 보고서 파일이 A에 대한 압수·수색영장의 집행으로 적법하게 압수되었으므로, 이 사건 각 보고서 파일출력물을 A에 대한 압수·수색영장의 범죄사실과 관련성이 없어 별건 범죄사실에 해당하는 이 사건 공소사실의 증거로 사용하는 것에는 아무런 제한이 없다고 봄이 타당하다"고 판시하였다.

---

21) 부산고등법원 2013. 6. 5. 선고 2012노667 판결.

22) 학설도 긍정설이 다수라고 한다. 김웅재, "압수·수색의 '관련성' 요건에 관한 대법원 판례의 진화", 법학평론 제12권(2022), 14쪽.

23) 위 판결은 대법원 2021. 12. 30. 선고 2021도11924 판결로 확정되었다.

24) 통신비밀보호법 제12조(통신제한조치로 취득한 자료의 사용제한), 대통령기록물 관리에 관한 법률 제17조 제4항 제2호, 제5항 등

나. 해당 사건과의 관련성 판단기준: 압수·수색의 목적이 된 범죄 및 이와 관련된 범죄

1) 객관적 관련성 및 인적 관련성[25]

헌법과 형사소송법이 구현하고자 하는 적법절차와 영장주의의 정신에 비추어 볼 때, 법관이 압수·수색영장을 발부하면서 '압수할 물건'을 특정하기 위하여 기재한 문언은 엄격하게 해석하여야 하고, 함부로 피압수자 등에게 불리한 내용으로 확장 또는 유추 해석하여서는 안 된다.[26]

형사소송법 제215조 제1항은 '검사는 범죄수사에 필요한 때에는 피의자가 죄를 범하였다고 의심할 만한 정황이 있고 해당 사건과 관계가 있다고 인정할 수 있는 것에 한정하여 지방법원판사에게 청구하여 발부받은 영장에 의하여 압수, 수색 또는 검증을 할 수 있다'라고 규정하고 있다. 따라서 영장 발부의 사유로 된 범죄 혐의사실과 무관한 별개의 증거를 압수하였을 경우, 이는 원칙적으로 유죄 인정의 증거로 사용할 수 없다. 그러나 압수·수색의 목적이 된 범죄나 이와 관련된 범죄의 경우에는 그 압수·수색의 결과를 유죄의 증거로 사용할 수 있다.[27]

여기서 '해당 사건과 관계가 있다고 인정할 수 있는 것'은 압수·수색영장의 범죄 혐의사실과 관련되고 이를 증명할 수 있는 최소한의 가치가 있는 것으로서 압수·수색영장의 범죄 혐의사실과 객관적 관련성이 인정되고 압수·수색영장 대상자와 피의자[28] 사이에 인적 관련성이 있는 경우를 의미한다.

---

25) 관련성 판단 기준에 대한 판례는 다음과 같이 발전하여 왔다. ① 대법원 2009. 7. 23. 선고 2009도2649 판결은 '관련성'에 관한 규정이 개정(2011. 7. 18.)되기 전의 舊 형사소송법하에서 "압수의 대상을 압수·수색영장의 범죄사실 자체와 직접적으로 연관된 물건에 한정할 것이 아니고, 압수·수색영장의 범죄사실과 기본적 사실관계가 동일한 범행 또는 동종·유사의 범행과 관련된다고 의심할 만한 상당한 이유가 있는 범위 내에서는 압수를 실시할 수 있다"라고 최초로 밝혔다. ② 그 후 대법원 2014. 1. 16. 선고 2013도7101 판결은 개정된 형사소송법 제215조의 해석론을 밝히면서 압수·수색의 관련성 판단에 있어서 객관적 표지와 주관적 표지를 모두 고려하여야 한다는 점을 처음으로 밝혔다. 하지만 객관적·주관적 표지에 대한 구체적 기준을 제시하지 못한 한계를 드러냈다. ③ 본문 내용과 같은 객관적·인적 관련성의 구체적인 내용은 통신영장과 관련한 대법원 2017. 1. 15. 선고 2016도13489 판결에서 처음으로 확인되었고 그 후 대법원 2017. 12. 5. 선고 2017도13458 판결을 통해서 압수·수색영장에도 원용되었다. ④ 대법원은 2021. 11. 18. 선고 2016도348 전원합의체 판결을 통해서 임의제출의 경우에도 관련성에 대한 법리가 적용됨을 밝혔다.

26) 대법원 2009. 3. 12. 선고 2008도763 판결, 대법원 2019. 10. 17. 선고 2019도6775 판결.

27) 대법원 2016. 3. 10. 선고 2013도11233 판결 등.

28) 여기서 '압수·수색영장 대상자'는 피압수자가 아닌 압수·수색영장의 피의자를 지칭하고, '피의자'

이때 혐의사실과의 객관적 관련성은 ① 압수·수색영장에 기재된 혐의사실 자체 또는 ② 그와 기본적 사실관계가 동일한 범행과 직접 관련되어 있는 경우는 물론 ③ 범행 동기와 경위, 범행 수단과 방법, 범행 시간과 장소 등을 증명하기 위한 간접증거나 정황증거 등으로 사용될 수 있는 경우, ④ 영장 범죄사실 자체에 대하여 피고인이 하는 진술의 신빙성을 판단할 수 있는 자료로 사용되는 경우[29]에도 인정될 수 있다. 이러한 객관적 관련성은 압수·수색영장에 기재된 혐의사실의 내용과 수사의 대상, 수사 경위 등을 종합하여 구체적·개별적 연관관계[30]가 있는 경우에만 인정된다고 보아야 하고, 혐의사실과 단순히 동종 또는 유사 범행이라는 사유만으로 관련성이 있다고 할 것은 아니다.

피의자와 사이의 인적 관련성은 압수·수색영장에 기재된 대상자의[31] 공동정범이나 교사범 등 공범이나 간접정범은 물론 필요적 공범 등에 대한 피고사건에 대해서도 인정될 수 있다.[32]

객관적 관련성과 인적 관련성은 모두 충족되어야 함은 물론이다.

2) 관련성 판단의 주체 및 판단의 기준시

해당 압수 물건이 피의사실과 관계가 있는지 여부는 일차적으로 압수를 집행

란 압수·수색영장 범죄사실에 대한 별건 피의자를 의미한다. 즉 별건 피의자에 대한 사건을 기준으로 관련성을 판단하다보니 두 용어를 구별하게 된 것이다. 가령 수사기관이 피의자를 A로 하는 절도 범죄사실로 압수·수색영장을 발부받아 A의 부탁에 따라 A 소유 휴대폰을 보관하고 있던 B로부터 해당 휴대폰을 압수한 후, 휴대폰 분석 중 C의 공모사실을 추가로 확인하여 A와 C를 절도의 공동정범으로 기소한 사례에서, 피고인 A의 관점에서 보면 압수·수색이 애당초 본인 사건에 대한 것이었으므로 인적 관련성을 따질 실익이 없지만, 공동피고인 C의 관점에서는 인적 관련성 유무를 따질 실익이 생기는 것이다. 이 때 공동피고인 C에 대한 수사 및 재판단계에서는 '압수·수색영장 대상자'는 A, '피의자'는 C가 된다. B는 피압수자일 뿐 C와의 인적관련성을 판단하는 대상자가 아니다.

29) 대법원 2020. 2. 13. 선고 2019도14341 판결.

30) 판례의 개별 사안에서는 성범죄, 마약 범죄 등 개별범죄의 속성, 피해자들의 유사성, 범행 경위와 수법의 유사성, 범행시기와 장소의 근접성, 상습성, 목적범의 목적성, 성적취향, 압수·수색영장의 '압수·수색 필요사유란'에 추가 여죄수사의 필요성 기재 여부, 압수대상이 증거물 외 몰수의 대상이기도 한지 여부, 스마트폰을 이용한 불법촬영 등과 같은 범죄에 있어서 압수·수색영장의 '압수·수색 필요사유란'에 '카메라 촬영 영상물의 유포 가능성'이 기재되어 있는지 여부 등이 그 판단 기준으로 확인되고 있다.

31) 압수·수색영장의 피의자를 의미한다.

32) 대법원 2017. 12. 5. 선고 2017도13458 판결, 대법원 2020. 2. 13. 선고 2019도14341 판결, 대법원 2021. 8. 26. 선고 2021도2205 판결.

하는 수사기관이 판단하게 된다. 이 경우 수사기관은 사후에 밝혀진 사정을 기초로 관련성 유무를 판단하는 것이 아니라 압수 당시의 상황을 기초로 판단할 수밖에 없고, 압수 당시의 상황에 비추어 볼 때 해당 물건이 범행과 관련된다고 의심할 사정이 없음에도 압수하였다는 등 수사기관의 판단이 경험칙에 비추어 합리성을 잃은 경우에 한하여 그 압수가 위법한 압수로 평가될 수 있을 것이다. 압수 당시 수사기관이 해당 물건이 피의사실과 관계가 있다고 판단한 것이 적법하다면, 사후에 그 물건이 피의사실과 무관하다는 사실이 밝혀졌다고 하더라도 그 압수가 위법해진다고 볼 수는 없고, 다만 압수를 계속할 필요가 없다고 인정되는 경우에 환부나 가환부가 문제될 뿐이다.[33]

다. 관련성과 관련된 구체적 쟁점

1) 혐의사실과 무관한 전자정보를 탐색·복제·출력한 경우[34]

전자정보에 대한 압수·수색에 있어 저장매체 자체를 외부로 반출하거나 하드카피·이미징 등의 형태로 복제본을 만들어 외부에서 저장매체나 복제본에 대하여 압수·수색이 허용되는 예외적인 경우에도 혐의사실과 관련된 전자정보 이외에 이와 무관한 전자정보를 탐색·복제·출력하는 것은 원칙적으로 위법한 압수·수색에 해당하므로 허용될 수 없다.[35]

---

33) 서울중앙지방법원 2016. 3. 9. 선고 2015보21 결정. 해당 사건의 요지는 다음과 같다. 수사기관은 민중총궐기 집회과정에서 경찰관이 폭행당하고 경찰 버스가 손괴당한 사건과 관련하여 법원으로부터 압수·수색영장을 발부받아 집회를 주도한 단체의 사무실을 압수·수색하였는데 그 과정에서 '해머'를 발견하였다. 민중총궐기 집회에서 손괴된 경찰 버스에는 청색 및 황색 페인트가 칠해져 있었는데, 압수된 해머들 중 일부에는 금속 옆면과 정면에 청색 및 황색 페인트 파편이 묻어 있는 것이 육안으로 확인되었다. 이에 수사기관은 해당 해머들을 압수하였다. 이 사안에 대해 법원은 "설령 변호인이 압수 당시 '이 사건 해머들은 이 사건 각 집회와 관련성이 없다'는 취지로 주장한 사정이 있고, 실제로 위 해머들이 다른 행사의 퍼포먼스 용도로 사용된 것이었다고 하더라도, 압수를 집행하는 수사기관이 당시 상황에 비추어 볼 때 이 사건 해머들이 이 사건 각 집회에서 발생한 경찰 버스 손괴 등과 관련이 있는 시위용품이라고 판단하여 이를 압수한 것이 경험칙에 반하여 위법하다고 볼 수는 없다"라고 판단하였다.

34) 대법원 2015. 7. 16. 선고 2011모1839 전원합의체 결정.

35) 저장매체 등에 저장된 전자정보 중에서 관련성 있는 전자정보를 찾기 위해 그 저장매체를 탐색하는 과정에서 결과적으로 우연히 무관정보를 탐색하게 되는 것은 수색의 일환으로서 적법하나(처음부터 무관정보를 탐색하는 것은 허용되지 않는다), 이를 복제·출력하는 것은 위법하다. 증거의 선별과정을 거쳐 압수·수색이 종료되면 나머지 무관증거는 삭제·폐기 등의 방법으로 반환하거나 피압수자에게 환부 또는 가환부하여야 한다.

그러나 전자정보에 대한 압수·수색이 종료되기 전에 혐의사실과 관련된 전자
정보를 적법하게 탐색하는 과정에서 별도의 범죄혐의와 관련된 전자정보를 우연
히 발견한 경우라면, 수사기관은 더 이상의 추가 탐색을 중단하고 법원에서 별도
의 범죄혐의에 대한 압수·수색영장을 발부받은 경우에 한하여[36] 그러한 정보에
대하여도 적법하게 압수·수색을 할 수 있다.

나아가 이러한 경우에도 별도의 압수·수색 절차는 최초의 압수·수색 절차와
구별되는 별개의 절차이고, 별도 범죄혐의와 관련된 전자정보는 최초의 압수·수
색영장에 의한 압수·수색의 대상이 아니어서 저장매체의 원래 소재지에서 별도의
압수·수색영장에 기해 압수·수색을 진행하는 경우와 마찬가지로 피압수자는 최
초의 압수·수색 이전부터 해당 전자정보를 관리하고 있던 자라 할 것이므로, 특별
한 사정이 없는 한 피압수자에게 형사소송법 제219조, 제121조, 제129조에 따라
참여권을 보장하고 압수한 전자정보 목록을 교부하는 등 피압수자의 이익을 보호
하기 위한 적절한 조치가 이루어져야 한다.[37]

2) 저장매체 반출 방식의 압수·수색 이후 수사기관 사무실에서 임의로 정한 시점 이후의 파일 일체를 복사하여 영장을 집행한 경우

【사안의 개요】

① 경찰은 컴퓨터 저장매체 자체를 경찰 사무실로 가져가 그곳에서 저장매체
내 전자정보 파일을 다른 저장매체 2개에 복사하였다. 저장매체 자체를 경찰서로
가지고 온 행위는 압수·수색영장이 예외적으로 허용한 부득이한 사유에 따른 것
으로 적법한 것이었다.

---

36) 해당 정보의 소유자, 소지자 또는 보관자가 자유로운 의사에 기하여 동의한 경우에는 임의제출
   방식의 압수도 가능함은 물론이다.

37) ① 이 경우 별도의 압수·수색장소를 현재 정보가 보관되어 있는 수사기관의 사무실 또는 최초
   압수되었던 장소 중에 어디로 정해야 할지가 실무상 문제된다. 법원의 영장 실무를 보면 전자를
   허용한 사례도 있는 반면, 후자만 허용한 경우도 확인된다. 별도의 압수·수색영장을 발부받게 되
   면 피압수자에 대한 반환 또는 환부가 사실상 필요하지 않아 피압수자의 권리보호 측면에서 양자
   에 실질적인 차이가 없다. 전자를 압수·수색장소로 특정하여도 문제가 없다고 본다. ② 한편, 기
   존에 압수하였던 종전의 이미징 파일에 해당 사건과 관련된 증거와 별건 범죄사실에 대한 증거가
   혼재되어 있는 때에 무관증거를 어떤 식으로 처리하여야 할지 문제된다. 먼저 피압수자 등이 참여
   한 상태에서 무관증거를 제외한 증거만을 특정하여 새롭게 이미징하여 기존 사건의 증거로 계속
   사용하고 종전 이미징 파일을 피압수자 측에 반환하면서 동시에 별도 범죄사실과 관련된 증거만
   을 선별하는 방식으로 별도의 압수 절차를 진행하면 된다.

② 경찰은 전자정보 파일을 복사할 때 영장 범죄사실과 관련성이 있는 것만을 탐색, 복사하지 않고 그 대상을 영장에 기재된 범죄사실의 일시로부터 소급하여 일정 시점 이후에 열람된 파일로 제한하여 8,000개를 일괄적으로 복사하였다.

③ 피의자 및 변호인은 경찰의 압수·수색 전과정에 참여하였고, 소급 복사하는 파일 열람시점에 관한 의견만 제시하였을 뿐, 범죄혐의와의 관련성에 관한 별도의 이의나 저장매체의 봉인 요구 등 절차상 이의를 제기하지 않았다. 이들은 경찰로부터 다른 저장매체 1개를 수령하였고, 영장 집행일인 2009. 7. 3. 당일이 아닌 2009. 7. 6.에야 비로소 준항고를 제기하였다.

【법원 판단】[38)]

수사기관 사무실에서 저장매체 내 전자정보를 파일 복사함에 있어서 당사자 측의 동의 등 특별한 사정이 없는 이상 관련 파일의 검색 등 적절한 작업을 통해 그 대상을 이 사건 범죄혐의와 관련 있는 부분에 한정하고 나머지는 대상에서 제외하여야 할 것이므로, 영장의 명시적 근거가 없음에도 수사기관이 임의로 정한 시점 이후의 접근 파일 일체를 복사하는 방식으로 8,000여 개나 되는 파일을 복사한 이 사건 영장 집행은 원칙적으로 압수·수색영장이 허용한 범위를 벗어난 것으로서 위법하다고 볼 여지가 있다.

그런데 범죄사실 관련성에 관하여 명시적인 이의를 제기하지 아니한 이 사건의 경우, 당사자 측의 참여하에 이루어진 위 압수·수색의 전 과정에 비추어 볼 때, 수사기관이 영장에 기재된 혐의사실의 일시로부터 소급하여 일정 시점 이후의 파일들만 복사한 것은 나름대로 혐의사실과 관련 있는 부분으로 대상을 제한하려고 노력을 한 것으로 보이고, 당사자 측도 그 조치의 적합성에 대하여 묵시적으로 동의한 것으로 봄이 상당하므로, 결국 이 사건 범죄혐의와 관련 있는 압수·수색의 대상을 보다 구체적으로 제한하기 위한 수사기관의 추가적인 조치가 없었다 하여 그 영장의 집행이 위법하다고 볼 수는 없다.

---

38) 대법원 2011. 5. 26. 선고 2009모1190 결정.

3) 영장 범죄사실과 무관한 별개의 증거를 압수한 후 이를 환부하고 후에 다시 임의제출받은 경우

【사안의 개요】

① 검찰수사관은 대표이사 A 혐의에 관한 압수·수색영장으로 A의 회사에서 B로부터 영업실적표 등이 저장된 USB를 압수하였는데, 위 USB에 저장된 증거들은 영장에 기재된 범죄사실과 무관한 것들이었고, 수사관은 압수목록을 B에게 교부하지도 않았고, 압수조서조차 작성하지 않았다.

② 검사는 위 USB를 B에게 반환하지 않고 보관하고 있다가 수일이 지난 후에 A의 동생인 C를 검사실로 불러, 위 USB를 환부하면서 그와 동시에 C로 하여금 위 USB에 담긴 전자정보들에 대한 압수목록, 압수물건 수령서 및 승낙서를 작성하게 하고, 당시 검사실로 오게 한 세무공무원 D에게 USB 자체와 그에 담긴 전자정보를 임의로 제출하도록 하였다.

③ 그런데 C가 작성한 압수물건 수령서 및 승낙서에 첨부된 일시 보관 서류 등의 목록에는 위 USB 자체는 기재되어 있지 않았다.

④ 세무공무원 D는 A의 조세포탈 혐의에 관하여 세무조사를 하던 중 C로부터 임의제출받은 USB에서 조세포탈 혐의를 인정할 중요서류인 영업실적표를 발견하였다.

⑤ 한편, C가 세무공무원 D에게 임의제출을 할 당시에는 A는 구속상태에서 배임수재 등 다른 범죄로 재판을 받고 있었고, C는 당시 검사가 자료 인계를 요청하면서 이에 응하지 않을 경우 형인 A 및 자신의 사업에 대하여도 불이익이 있을 것이라고 위협하였다는 취지로 진술하였다.

【법원 판단】[39]

압수·수색은 영장 발부의 사유로 된 범죄혐의사실과 관련된 증거에 한하여 할 수 있으므로, 영장 발부의 사유로 된 범죄혐의사실과 무관한 별개의 증거를 압수하였을 경우, 이는 원칙적으로 유죄 인정의 증거로 사용할 수 없다.

다만 수사기관이 별개의 증거를 피압수자 등에게 환부하고 후에 임의제출받

---

39) 대법원 2016. 3. 10. 선고 2013도11233 판결.

아 다시 압수하였다면 증거를 압수한 최초의 절차 위반행위와 최종적인 증거수집 사이의 인과관계가 단절되었다고 평가할 수 있으나, 환부 후 다시 제출하는 과정에서 수사기관의 우월적 지위에 의하여 임의제출 명목으로 실질적으로 강제적인 압수가 행하여질 수 있으므로, 제출에 임의성이 있다는 점에 관하여는 검사가 합리적 의심을 배제할 수 있을 정도로 증명하여야 하고, 임의로 제출된 것이라고 볼 수 없는 경우에는 증거능력을 인정할 수 없다.

그러나 이 사건에서는, 과연 C가 수사기관으로부터 위 USB를 돌려받았다가 다시 세무공무원에게 제출한 것인지 의심스러울 뿐만 아니라, 설령 C가 위 USB를 세무공무원에게 제출하였다고 하더라도 그 제출에 임의성이 있는지가 합리적인 의심을 배제할 정도로 증명되었다고 할 수 없으므로, C가 위와 같이 압수물건 수령서 및 승낙서를 제출하였다는 사정만으로 이 사건 영장에 기재된 범죄혐의사실과 무관한 증거인 위 USB가 압수되었다는 절차 위반행위와 최종적인 증거수집 사이의 인과관계가 단절되었다고 보기 어렵다. 따라서 위 USB 및 그에 저장되어 있던 영업실적표는 증거능력이 없다고 할 것이다.

4) 필로폰 투약시기가 2018. 5. 23.로 기재되어 있는 범죄사실에 대한 압수·수색영장을 2018. 6. 25. 집행하여 A의 소변을 압수한 후, 'A가 2018. 6. 21.경부터 같은 달 25.경까지 사이에 필로폰을 투약하였다'라는 공소사실로 기소한 경우

【사안의 개요】

① 경찰은 2018. 5. 29. 압수·수색영장을 발부받았는데, 영장 범죄사실은 '피의자가 2018. 5. 23. 필로폰을 투약하였다'라는 것이다.

② 경찰은 2018. 6. 25.에야 이 사건 압수영장을 집행하여 A의 소변을 압수하였으나, 그때는 영장 범죄사실의 범행일시를 기준으로 할 때 필로폰 투약자의 소변에서 마약류 등이 검출될 수 있는 기간(통상 투약일로부터 7일에서 10일)이 지난 뒤였고, 별도의 압수·수색영장으로 압수한 A의 모발에서 마약류 등이 검출되지 않았다.

③ 그 후 검사는 압수된 A의 소변에서 필로폰 양성 반응이 나온 점을 근거로 A를 기소하면서 공소사실을 '피고인이 2018. 6. 21.경부터 같은 달 25.까지 사이에

필로폰을 투약하였다'로 구성하였다. 공소사실을 인정할 직접적인 증거는 A의 소변에 대한 마약감정서가 거의 유일하다.

【법원 판단】[40)]

다음과 같은 사실 및 사정들을 종합하면, 이 부분 공소사실과 이 사건 압수영장의 혐의사실 간에 객관적 관련성이 있다고 보기 어렵다고 할 것인바, 그렇다면 이 사건 압수영장에 따라 압수한 피고인의 소변은 영장 발부의 사유로 된 범죄 혐의사실과 무관한 별개의 증거를 압수하여 위법하게 수집된 증거로서 이 부분 공소사실에 대한 유죄 인정의 증거로 삼을 수 없다. 또한 이를 기초로 작성된 피고인의 소변에 대한 마약감정서도 위와 같이 위법하게 수집된 증거를 기초로 하여 획득한 2차적 증거로서 마찬가지로 증거능력이 없다.

① 마약류 투약 범죄는 즉시범으로서 그 범행일자가 다를 경우 별개의 범죄로 보아야 하고, 영장에 기재된 혐의사실과 이 부분 공소사실은 그 범행 장소, 투약방법, 투약량도 모두 구체적으로 특정되어 있지 않아 위 각 사실 사이에 어떠한 객관적 관련성이 있는지도 알 수 없으므로, 이 사건 압수영장에 기재된 혐의사실과 이 부분 공소사실이 동종범죄라는 사정만으로는 위 각 사실 간에 객관적 관련성이 있다고 할 수 없다.

② 이 부분 공소사실과 같은 필로폰 투약의 점은 수사기관에서 이 사건 영장을 발부받을 당시에는 전혀 예견할 수 없었던 혐의사실이었던 것으로 보이는바, 이러한 점에서도 이 사건 압수영장에 기재된 혐의사실과 이 부분 공소사실 사이에 어떠한 연관성이 있다고 보기 어렵다.

③ 영장주의의 원칙상 적어도 그 영장 발부 전에는 그 혐의사실이 존재하여야 할 것인데, 이 부분 공소사실에 기재된 2018. 6. 21.자 필로폰 투약 범행은 이 사건 압수영장의 혐의사실에 기재된 2018. 5. 23.은 물론 이 사건 압수영장이 발부된 2018. 5. 29.부터 기산하더라도 약 1개월 뒤에나 발생한 범죄이다.

【비교 판례】

위와 같은 비슷한 사례에서 만약 압수·수색영장의 '압수·수색을 필요로 하는 사유'에 '피의자를 발견하여 증거를 확보하고자 할 경우 이를 거부하거나 항거할

---

40) 부산지방법원 2019. 5. 3. 선고 2018노4441 판결(대법원 2019도6775 판결로 확정).

우려가 상당하고, 소지하고 있을지 모르는 필로폰 등 마약류를 은닉, 멸실하는 방법으로 증거를 인멸하거나 도주할 우려가 농후하며, 또한 마약 사범 특성상 소지하고 있는 필로폰 등을 계속적으로 투약·판매할 가능성이 높은 점 등으로 보아, 본건 범죄혐의 입증하기 위한 증거를 확보하고자 한다'라는 내용이 기재되어 있다면 피고인의 소변 및 그에 대한 마약감정서는 영장 범죄사실과 관련성이 있다고 볼 수 있고, 더 나아가 위 공소사실의 유죄의 증거로 사용할 수 있을까?

가) 비교 판례 ① [41]

이 사건 각 압수·수색영장은 혐의사실의 직접 증거뿐 아니라 그 증명에 도움이 되는 간접증거 내지 정황증거를 확보하기 위한 것으로 볼 수 있고, 위 각 압수·수색영장에 따라 압수된 피고인의 소변 및 모발과 그에 대한 감정 결과 등은 혐의사실의 간접증거 내지 정황증거로 사용될 수 있는 경우에 해당하므로, 위 각 압수·수색영장 기재 혐의사실과 사이에 객관적 관련성이 인정된다고 봄이 타당하고, 압수된 피고인의 소변 및 모발 등은 이 사건 공소사실의 증거로 사용할 수 있다고 할 것이다.

1) 압수·수색영장에는 '압수·수색을 필요로 하는 사유'로 "본건 범죄혐의인 필로폰 투약 및 소지에 대한 증거물을 확보하고자 할 경우 피고인이 이에 항거하거나 소지하고 있을지 모르는 필로폰 등의 증거물을 은닉, 멸실시키는 등의 방법으로 인멸할 우려가 있으며, 필로폰 사범의 특성상 피고인이 이전 소지하고 있던 필로폰을 투약하였을 가능성 또한 배제할 수 없어 피고인의 필로폰 투약 여부를 확인 가능한 소변과 모발을 확보하고자 압수·수색영장을 신청한다"라고 기재되어 있다.

2) 통상 감정일로부터 1~2주 이내의 마약류 투약 여부 확인을 위해서는 소변 감정으로 족하고, 그 이전의 투약 여부를 확인하기 위해서는 모발에 대한 감정이 필요하며, 나아가 투약 시기까지 확인하기 위해서는 다량의 모발에 대한 감정이 필요한 것으로 알려져 있는바, 법원이 마약류 범죄를 혐의사실로 한 압수·수색영장을 발부하면서 압수할 물건으로 피고인의 소변과 모발을 함께 기재하는 경우 이는 영장 집행일 무렵의 필로폰 투약 범행뿐만 아니라 그 이전의 투약 여부까지

---

41) 대법원 2021. 8. 26. 선고 2021도2205 판결.

확인하기 위한 것으로 볼 수 있고, 여기에 앞서 본 '압수·수색을 필요로 하는 사유'의 기재 내용을 더하여 보면, 이 사건 각 압수·수색영장은 혐의사실 일시의 투약 범행뿐 아니라 그 이후 영장 집행일 무렵까지의 투약 범행에 대한 증거를 확보하기 위한 것이라고 볼 수 있다.

3) 한편 마약류 범죄는 중독, 다른 투약자의 유혹, 호기심, 우연, 영리 등을 원인으로 이루어지는 경우가 많고, 특히 마약류 투약 범죄는 마약류가 지니는 강한 중독성으로 인하여 반복적·계속적으로 이루어져 재범의 비율이 월등히 높다고 보고되어 있다. 또한 마약류 투약 범죄는 은밀한 공간에서 범인 자신의 신체를 대상으로 이루어지므로 목격자 등이 없는 경우가 많고 증거수집이 곤란하다는 특성이 있다.

4) 위와 같은 이 사건 각 압수·수색영장의 기재 내용, 마약류 범죄의 특성과 피고인에게 다수의 동종 범죄전력이 있는 점을 고려하면, 이 사건 각 압수·수색영장에 따라 압수된 피고인의 소변 및 모발에 대한 감정 결과에 의하여 피고인이 위 각 압수·수색영장 집행일 무렵뿐만 아니라 그 이전에도 반복적·계속적으로 필로폰을 투약해온 사실이 증명되면 이 사건 각 압수·수색영장 기재 혐의사실 일시 무렵에도 유사한 방법으로 필로폰을 투약하였을 개연성이 매우 높다고 할 것이므로, 비록 소변에서 위 각 압수·수색영장 기재 필로폰 투약과 관련된 필로폰이 검출될 수 있는 기간이 경과된 이후에 영장이 집행되어 압수된 소변으로 혐의사실을 직접 증명할 수는 없다고 하더라도, 유효기간 내에 집행된 위 각 압수·수색영장에 따라 압수된 피고인의 소변 및 모발 등은 적어도 위 각 압수·수색영장 기재 혐의사실을 증명하는 유력한 정황증거 내지 간접증거로 사용될 수 있는 경우에 해당한다고 보아야 한다.

5) 나아가 이 사건 각 압수·수색영장 기재 혐의사실에 대한 공소가 제기되지 않았다거나 이 사건 공소사실이 위 각 압수·수색영장 발부 이후의 범행이라는 사정만으로 객관적 관련성을 부정할 것은 아니다.

나) 비교 판례 ②

한편, 기본적 사실관계는 위와 유사하나 압수·수색영장의 범죄사실이 '피의자 A는 B에게 무상으로 필로폰을 교부하였다'라고 되어 있는 사건에서 대법원은

"이 사건 압수영장의 혐의사실로 피고인의 필로폰 교부의 점만 기재되어 있기는 하나, 법원이 위 영장의 '압수·수색·검증을 필요로 하는 사유'로 '필로폰 사범의 특성상 피고인이 이전 소지하고 있던 필로폰을 투약하였을 가능성 또한 배제할 수 없어 필로폰 투약 여부를 확인 가능한 소변과 모발을 확보하고자 한다'라고 기재하고 있는 점 등에 비추어 볼 때, 이 부분 공소사실이 이 사건 압수영장 발부 이후의 범행이라고 하더라도 영장 발부 당시 전혀 예상할 수 없었던 범행이라고 볼 수도 없다. 그럼에도 원심이 이 사건 압수영장의 혐의사실과 이 부분 공소사실 사이에 연관성이 없으므로 이 사건 압수영장에 의하여 압수된 피고인의 소변 및 모발은 위법하게 수집된 증거에 해당하고, 그에 기초하여 획득한 2차적 증거들 역시 증거능력이 없다고 보아 이 부분 공소사실을 무죄로 판단한 데에는 압수·수색에 있어서의 '관련성', 위법수집증거배제법칙에 관한 법리를 오해하여 판결에 영향을 미친 위법이 있다"라고 판단하였다.[42]

5) '저서' 기부행위 제한 위반의 점에 대하여 적법하게 압수한 물건을 피고인 및 공범에 대한 사전선거운동 혐의사실의 증거로 사용한 경우[43]

이 사건 각 전자정보 출력물은 제1, 2 압수·수색영장 기재 혐의사실 중 적어도 피고인 A의 2014. 2.경 '저서' 기부행위와 관련하여 피고인 A가 후보자가 되고자 하는 자인지 여부를 판단할 수 있는 범위 내에서 직접 또는 간접증거로서의 증거가치가 있고, 이러한 증거들은 이 부분 공소사실에 해당하는 사전선거운동으로 인한 지방교육자치에 관한 법률위반이라는 별개 혐의사실의 증거가치도 함께

---

42) 대법원 2021. 7. 29. 선고 2021도3756 판결.

43) 대법원 2015. 10. 29. 선고 2015도9784 판결. 대법원 판례사건의 원심인 대전고등법원 2015. 6. 17. 선고 2015노155 판결은 '적법한 압수물의 다른 범죄의 증거 사용 가능 여부'에 대해서도 판단하면서 "수사기관이 적법하게 압수한 압수물이 압수의 전제가 되는 범죄에 대한 증거로서 의미가 있을 뿐만 아니라 그 자체로 다른 범죄의 증거로서도 의미가 있는 경우 이를 이용하여 다른 범죄를 수사하고 다른 범죄의 증거로 사용하는 것은 원칙적으로 제한이 없다고 보아야 한다. 이 사건에 관하여 보건대, 이 사건 각 전자정보 출력물은 제1, 2 압수·수색영장 기재 혐의사실 중 적어도 피고인 A의 2014. 2.경 '저서' 기부행위와 관련하여 피고인 A가 후보자가 되고자 하는 자인지 여부를 판단할 수 있는 범위 내에서 직접 또는 간접증거로서의 증거가치가 있고, 이러한 증거들은 이 부분 공소사실에 해당하는 사전선거운동으로 인한 지방교육자치에관한법률위반이라는 별개 혐의사실의 증거가치도 함께 보유하고 있다. 따라서 수사기관이 이 사건 각 전자정보 출력물을 피고인 A 및 그와 공범관계에 있는 피고인 B에 대한 사전선거운동으로 인한 지방교육자치에관한법률위반 혐의사실의 증거로 사용하는 데 특별한 제한이 있다고 할 수 없다"라고 판시하였다.

보유하고 있다.

따라서 수사기관이 이 사건 각 전자정보 출력물을 피고인 A 및 그와 공범관계에 있는 피고인 B에 대한 사전선거운동으로 인한 지방교육자치에 관한 법률위반 혐의사실의 증거로 사용하는 데 특별한 제한이 있다고 할 수 없다.

6) 전화사기죄의 범죄사실로 긴급압수한 타인의 주민등록증 등을 점유이탈물횡령죄의 증거로 사용한 경우[44)]

이 사건 중 제1호 내지 제4호는 피고인이 보관하던 다른 사람의 주민등록증, 운전면허증 및 그것이 들어있던 지갑으로서, 피고인이 이른바 전화사기죄의 범행을 저질렀다는 범죄사실 등으로 긴급체포된 직후 압수되었는바, 그 압수 당시 위 범죄사실의 수사에 필요한 범위 내의 것으로서 전화사기범행과 관련된다고 의심할 만한 상당한 이유가 있었다고 보이므로, 적법하게 압수되었다고 할 것이다.

같은 취지에서 원심이, 증 제1호 내지 제4호가 위법수집증거에 해당한다는 피고인의 주장을 배척하고, 이를 증거로 삼아 점유이탈물횡령죄의 공소사실을 유죄로 인정한 제1심판결을 유지한 조치는 정당하다.

7) 피의자 A의 공직선거법위반에 대한 압수·수색영장으로 B의 휴대폰을 압수한 후, B, C에 대한 수사단서를 포착하여 이들을 별건 공직선거법위반으로 기소하였으나 그에 대한 A의 혐의는 밝혀내지 못한 경우

【사안의 개요】

① 검사는 '피의자 A가 공천과 관련하여 공천심사위원 E에게 거액을 제공하였다'라는 범죄사실로 이 사건 압수·수색영장(영장 표지의 피의자란에는 A만 피의자로 표기)을 발부받았고, 압수할 물건은 B가 소지하고 있는 휴대전화로 특정되어 있었다. 다만, 해당 영장청구서는 범죄사실 및 압수를 필요로 하는 사유의 상세한 내용은 기록에 편철된 수사보고서를 원용하였는데, 해당 수사보고서에는 공천과 관련하여, "A가 2012. 3. 15. D를 통하여 'B'에게 3억 원을 전달하여 E에게 제공되도록 하고, A가 2012. 3. 28. D를 통하여 'B'에게 2천만 원을 전달하여 F에게 제공되도

---

44) 대법원 2008. 7. 10. 선고 2008도2245 판결. 이 판결도 적법한 압수물의 다른 범죄의 증거 사용 가능 여부와 관련이 있다.

록 하였다"는 등의 B의 행위 내용이 기재되어 있었다. 그럼에도 불구하고 검사는 B를 위 압수·수색영장 범죄사실의 공범으로 인지하거나 영장 표지의 피의자란에 피의자로 명기하지 않았다.

② 검사는 B의 휴대전화를 압수하여 분석하는 과정에서 B, C 사이의 대화가 녹음된 이 사건 녹음파일을 발견, 이를 통해 B와 C에 대한 공직선거법위반의 혐의점을 인지하고 수사를 개시하여 이들을 공직선거법위반으로 기소하였으나,[45] B, C로부터 해당 녹음파일을 임의로 제출받거나 새로운 압수·수색영장을 발부받지 아니하였다.

③ B, C 사이의 대화가 녹음된 이 사건 녹음파일은 B, C 사이의 범행에 관한 것으로서 A가 그 범행에 가담 내지 관련되어 있다고 볼 만한 사정이 없었다.

④ B, C에 대한 공판에서, 이 사건 녹음파일을 B, C의 공소사실에 대한 증거로 사용할 수 있는지, 그 증거능력 유무가 다투어졌다.

【법원 판단】

○ 1심 판단[46]

이 사건에서 문제가 된, 부산지방법원 판사가 2012. 8. 3. 발부한 압수·수색영장의 '범죄사실 및 압수를 필요로 하는 사유'의 상세한 내용은 피고인 A 등에 대한 수사기록의 수사보고서를 원용하고 있는데, 위 수사보고서에는 공천과 관련하여, 2012. 3. 15. A가 D를 통하여 'B'에게 3억 원을 전달하여 E에게 제공되도록 하고, 2012. 3. 28. A가 D를 통하여 'B'에게 2천만 원을 전달하여 F에게 제공되도록 하였다는 등의 피고인 B의 행위 내용이 기재되어 있다.

이 사건 각 녹음파일은 피고인 B가 피고인 C와의 대화를 일부 녹음한 것으로서, 그 대화내용 중에는 피고인 B가 E 등 ○○당 공천위원들을 언급하면서 그들과 접촉을 한번 시도해보겠다거나, E에게 이미 로비를 하였다는 취지의 말이 포함되어 있는데, 압수 당시 수사기관으로서는 이러한 대화 내용을 통하여 피고인 B가 국회의원 선거와 관련하여 ○○당 공천심사위원인 E 등에 대한 친분 등을 이용하

---

[45] B는 C에게 C의 선거운동과 관련하여 C를 도와주는 대가로 3억 원의 제공을 요구하였다는 공소사실로 기소되었고, C는 B에게 자신의 선거운동과 관련하여 선거도움에 대한 대가로 3억 원의 제공을 약속하였다는 공소사실로 기소되었다.

[46] 부산지방법원 2012. 11. 23. 선고 2012고합802, 880(병합), 881(병합) 판결.

여, E 등을 접촉하는 방법으로 공천에 어떠한 영향력을 미치려고 하였다는 것을 추단할 수 있고, 이를 위 압수·수색영장 범죄사실에 기재된 A, B 사이의 공천 관련 금품수수 혐의를 입증하기 위한 유력한 간접증거로도 사용할 수 있을 것인바(실제로 검사는 위 녹음파일 및 녹취록을 위 A, B 사건의 증거로 별도로 제출한 바 있다), 그렇다면 위 녹음파일 등은 위 영장 기재 범죄사실과 상당한 관련성이 있다고 판단된다.

또한 위 영장 기재 범죄사실과 피고인 B, C에 대한 이 사건 공소사실은 모두 국회의원 선거에서의 공천과 관련한 금품 수수 또는 약속에 관한 것이고, 그 청탁의 대상이 되는 공천위원으로 E가 공통적으로 있으며, 각 범행이 이루어진 시간적 간격 또한 3주 남짓으로 상당히 근접해 있는바, 이 사건 공소사실과 위 영장 기재 범죄사실은 전혀 별개의 범행이 아니라 적어도 동종·유사의 범행으로 볼 수 있다고 할 것이다(위 압수·수색영장의 피의자가 A로 되어 있기는 하지만, 혐의사실의 내용 등을 통하여 B가 공천 청탁과 관련하여 주요한 역할을 담당한 사람으로 되어 있음을 쉽게 알 수 있고, 따라서 B는 A의 공범으로 위 압수·수색 당시 사실상 피의자라고도 볼 여지가 있는바, 위 압수·수색영장의 범죄사실과 이 사건 공소사실의 주체는 B를 중심으로 할 때 동일하다고 보이고, 그 주체가 A와 C로 전혀 다르므로 동종·유사의 범행에 해당할 여지가 없다는 피고인 C 변호인의 주장은 받아들이기 어렵다). 따라서 위 각 녹음파일 등과 이 사건 압수·수색영장 기재 범죄사실 사이에는 관련성이 인정된다고 할 것이다.

○ 항소심 판단[47]

이 사건 영장은 'A'를 피의자로 하여 'A가 D에게 지시하여 B를 통해 공천과 관련하여 ○○당 공천심사위원인 E 등에게 거액이 든 돈 봉투를 각 제공하였다'는 혐의사실을 범죄사실로 하여 발부된 것으로서 A의 공천 관련 금품제공 혐의사건과 관련된 자료를 압수하라는 취지가 명백하므로, 이 사건 영장에 기재된 범죄사실과 전혀 다른 '피고인 B와 피고인 C 사이의 공천 및 선거운동 관련한 대가 제공 요구 및 약속에 관한' 혐의사실에는 그 효력이 미치지 아니한다고 봄이 상당하다. 따라서 이 사건 녹음파일은 이 사건 영장에 기재된 압수대상물로 볼 수 없다.

이에 대하여 검사는, 이 사건 녹음파일의 내용과 이 사건 영장의 범죄사실은 3주 남짓의 근접한 시기에 국회의원 선거에서의 공천과 관련하여 금품수수 또는

---

47) 부산고등법원 2013. 6. 5. 선고 2012노667 판결.

약속에 관한 내용이고, 그 청탁의 매개자가 B, 청탁의 대상이 되는 공천위원이 E로 공통된다는 점에 비추어 볼 때, 이 사건 영장 기재 혐의사실과 동종·유사의 범행에 해당한다고 의심할 만한 상당한 이유가 있는 범위 내에 속하므로 이 사건 녹음파일을 압수한 것에 아무런 잘못이 없다고 주장하나, 이 사건 녹음파일이 A에 대한 공소사실을 입증하는 간접증거로 사용될 수 있다는 것과 이 사건 녹음파일을 이 사건 영장 범죄사실과 무관한 피고인 B와 C 사이의 범죄사실을 입증하기 위한 증거로 사용하는 것은 별개의 문제이므로, A에 대한 관계에서 이 사건 녹음파일에 대한 압수가 적법하다고 하여 피고인 B, C에 대한 관계에서도 적법한 것은 아니다.

○ 대법원 판단[48]

이 사건 녹음 파일에 의하여 그 범행이 의심되었던 혐의사실은 공직선거법상 정당 후보자 추천 관련 내지 선거운동 관련 금품 요구·약속의 범행에 관한 것으로서, 일응 범행의 객관적 내용만 볼 때에는 이 사건 영장에 기재된 범죄사실과 동종·유사의 범행에 해당한다고 볼 여지가 있다. 그러나 이 사건 영장에서 당해 혐의사실을 범하였다고 의심된 '피의자'는 A에 한정되어 있는데, 수사기관이 압수한 이 사건 녹음파일은 피고인 B와 피고인 C 사이의 범행에 관한 것으로서 A가 그 범행에 가담 내지 관련되어 있다고 볼 만한 아무런 자료가 없다.

---

48) 대법원 2014. 1. 16. 선고 2013도7101 판결. 이 대법원 판결은 2011. 7. 18. 개정된 형사소송법 제215조의 해석론을 최초로 밝힌 것으로서 압수·수색의 관련성 판단에 있어서 객관적 표지와 주관적 표지를 모두 고려하여야 한다는 점을 처음으로 밝혔다는 데에 의의가 있다[김웅재, "압수·수색의 '관련성' 요건에 관한 대법원 판례의 진화", 법학평론 제12권(2022), 30쪽]. 그러나 위 대법원 판례는 객관적·주관적 표지에 대한 일반적 기준을 제시하지 못한 한계가 있다. 그 이후 우리가 흔히 알고 있는 '객관적·인적 관련성'에 대한 일반적 기준은 대법원 2017. 12. 5. 선고 2017도13458 판결을 통해 처음으로 제시된다. 위 대법원 2013도7101 판결 및 그 하급심 판결은 대법원 2017도13458 판결이 등장하기 약 4년 전에 나온 것인 만큼 논리적 구성에 다소 미흡한 점이 있다. 생각건대, 1심의 판단이 옳다고 본다. 이 사건 공소사실이 압수·수색영장 피의사실과 객관적 관련성이 있다는 점에는 하급심이나 대법원 모두 이견이 없는 것으로 보인다. 문제는 인적 관련성이다. 이 사건의 경우 수사기관이 압수단계에서 B를 압수·수색영장 범죄사실의 공범자로 입건하거나 압수·수색영장의 피의자란에 B를 명기하지 않았을 뿐, 이 사건 압수·수색영장에서 원용한 수사보고서에는 B는 A의 공범으로 위 압수·수색 당시 사실상 피의자로 기재되어 있었으므로 B도 압수·수색영장 대상자에 해당한다고 보아야 한다. 따라서 피고인 B에 대한 관계에서는 인적 관련성은 전혀 문제되지 않는다. 더 나아가서 피고인 C의 입장에서 보더라도 C는 압수·수색영장에 기재된 대상자인 B의 필요적 공범으로서 B와 인적 관련성을 가지게 된다. 애초 수사기관이 압수단계에서 B를 압수·수색영장 범죄사실의 공범자로 입건하거나 영장의 피의자란에 B를 명기하였다면 대법원 결론도 달려졌을 것으로 보인다. 위 대법원 판례가 압수·수색영장의 피의자란에 피의자로 명기하였는지 또는 공범자로 입건하였는지 등 지극히 형식적인 잣대로 인적 관련성을 판단하였다는 비판이 제기되고 있다.

결국 이 사건 영장에 기재된 '피의자'인 A가 이 사건 녹음파일에 의하여 의심되는 혐의사실과 무관한 이상, 수사기관이 별도의 압수·수색영장을 발부받지 아니한 채 압수된 이 사건 녹음파일은 '해당 사건'과 '관계가 있다고 인정할 수 있는 것'에 해당한다고 할 수 없다.

8) A의 피해자 甲에 대한 성범죄와 관련하여 A의 휴대폰을 압수한 후, 휴대폰 파일 중에 A가 그 이전에도 다른 피해자들에 대한 추가 성범죄를 저지른 단서가 확인된 경우

【사안의 개요】

① 경찰은 '피의자 A가 2018. 5. 6.경 피해자 甲(女, 10세)에 대하여 간음유인미수 및 성폭력범죄의 처벌 등에 관한 특례법위반(통신매체이용음란) 범행을 범하였다'라는 범죄사실로 압수·수색영장을 발부받아 피의자 소유의 휴대전화를 압수하였다.

② 법원에 청구된 압수·수색영장 청구서의 '압수, 수색이 필요한 사유'에는 휴대폰 복구작업 등을 통하여 본건 증거자료 및 추가 여죄 수사에 활용하기 위해 피해자와 카카오톡 문자대화에 사용한 피의자의 휴대폰을 압수한 것이다는 내용이 병기되어 있었다.

③ 경찰은 위 휴대전화를 분석한 결과 피의자가 2017. 12.경부터 2018. 4.경까지 사이에 저지른 피해자 乙(女, 12세), 丙(女, 10세), 丁(女, 9세)에 대한 간음유인 및 간음유인미수, 미성년자의제강간, 성폭력범죄의 처벌 등에 관한 특례법위반(13세 미만미성년자강간), 성폭력범죄의 처벌 등에 관한 특례법위반(통신매체이용음란) 등 범행에 관한 추가 자료들을 확보하였고, 이들 자료에 대해서는 법원으로부터 새로운 압수·수색영장을 발부받거나 피의자로부터 임의제출을 받은 바 없었다.

④ A는 피해자 모두에 대한 간음유인 등의 공소사실로 기소되었고, A는 법정에서 '이 사건 압수·수색영장은 피해자 甲에 대한 범행의 증거를 수집하기 위한 범위 내에서만 유효하다. 따라서 위 휴대전화에 대한 디지털증거분석에 따라 취득한 자료들 중 피해자 乙, 丙, 丁과 관련된 자료들은 별도의 압수·수색영장을 발부받지 않고 수집된 것으로서 위법수집증거에 해당하고, 이 사건 추가 자료들을 기초로 획득한 피고인 및 피해자 乙, 丙, 丁의 진술도 위법수집증거에 기초한 2차 증거로서 모두 증거능력이 없다'라고 주장하였다.

【법원 판단】[49]

가) 이 사건 압수·수색영장에는 범죄사실란에 피해자 甲에 대한 간음유인미수 및 통신매체이용음란의 점만이 명시되었으나, 영장발부 법원은 위 영장에서 계속 압수·수색·검증이 필요한 사유로서 영장 범죄사실에 관한 혐의의 상당성 외에도 추가 여죄수사의 필요성을 포함시켰다.

나) 이 사건 압수·수색영장에 기재된 혐의사실은 미성년자인 甲에 대하여 간음행위를 하기 위한 중간 과정 내지 그 수단으로 평가되는 행위에 관한 것이고 나아가 피고인은 형법 제305조의2 등에 따라 상습범으로 처벌될 가능성이 완전히 배제되지 아니한 상태였으므로, 이 사건 추가 자료들로 밝혀지게 된 乙, 丙, 丁에 대한 범행은 이 사건 압수·수색영장에 기재된 혐의사실과 기본적 사실관계가 동일한 범행에 직접 관련되어 있는 경우라고 볼 수 있다. 실제로 2017. 12.경부터 2018. 4.경까지 사이에 저질러진 위 추가 범행들은, 이 사건 압수·수색영장에 기재된 혐의사실의 일시인 2018. 5. 7.과 시간적으로 근접한 것일 뿐만 아니라, 피고인이 자신의 성적 욕망을 해소하기 위하여 미성년자인 피해자들을 대상으로 저지른 일련의 성범죄로서 범행 동기, 범행대상, 범행의 수단과 방법이 공통된다는 점에서 그러하다.

다) 이 사건 추가 자료들은 이 사건 압수·수색영장의 범죄사실 중 간음유인죄의 '간음할 목적'이나 성폭력범죄의 처벌 등에 관한 특례법위반(통신매체이용음란)죄의 '자기 또는 다른 사람의 성적 욕망을 유발하거나 만족시킬 목적'을 뒷받침하는 간접증거로도 사용될 수 있었다. 나아가 이 사건 추가 자료들은 피고인이 위 영장 범죄사실과 같은 범행을 저지른 수법 및 준비과정, 계획 등에 관한 정황증거에 해당할 뿐 아니라, 영장 범죄사실 자체에 대하여 피고인이 하는 진술의 신빙성을 판단할 수 있는 자료로도 사용될 수 있었다.

라) 앞서 본 법리와 위와 같은 사정들을 종합하면, 이 사건 추가 자료들로 인하여 밝혀진 피고인의 乙, 丙, 丁에 대한 범행은 이 사건 압수·수색영장의 범죄사실과 단순히 동종 또는 유사 범행인 것을 넘어서서, 이와 구체적·개별적 연관관계가 있는 경우로서 객관적·인적 관련성을 모두 갖추었다고 봄이 타당하다.

---

49) 대법원 2020. 2. 13. 선고 2019도14341 판결.

【비교 판례】

피고인이 2014. 12. 11. 피해자 甲을 상대로 저지른 성폭력범죄의 처벌 등에 관한 특례법위반(카메라등이용촬영) 범행(이하 '2014년 범행'이라 한다)에 대하여 甲이 즉시 피해 사실을 경찰에 신고하면서 피고인의 집에서 가지고 나온 피고인 소유의 휴대전화 2대에 피고인이 촬영한 동영상과 사진이 저장되어 있다는 취지로 말하고 이를 범행의 증거물로 임의제출하였는데, 경찰이 이를 압수한 다음 그 안에 저장된 전자정보를 탐색하다가 甲을 촬영한 휴대전화가 아닌 다른 휴대전화에서 피고인이 2013. 12.경 피해자 乙, 丙을 상대로 저지른 같은 법 위반(카메라등이용촬영) 범행(이하 '2013년 범행'이라 한다)을 발견하고 그에 관한 동영상·사진 등을 영장 없이 복제한 CD를 증거로 제출한 사안에서, 대법원은 "甲은 경찰에 피고인의 휴대전화를 증거물로 제출할 당시 그 안에 수록된 전자정보의 제출 범위를 명확히 밝히지 않았고, 담당 경찰관들도 제출자로부터 그에 관한 확인절차를 거치지 않은 이상 휴대전화에 담긴 전자정보의 제출 범위에 관한 제출자의 의사가 명확하지 않거나 이를 알 수 없는 경우에 해당하므로, 휴대전화에 담긴 전자정보 중 임의제출을 통해 적법하게 압수된 범위는 임의제출 및 압수의 동기가 된 피고인의 2014년 범행 자체와 구체적·개별적 연관관계가 있는 전자정보로 제한적으로 해석하는 것이 타당하고, 이에 비추어 볼 때 범죄발생 시점 사이에 상당한 간격이 있고 피해자 및 범행에 이용한 휴대전화도 전혀 다른 피고인의 2013년 범행에 관한 동영상은 간접증거와 정황증거를 포함하는 구체적·개별적 연관관계 있는 관련 증거의 법리에 의하더라도 임의제출에 따른 압수의 동기가 된 범죄혐의사실(2014년 범행)과 구체적·개별적 연관관계 있는 전자정보로 보기 어렵다"고 판시하였다.[50]

위 대법원 판례는 구체적·개별적 연관관계 있는 관련 증거의 법리를 임의제출의 범위와 결부시켜 판단한 점에 특징이 있다. 임의제출 범위에 관한 쟁점을 제외하고 본다면 2013년 범행에 관한 동영상 역시 2014년 범행에 대한 간접증거·정황증거로서의 의미를 가지고 피고인 진술의 신빙성을 판단할 수 있는 자료로도 사용가능하므로 피고인의 2014년 범행 자체와 구체적·개별적 연관관계가 있는 전자정보로 평가할 수 있을 것이다.[51] 하지만 대법원은 2013년 범행에 관한 동영상은

---

50) 대법원 2021. 11. 18. 선고 2016도348 전원합의체 판결.

51) 이는 위 전원합의체 판결 이후 선고된 다른 대법원 판례를 통해서도 확인할 수 있다. 압수·수색영

임의제출 범위를 벗어난 위법수집증거에 해당하므로 구체적·개별적 연관관계 있는 관련 증거의 법리를 적용할 여지가 없다는 취지로 판단하였다.

9) 피의자 소유 휴대폰을 압수하는 과정에서 실제 범인은 영장 기재 '피의자'가 아닌 甲이라는 사실이 밝혀져 甲 소유의 휴대폰을 압수한 경우

【사안의 개요】

① 경찰은 피해자가 연락을 주고받은 甲의 페이스북 계정에 관한 압수·수색 결과를 바탕으로 범인이 피해자와 페이스북 메신저를 통해 대화한 계정의 접속 IP 가입자가 A(甲의 모친)임을 확인하였다. 그리고 A의 주민등록표상 B(甲의 부친)와 C (甲의 남동생)가 함께 거주하고 있음을 확인하였다.

② 당시 甲은 위 페이스북 접속지에서 거주하고 있었으나 주민등록상 거주지가 달라 A의 주민등록표에는 나타나지 않았다. 경찰은 C를 피의자로 특정한 뒤 압수·수색영장을 신청하였고, 지방법원판사는 경찰이 신청한 대로 이 사건 영장을 발부하였다.

③ 이 사건 영장에는 범죄혐의 피의자로 甲의 동생인 'C'가, 수색·검증할 장소, 신체, 물건으로 '가. 전라북도 전주시 ○○구 ○○로 15, ○○○동 ○○○호 (○○동, ○○아파트), 나. 피의자 C의 신체 및 피의자가 소지·소유·보관하는 물건'이, 압수할 물건으로 '피의자 C가 소유·소지 또는 보관·관리·사용하고 있는 스마트폰 등 디지털기기 및 저장매체'가 각 특정되어 기재되어 있다.

④ 경찰이 이 사건 영장을 집행하기 위하여 甲의 주거지에 도착하였을 때 甲은 출근을 하여 부재중이었고, 경찰은 A와 C로부터 이 사건 피의사실을 저지른 사람은 C가 아닌 甲이라는 취지의 말을 들었다.

⑤ 이에 경찰은 A에게 이 사건 영장을 제시하고, 이 사건 영장에 의하여 위 주거지를 수색하여 甲 소유의 이 사건 휴대전화 등을 압수하였다. 경찰은 그 자리에서 위 각 압수물에 대한 압수조서를 작성하였는데, 그 '압수 경위'란에 "페이스북 접속 IP 설치장소에 거주하는 C를 피의자로 특정하였으나 현장 방문한바, C의

장에 의해 압수된 전자정보의 탐색과정에서 초동수사시 수사기관이 예견하지 못했던 또 다른 피해자에 대한 증거가 확인된 유사사안에서 대법원 2021. 11. 25. 선고 2021도10034 판결 및 대법원 2021. 12. 30. 선고 2019도10309 판결은 위 대법원 2019도14341 판결과 동일하게 또 다른 피해자에 대한 수집증거와 해당 압수·수색영장의 범죄사실과의 객관적 관련성을 인정하였다.

형인 甲이 세대 분리된 상태로 같이 거주하고 있었고 모친 및 C 진술을 청취한바 실제 피의자는 甲으로 확인됨. 그러나 영장 집행 당시 출근하여 부재중이므로 모친 A 참여하에 이 사건 영장을 집행함"이라고 기재하였다.

【법원 판단】[52]

다음과 같은 사정을 더하여 살펴보면, 피고인이 아닌 사람을 피의자로 하여 발부된 이 사건 영장을 집행하면서 피고인 소유의 이 사건 휴대전화 등을 압수한 것은 위법하다.

가) 헌법과 형사소송법이 구현하고자 하는 적법절차와 영장주의의 정신에 비추어 볼 때, 법관이 압수·수색영장을 발부하면서 '압수할 물건'을 특정하기 위하여 기재한 문언은 엄격하게 해석하여야 하고, 함부로 피압수자 등에게 불리한 내용으로 확장 또는 유추 해석하여서는 안 된다.

나) 경찰은 이 사건 범행의 피의자로 C를 특정하여 C가 소유·소지하는 물건을 압수하기 위해 이 사건 영장을 신청하였고, 판사는 그 신청취지에 따라 C가 소유·소지하는 물건의 압수를 허가하는 취지의 이 사건 영장을 발부하였으므로, 이 사건 영장의 문언상 압수·수색의 상대방은 C이고, 압수할 물건은 C가 소유·소지·보관·관리·사용하는 물건에 한정된다.

다) 비록 경찰이 압수·수색 현장에서 다른 사람으로부터 이 사건 범행의 진범이 피고인이라는 이야기를 들었다고 하더라도 이 사건 영장에 기재된 문언에 반하여 피고인 소유의 물건을 압수할 수는 없다. 대물적 강제처분은 대인적 강제처분과 비교하여 범죄사실 소명의 정도 등에서 그 차이를 인정할 수 있다고 하더라도, 일단 피의자와 피압수자를 특정하여 영장이 발부된 이상 다른 사람을 피압수자로 선해하여 영장을 집행하는 것이 적법·유효하다고 볼 수는 없기 때문이다.

---

52) 대법원 2021. 7. 29. 선고 2020도14654 판결.

3. 압수·수색영장의 집행

가. 압수·수색영장이 미치는 효력 범위

1) 개관

수사기관은 압수·수색영장 청구시 압수·수색장소를 가능한 범위 내에서 최대한 특정하여야 하지만 압수·수색장소의 내부구조를 사전에 명확히 알 수 없는 경우가 대부분이기 때문에 어느 정도의 개괄적 기재가 불가피하다.

이러한 이유로 실무에서는 발부된 압수·수색영장을 집행하는 단계에서 실제 압수·수색이 이루어진 장소가 영장에 기재된 장소에 포함되는지, 즉 압수·수색영장이 미치는 효력 범위가 문제된다.

예컨대, 압수·수색할 장소가 피의자 A의 사무실로 기재된 영장으로 특정 사무실을 압수·수색하기 위해 현장에 갔으나, 정작 해당 사무실은 피의자 A뿐만 아니라 여러 사람들이 함께 사용하고 있고, 각자의 공간도 명확하게 구분이 되어 있지 않은 경우에 수사기관은 사무실 내에 있는 피의자 A의 책상만 압수·수색할 수 있는지, 아니면 같은 공간 내에 있는 다른 B, C의 책상도 압수·수색할 수 있는지가 문제된다. 또한, 압수·수색장소가 관리인실로 기재된 영장을 집행하려고 현장에 갔는데, 관리인실 바로 옆에 독립된 부속실이 있고, 해당 부속실은 관리인에 의해 관리되고 있음이 확인되었을 때 해당 부속실도 압수·수색이 가능한지, 또 다른 예로 압수·수색할 장소가 甲의 사무실로 기재되어 있는 압수·수색영장으로 甲의 사무실을 압수·수색하는데, 때마침 乙이 중요서류를 가지고 甲의 사무실로 들어왔을 때 乙을 상대로 해당 서류를 압수·수색할 수 있는지가 문제된다.

2) 압수·수색영장이 미치는 효력 범위에 관한 판단기준

압수·수색영장의 집행과 관련하여 영장에 기재되어 있는 압수·수색장소의 허용 범위가 어디까지 미치는가 여부를 판단함에 있어서는 일반 사회통념에 따라 관리권·점유권이 단일한가 여부에 따라 결정하면 된다.[53] 왜냐하면, 압수·수색은 당해 장소에 대한 관리권, 점유권을 침해하는 것이기 때문이다. 관리권, 점유권의

---

53) 수사지휘실무(2012), 법무연수원, 419쪽.

단일성은 반드시 법적 권한의 문제로 접근할 것은 아니고 여러 사정을 종합하여 일반 사회통념에 비추어 단일한 주체에 의해 사실상 관리되거나 점유되어 왔는지 여부 등을 종합하여 판단하면 될 것이다.

일본 판례로는, 압수·수색장소가 '○○회사 관리인실 내'라고 기재된 압수·수색영장으로 해당 관리실로부터 약 10미터 떨어진 조립식 건물을 수색한 경우, 조립식 건물이 구조적으로는 관리실로부터 독립적으로 존재하지만 같은 부지 내에 근접해 있고, 독립 주거 공간으로 지어진 것도 아니며 그 실체에 있어서는 관리실과 떨어진 한 방에 불과하여 관리인실과 일체를 이루는 부속실이라는 이유로 압수·수색영장의 효력이 조립식 건물에까지 미친다고 본 사례가 있다.[54]

우리나라 판례는 "수사기관은 압수·수색영장 청구시 압수·수색장소를 가능한 범위 내에서 최대한 특정하여야 하지만 압수·수색장소의 내부구조를 사전에 명확히 알 수 없는 점을 고려하면, 피의자, 범죄사실과 압수·수색이 필요한 사유에 기초하여 통상적으로 보아 압수·수색영장에 기재된 장소와 동일성이 인정되는 범위 내에서는 영장기재 장소라고 볼 수 있다"라고 판시함으로써 관리권 또는 점유권의 단일성이라는 개념보다는 '동일성이 인정되는 범위 내'라는 기준을 제시하고 있다.[55] 하지만 아직까진 압수·수색이 미치는 효력 범위에 관하여 판례가 많이 축적되지 않아 '동일성'의 인정기준이 모호한 상태로 남아있긴 하다.[56]

또한, 판례는 압수·수색영장의 압수물에 기재된 정책특보실에 '보관'하는 서류에는 정책특보실에 '현존'하는 서류가 포함되지 않으므로 압수시점에 정책특보실로 우연히 일시적으로 가져오게 된 물건에 대해서는 압수할 수 없다고 판시하였고,[57] 압수·수색영장의 '수색·검증할 장소'의 하단에 기재된 '위 각 압수할 물건

---

54) 해당 외국 판례의 출처는 수사지휘실무(2012), 법무연수원, 419쪽.

55) 광주지방법원 2008. 1. 15. 선고 2007노370 판결(대법원 2008도763 판결로 확정).

56) A, B는 두 개의 방으로 나뉘어진 하나의 오피스텔에 거주하였는데, 원래 두 개의 원룸이었던 것을 중간에 문을 만들어 하나로 연결하였고, 바깥으로 통하는 출입구는 하나이며, 각 방에는 화장실, 냉장고, 세탁기가 따로 비치되어 있었다. A, B는 친분이 두터워 각자 쓸 방을 정해 놓고 쓰진 않았고 방 하나에 침대 2대가 나란히 배치되어 있었다. 수사기관은 A를 체포하면서 A가 체포된 방이 아닌 다른 방에 비치된 냉장고에서 필로폰을 압수하였다. 위 사안에서 법원은 "이 사건 압수물이 보관되어 있던 냉장고에 비치된 방에 대해서 이 사건 압수·수색영장의 '수색, 검증할 장소, 신체, 물건'란에 기재된 '실제 피의자의 주거지' 또는 '피의자의 소재 발견시 발견장소'와 동일성이 인정된다"고 판단하였다[서울고등법원 2022. 10. 21. 선고 2022노921 판결(대법원 2022도14035 판결로 확정)].

57) 광주지방법원 2008. 1. 15. 선고 2007노370 판결(대법원 2008도763 판결로 확정).

이 보관되어 있는 창고, 부속 건물·방실을 포함하며, 소재지 이전 및 조직개편, 업무분장 변경 등으로 다른 사무실, 부속실, 창고, 부속 건물 등에 관련 물건, 자료 또는 파일이 옮겨진 경우 그 장소를 포함함'이라는 부가적 기재의 의미에 대해서 "법관이 압수·수색영장을 발부하면서 특정한 '수색·검증의 장소' 등은 그 문언을 엄격하게 해석하여야 하고 함부로 확대하거나 유추해석하여서는 안 된다"라고 하면서 위 의미를 "'압수·수색영장 기재 압수할 물건을 보관하고 있는 모든 부서와 위 물건이 이동된 모든 장소'로 해석하여서는 아니 되고, '위 각 부서가 관리하는 물건이 보관되어 있는 창고, 부속 건물·방실과 소재지 이전 및 조직개편, 업무분장 변경 등으로 관련 물건, 자료 또는 파일이 옮겨진 경우 그 장소'를 수색·검증할 장소에 추가하는 것으로 제한적으로 해석함이 타당하다"라고 판시하였다.[58]

3) 압수·수색영장의 효력범위와 관련된 실무상 쟁점

가) '압수·수색영장에 기재된 수색장소와 동일성이 인정되는 범위'에 대한 압수·수색 가능성 여부

【사안의 개요】

① 검사는 피의자 A, B, C의 공직선거법위반에 대한 압수·수색영장을 발부받았고, 해당 영장의 '수색할 장소'에는 '○○도청 내 피의자들의 사무실'이라고 기재되어 있었다. '압수할 물건'에는 '압수·수색할 장소 내 보관 중인 컴퓨터, 디스켓·씨디롬 등 외부기억장치, 선거관련자료, 메모지, 일기장, 수첩, 일정표가 적혀진 달력 등 공무원으로서 선거에 관여한 것으로 추정되는 자료 일체'라고 기재되어 있었다. 피의자 A는 ○○도지사의 정책특보였다.

② 검사는 도지사 부속실 옆 대기실에 붙어 있는 정책특보 A가 근무하는 사무실(이하 '이 사건 사무실'이라 한다)로 압수·수색을 실시하기 위하여 들어갔다.

③ 도지사 집무실 오른편에 부속실이 있고, 부속실 정면에 접견실, 오른쪽에 대기실이 있으며 대기실에 들어서면 좌측에 문이 있고 그 문을 열고 들어가면 이 사건 사무실이다. 이 사건 사무실의 출입문에는 비서실장실 혹은 정책특보실이라는 별도의 표찰이 붙어 있지는 않으며, 그 내부는 칸막이로 좌우로 나누어져 있고

---

58) 서울고등법원 2020. 8. 10. 선고 2020노115 판결(대법원 2020도11559 판결로 확정).

출입문 쪽에서 왼편에 비서실장 D의 책상이, 가운데에 작은 컴퓨터책상이, 오른편에 정책특보 A의 책상이 놓여 있다. A의 책상으로 가기 위해서는 출입문에서 오른쪽으로 칸막이와 컴퓨터책상 사이 공간을 지나서 가야하고 칸막이 오른쪽으로는 원형 탁자가 놓여져 있으며, A의 책상도 칸막이로 둘러쳐져 있어 A의 책상에 앉아 있는 경우에는 A 책상에서나 출입문 쪽에서 서로 볼 수 없도록 되어 있다. 이 사건 사무실에는 평소 A가 주로 근무하였고, D는 부속실에 공식적인 자리가 있는데 혼자 해야 할 일이 있거나 민원인과의 상담을 위해 이 사건 사무실을 사용하는 편이었다.

④ 검사는 이 사건 사무실에 들어가 마침 그곳에서 근무 중이던 비서실장 D에게 신분증 및 이 사건 영장을 제시한 다음 D로부터 A의 책상위치를 확인한 후 A의 책상을 압수·수색하였다.

⑤ 검사는 A 책상을 압수·수색하고 있던 무렵 비서관 E가 도지사 집무실에 들어가 그곳에 보관 중이던 F의 업무일지 등이 포함된 서류뭉치를 가지고 나와 이 사건 사무실의 출입문을 열고 들어오는 것을 보고는 E로부터 위 서류뭉치를 압수하였다.

⑥ 피의자들은 비서관 E가 소지하고 있던 이 사건 압수물에 대한 압수·수색이 이루어진 이 사건 사무실 출입문 안쪽 위치가 이 사건 영장에 기재된 장소, 즉 정책특보 A의 사무실인가에 대해서 문제를 제기하였다.

【법원 판단】[59]

수사기관은 압수·수색영장 청구시 압수·수색장소를 가능한 범위 내에서 최대한 특정하여야 하지만 압수·수색장소의 내부구조를 사전에 명확히 알 수는 없는 점을 고려하면, 피의자, 범죄사실과 압수·수색이 필요한 사유에 기초하여 통상적으로 보아 압수·수색영장에 기재된 장소와 동일성이 인정되는 범위 내에서는 영장기재 장소라고 볼 수 있다고 할 것이다.

이 사건에서, 비서관 E가 소지하고 있던 이 사건 압수물에 대한 압수·수색이 이루어진 이 사건 사무실 출입문 안쪽 위치가 이 사건 영장에 기재된 장소, 즉 정책특보 A의 사무실인가에 관하여 보건대, 위에서 본 바와 같이 외부에서 보아 이 사건 사무실이 비서실장실인지 정책특보실인지 명확히 구분하기 어려운 점, 이 사

---

[59] 광주지방법원 2008. 1. 15. 선고 2007노370 판결(대법원 2008도763 판결로 확정).

건 사무실 내 비서실장 책상과 정책특보 책상이 놓여진 공간이 고정된 벽체가 아
닌 다소 개방적인 칸막이로만 구분되어 있는 점, 출입문 안쪽 위치는 비서실장 D
의 전용공간이라고 하기보다는 정책특보 A 책상으로 통하는 공용 공간으로 볼 수
도 있는 점에다 원심 제3, 4회 공판조서 중 증인 A, D의 각 진술기재에 의하면,
비서실장 D는 자신의 공식적인 자리는 도지사 부속실의 책상이어서 그곳에서 주
로 근무하고 이 사건 사무실과 그곳의 비서실장 책상은 필요할 때 사용하고 있다
고 진술하고 있고, 정책특보 A는 이 사건 사무실에서 자신이 주로 혼자 근무하고
비서실장은 도지사 부속실에서 근무한다고 진술하고 있는 사실이 인정되는 점 등
을 종합하면, 이 사건 압수·수색 위치는 이 사건 영장에 기재된 압수·수색장소인
A의 사무실과 동일성이 인정되는 장소라고 보아야 할 것이다.

나) 압수·수색영장의 압수물에 기재된 '정책특보실에 보관하는 서류'에 정책특보실에 '현존'하는 서류가 포함되는지 여부

【사안의 개요】

본건 사안의 개요는 위 광주지방법원 2008. 1. 15. 선고 2007노370 판결과 동
일하다.

【법원 판결】[60]

이 사건 영장에 기재된 압수대상물은 'A의 이 사건 사무실 내 보관 중인 컴퓨
터, 디스켓·씨디롬 등 외부기억장치, 선거관련자료, 메모지, 일기장, 수첩, 일정표
가 적혀진 달력 등 공무원으로서 선거에 관여한 것으로 추정되는 자료 일체'이다.

위에서 본 바와 같이 E로부터 압수된 이 사건 압수물은 원래 도지사 집무실에
보관 중이던 것을 압수·수색을 즈음하여 E가 이 사건 압수지점으로 일시 가져온
물건인 점, E는 검사가 이 사건 압수물의 제출을 요구하자 도지사 집무실에 보관
중인 서류임을 이유로 제출을 거부하여 검사가 검찰에 가서 조사를 받고 서류를
주겠느냐고 다소 강압적인 태도를 보여 어쩔 수 없이 이 사건 압수물을 제출하게
된 경위와 이 사건 압수물에 대한 압수조서에 이 사건 압수물의 소유자를 F로 기
재하고 있는 점에 비추어 볼 때, 이 사건 압수물이 이 사건 영장의 압수·수색대상

---

60) 광주지방법원 2008. 1. 15. 선고 2007노370 판결(대법원 2008도763 판결로 확정).

인 A 사무실에 보관 중인 물건이라고 볼 수는 없다.

이에 대하여 검사는 이 사건 영장에 기재된 장소에 '보관 중인 물건'이란 영장 집행당시 영장기재 장소에 현존하기만 하면 '보관 중인 물건'에 해당하여 압수대상물로 보아 압수할 수 있다고 주장하므로 보건대, 보관의 사전적 의미는 '물건을 맡아서 간직하고 관리하는 것'인 점, 형사소송법 제217조, 제218조, 제108조 등에서는 압수대상인 물건의 소유, 소지, 보관을 구별하고 있는 점, 압수대상 목적물은 수사기관의 자의적인 판단을 배제하기 위하여 명확히 특정되어야 하고 영장기재 자체만으로 압수대상자에게 그 의미가 분명하게 전달될 수 있어야 하는 점, 형사소송법 제219조, 제109조 제2항은 피의자 아닌 자의 물건에 대한 수색의 경우 압수하여야 할 물건이 있다는 구체적인 소명이 있는 경우에 한하여 엄격한 요건 아래 영장을 발부하도록 규정하고 있는 점에 비추어 단지 영장 집행당시 영장기재 장소에 물건이 '현존'하는 경우까지 보관에 포함된다고 볼 수는 없으므로 검사의 위 주장은 받아들일 수 없다.

다) 압수·수색영장의 '수색·검증할 장소' 하단에 기재된 '위 각 압수할 물건이 보관되어 있는 창고, 부속 건물·방실을 포함하며, 소재지 이전 및 조직개편, 업무분장 변경 등으로 다른 사무실, 부속실, 창고, 부속 건물 등에 관련 물건, 자료 또는 파일이 옮겨진 경우 그 장소를 포함함'이라는 부가적 기재가 미치는 장소적 범위

【사안의 개요】

① 검사는 2018. 2. 8. 피의자 A에 대해 압수·수색영장을 발부받았다.

② 위 압수·수색영장의 '수색·검증할 장소, 신체 또는 물건'에는 다음과 같이 기재되어 있었다.

압수할 물건: 본건과 관련이 있는 기안서, 품의서, 회사의 조직도 및 업무분장 내역 등 서류

수색·검증할 장소: ○○전자 본사, 해외지역총괄사업부, 경영지원총괄사업부, 법무실(법무팀, 해외법무팀)

※ 위 각 압수할 물건이 보관되어 있는 창고, 부속 건물·방실을 포함하며, 소재지 이전 및 조직개편, 업무분장 변경 등으로 다른 사무실, 부속실, 창고, 부속건물 등에 관련 물건, 자료 또는 파일이 옮겨진 경우 그 장소를 포함함

③ 검사는 2018. 2. 8. ○○전자 본사에 도착하였고, 33층에 위치한 법무실에서 압수·수색영장을 제시하였다.

④ ○○전자 인사팀 직원 B는 그 무렵 동료 직원으로부터 압수·수색 상황을 전달받자 인사팀에서 사용하던 PC를 35층 인사팀 회의실에, 인사지원그룹에서 사용하던 PC 하드디스크 등을 건물 지하 4층 주차장에 있는 자신의 차량 트렁크에 은닉하였다.

⑤ 검사는 영장 집행을 위해 ○○전자 측에 부서배치표와 직원 명단을 요구하였으나 협조를 받지 못하자, 이를 확보하기 위해 건물 35층에 있는 인사팀 사무실로 이동하였고, 때마침 B의 증거인멸 정황을 포착하고 35층 인사팀 회의실에서 은닉된 PC를 압수하고, 건물 지하 4층 주차장 차량에서 은닉된 PC 하드디스크 등을 압수하였다.

⑥ 피의자 A 및 그 변호인들은 압수·수색 당시 이 사건 저장매체가 있던 ○○전자 본사 인사팀 사무실 또는 A의 자동차 트렁크는 압수·수색영장에 기재된 '수색·검증할 장소'에 해당하지 않는다고 주장하였다.

【법원 판단】[61]

다음과 같은 사실 및 사정들에 비추어 보면, '○○전자 본사 인사팀 사무실'은 압수·수색영장에 기재된 적법한 수색·검증 장소가 아니다.

① 법관이 압수·수색영장을 발부하면서 특정한 '수색·검증의 장소' 등은 압수·수색의 대상과 범위를 한정하기 위한 것으로서, … 실무상으로도 가능한 한 엄격하게 특정하도록 하고 있으며, 이에 관한 문언도 엄격하게 해석하여야 하고 함부로 확대하거나 유추해석하여서는 안 된다.

② 압수·수색영장에 기재된 '수색·검증할 장소'는 '○○전자 본사, 서초 사옥, 우면 사옥 중 해외지역총괄사업부, 경영지원총괄사업부, 법무실(법무팀, 해외법무팀), 전산관리실과 명칭 불문 이와 동일한 기능을 하는 부서(하급 부서 포함)'이다.

이 사건 저장매체는 ○○전자 본사 인사팀 사무실에서 사용·보관하던 것을 인사팀 소속 직원인 A가 압수·수색영장 집행 직전에 35층 인사팀 회의실과 지하 4층 주차장에 있는 자신의 차량 트렁크에 옮겨놓은 것들로, 원래 이 사건 저장매

---

61) 서울고등법원 2020. 8. 10. 선고 2020노115 판결(대법원 2020도11559 판결로 확정).

체를 보관하고 있던 ○○전자 본사 인사팀 사무실은 '해외지역총괄사업부, 경영지원총괄사업부, 법무실(법무팀, 해외법무팀), 전산관리실과 이와 동일한 기능을 하는 부서' 중 어느 하나에 해당한다고 할 수 없다. 또한 검찰 수사관은 부서배치표, 직원 명단 등의 협조를 받기 위하여 인사팀 사무실에 가게 된 것이고, 압수·수색영장을 집행하기 위하여 그곳에 간 것이 아니었다.

③ … 압수·수색영장의 수색·검증할 장소 하단의 기재는 수색·검증할 장소 본문에 기재된 각 부서 사무실에 부가하여 '위 각 부서가 관리하는 물건이 보관되어 있는 창고, 부속 건물·방실과 소재지 이전 및 조직개편, 업무분장 변경 등으로 관련 물건, 자료 또는 파일이 옮겨진 경우 그 장소'를 수색·검증할 장소에 추가하는 것으로 제한적으로 해석함이 타당하다. 위 수색·검증할 장소 하단의 기재를 본문에 기재된 부서들의 범위를 넘어 '압수·수색영장 기재 압수할 물건을 보관하고 있는 모든 부서와 위 물건이 이동된 모든 장소'로 해석하는 것은[62] 수색·검증할 장소를 특정하도록 한 취지에도 반할 뿐 아니라, 사실상 수사기관의 자의적인 판단으로 압수·수색을 할 수 있도록 하거나 수색·검증할 장소의 제한이 없는 영장을 허용하는 결과가 되어 받아들일 수 없다.

④ 설령 압수·수색영장의 '수색·검증할 장소' 하단에 기재된 장소에 ○○전자 본사 인사팀 사무실 및 위 사무실에서 보관하던 물건, 자료, 파일이 옮겨진 장소가 포함된다고 보더라도, A의 차량은 압수·수색영장의 피압수자가 아닌 A 개인이 관리하는 장소로 여기에까지 압수·수색영장의 수색·검증할 장소의 범위가 확대된다고 볼 수는 없다.

라) 압수·수색영장에 표시된 '○○이 사용하는 책상'의 장소적 허용범위

일본 판례로서, 수색할 장소로 '○○이 사용하는 책상'으로 기재된 사안에서 "책상이란 책상의 서랍 속은 물론, 책상 위, 책상아래, 책상의 주위 마루 위, 책상에 부속한 의자 위아래 및 그 주변 마루 위 등을 가리킨다. 이런 관점에서 보면 책상 가까이에 놓여 있는 쓰레기통도 책상에 부속하여 놓여 있다고 인정할 수 있

---

62) 이 사건의 원심인 서울중앙지방법원 2019. 12. 17. 선고 2018고합557 판결은 "A는 검찰의 압수·수색 사실을 알고서 ○○전자 인사팀 사무실에 있던 이 사건 저장매체를 자신의 자동차 트렁크에 숨긴 것으로, 그곳은 '관련 물건, 자료 또는 파일이 옮겨진 경우 그 장소'에 해당하므로, 이 사건 저장매체는 적법한 장소에서 압수되었다"고 판시하였다.

는 상황인 한 여기에 포함되는 것이라고 해석하는 것이 타당하다"라고 판시한 예가 있다.[63] 그러나 책상에서 상당히 떨어진 장소에 놓여 있는 쓰레기통에 관하여는 사회통념상으로도 책상 위에 부속하여 놓여 있다고 인정하기 어려울 것이다.[64]

마) 영장 기재 장소 영역 내에 또 다른 배타적 관리권이 있는 장소에도 압수·수색 영장의 효력이 미치는지 여부

피의자 A의 절도 혐의에 대한 절취품을 압수하고자 하는 압수·수색영장에 수색장소가 단순히 'ㅇㅇ은행 ㅇㅇ지점 내 대여금고' 또는 'ㅇㅇ호텔 내' 또는 'ㅇㅇ지하철 내 코인락커'라고 기재되어 있는 경우에, 은행 지점 내 모든 대여금고, 호텔 내 모든 객실, 지하철 내 모든 코인락커에 대해서 수색을 할 수 있는지 문제된다.

이들 사례의 공통점은 은행, 호텔, 코인락커의 관리자와 특정 대여금고, 객실, 코인락커의 개별 차용인이 서로 달라 임차기간 내에서의 장소 관리권은 개별 차용인에게 주어진다는 것이다.

위 각각의 사례에서 수사기관의 의도는 피의자 A의 절취품을 압수·수색하고자 하는 것이므로, 만약 발부된 영장의 수색장소가 피의자 A의 절취품이 보관된 장소로 한정된다는 취지라고 한다면 A와 무관한 다른 차용인이 임차하는 보관장소에 대해서까지 압수·수색영장의 효력이 미친다고 보기는 어려울 것이다. 사안은 다르지만, 경찰관들이 영장 없이 모텔 객실에 직접점유자인 피의자의 허락이 아닌 관리자의 허락을 받아 들어가 증거물을 수집하기 위한 수색을 한 행위는 그 자체로 수색영장 없이 타인의 주거를 수색한 것으로서 위법하다고 본 판례가 있다.[65]

그런데 형사소송법 제219조, 제109조 제2항은 '피의자 아닌 자의 신체, 물건, 주거 기타 장소에 관하여는 압수할 물건이 있음을 인정할 수 있는 경우에 한하여 수색할 수 있다'라고 규정하고 있으므로, 실무적으로는 수색할 장소를 위와 같이 개괄적으로 기재하여 영장을 청구할 경우에는 법원에서 기각될 가능성이 매우 크다. 따라서 수사기관으로서는 피의자 A가 본명 또는 차명으로 대여금고 약정을 하였는지를 확인하는 등 사전 조치를 취함으로써 압수할 물건이 어디에 보관되어 있는지를 최대한 특정하여야 한다. 그럼에도 불구하고, 사안에 따라서는 '동 지점 내

---

63) 해당 외국 판례의 출처는 검찰압수 실무전범 Ⅱ(압수·수색), 50쪽.
64) 검찰압수 실무전범 Ⅱ(압수·수색), 50쪽.
65) 서울북부지방법원 2020. 8. 27. 선고 2020노231 판결(대법원 2020도12796 판결로 확정).

북측 대여금고' 또는 '동 지점 북측 대여금고 10단 중의 상단 2열의 것'과 같이 수색장소를 개괄적으로 기재할 수밖에 없는 경우가 있을 수 있다. 이런 경우에는 수사기관은 그 불가피성을 법원에 충분히 소명하여야 하고, 그 상당한 이유가 있다고 인정되는 경우에는 법원은 영장의 수색할 장소와 압수물건에 대해서 일정한 제한을 달고 영장을 발부할 수도 있을 것이다.

바) 장소에 대한 압수·수색영장으로 '수색할 신체'로 기재되지 않은 사람의 신체수색 가능 여부

압수·수색영장에는 '수색할 장소, 신체 또는 물건'을 기재하게 된다. 따라서 수색할 신체가 구체적으로 기재되어 있는 경우라면 그 대상자에 대해서는 수색이 가능함은 물론이다. 문제는 특정 장소에 대한 압수·수색영장으로 해당 장소에서 수색할 신체로 기재되어 있지 않은 사람의 신체를 수색할 수 있는가이다.

이에 대해 긍정설, 부정설 등 견해 대립이 있긴 하나, 형사소송법 제114조에 의하면 압수·수색영장에 기재할 사항으로 '수색할 장소, 신체'라고 규정하여 수색의 대상으로서의 장소와 신체는 구별되어 있는 점, 본래 영장이 수색할 대상으로 특정하고 있는 것은 압수할 물건이 있다고 생각되는 장소이지 그곳에 있는 사람을 대상으로 하는 것이 아닌 점, 신체와 장소는 침해되는 이익도 다르다는 점에 비추어, 원칙적으로는 장소에 대한 영장으로 그곳에 있는 영장의 수색 대상이 아닌 사람을 수색할 수 있다고 해석하기는 어렵다.[66]

이와 관련하여 유사 사안으로 참고할 만한 국내 판례가 있어 소개한다. 검사는 압수·수색할 장소로 '도청 내 피의자 사무실', 압수할 물건으로 '압수·수색할 장소 내 보관 중이 각종 서류, 컴퓨터 등'이라고 기재된 압수·수색영장으로 피의자 사무실을 압수·수색하고 있던 중, 마침 도청 직원으로 도청 내 다른 사무실에서 근무하던 직원 A가 다른 사무실에서 보관 중인 서류를 가지고 피의자 사무실로 들어오는 것을 보고 A로부터 해당 서류를 압수·수색한 사안이다(사례①). 이 사안은 A가 손에 들고 있던 서류만 압수되었고 신체 수색은 진행되지 않은 경우여서 신체 수색의 허용여부는 쟁점이 아니었다. 이에 대해 판례는 압수·수색영장의 압수물에 기재된 '압수·수색할 장소 내 보관 중인 서류'에는 '현존'하는 서류가 포함되는

---

66) 수사지휘실무(2012), 법무연수원, 428쪽.

것은 아니라고 보아 해당 압수·수색이 위법하다고 판단하였다.[67]

그렇다면 만약 위 압수·수색영장에 '압수·수색할 장소 내 현존하는 물건'이라고 기재되어 있었고, 수사기관이 A의 신체를 수색하여 A의 호주머니에 들어있던 USB를 압수하였다면, 해당 압수·수색은 적법한가. 본래 영장이 수색할 대상으로서 특정하고 있는 것은 압수할 물건이 있다고 생각되는 장소이고, 신체에 대한 수색과 물건에 대한 압수는 엄연히 구별된다는 점에서 이 경우에도 A의 신체 수색은 허용되지 않는다고 본다.

여기서 한 걸음 더 나아가 위 ① 사례를 조금 변경하여 보자. 만약 위 사안에서 A는 피의자의 사무실에서 근무하는 직원으로 압수·수색영장 집행 당시 피의자의 사무실에 있었다고 가정하고, 검사가 영장 집행에 착수하려고 하자 갑자기 자기 책상에서 중요 파일이 담긴 USB를 꺼내 자신의 호주머니에 숨기려는 모습을 보인 경우, 검사는 A의 신체를 수색하여 USB를 압수할 수 있는가(②사례). 이와 관련하여 미국 판례는 제3자와 압수·수색 대상 물건의 소유자(관리자)와의 관계 등을 고려하여 제3자가 압수·수색장소의 동업자나 직원인 경우에는 압수·수색을 할 수 있다고 한다.[68] 또한, 우리나라의 검찰 수사실무 자료에서도 '그 장소에 있는 사람이 그 장소에 있는 수색의 목적물을 신체에 은닉하고 있다고 인정하기에 족한 객관적 상황이 있는 등의 특단의 사정이 있는 경우에는 신체수색이 허용된다'라고 설명하고 있다.[69] 형사소송법은 '압수·수색영장의 집행에 있어서는 건정을 열거나 개봉 기타 필요한 처분을 할 수 있다'라고 규정하고 있는데(제219조, 제120조 제1항), 여기서의 '필요한 처분'이란 실질적으로 영장의 집행을 가능하게 하는 처분, 즉 개별적인 사항 아래에서 일정한 처분을 하지 않으면 영장을 집행하고 싶어도 집행이 불가능한 경우 집행에 앞서거나 집행 도중에 할 수 있는 압수·수색 이외의 처분이라고 할 것이므로, 위 사례의 경우 A의 신체를 수색하지 않으면 영장 집행이 불가능하여 A의 신체 수색은 '필요한 처분'으로서 허용된다고 봄이 상당하다. 다만, 필요한 처분으로서 타인의 신체 수색이 가능하기 위해서는 '그 장소에 있는 사람이 그 장소에 있는 수색의 목적물을 신체에 은닉하고 있다고 인정하기에 족한 객관적 상황이

---

67) 광주지방법원 2008. 1. 15. 선고 2007노370 판결(대법원 2008도763 판결로 확정).

68) 해당 외국 판례의 출처는 수사지휘실무(2012), 법무연수원, 429쪽.

69) 수사지휘실무(2012), 법무연수원, 431쪽.

있는 등의 특단의 사정'이 존재하여야 하고, '신체 수색을 하지 않으면 압수의 목적을 달성할 수 없음'이 인정되어야 할 것이다.

그런 의미에서 만약 위 ② 사례에서 압수·수색영장 집행 이전에 USB가 이미 A의 바지 호주머니에 있었고, 검사도 은닉 정황을 전혀 인지하지 못한 경우라면 특단의 사정을 인정할 수 없고 A의 신체 수색도 허용되지 않는다고 할 것이다. 실무적으로도 이러한 경우까지 무리하게 신체를 수색하지는 않는다. 물론 A를 설득하여 A의 동의를 구하여 수색하는 것은 허용된다. 다만, 그 동의는 임의적으로 이루어져 하고, 만약 강요에 의한 동의라면 압수·수색은 위법하다 할 것이다.

사) 신체 압수·수색이 종료된 경우 주거지 압수·수색의 허용여부

【피고인의 주장요지】

피고인의 주거지에 대한 압수·수색은, 사무실에서 피고인의 신체에 대한 압수·수색영장의 집행으로 이미 집행이 완료되어 효력 없는 영장에 의해 이루어졌으므로, 위 압수·수색으로 수집된 압수물은 위법하게 수집된 증거로서 증거능력이 없다.

【법원 판단】[70]

피고인이 지적하는 해당 압수·수색영장에는 피고인의 주거지와 피고인의 신체 등을 압수·수색할 장소 및 신체로 기재되어 있는바, 비록 위 영장이 제시되어 피고인 신체에 대한 압수·수색이 종료되었다고 하더라도, 그 신체에 대한 압수·수색이 집행된 장소가 피고인의 거주지가 아닌 이상 피고인의 거주지에 대한 압수·수색은 아직 집행에 착수하였다고 볼 수 없는 점, 위 압수·수색영장 제시 당시 피고인도 그러한 사정을 충분히 인지하고 자신의 주거지에 사람이 없어 곧바로 주거지에 대한 압수·수색이 불가능하다는 취지로 담당 수사관에게 이야기하였던 것으로 보이고, 이후 피고인은 위 영장에 의한 압수·수색에 별다른 이의를 제기하지 않고 주거지에 대한 압수·수색에 참여하였던 것으로 보이는 점 등에 비추어 보면, 위 피고인의 주장은 이유 없다.

---

70) 서울고등법원 2013. 2. 8. 선고 2012노805 판결(대법원 2013도2511 판결로 확정).

아) 수사기관이 압수·수색영장에 적힌 '수색할 장소'에 있는 컴퓨터 등 정보처리장치에 저장된 전자정보 외에 원격지 서버에 저장된 전자정보를 압수·수색하기 위해서는 압수·수색영장에 적힌 '압수할 물건'에 별도로 원격지 서버 저장 전자정보가 특정되어 있어야 하는지 여부

압수할 전자정보가 저장된 저장매체로서 압수·수색영장에 기재된 수색장소에 있는 컴퓨터, 하드디스크, 휴대전화와 같은 컴퓨터 등 정보처리장치와 수색장소에 있지는 않으나 컴퓨터 등 정보처리장치와 정보통신망으로 연결된 원격지의 서버 등 저장매체(이하 '원격지 서버'라 한다)는 소재지, 관리자, 저장 공간의 용량 측면에서 서로 구별된다. 원격지 서버에 저장된 전자정보를 압수·수색하기 위해서는 컴퓨터 등 정보처리장치를 이용하여 정보통신망을 통해 원격지 서버에 접속하고 그곳에 저장되어 있는 전자정보를 컴퓨터 등 정보처리장치로 내려받거나 화면에 현출시키는 절차가 필요하므로, 컴퓨터 등 정보처리장치 자체에 저장된 전자정보와 비교하여 압수·수색의 방식에 차이가 있다. 원격지 서버에 저장되어 있는 전자정보와 컴퓨터 등 정보처리장치에 저장되어 있는 전자정보는 그 내용이나 질이 다르므로 압수·수색으로 얻을 수 있는 전자정보의 범위와 그로 인한 기본권 침해 정도도 다르다.

따라서 수사기관이 압수·수색영장에 적힌 '수색할 장소'에 있는 컴퓨터 등 정보처리장치에 저장된 전자정보 외에 원격지 서버에 저장된 전자정보를 압수·수색하기 위해서는 압수·수색영장에 적힌 '압수할 물건'에 별도로 원격지 서버 저장 전자정보가 특정되어 있어야 한다. 압수·수색영장에 적힌 '압수할 물건'에 컴퓨터 등 정보처리장치 저장 전자정보만 기재되어 있다면 컴퓨터 등 정보처리장치를 이용하여 원격지 서버 저장 전자정보를 압수할 수는 없다.[71]

자) 역외 압수·수색의 적법성 문제: 외국에 서버가 있는 이메일 계정에 접속하여 이메일을 압수·수색한 경우

서울중앙지방법원은 "피고인이 외국계 이메일 계정에 대한 압수·수색은 그 서버가 외국에 있으므로 관할권이 없어 국제형사사법공조법에 정해진 절차와 방식을 따라 이루어져야 한다. 또한 외국계 이메일 압수·수색을 집행할 때 외국의

---

71) 대법원 2022. 6. 30. 선고 2020모735 결정.

간수자가 참여할 수도 없어 위법수집증거이다"라고 주장한 사안에서 "국정원 수사관은 외국계 서버에 접속하여 범죄혐의와 관련된 파일을 추출하여 저장하는 방법으로 압수한 것일 뿐, 외국에 위치한 서버 그 자체에 대해서 압수·수색을 한 것이 아니다. 따라서 외국계 이메일의 압수·수색에 외국의 간수자가 참여할 필요는 없고, 국정원 수사관의 이러한 행위가 국제법상 관할의 원인이 되는 특별한 문제를 야기하는 것도 아니므로 사법공조를 거쳐야 한다고 볼 수도 없다"라고 판시하였다.[72]

나. 영장제시 및 영장 사본 교부의 원칙

압수·수색영장은 처분을 받는 자에게 반드시 제시하여야 하고, 처분을 받는 자가 피의자인 경우에는 그 사본을 교부하여야 한다. 다만, 처분을 받는 자가 현장에 없는 등 영장의 제시나 그 사본의 교부가 현실적으로 불가능한 경우 또는 처분을 받는 자가 영장의 제시나 사본의 교부를 거부한 때에는 예외로 한다(제219조, 제118조). 처분을 받는 자가 영장의 제시를 요구하였는지 여부와 관계없이 필히 영장을 제시하여야 하고, 특히 피압수자가 피의자인 경우에는 그 사본도 교부하여야 한다.

이하에서는 영장제시와 영장 사본 교부를 항을 나누어 살펴보겠다.

1) 영장제시의 원칙

가) 영장제시의 취지

형사소송법이 압수·수색영장을 집행하는 경우에 피압수자에게 반드시 압수·수색영장을 제시하도록 규정한 것은 법관이 발부한 영장 없이 압수·수색을 하

---

72) 서울중앙지방법원 2016. 12. 23. 선고 2016고합675 판결(대법원 2017도12643 판결로 확정). 한편, 별건 대법원 2017. 11. 29. 선고 2017도9747 판결도 같은 쟁점에 대해서 "피의자의 이메일 계정에 대한 접근권한에 갈음하여 발부받은 압수·수색영장에 따라 원격지의 저장매체에 적법하게 접속하여 내려받거나 현출된 전자정보를 대상으로 하여 범죄혐의사실과 관련된 부분에 대하여 압수·수색하는 것은, 압수·수색영장의 집행을 원활하고 적정하게 행하기 위하여 필요한 최소한도의 범위 내에서 이루어지며 그 수단과 목적에 비추어 사회통념상 타당하다고 인정되는 대물적 강제처분 행위로서 허용되며, 형사소송법 제120조 제1항에서 정한 압수·수색영장의 집행에 필요한 처분에 해당한다. 그리고 이러한 법리는 원격지의 저장매체가 국외에 있는 경우라 하더라도 그 사정만으로 달리 볼 것은 아니다"라고 판시하였다. 다만, 위 대법원 2017도9747 판결의 원심인 서울고등법원 2017. 6. 13. 선고 2017노23 판결은 역외 압수·수색은 위법하다고 판시한 바 있다.

는 것을 방지하여 영장주의 원칙을 절차적으로 보장하고, 압수·수색영장에 기재된 물건, 장소, 신체에 대해서만 압수·수색을 하도록 하여 개인의 사생활과 재산권의 침해를 최소화하는 한편, 준항고 등 피압수자의 불복신청의 기회를 실질적으로 보장하기 위한 것이다.[73)]

나) 영장 '원본' 제시 원칙

(1) 영장 원본 제시 및 그 근거에 대한 판례 입장

압수·수색영장을 집행할 때에는 영장의 원본이 제시되어야 한다.[74)] 법조문에는 영장을 제시하여야 한다고 규정하고 있을 뿐 제시 대상을 '원본'으로 명시하고 있지는 않다.

영장 원본의 제시 근거에 대해 법원은 "검사가 지적하는 바와 같이 헌법이나 형사소송법은 압수·수색영장을 집행할 때에는 영장의 '원본'을 제시할 것을 명문으로 규정하고 있지는 아니하다. 그러나 헌법 제12조가 '체포·구속·압수 또는 수색을 할 때에는 적법한 절차에 따라 검사의 신청에 의하여 법관이 발부한 영장을 제시하여야 한다'라고 규정하고 있으며, 형사소송법 제219조, 제118조, 형사소송규칙 제59조, 제48조에 따르면, 검사의 지휘에 의하여 압수·수색영장을 집행하는 경우 법원은 검사에게 '원본'을 송부하여야 하고, 영장 집행시 반드시 '영장을 제시'하여야 하며, 형사소송규칙 제93조 및 제107조는 동시에 여러 장소에서 집행하는 경우에 관하여 압수·수색영장의 '수통 발부'를 규정하고 있는 점을 종합하여 보면 압수·수색영장을 집행할 때에는 영장의 원본이 제시되어야 하고, 이에 따르지 아니하고 수집한 증거는 원칙적으로 적법한 증거로 삼을 수 없다"라고 판시하였다.[75)]

(2) 금융기관 및 이메일 업체에 대한 모사전송을 통한 압수·수색영장 제시의 위법성

(가) 대법원 2015도10648, 2018도2841 판결 및 그에 대한 비판

대법원은 2017. 9. 7. 선고 2015도10648 판결과 2019. 3. 14. 선고 2018도2841 판결을 통해 수사기관이 금융기관 및 이메일 업체에 대한 압수·수색영장을 집행하면서 피처분자에게 영장원본을 '직접제시'하지 않고 모사전송(또는 이메일 전

---

73) 서울고등법원 2020. 8. 10. 선고 2020노115 판결(대법원 2020도11559 판결로 확정).
74) 대법원 2019. 3. 14. 선고 2018도2841 판결.
75) 서울고등법원 2018. 1. 26. 선고 2016노333 판결(대법원 2018도2841 판결로 확정).

송)의 방식으로 집행한 것은 영장주의에 위배된다는 취지로 판시하였다.[76]

위 판결이 나오기 이전에는 실무상 수사기관이 금융기관이나 이메일 업체에 직접 가지 않고 수사기관의 사무실에서 모사전송이나 형사사법정보망(KICS)으로 전자정보를 발송하는 방법으로 금융계좌추적이나 이메일 압수·수색영장을 집행하여 왔다.

위 대법원의 판결을 두고 수사현실과 압수·수색의 효율성을 무시한 지나치게 형식에 치우진 판결이라는 비판이 많다. 금융계좌나 이메일 추적 등은 장소, 신체, 물건에 대한 압수·수색과는 달리 인권침해가 문제될 여지가 크지 않고, 통상 하나의 영장으로 다수의 금융기관 또는 이메일 업체에 대한 압수·수색이 이루어지고 수사의 성격상 수십 회 또는 수백 회의 집행이 단기간에 반복적으로 이루어지므로 수사효율성을 고려할 필요가 크다는 것이다. 향후 입법을 통해 계좌, 이메일 등 디지털 정보에 한하여 모사전송(또는 이메일 전송)의 방식에 의한 영장제시를 인정하거나 전자영장 도입 등을 추진하여야 한다는 주장도 있다.

(나) 위 판결 이후 변화된 실무 관행 및 위법성 여부

위 대법원 판결 선고 이후 새롭게 정착된 수사기관의 금융계좌 또는 이메일 압수·수색영장 집행 방식은 대체로 다음과 같다. 즉, ① 압수·수색 대상기관이 여러 곳이어도 영장을 1부 청구하여 발부받고, ② 형사사법정보통신망에서 여러 해당 기관에 영장 및 수사관 신분증 사본 등을 모사전송(전자팩스) 방식으로 발송하며, ③ 해당 기관으로부터 이메일이나 팩스로 금융거래 자료나 이메일을 수신한 후 분석하여 사건 관련 자료가 있는 경우 영장의 유효기간 내에 2차 금융거래정보 요구서 등을 발송하는 등 동일한 과정으로 3차 이상의 집행 및 분석을 하고, ④ 최종적으로 선별 파일 목록을 작성한 후 해당 기관에 직접 방문하여 영장 원본을 제시하고 선별자료를 저장매체에 저장하는 한편, 압수목록을 교부하고 압수조서를 작성하는 방식으로 압수·수색영장 집행이 이루어진다.[77]

그렇다면, 위와 같은 압수·수색영장의 집행방식은 적법한가. 이에 대해 대법

---

76) 대법원은 "수사기관은 팩스로 영장 사본을 송신한 사실은 있으나 영장 원본을 제시하지 않았고 또한 압수조서와 압수물 목록을 작성하여 이를 피압수·수색 당사자에게 교부하였다고 볼 수도 없다. 위와 같은 방법으로 압수된 위 각 이메일은 헌법과 형사소송법 제219조, 제118조, 제129조가 정한 절차를 위반하여 수집한 위법수집증거로 원칙적으로 유죄의 증거로 삼을 수 없다"라고 판시하였다.

77) 서울고등법원 2021. 8. 11. 선고 2021노14 판결(대법원 2021도11170 판결로 확정) 참고.

원 2022. 1. 27. 선고 2021도11170 판결은 "금융계좌추적용 압수·수색영장의 집행에 있어서도 수사기관이 금융기관으로부터 금융거래자료를 수신하기에 앞서 금융기관에 영장 원본을 사전에 제시하지 않았다면 원칙적으로 적법한 집행 방법이라고 볼 수는 없다. 다만, 수사기관이 금융기관에 금융실명법 제4조 제2항에 따라서 금융거래정보에 대하여 영장 사본을 첨부하여 그 제공을 요구한 결과 금융기관으로부터 회신받은 금융거래자료가 해당 영장의 집행 대상과 범위에 포함되어 있고, 이러한 모사전송 내지 전자적 송수신 방식의 금융거래정보 제공요구 및 자료 회신의 전 과정이 해당 금융기관의 자발적 협조의사에 따른 것이며, 그 자료 중 범죄혐의사실과 관련된 금융거래를 선별하는 절차를 거친 후 최종적으로 영장 원본을 제시하고 위와 같이 선별된 금융거래자료에 대한 압수절차가 집행된 경우로서, 그 과정이 금융실명법에서 정한 방식에 따라 이루어지고 달리 적법절차와 영장주의 원칙을 잠탈하기 위한 의도에서 이루어진 것이라고 볼 만한 사정이 없어, 이러한 일련의 과정을 전체적으로 '하나의 영장에 기하여 적시에 원본을 제시하고 이를 토대로 압수·수색하는 것'으로 평가할 수 있는 경우에 한하여, 예외적으로 영장의 적법한 집행 방법에 해당한다고 볼 수 있다"라고 설시하여 그 적법성을 인정하고 있다.

다) 영장제시의 시기

압수·수색영장은 반드시 사전에 제시하여야 하며, 구속영장, 또는 체포영장 집행에 있어서 예외적으로 인정되는 긴급집행은[78] 허용되지 않는다. 그러나 피처분자가 현장에 없는 등 영장제시가 현실적으로 불가능한 경우 또는 피처분자가 영장의 제시를 거부한 때에는 영장제시 없이 압수·수색을 할 수 있다(제219조,제118조).

과거 형사소송법은 '압수·수색영장은 처분을 받는 자에게 반드시 제시하여야 한다'라고만 규정하였을 뿐, 영장제시가 현실적으로 불가능한 경우 또는 피처분자가 영장의 제시를 거부한 경우에 그 예외 규정을 두고 있지 않았다. 이에 대법원은 "형사소송법 제219조가 준용하는 제118조는 '압수·수색영장은 처분을 받는 자에게 반드시 제시하여야 한다'라고 규정하고 있으나, 이는 영장제시가 현실적으로 가능한 상황을 전제로 한 규정으로 보아야 하고, 피처분자가 현장에 없거나 현장

---

[78] 체포·구속영장을 소지하지 아니한 경우에 급속을 요하는 때에는 피의자에 대하여 피의사실의 요지와 영장이 발부되었음을 고하고 집행할 수 있다(제85조 제3항, 제200조의6, 제209조).

에서 그를 발견할 수 없는 경우 등 영장제시가 현실적으로 불가능한 경우에는 영장을 제시하지 아니한 채 압수·수색을 하더라도 위법하다고 볼 수 없다"라고 설시하였다.[79] 2022. 2. 3. 시행된 개정 형사소송법은 이러한 대법원의 판례 취지를 반영한 것이다.

대법원은 "피고인 甲의 주소지와 거소지에 대한 압수·수색 당시 피고인 甲이 현장에 없었던 사실, 피고인 乙과 관련한 ○○교육원에 대한 압수·수색 당시 ○○교육원 원장 丙은 현장에 없었고 이사장 丁도 수사관들에게 자신의 신분을 밝히지 않은 채 건물 밖에서 지켜보기만 한 사실 등을 인정한 다음, 수사관들이 위 각 압수·수색 당시 피고인 甲과 ○○교육원 원장 또는 이사장 등에게 영장을 제시하지 않았다고 하여 이를 위법하다고 볼 수 없다"라고 판단하였고,[80] "처분을 받는 자가 폭행 등을 행사하면서 거부하여 사실상 압수·수색영장을 제시하기 불가능한 경우에는 처분을 받는 자가 영장을 제시받을 권리를 포기하였다고 보아 압수·수색영장을 제시하지 아니한 채 집행에 착수하더라도 위법은 아니다"라고 판단하였다.[81]

일본 판례는 "영장집행자가 피처분자에게 영장제시와 관련한 통상의 노력을 하고자 했음에도 불구하고 피처분자 측에게 귀책사유가 있어서 그것을 이행할 수 없었던 경우에는 결과적으로 영장제시가 없었더라도 압수·수색절차가 위법하다고 할 수 없다"라고 판시하였다.[82]

한편, 실무적으로 압수·수색영장을 집행하기 위해 부득이 영장의 사전제시 없이 주거에 강제로 진입하거나 또는 기망으로 주거에 진입하는 경우가 종종 있는데, 이 경우 압수·수색영장 집행의 위법성 여부가 문제된다.

생각건대, 증거인멸의 염려가 있거나 강한 저항이 예상되는 경우 등과 같이 긴급한 경우에는 영장의 사전 제시 없이 강제 또는 기망행위로 진입하더라도 이는 형사소송법 제120조(제219조준용)의 압수·수색영장 집행에 필요한 처분으로 보아 적법하다고 할 것이다. 물론, 이 경우에도 압수·수색장소에 진입한 이후에는 바로 영장을 제시하여야 한다.

---

79) 서울고등법원 2014. 8. 11. 선고 2014노762 판결(대법원 2014도10978 전체합의체 판결로 확정).

80) 대법원 2015. 1. 22. 선고 2014도10978 전원합의체 판결.

81) 주석 형사소송법(제5판), 614쪽.

82) 해당 외국 판례의 출처는 검찰수사 실무전범 Ⅱ(압수·수색), 86쪽.

일본 형사소송법 제110조(영장의 제시)[83]와 제111조(필요한 처분)[84]의 규정은 우리나라 형사소송법 제118조, 제120조와 유사한데, 일본 판례는 증거인멸을 우려하여 영장의 사전 제시 없이 호텔 측으로부터 넘겨받은 마스터키를 이용하여 호텔 방으로 진입한 사안과 피의자의 증거인멸 행위가 충분히 예상되어 경찰관이 택배기사 또는 가스검침원을 가장하여 주거 내로 진입한 사안에서 증거인멸의 위험성이나 강한 저항이 예상되는 긴급한 상황의 경우에는 압수·수색시 필요한 처분조항(제120조 제1항)을 확대해석하는 방법으로 그 적법성을 인정하고 있다.[85]

라) 영장제시의 상대방

(1) 압수할 물건 또는 수색할 장소를 현실적으로 지배하는 자

압수·수색영장은 압수·수색 처분을 받는 자에게 제시하여야 한다. 처분을 받는 자란 압수·수색을 당하는 자를 말하는데, '압수할 물건 또는 수색할 장소를 현실적으로 지배하는 자'를 의미한다.

(2) 압수·수색영장의 제시범위(개별적 제시)

압수·수색영장은 처분을 받는 자에게 반드시 제시하여야 하는바, 현장에서 압수·수색을 당하는 사람이 여러 명일 경우에는 그 사람들 모두에게 개별적으로 영장을 제시해야 하는 것이 원칙이고, 수사기관이 압수·수색에 착수하면서 그 장소의 관리책임자에게 영장을 제시하였다고 하더라도, 물건을 소지하고 있는 다른 사람으로부터 이를 압수하고자 하는 때에는 그 사람에게 따로 영장을 제시하여야 한다.

같은 취지에서, 수사기관이 압수·수색에 착수하면서 사무실에 있던 제주도지사 비서실장 A에게 압수·수색영장을 제시하였다고 하더라도 그 뒤 그 사무실로 압수물을 들고 온 제주도지사 비서관 B로부터 이를 압수하면서 따로 압수·수색영장을 제시하지 않은 이상, 해당 압수절차는 위법하다.[86]

---

83) 第百十条 差押状´ 記録命令付差押状又は捜索状は´ 処分を受ける者にこれを示さなければならない。

84) 第百十一条 差押状´ 記録命令付差押状又は捜索状の執行については´ 錠をはずし´ 封を開き´ その他必要な処分をすることができる。公判廷で差押え´ 記録命令付差押え又は捜索をする場合も´ 同様である。前項の処分は´ 押収物についても´ これをすることができる。

85) 해당 외국 판례의 출처는 수사지휘실무(2012), 법무연수원, 460쪽.

86) 대법원 2009. 3. 12. 선고 2008도763 판결.

마) 영장제시의 상대방이 문제된 개별적 사안

(1) 이메일 압수를 위해 네이버 직원에게 영장을 제시한 경우

판례는 수사기관이 피고인 사용의 이메일을 압수하기 위해 네이버 직원에게 영장을 제시한 후 직원의 참여하에 압수를 실시한 사안에서 이메일 압수·수색은 적법하다고 판시하였다.[87]

(2) 피의자의 변호인에게 영장을 제시하지 않은 경우

변호인은 압수·수색에 있어 '처분을 받는 자'에 해당하지 않는다. 형사소송법 제118조도 변호인에게까지 영장을 제시하도록 규정하고 있지 아니하다. 따라서 수사관들이 피의자의 변호인에게 영장을 제시하지 않았다고 하여 이를 위법하다고 볼 수는 없다.[88]

바) 영장제시의 범위

(1) 원칙

압수·수색영장을 집행하는 수사기관은 피압수자로 하여금 법관이 발부한 영장에 의한 압수·수색이라는 사실을 확인함과 동시에 형사소송법이 압수·수색영장에 필요적으로 기재하도록 정한 사항이나 그와 일체를 이루는 사항을 충분히 알 수 있도록 압수·수색영장을 제시하여야 한다.[89]

개정 전 형사소송법에서는 압수·수색영장을 제시만 하면 되었으므로 피압수자가 피의자이건 제3자이건 무관하게 제시 범위가 매우 중요한 쟁점이 되었다. 그러나 2022. 2. 3. 피압수자가 피의자인 경우 영장 사본 교부를 의무화한 개정 형사소송법에서는 피의자에 대한 압수·수색의 경우에는 더 이상 실무적으로 문제될 여지는 많지 않을 것으로 보인다. 영장 사본의 교부로 피압수자는 압수·수색영장의 본질적 내용을 충분히 인식할 수 있기 때문이다. 하지만 개정법하에서도 여전히 영장제시는 필요적 의무사항이고, 영장 사본 교부와는 구별되는 절차일 뿐만 아니라, 피압수자인 피의자 입장에서는 영장의 원본과 사본을 상호 비교해야 할 필요도 있는 만큼, 영장제시의 범위와 관련된 쟁점은 피압수자가 피의자인 경우에

---

87) 서울중앙지방법원 2016. 7. 14. 선고 2015노2544 판결(대법원 2016도11597 판결로 확정).
88) 서울고등법원 2014. 8. 11. 선고 2014노762 판결(대법원 2014도10978 전원합의체 판결로 확정).
89) 대법원 2017. 9. 21. 선고 2015도12400 판결.

있어서도 여전히 유효하다고 할 것이다.

(2) 영장제시 범위와 관련하여 문제된 사례

(가) 영장 표지와 범죄사실만 보여준 경우

경찰관이 압수·수색영장의 피압수자에게 영장을 제시하면서 표지에 해당하는 첫 페이지와 피압수자의 혐의사실이 기재된 부분만을 보여 주고, 영장의 내용 중 압수·수색·검증할 물건, 압수·수색·검증할 장소, 압수·수색·검증을 필요로 하는 사유, 압수 대상 및 방법의 제한 등 필요적 기재 사항 및 그와 일체를 이루는 부분을 확인하지 못하게 한 것은 영장을 집행할 때 피압수자가 그 내용을 충분히 알 수 있도록 제시한 것으로 보기 어렵다.[90]

(나) 피압수자가 영장의 구체적인 확인을 요구한 경우

수사기관이 피압수자의 휴대전화 등을 압수할 당시 피압수자에게 압수·수색영장을 제시하였는데 피압수자가 영장의 구체적인 확인을 요구하였으나 수사기관이 영장의 범죄사실 기재 부분을 보여주지 않았고, 그 후 피압수자의 변호인이 피압수자에 대한 조사에 참여하면서 영장을 확인한 사안에서, 법원은 "수사기관이 압수처분 당시 피압수자로부터 영장 내용의 구체적인 확인을 요구받았음에도 압수·수색영장의 내용을 보여주지 않았던 것으로 보이므로 형사소송법 제219조, 제118조에 따른 적법한 압수·수색영장의 제시라고 인정하기 어렵다. 압수처분 당시 수사기관이 법령에서 정한 취지에 따라 피압수자에게 압수·수색영장을 제시하였는지 여부를 판단하지 아니한 채 변호인이 조사에 참여할 당시 영장을 확인하였다는 사정을 들어 압수처분이 위법하지 않다고 본 원심결정에 헌법과 형사소송법의 관련 규정을 위반한 잘못이 있다"라고 판시하였다.[91]

사) 압수·수색영장의 제시의무 위반과 증거능력

압수·수색영장 제시에 관한 관련 법규정을 위반한 경우 그 자체로 압수물의 증거능력이 부정된다고 보기는 어렵고 여러 가지 요소를 실질적으로 검토해 봐야 할 것이다

먼저, 원본이든 사본이든 영장 자체를 아예 제시하지 않은 경우에는 영장주의

---

90) 대법원 2017. 9. 21. 선고 2015도12400 판결.
91) 대법원 2020. 4. 16. 선고 2019모3526 결정.

의 중대한 위반에 해당하므로 압수물의 증거능력은 인정될 수 없다.

　다음으로, 영장 사본만 제시하고, 사후에 영장 원본 제시가 없는 경우에는 증거능력을 배척할 다른 특별한 사유가 없는 한 압수물의 증거능력은 있다고 봄이 상당하다. 이와 관련하여 국방부 보통군사법원 2010. 5. 13. 선고 2009고54 판결은 "압수·수색영장은 특별한 사정이 없는 한 원본을 의미하기 때문에 영장 사본을 제시하고 영장을 집행한 것은 형사소송법 제118조와 군사법원법 제159조를 위반으로 한 것으로 위법하다"라고 보면서도 해당 압수물에 대해서는 "법관에 의하여 영장이 발부된 것이 사실이고, 제시된 문서가 영장 그대로의 사본임이 틀림없으며 그 영장의 취지대로 집행이 되었다면 그 과정에서 영장 사본이 제시되었다는 이유만으로는 영장주의의 본질을 훼손하는 중대한 위법이 있다고 하기는 어려운 점을 근거로 그 증거능력을 배제하지 않는다"라고 판단하였는데, 참고할 만하다.

　마지막으로 영장 원본을 제시하기는 하였지만, 영장을 적정하게 제시하지 않은 경우에는 그 자체로 바로 증거능력이 부정된다고 보기는 어렵고 경우를 나누어 여러 가지 요소를 실질적으로 검토해 봐야 할 것이다.

　가령 영장을 형식적으로만 제시하였을 뿐 범죄사실이나 압수를 필요로 하는 사유 등 영장을 이루는 실질적인 내용을 전혀 확인시켜 주지 않았거나, 피압수자가 그 내용을 제대로 숙지하지 못하였다며 영장의 구체적인 확인을 재차 요구하였음에도 수사기관이 이에 응하지 않은 경우에는 사실상 영장의 제시가 없는 것과 마찬가지로 평가될 수 있고, 피압수자의 불복신청의 기회를 실질적으로 침해한 것이어서 압수물의 증거능력이 없다고 본다.

　그런데 위 사안에서 피압수자가 피의자이고, 영장 사본은 교부되었다고 가정한다면 어떻게 평가하여야 할까. 영장 사본이 교부되었다면 위와 같은 사례가 발생할 여지는 거의 없을 것 같다. 하지만 사본이 교부되었다고 하더라도, 원본 전체가 아닌 주요 부분이 누락된 일부에 대한 사본인 경우나, 피압수자가 원본과 사본의 대조를 적극적으로 희망함에도 위와 같이 원본 제시를 거부한 경우에는 압수물의 증거능력이 부정될 여지가 있을 것 같다.

　영장 범죄사실, 압수를 필요로 하는 사유, 압수물건, 장소 등 압수·수색영장의 실질적인 내용을 이루는 부분은 충분히 제시되었으나 압수 대상 및 방법에 관한 제한 등 부수적인 내용을 제시하지 않은 경우에 불과한 때에는 영장제시의 위법성을 인정하기는 어려울 것으로 보인다.

2) 영장 사본의 교부

압수·수색영장은 원본 제시 이외에도 처분을 받는 자가 피의자인 경우에는 그 사본을 교부하여야 한다. 다만, 처분을 받는 자가 현장에 없는 등 그 사본의 교부가 현실적으로 불가능한 경우 또는 처분을 받는 자가 사본의 교부를 거부한 때에는 예외로 한다(제219조, 제118조). 영장 사본 교부는 피압수자가 피의자인 경우에 한하여만 의무사항이다.

기존 형사소송법은 압수·수색영장 집행시 대상자에게 '영장을 제시하여야 한다'라고만 규정하고 사본 교부 등에 대해서는 규정하지 않아 실무상 수사기관이 제대로 영장을 제시하지 않은 채 광범위하고 포괄적으로 압수·수색을 집행하는 등 문제가 있다는 비판이 제기되어 왔다. 이에 따라 압수·수색 집행의 투명성 및 피의자의 방어권 보장 등을 위해 2022. 2. 3. 개정 형사소송법은 피압수자가 피의자인 경우에 한하여 영장 집행시 원칙적으로 사본을 교부하도록 한 것이다.

피압수자가 피의자가 아닌 경우에는 피압수자 또는 그 변호인이 압수·수색영장의 제시를 받은 후 영장의 사본을 요구하거나 복사를 요청하더라도 수사기관이 이에 응할 의무는 없다. 형사소송법 제118조는 제시만을 규정하고 있기 때문이다. 하지만 피압수자가 피의자인 경우에는 수사기관은 영장 사본을 교부할 의무를 부담한다.

영장 사본의 교부대상자는 피압수자인 피의자이다. 현장에서 피압수자인 피의자가 여러 명일 경우에는 그 사람들 모두에게 개별적으로 영장 사본을 교부하여야 할 것이다. 피의자의 변호인이 영장 사본의 교부를 요구하였을 때 이를 거부할 수 있는가. 변호인은 압수·수색에 있어 '처분을 받는 자'에 해당하지 않으므로 수사기관이 변호인에게까지 영장 사본을 교부할 의무는 부담하지 않는다고 본다.

영장 사본은 영장 원본 전체를 복사한 것이어야 한다. 영장 원본의 일부만 사본한 것은 사본 교부로 평가하기 어려울 것이다. 다만, 일부만 사본해 주었다고 하더라도 영장의 본질적 내용은 모두 포함되어 있어 피의자의 방어권 보장을 침해하였다고 볼 여지가 없는 정도라면 그 위법성은 없다고 보아야 할 것이다.

개정 형사소송법의 입법 취지, 법문언, 영장 원본의 사전제시 원칙 등에 비추어 볼 때, 압수·수색영장의 사본은 압수현장$\binom{\text{장소적}}{\text{한계}}$에서 집행 착수 전$\binom{\text{시간적}}{\text{한계}}$에 피압수자인 피의자에게 교부되어야 할 것이다. 만약 영장 사본의 교부가 위와 같은 시간적, 장소적 한계를 현저히 벗어나 이루어져 피의자의 방어권을 명백히 침해하였다고 볼 정도에 이르렀다면 이는 사실상 사본의 미교부와 동일하게 평가할 수 있을 것이다. 피의자의 방어권을 명백히 침해하였는지 여부는 구체적 사정에 따라 판단하여야 할 것이다.

다만, 피압수자인 피의자가 현장에 없는 등 사본의 교부가 현실적으로 불가능하거나 사본의 교부를 거부한 때에는 사본을 교부하지 않아도 된다$\binom{\text{제219조,}}{\text{제118조}}$.

사본미교부에 따라 획득한 압수물 및 그에 기한 2차 증거의 증거능력은 원칙적으로 부정함이 상당하다. 다만, 절차위반 및 방어권 침해의 정도가 경미한 경우에는 증거능력이 인정될 여지도 있을 것이다.

다. 압수·수색영장의 집행방법

1) 압수·수색영장 집행과 참여권의 보장

가) 참여권 보장의 구체적 내용

피의자 또는 변호인은 압수·수색영장의 집행에 참여할 수 있다$\binom{\text{제219조,}}{\text{제121조}}$. 압수·수색영장을 집행함에는 미리 집행의 일시와 장소를 참여권자에게 통지하여야 한다. 단, 참여권자가 참여하지 아니한다는 의사를 명시한 때 또는 급속을 요하는 때에는 예외로 한다$\binom{\text{제219조,}}{\text{제122조}}$.

공무소, 군사용 항공기 또는 선박·차량 안에서 압수·수색영장을 집행하려면 그 책임자에게 참여할 것을 통지하여야 한다. 그 외에 타인의 주거, 간수자 있는 가옥, 건조물(建造物), 항공기 또는 선박·차량 안에서 압수·수색영장을 집행할 때에는 주거주(住居主), 간수자 또는 이에 준하는 사람을 참여하게 하여야 한다. 주거주자 등을 참여하게 하지 못할 때에는 이웃 사람 또는 지방공공단체의 직원을 참여하게 하여야 한다$\binom{\text{제219조,}}{\text{제123조}}$.

여자의 신체에 대하여 수색할 때에는 성년의 여자를 참여하게 하여야 한다$\binom{\text{제219조,}}{\text{제124조}}$.

한편, 참여권 보장은 압수·수색영장 집행의 종료시점까지이며, 영장 집행이 종료된 이후에는 더 이상 참여권을 보장할 필요가 없다.[92]

나) 피의자 및 변호인의 참여

(1) 피의자 및 변호인 참여권의 내용

피의자 또는 변호인은 압수·수색영장의 집행에 참여할 수 있다(제219조, 제121조).[93] 압수·수색영장을 집행함에는 미리 집행의 일시와 장소를 참여권자에게 통지하여야 한다. 단, 참여권자가 참여하지 아니한다는 의사를 명시한 때 또는 급속을 요하는 때에는 예외로 한다(제219조, 제122조).

형사소송법 제121조, 제122조는 '주거주, 간수자 또는 이에 준하는 자를 참여하게 하여야 한다'라고 규정한 제123조와는 달리 '피의자 또는 변호인은 압수·수색영장 집행에 참여할 수 있다', '영장을 집행함에는 미리 집행의 일시와 장소를 전조에 규정한 자에게 통지하여야 한다'라고만 규정하고 있다. 따라서 피의자 및 변호인에게는 참여를 통지하여 참여할 수 있는 기회를 제공하면 되는 것이지 현실적으로 피의자, 변호인을 반드시 참여시켜야 하는 것은 아니다.[94]

다만, 형사소송법은 수사의 밀행성 등을 감안하여, 피의자 또는 변호인이 참여하지 아니한다는 의사를 명시한 때 또는 급속을 요하는 때에는 예외로 한다고 규정하고 있다. 이에 대해서는 후술하기로 한다.

한편, 수사기관이 피의자 또는 변호인에게 참여 통지를 하였으나 그 대리인이

---

92) 대법원 2018. 2. 8. 선고 2017도13263 판결 참고.

93) 수사절차에서 피의자의 영장 집행 참여권 보장과 관련하여 입법론적 비판이 있다. 현행 형사소송법은 법원의 압수·수색 규정을 수사기관의 압수·수색 절차에 준용하면서, 공판절차에서 인정되는 '피고인의 압수·수색영장 집행 참여권'을 수사절차에서도 그대로 인정하고 있는데, 공개 재판과정과 밀행성이 인정되는 수사절차의 차이점, 제3자에 대한 수사기관의 압수·수색에 피의자의 참여권을 인정하지 않는 주요 입법례(일본, 독일, 미국 등) 등에 비추어 공판절차와 달리 수사절차에서까지 제3자에 대한 압수·수색 절차에 피의자의 참여권을 보장하는 것은 적절하지 않다는 비판이 있다.

94) 검찰수사 실무전범 Ⅱ(압수·수색), 109쪽 참고. 대법원은 2023. 2. 3. 압수·수색영장 집행과 관련하여 피의자의 참여권을 강화하는 내용의 형사소송규칙 개정안을 입법예고한 바 있다. 개정안 제110조 제2항에 의하면 검사 또는 사법경찰관은 법 제122조 단서에 정한 압수·수색영장 집행 통지의 예외사유가 해소된 경우에는 피의자, 변호인 또는 피압수자(법 제123조, 제129조에 규정된 자를 포함한다)에게 집행에 참여할 기회를 부여하여야 한다. 즉 개정안에 의하면 압수·수색영장 집행 시 피의자, 변호인을 반드시 참여시켜야 한다는 것이다. 하지만 입법예고안에 대한 반대의견이 거세짐에 따라 대법원은 2023. 6. 현재 기준으로 개정안의 공표를 미루고 있는 상태다. 추후 개정 여부를 주목할 필요가 있다.

참여하겠다고 하는 경우 이를 인정해 줄 것인지 문제된다. 형사소송법은 대리인 규정을 따로 두어 특정 행위에 대해서만 피의자를 대신할 수 있다고 규정하고 있으므로(제35조, 제60조, 제236조, 제264조, 제276조, 제277조 등), 피의자 또는 변호인 아닌 피의자의 직원 등 대리인은 형사소송절차의 참여권을 위임받을 수 없어 압수·수색에 참여할 수 없다고 본다.[95] 다만 실무에서는 피의자로부터 위임을 받은 자를 참여시키는 경우도 있는데, 피의자의 절차적 방어권 보장 측면에서 타당하다고 본다.

(2) 변호인 참여권의 성질(고유권)

(가) 피의자가 불참 의사를 밝힌 경우 변호인에게 참여통지를 하여야 하는지

형사소송법 제219조, 제121조가 규정한 변호인의 참여권은 피의자의 보호를 위하여 변호인에게 주어진 고유권이다. 따라서 설령 피의자가 수사기관에 압수·수색영장의 집행에 참여하지 않는다는 의사를 명시하였다고 하더라도, 특별한 사정이 없는 한 그 변호인에게는 형사소송법 제219조, 제122조에 따라 미리 집행의 일시와 장소를 통지하는 등으로 압수·수색영장의 집행에 참여할 기회를 별도로 보장하여야 한다.[96]

피의자가 불참 의사를 표시하여 변호인에게는 따로 참여통지를 하지 않은 경우 해당 압수물의 증거능력을 인정할 수 있는지 문제된다. 이와 관련하여 대법원은 "① 수사기관은 피압수자로서 유일한 참여권자이던 피고인으로부터 컴퓨터 등 탐색에 참여하지 않겠다는 의사를 확인한 후 컴퓨터에 대한 탐색을 시작한 점, ② 그 후 피고인의 국선변호인이 선정될 무렵에는 이미 수사기관이 컴퓨터에 대한 탐색을 어느 정도 진행하여 압수 대상 전자정보가 저장된 폴더의 위치 정도는 파악하고 있었던 것으로 보이는 점, ③ 피고인의 국선변호인이 수사기관에 영장의 집행 상황을 문의하거나 그 과정에의 참여를 요구한 바 없었던 점, ④ 영장 집행 당시 피압수자의 참여 포기 또는 거부 의사에도 불구하고 압수·수색 절차 개시 후 선임 또는 선정된 그 변호인에게 별도의 사전통지를 하여야 한다는 점에 관하여 판례나 수사기관 내부의 지침이 확립되어 있었던 것은 아닌 점, ⑤ 피고인은 수사기관 및 법정에서 위 범행을 모두 자백한 점 등을 고려하여 증거능력은 인정

---

95) 다만, 대법원 2015. 7. 16. 선고 2011모1839 전원합의체 결정에서 대법관 이인복, 대법관 이상훈, 대법관 김소영은 "이때 참여 기회를 보장받아야 하는 사람은 피의자와 변호인, 책임자뿐만 아니라 그들로부터 위임을 받은 자 등도 포함한다고 해석할 수 있다"라고 보충의견을 표시한 바 있다.
96) 대법원 2020. 11. 26. 선고 2020도10729 판결.

된다"라고 판시하였다.[97]

(나) 변호인의 조력을 받겠다는 피의자의 요청에도 불구하고 변호인이 입회하기 전에 압수·수색이 개시된 경우

피의자의 신체 및 사무실 압수·수색 당시 피의자가 "변호인이 올 때까지 기다려 달라"라고 요청하며 출입문의 개방을 거부하자, 수사관들이 피의자의 요구를 무시한 채 우선 피의자의 신체에 대한 수색을 진행하고 약 1시간 30분이 지나서야 변호사가 현장에 도착하여 신체 수색 과정에 입회한 사건에서, 법원은 "변호인의 참여권을 규정한 형사소송법 제121조가, 형사소송법 제243조의2와는 달리, 변호인을 반드시 참여하게 하여야 한다고는 규정하고 있지 않은 점, 형사소송법 제122조 단서가 급속을 요하는 때에는 피고인과 변호인에 대한 참여통지를 생략할 수 있도록 규정하고 있는 점 등을 고려할 때, 수사관들이 변호인이 참여하기 이전에 피고인에 대한 일부 압수·수색절차를 진행하였다고 하더라도 이를 위법하다고 볼 수는 없다"라고 판시하였다.[98]

(3) 피의자 및 변호인 참여권이 보장되는 압수·수색의 대상 범위

피의자 및 변호인의 참여권 보장은 피의자의 신체 또는 주거지, 거소지 등에 대한 압수·수색은 물론, 피의자가 아닌 자의 신체, 물건, 주거 기타 장소에 관하여 이루어지는 압수·수색(제219조, 제109조 제2항)에도 적용된다. 따라서 피의자 아닌 자의 주거지 등에 대한 압수·수색의 경우에도 원칙적으로 피의자 및 변호인에게 참여의 통지를 하여야 한다.

수사기관의 압수·수색절차에 준용되는 제121조는 '검사, 피고인 또는 변호인은 압수·수색영장의 집행에 참여할 수 있다'라고 규정하고 있다. 여기에서의 압수·수색은 공소제기 후 공판과정에서 행해지는 법원의 강제처분을 의미한다. 법원의 압수·수색 역시 공개 절차인 공판의 일부에 해당하므로 검사와 피고인 그리고 그 변호인이 동등하게 참여하여 압수·수색에 대해 동등한 공방의 기회를 갖도록 하려는 취지이다. 따라서 위 규정은 그 취지에 비추어 피고인의 신체, 주거지 등은 물론, 피고인 아닌 자의 신체, 주거지 등에 대한 압수·수색에도 당연히 적용되며, 위 규정을 준용하는 수사기관의 압수·수색 절차에서도 동일한 결론에 이르

---

97) 대법원 2020. 11. 26. 선고 2020도10729 판결.

98) 서울고등법원 2014. 8. 11. 선고 2014노762 판결(대법원 2014도10978 전원합의체 판결로 확정).

게 되는 것이다.

한편, 수사절차의 밀행성 보장의 필요성, 증거인멸의 우려 및 일본 형사소송법은 수사절차의 특수한 성격을 감안하여 우리나라 형사소송법 제121조와 같은 법원의 압수·수색에 있어서의 사건 관계인 참여규정은 수사절차의 준용규정에서 제외시키고 있는 점 등을 이유로 형사소송법 제219조의 준용규정에서 법원의 압수·수색과 관련된 제121조와 제122조를 포함시킨 것은 부적절하고 입법상의 과오로 보인다는 의견이 있다.[99)]

피의자는 자신의 신체, 주거지 등의 압수·수색 절차에 있어서는 피압수자로서의 지위를 가지지만, 제3자의 신체, 주거지 등의 압수·수색 절차에 있어서는 피압수자가 아닌 단순한 사건 관계인의 지위에 있을 뿐이다. 피의자 관점에서 양자가 미치는 법익침해의 정도는 확연히 다르고, 제3자의 신체, 주거지 등의 압수·수색에 의해 피압수자가 받는 법익침해는 피압수자인 제3자의 권리 보장을 통해서 완화시킬 수 있다. 나아가 공개재판인 공판과정과는 달리 수사는 밀행성이 요구되고 증거인멸에 따른 실체적 진실 발견의 어려움에 처할 수 있는 독특한 특성을 가지고 있다. 이런 측면을 종합적으로 고려해 볼 때, 제3자의 신체, 주거지 등의 압수·수색 절차에 있어서는 해석론을 통해서 피의자 또는 변호인에 대한 참여 통지의무를 완화시킬 필요가 있을 것으로 보인다.

실무적으로는 제3자의 신체, 주거지 등에 대한 압수·수색의 경우 피의자 또는 변호인에 대한 참여 통지시 증거인멸의 우려가 있다고 볼 만한 사정이 존재하는 경우에는 '급속을 요하는 때'에 해당한다고 보아 이들에 대한 참여 통지를 하지 않는 경우가 있다.[100)] 피의자 및 변호인에 대한 참여통지의 예외사유에 대해서는 후술한다.

(4) 피의자 및 변호인에 대한 참여통지의 방법 및 시기

압수·수색영장을 집행함에는 피의자 또는 변호인에게 미리 집행의 일시와 장소를 통지하여야 한다(제219조, 제122조).

통지의 방법에는 제한이 없고, 서면, 구두 또는 전화 모두 유효하다. 변호인의 참여권은 고유권이므로 피의자와 별도로 변호인에게 통지하여야 한다. 피의자가

---

99) 주석 형사소송법(제5판), 315쪽.
100) 물론, 급속을 요하는 때임이 인정되어야 할 것이다.

참여권을 포기한 경우에도 마찬가지이다.

통지의 내용은 영장 집행의 일시와 장소이다. 통지는 미리 하여야 하며, 상대방이 참여에 필요한 시간적 여유를 두어야 한다. 하지만 강제수사 절차인 압수·수색의 본질상 피의자의 시간 지정 요구에 수사기관이 응해야 할 의무는 없다.

'미리'는 '집행하기 전'을 의미한다. 압수·수색을 위한 물리적 강제력이 행사되기 전에 통지하면 족하다. 그러므로 압수·수색의 목적을 달성하기 위해 필요한 때에는 압수·수색장소에 가서 증거의 멸실 등을 방지하기 위한 제반 조치를 한 후에 참여인에게 통지하여 참여의 기회를 부여하면 된다. 경우에 따라서는 참여권자에게 참여의 통지를 하였으나, 참여권자가 압수·수색 현장에 부재하여 바로 참여를 할 수 없는 경우가 있을 수 있다. 이럴 때에는 일정 시간 동안 영장 집행을 보류한 후에 참여권자가 현장에 도착하면 그때 구체적인 집행행위에 착수하면 된다. 하지만 참여권자의 현장 도착 시간이 지나치게 지연되거나, 참여권자가 이런저런 사유를 들며 참여를 거부하는 때에는 수사기관으로서는 참여권자에게 참여 통지의무만 부담할 뿐 반드시 참여의 기회를 제공하여야 하는 것은 아니므로, 바로 영장 집행에 착수하면 된다.

제3자의 신체, 주거지 등에 대한 압수·수색의 경우에는 피압수자와 피의자가 서로 다르므로, 피의자에 대한 참여통지와는 별도로, 압수·수색장소의 주거주, 간수자 등에 대한 참여절차가 진행되게 된다. 실무상으로는 이 경우 증거인멸의 우려 등을 이유로 '급속을 요하는 때'에 해당한다고 보아 피의자 및 변호인에 대한 참여 통지를 하지 않는 경우가 있음은 앞서 본 바와 같다.

피의자의 신체, 주거지 등에 대한 압수·수색의 경우에는 피압수자와 피의자가 동일하고 피의자가 압수·수색장소의 주거주 또는 간수자의 신분을 아울러 가지는 경우가 대부분이므로, 실제 압수·수색의 현장에서는 피의자에 대한 참여통지와 주거주 등에 대한 참여절차가 명확히 구분되지 않고 혼재되어 이루어지게 된다. 하지만 양자의 절차는 엄연히 구분되는 것이므로, 실무상 누락됨이 없도록 주의하여야 한다.[101]

---

[101] 가령 수사기관이 피의자 자택에 대한 압수·수색 직전에 피의자에게 참여 통지를 하였으나, 피의자가 현장에 없어 참여할 수 없는 경우에 피의자의 참여 없이 바로 영장 집행을 하여서는 아니되고, 피의자의 가족을 압수장소의 주거주 또는 간수자의 신분으로서 참여케 하거나 피의자의 가족이 없는 때에는 이웃사람 또는 지방공공단체의 직원을 참여하게 하여야 한다.

(5) 피의자 및 변호인에 대한 참여 통지의 예외

(가) 예외사유

압수·수색영장을 집행함에는 미리 집행의 일시와 장소를 피의자 및 그 변호인에게 통지하여야 하지만, 피의자 또는 그 변호인이 참여하지 아니한다는 의사를 명시한 때 또는 급속을 요하는 때에는 이들에게 참여통지를 하지 않을 수 있다 ($^{제219조,}_{제122조}$). 대법원은 통지의무의 예외 사유를 엄격하게 해석하여야 한다고 판시하였다.[102]

(나) "참여하지 아니한다는 의사표시를 한 때"의 의미

압수·수색영장의 집행에 참여하지 아니하겠다는 의사는 명시적으로 표시하여야 하고, 그 의사표시는 압수·수색영장을 집행하는 수사기관에 하여야 한다. 여기서 주의하여야 할 부분은 참여권의 포기에 따라 피의자 등의 참여 없이 압수·수색영장의 집행이 가능한 범위는 포기의 의사표시가 있은 시점을 기준으로 그때까지 드러난 혐의사실로 제한된다는 것이다. 피고인이 피해자 甲의 동의 없이 피해자의 성기를 몰래 촬영하자, 피해자 甲은 그 즉시 피고인의 집에서 피고인 몰래 피고인 소유의 휴대폰 2개($^{아이폰,}_{갤럭시폰}$)를 가지고 나와 수사기관에 임의제출하였고, 피고인은 피해자 甲의 성기가 촬영된 사진이 저장되어 있는 아이폰에 대한 압수·수색에는 참여를 하였으나, 다른 피해자가 촬영된 사진 등이 저장된 갤럭시폰에 대한 압수·수색에는 참여할 의사가 없음을 밝힌 사안에서,[103] 하급심 법원은 "피고인은 이 사건 갤럭시폰에 대한 디지털증거분석 과정에 참여할 의사가 없음을 밝히기는 하였다. 그러나 당시까지 드러난 혐의사실은 오로지 피고인의 피해자 甲에 대한 카메라 등 이용촬영의 점에 한정되었기 때문에, 피고인의 위와 같은 참여권 포기의 의사표시가 甲과 무관한 다른 피해자들을 촬영한 범행에 대한 정보의 탐색·압수·수색에까지 미친다고는 볼 수 없다"라고 판시하였고, "가사 수사기관이 그 이후 갤럭시폰에 저장된 전자정보에 대해 별도의 압수·수색영장을 발

---

102) 대법원 2022. 7. 14. 선고 2019모2584 결정.

103) 갤럭시폰에는 피해자 甲이 아닌 다른 피해자들의 신체 주요부위가 촬영된 사진과 동영상이 저장되어 있었고, 피고인은 갤럭시폰의 잠금화면을 해제하지 못하여 아이폰과는 달리 갤럭시폰에 대한 디지털정보 압수·수색과정에 예상소요시간이 과다하다는 이유로 참여의사가 없다고 밝혔다. 그 당시 수사기관은 갤럭시폰에 다른 피해자들의 사진 등이 저장되어 있다는 사실을 모르고 있었다. 이후 수사기관은 피고인의 참여 없이 갤럭시폰을 탐색하다 다른 피해자들에 대한 범행을 확인하고 법원으로부터 해당 증거에 대해 별도의 압수·수색영장을 발부받았다.

부받은 후 피고인의 입회하에 갤럭시폰 내 전자정보를 압수하였더라도 이는 이미 위법한 압수·수색으로 위 전자정보를 수집한 이후의 사정에 불과하므로 그것만으로 이 부분 범행에 대한 탐색·압수·수색과정에서 피고인의 참여권을 보장하지 않은 절차적 하자가 치유되었다고는 볼 수 없다"라고 판시하였다.[104]

참여권 포기와 관련하여 두 개의 판례 사례를 더 살펴본다.

《1》 수사관의 거듭된 권유에도 불구하고 시선을 돌리면서 피의자가 고의적으로 보지 않으려고 하는 등 참여를 거부한 경우

【사안의 개요】

① 수사기관은 피의자로부터 USB 메모리를 압수하여 이를 이미징 방식으로 사본한 후 삭제된 USB 저장파일을 복원하여 출력하였다.

② 수사기관은 위 과정에서 앞서 피의자에게 참여 절차를 고지하였으나 피의자는 묵비권을 행사하면서 절차에 일체 협조하지 않았다.

③ 수사기관은 피의자에게 절차를 고지하였음에도 피의자가 그에 대해 답변을 하지 않자 USB 메모리의 이미징에 관한 일련의 절차를 계속 진행하겠다고 고지하고 절차를 완료하였고, 피의자는 이미징한 사본을 봉인하는 것에 확인서명을 하지 않았다.

④ 수사기관은 위 일련의 과정 모두를 동영상 및 사진으로 촬영하였다.

【원심 판단 및 검사의 항소이유】[105]

원심은 "비록 피고인이 묵비권을 행사하면서 절차에 일체 협조하지 아니하였기 때문이라고 보이기는 하나, 압수한 원본을 이미징하는 과정 및 이미징한 사본을 봉인하는 과정에 피고인이 참여한 바 없고, 변호인이나 수사기관 이외의 참여인이 참여한 사실도 없는 사실이 확인되며, 피고인이나 변호인이 참여하지 아니한다는 의사를 명시적으로 표시하였다고 인정할 만한 자료도 없다는 이유로 이 사건 압수·수색은 적법하다고 할 수 없으므로 피고인으로부터 압수한 USB 저장파일의 증거능력을 인정할 수 없다"라고 판시하였다.

---

104) 청주지방법원 2015. 12. 11. 선고 2015노462 판결(대법원 2016도348 전원합의체 판결로 확정).
105) 수원지방법원 2016. 5. 20. 선고 2015고합641 판결.

이에 검사는 "피고인은 압수된 USB 메모리에서 저장파일의 원본을 이미징하는 과정 및 이미징한 사본을 봉인하는 과정에서 수사관의 거듭된 권유에도 불구하고 시선을 돌리면서 고의적으로 보지 않으려고 하였고, 이와 같은 피고인의 태도는 참여권을 포기한 것이라고 이해할 수 있으므로 USB 저장파일의 증거능력을 부정한 원심의 판단은 부당하다"라고 항소하였다.

【항소심 및 대법원 판단】 [106)]

그러나 앞서 본 법리에 원심이 적법하게 채택하여 조사한 증거에 의하여 인정되는 다음과 같은 사정들을 종합하여 보면, 피고인에게 정당하게 주어진 참여권을 포기한 것으로 볼 만한 사정이 있고, 나아가 수사기관이 일부 절차를 완전하게 준수하지는 못했다 하더라도 그 위반행위가 피고인 측에 절차 참여를 보장한 취지를 실질적으로 침해하는 것으로 보기는 어려우므로 USB 저장파일의 증거능력을 인정할 수 있다. 검사의 이 부분 주장은 이유 있다.

① 정보저장매체원본과 출력물의 동일성, 무결성 등은 피압수자의 확인서명 등에 의하여 증명하는 것이 원칙이기는 하나, 이 사건의 경우 피고인이 절차에 협조하지 않아 그와 같은 방법에 의한 증명이 불가능하거나 현저히 곤란했던 것으로 보인다.

위 USB 메모리의 이미징에 관한 일련의 절차에 참여한 수사관 A는 원심 법정에 출석하여 "(피고인에게 절차에 대하여) 고지를 했으나, (피고인이) 그에 대해서 답변을 하지 않았기 때문에 날인 거부라고 확인하고, 계속 진행을 하겠다고 하고 진행한 것입니다. 본인의 의사에 따라 참여를 보장하는 것이지, 본인이 하지 않겠다고 하는데 저희가 억지로 할 수는 없습니다"라고 진술하였다. 피고인은 업무 담당 수사관의 거듭된 권유에도 불구하고 이미징 절차 내내 고의로 눈을 감고 있었고, 전자정보확인서에도 정당한 이유 없이 서명을 거부하였다. 이러한 사정에 비추어 보면 피고인은 위 압수 절차의 참여권을 포기한 것으로 볼 수 있다.

② A는 "압수된 USB 메모리를 피고인 앞에서 개봉하였고 사본을 봉인할 때에도 피고인 앞에서 하였다"라고 진술하였고, 디지털증거분석 결과보고서의 기재에 의하면 위 USB 메모리의 원본파일과 이미징한 매체 사이의 해시값 또한 동일

---

106) 서울고등법원 2016. 10. 21. 선고 2016노1610 판결(대법원 2016도17639 판결로 확정).

한 것으로 확인된다. 이에 비추어 보면, 위 USB 메모리의 파일은 최초 압수 시부터 증거 제출 시까지 변경되지 않은 것으로 보인다.

《2》 피고인 및 변호인이 '원본의 봉인 해제와 그 조사에 참여하지 않을 계획으로 원본에 대한 복제 또는 이미징 작업에 동의하였다'라는 내용의 동의서를 작성해 준 경우

【피고인의 주장요지】

수사기관은 압수한 정보저장매체에 저장된 전자정보를 파일 변환, 복호화하는 과정에서 피고인에게 그 일시와 장소를 통지하지 않아 피고인의 참여가 배제되었으므로, 위와 같은 파일 변환 및 복호화 과정은 위법하다.

【법원 판단】[107]

그런데 기록에 의하여 인정되는 다음과 같은 사정, 즉 ① 위 영장에는 압수·수색을 할 때에는 피고인 등에게 형사소송법 제121조 내지 제123조에 따라 참여할 기회를 부여하여야 한다는 기재가 있고, 피고인도 위 영장을 읽어보았음에도 '원본의 봉인 해제와 그 조사에 참여하지 않을 계획으로 원본에 대한 복제 또는 이미징 작업에 동의하였다'라는 내용의 동의서를 작성해준 점, ② 수사기관은 피고인으로부터 원본과 복제본의 해시값 확인을 받고, 피고인의 서명을 받아 봉인한 원본은 그대로 둔 채 이를 복제 또는 이미징한 복제본으로부터 파일을 탐색하여 그 변환과 복호화 작업을 하였고, 추후 복제본으로부터 출력된 문건과 봉인된 원본에 저장되어 있는 문건이 동일한지에 관한 검증 작업이 예상되었으므로, 수사기관이 복제본을 분석하는 과정에서 조작을 가할 가능성이 낮은 점, ③ 실제로 피고인과 변호인은 이 법원에서의 검증을 통하여 파일 변환이나 복호화 작업을 거쳐 출력된 문건과 정보저장매체 원본에 저장되어 있는 문건의 동일성을 인정한 점 등을 전체적·종합적으로 고려해 볼 때, 적법절차의 원칙과 실체적 진실 규명의 조화를 도모하고 이를 통하여 형사 사법 정의를 실현하려 한 취지에 비추어 위 과정에서 수집한 증거를 유죄 인정의 증거로 사용할 수 있는 경우에 해당한다고 보는 것이 타당하다. 결국 피고인과 변호인의 위 주장은 받아들이지 않는다.

---

107) 서울중앙지방법원 2014. 7. 31. 선고 2012고합1828 판결(대법원 2015도10648 판결로 확정).

(다) '급속을 요하는 때'의 의미

여기서 '급속을 요하는 때'라고 함은 압수·수색영장 집행 사실을 미리 알려주면 증거물을 은닉할 염려 등이 있어 압수·수색의 실효를 거두기 어려울 경우를 의미한다.[108] 그 밖에 '즉시집행의 객관적 필요가 있는 경우(제3자에 의한 증거물 은닉·손상,/천재지변에 의한 증거물 손상 등)'도 급속을 요하는 때에 포함된다는 견해가 있는데,[109] 타당하다. 광주고등법원은 "압수·수색 실시의 사전통지는 본질적으로 압수물 인멸, 은닉의 위험을 초래하므로 위 예외사유인 '급속을 요하는 때'를 넓게 해석하는 것이 합리적이다"라고 판시하였다.[110] 급속 여부에 대한 판단 주체는 일차적으로 수사기관이다. 다만, 압수·수색 당시의 상황으로 볼 때 수사기관의 판단이 경험칙에 비추어 현저히 합리성을 잃은 경우에는 위법하다.

이메일 자료, 카카오톡 대화 내용에 대한 압수·수색영장 집행을 피의자 또는 변호인에게 통지하지 않은 경우 급속을 요하는 때에 해당하는지 여부가 문제된 사안에서 하급심 판례는 "압수·수색의 대상이 된 피고인들에 대한 이메일 계정 내용 중 이메일 계정 개설일, 로그인 기록 등에 관하여는 해당 전기통신사업자의 직원을 통하거나 전문적인 해커를 통하지 않는 이상 이를 변경하거나 삭제하는 것이 불가능하다. 그러나 이메일 계정 내용 중 송·수신이 완료되어 보관함에 저장되어 있는 이메일 자료, 카카오톡 대화 내용 등은 피고인들에게 압수·수색영장 집행 사실을 미리 알려줄 경우에 피고인들이 컴퓨터 또는 휴대폰 등을 이용하여 이메일과 카카오톡 계정에 접속한 다음 서버에 저장되어 있는 해당 자료의 내용을 변경하거나 삭제할 우려가 있고, 이 경우 수사기관이 그 서버 내에서 해당 자료를 복구할 수 있는지는 불투명한 것으로 보인다. 따라서 수사기관이 피고인들의 이메일 계정 내용과 카카오톡 대화 내용에 관하여 압수·수색영장을 집행하는 것은 급속을 요하는 때에 해당하기 때문에 미리 집행의 일시와 장소를 피고인들에게 통지할 의무

---

108) 대법원 2012. 10. 11. 선고 2012도7455 판결.

109) 이주원, 형사소송법(제5판), 181쪽.

110) 광주고등법원 2008. 1. 15. 선고 2007노370 판결(대법원 2008도763 판결로 확정). 이러한 판시 내용은 통지 예외 사유를 엄격하게 해석하여야 한다는 대법원 판결(2019모2584)과 일응 모순되어 보인다. 하지만 피고인에게 불리하게 지나치게 확대해석하여서는 아니된다는 것과 압수·수색의 실효성을 침해할 정도로 좁게 해석하여서는 아니된다는 것은 양립가능하다는 점에서 모순된다고 볼 수 없다.

가 없다"라고 판단하였다.[111]

이에 반하여 또 다른 하급심 판례는 위와 유사한 사건에서 "이 사건 압수·수색 집행의 대상은 카카오톡 서버에 보관하고 있는 대화내용과 계정 정보 등으로서, 피의자인 준항고인이나 변호인이 접근하여 관련 정보를 은닉하거나 인멸할 수 있는 성질의 것이 아니다. 또한 카카오톡이 관련 정보를 5~7일 동안만 보관하고 있다고는 하나, 이 사건 압수·수색은 영장이 발부된 2014. 5. 24.로부터 이틀이 지난 2014. 5. 26.에야 실시되었으므로, 실제로 이 사건 압수·수색이 검사의 주장과 같이 전격적으로 급박하게 이루어진 것도 아니다. 따라서 이 사건 압수·수색은 피의자인 준항고인이나 변호인의 참여권을 보장하지 않아 위법하다"라고 판시한 바 있다.[112]

유사한 사안에 대해서 서로 다른 결론의 판결이 내려져 다소 혼란스럽기는 하지만, 위 두 판례의 기본적인 입장은 참여 통지에도 불구하고 피의자의 증거인멸이 현실적으로 가능하지 않다면 '급속을 요하는 때'라고 볼 수 없다는 것이다.

따라서 피의자에 대한 통지 여부를 결정함에 있어서 증거인멸의 가능성을 막연히 추상적으로만 판단할 것이 아니라, 압수할 물건이 보관되어 있는 장소의 위치, 상태, 관리자와 피의자와의 관계, 해당 장소에 대한 피의자의 접근가능성 등을 구체적으로 검토하여 피의자에 의한 증거인멸이 현실적으로 가능한지를 꼼꼼히 따져볼 필요가 있다.

위 하급심 판결 이후 대법원은 수사기관이 카카오톡의 대화내용 등을 압수·수색하면서 피의자에게 참여 통지를 하지 않은 사안에서 "원심이 인터넷서비스업체인 카카오 본사 서버에 보관된 이 사건 전자정보에 대한 이 사건 압수·수색영장의 집행에 의하여 전자정보를 취득하는 것이 참여권자에게 통지하지 않을 수 있는 형사소송법 제122조 단서의 '급속을 요하는 때'에 해당하지 않는다고 판단한 것은 잘못이나, 그 과정에서 압수·수색영장의 원본을 제시하지 않은 위법, 수사기관이 카카오로부터 입수한 전자정보에서 범죄혐의사실과 관련된 부분의 선별 없이 그 일체를 출력하여 증거물로 압수한 위법, 그 과정에서 서비스이용자로서 실질적 피압수자이자 피의자인 준항고인에게 참여권을 보장하지 않은 위법과 압수한 전자

111) 서울중앙지방법원 2017. 1. 17. 선고 2016고합803 판결(대법원 2017도12456 판결로 확정).
112) 서울중앙지방법원 2016. 2. 18. 선고 2015보6 결정.

정보 목록을 교부하지 않은 위법을 종합하면, 이 사건 압수·수색에서 나타난 위법이 압수·수색절차 전체를 위법하게 할 정도로 중대하다는 원심의 결론을 수긍할 수 있다"라고 판단함으로써 '급속을 요하는 때'를 다소 넓게 해석하고 있다.[113]

다) 공무소 등 책임자의 참여

공무소, 군사용 항공기 또는 선박·차량 안에서 압수·수색영장을 집행하려면 그 책임자에게 참여할 것을 통지하여야 한다(제219조, 제123조 제1항). 이는 압수·수색이 이루어지는 당해 시설을 관리하는 자의 참여권을 보장하여 당해 시설이나 그곳에 있는 물건, 기타 공무상 비밀 등을 보호하고 영장집행절차의 적정성을 담보하기 위함이다.

'공무소'는 압수·수색이 이루어지는 장소나 건물 등 특정한 시설물을 의미한다. 관념상의 공공기관이나 행정조직을 뜻하는 것이 아니다. 따라서 여기서의 '책임자'란 영장이 집행되는 당해 시설을 사용·관리할 권한 및 책임을 가지는 사람을 의미하는 것으로 해석함이 옳다. 이를 그 공공기관이나 조직의 장(長)으로 한정하여 해석할 것은 아니다. 그러므로 국회 내 국회의원 사무실을 압수·수색할 때 해당 국회의원 사무실을 관리할 권한과 책임이 있는 국회의원과 그의 보좌관에게 영장을 제시하고 참여할 것을 고지하면 충분하지 국회의장에게 참여통지를 할 필요는 없다.[114]

피의자 및 변호인에 대한 참여 통지의 예외규정(제122조 단서)과 같은 통지의무의 예외 사항이 존재하지 않으므로 통지는 반드시 해야 한다. 다만, 책임자에 대해 참여 통지만 하면 되므로 책임자가 참여를 거부하더라도 책임자의 참여 없이 압수·수색영장을 집행할 수 있음은 물론이다.

1개의 건물을 2개 이상의 공무소가 사용하는 경우에는 각 사무실이 별개의 공무소이므로 압수·수색영장을 집행할 공무소의 책임자를 별도로 참여시켜야 한다.[115]

라) 주거주, 간수자 또는 이에 준하는 자의 참여

공무소, 군사용 항공기 또는 선박·차량 이외의 타인의 주거, 간수자 있는 가옥,

---

113) 대법원 2022. 5. 31. 선고 2016모587 결정.
114) 서울고등법원 2014. 8. 11. 선고 2014노762 판결(대법원 2014도10978 전원합의체 판결로 확정).
115) 주석 형사소송법(제5판), 626쪽.

건조물(建造物), 항공기 또는 선박·차량 안에서 압수·수색영장을 집행할 때에는 주거주(住居主), 간수자 또는 이에 준하는 사람을 참여하게 하여야 한다(제219조, 제123조 제2항). 이는 압수·수색을 당하는 당사자를 보호하고 영장집행절차의 적정성을 보장하려는 것이다.[116)]

　　여기서 '주거주, 간수자 또는 이에 준하는 자'란 주거, 건물을 현실적으로 관리, 지배하고 있는 자를 말한다. 주거주 등에 '준하는 자'에는 주거주 등 피처분자와 사회적·인적 관련성이 인정되고 그의 이익을 대변할 수 있는 사람도 포함된다.[117)]

　　형사소송법 제123조는 '주거주, 간수자 또는 이에 준하는 자를 참여하게 하여야 한다'라고 규정하고 있으므로, 피의자, 변호인의 참여권 보장과는 달리, 주거주 등 참여권자의 참여가 반드시 수반되어야 함에 유의하여야 한다. 급속을 요하는 경우에도 예외 없이 참여가 이루어져야 한다.

마) 이웃사람 또는 지방공공단체의 직원의 참여

'주거주, 간수자 또는 이에 준하는 자'를 참여하게 하지 못할 때에는 이웃사람 또는 지방공공단체의 직원을 참여하게 하여야 한다(제219조, 제123조 제3항). 급속을 요하는 경우에도 참여시켜야 한다. '주거주 등을 참여하게 하지 못한 때'에는 주거주자 등의 부재뿐만 아니라 참여를 거부하는 경우도 포함된다.

'이웃사람 또는 지방공공단체의 직원'에 경찰관은 포함되지 않는다. 국가정보원 수사관들이 주거주자 등을 참여하게 하지 못한 상태에서 소속기관이 다른 서울

---

116) 서울고등법원 2014. 8. 11. 선고 2014노762 판결(대법원 2014도10978 전원합의체 판결로 확정).

117) 서울고등법원 2014. 8. 11. 선고 2014노762 판결(대법원 2014도10978 전원합의체 판결로 확정)은 "① A는 피고인의 형으로서, 위 피고인이 부재하는 중에도 압수장소에 체류하고 있었고, 압수·수색이 진행되는 과정에서 퇴거하지 않은 채 현장에 머물렀으며, 수사관들에게 B 등을 자기 대신 입회시키도록 요구하기도 하였으므로, A는 위 주소지에 대한 '간수자 또는 그에 준하는 자'로 보아야 한다. 또한, A가 '나는 모르는 일이니 알아서 하라'는 취지로 말하기는 하였으나, 당시 A가 퇴거하거나 출입이 금지되지 아니한 채 현장에 계속 머무르면서 자유롭게 행동하였고, B 등의 입회를 요구하기도 하였으므로, A는 실질적으로 위 압수·수색절차에 참여하였다고 보아야 한다. 나아가 A로부터 순차적으로 위임을 받아 이 부분 압수·수색 과정에 참여하였던 B, C는 위 피고인을 위하여 이 사건 절차에 참여한 사람들로서, 그 참여의 경위, 위 피고인과의 관계, 참여 당시 그들의 태도와 역할 등에 비추어 보면, 그들도 주거주 또는 간수자에 '준하는 자'라고 보는 것이 옳다. ② 수사관들이 피고인의 보좌관이자 거소지의 임차인으로 되어 있는 D에게 참여통지를 하여 D가 참여를 하였고, 그 후 변호사 E가 압수·수색 과정에 참여하였다면, D와 E는 피고인을 위하여 이 사건 압수·수색절차에 참여한 사람들로서, 그 참여의 경위, 위 피고인과의 관계, 참여 당시 그들의 태도와 역할 등을 고려할 때, 주거주 또는 간수자에 '준하는 자'라고 보아야 한다"라고 판단하였다.

지방경찰청 소속 경찰관을 참여하게 한 후 압수·수색을 한 사안에서 대법원은 "당시 경찰관이 입회하였으나 그는 지방공공단체의 직원이라고 볼 수 없어 이웃사람이나 지방공공단체 직원의 참여 없이 이루어진 이 부분 영장 집행은 위법하다"라고 판시하면서도 "다만, 국가정보원 수사관들이 거소지에 진입한 이후 30분가량 참여인 없이 수색절차를 진행하다가 곧바로 간수인에게 연락하여 참여할 것을 고지하였고, 간수인이 현장에 도착한 08:19경부터는 압수물 선별 과정, 디지털 포렌식 과정, 압수물 확인 과정에 간수인과 변호인의 적극적이고 실질적인 참여가 있었으며, 압수·수색의 전 과정이 영상녹화된 점 등을 들어, 위 압수·수색과정에서 수집된 증거들은 유죄 인정의 증거로 사용할 수 있는 예외적인 경우에 해당한다"라는 이유로 압수물의 증거능력을 인정하였다.[118]

바) 여자 신체의 수색과 성년 여자의 참여

여자의 신체에 대하여 수색할 때에는 성년의 여자를 참여하게 하여야 한다 (제219조, 제124조). 이는 여성의 수치심을 고려한 규정으로 신체수색과정에서 발생할 수 있는 추행 등의 사고를 예방하기 위한 것이다. 급속을 요하는 경우에도 참여시켜야 한다.

의복을 입고 있는 상태에서 여자의 신체를 수색하는 경우 본조가 적용되나, 입고 있는 옷의 호주머니만을 수색하는 경우와 같이 여자의 신체(육체)를 직접 접촉하지 않고 입고 있는 의복에 대해서만 수색하는 경우에는 본조가 적용되지 않는다.[119]

---

118) 서울고등법원 2014. 8. 11. 선고 2014노762 판결(대법원 2014도10978 전원합의체 판결로 확정).
119) 검찰수사 실무전범 Ⅱ(압수·수색), 114쪽.

사) **피압수자**[120]

피압수자도 참여권자인가.[121] 대법원 판례 및 발부된 압수·수색영장을[122] 보다보면 전자정보 압수·수색에 대해서 "피압수자 등에게 참여권을 보장하여야 한다"라는 문구를 자주 접하게 된다.

형사소송법은 압수·수색의 참여권자를 ① 피의자 또는 변호인, ② 공무소 등의 책임자, ③ 주거주, 간수자 또는 이에 준하는 자, ④ 이웃사람 또는 지방공공단체의 직원, ⑤ 성년 여자(여자신체에 대한 압수·수색의 경우)로만 정하고 있을 뿐(제219조, 제121조, 제123조, 제124조), 피압수자를 따로 참여권자로 정하고 있지 않다. 엄밀히 말하면 피압수자는 형사소송법상의 참여권자라고 볼 수 없다. 형사소송법은 참여권자를 압수·수색영장에 의하여 현실적으로 압수처분을 받는 자인지 여부를 기준으로 하지 않고 사건 또는 공간에 대한 일정한 신분을 보유하고 있는지 여부를 기준으로 정하고 있다. 이런 이유로 예컨대 관리자 A가 책임자로 있는 공무소를 압수·수색하여 그곳에서 근무하는 직원 B의 컴퓨터를 압수·수색한 경우, 형사소송법 관점에서 본다면, 참여권자는 A 및

---

120) 대법원은 2023. 2. 3. 압수·수색영장 집행과 관련하여 피압수자의 참여권을 명문화는 내용의 형사소송규칙 개정안을 입법예고한 바 있다. 이에 의하면 현물 및 전자정보 압수 모두에 대해 피압수자에게 참여권을 보장하여야 한다. 개정안 제110조 제2항은 "검사 또는 사법경찰관은 법 제122조 단서에 정한 압수·수색영장 집행 통지의 예외사유가 해소된 경우에는 피의자, 변호인 또는 피압수자(법 제123조, 제129조에 규정된 자를 포함한다. 이하 이 조에서 같다)에게 집행에 참여할 기회를 부여하여야 한다", 제3항은 "검사 또는 사법경찰관은 전자정보에 대한 압수·수색·검증을 할 때에는 피고인, 변호인 또는 피압수자에게 전자정보에 대한 압수·수색·검증 절차를 설명하는 등 압수·수색·검증의 전 과정에서 그들의 참여권을 실질적으로 보장하기 위하여 노력하여야 한다", 제4항은 "검사 또는 사법경찰관은 현장 외의 장소에서 전자정보에 대한 압수·수색·검증을 하는 경우에는 전 과정에서 피고인, 변호인 또는 피압수자의 참여권을 보장하기 위하여 참여일, 참여장소, 참여인 등에 관하여 협의하여야 한다"라고 규정하고 있다. 따라서 위 개정안에 의하면 피압수자는 전자정보는 물론 현물에 대한 압수에 대해서도 참여권자의 지위를 가지게 된다. 하지만 입법예고안에 대한 반대의견이 거세짐에 따라 대법원은 2023. 6. 현재 기준으로 개정안의 공표를 미루고 있는 상태다. 추후 개정 여부를 주목할 필요가 있다.

121) 이 논의는 주로 전자정보의 압수·수색에서 문제된다. 제정 형사소송법은 실물증거만 예정하고 참여권자를 정했을 뿐 전자정보에 대해서는 입법 당시 전혀 예상하지 못했다. 이후 기술의 발전으로 전자정보 및 그에 대한 개인의 사생활 보장의 중요성이 부각되면서 전자정보의 압수·수색 시 피압수자의 참여권 보장 문제가 본격적으로 대두되었던 것이다.

122) 법원은 컴퓨터 등 정보저장매체에 대한 압수·수색영장을 발부할 때 수사기관의 영장 집행 방법 등을 제한하면서 '압수·수색의 전체 과정(복제본의 획득, 저장매체 또는 복제본에 대한 탐색·복제·출력 과정 포함)에 걸쳐 피압수자 등의 참여권이 보장되어야 하며, 참여를 거부하는 경우에는 신뢰성과 전문성을 담보할 수 있는 상당한 방법으로 압수·수색이 이루어져야 함'이라고 기재하여 '피압수자'란 용어를 사용하고 있다.

해당 사건의 피의자[123] 또는 그 변호인일 뿐, 압수를 당한 B는 참여권자가 아니다. B는 단지 압수·수색영장 제시의 상대방일 뿐이다.

그런데 대법원 판례는 기본적으로 전자정보의 압수·수색에 있어서 피압수자가 피의자이든 제3자이든 상관없이 참여권이 보장되어야 한다는 입장이다. 문제는 형사소송법상 피압수자에 대한 참여권 보장의 근거가 분명하지 않고 대법원도 명확히 제시하지 못하고 있다는 것이다.[124] 현재 그 근거에 대해서 여러 학설이 존재하는 이유이기도 하다.

형사소송법은 참여권자 범위를 대통령령 등 하위 법령에 위임하고 있지는 않다. 다만, 대법원 판례를 반영하여 대통령령인 '검사와 사법경찰관의 상호협력과 일반적 수사준칙에 관한 규정$\left(\substack{제41조,\\제42조}\right)$', 대검찰청 예규인 '디지털증거의 수집·분석 및 관리규정$\left(\substack{제12조,\\제13조}\right)$' 및 경찰청 훈령인 '디지털증거의 수집 및 처리 등에 관한 규칙$\left(\substack{제13조 내지\\제17조}\right)$'에서는 전자정보의 압수·수색시 형사소송법상의 참여권자 외에도 피압수자를 참여권자로 규정하고 있다. 실무에서는 위 규정들을 근거로 전자정보의 피압수자에게 참여권을 보장하고 있다.

위 규정들은 피압수자의 정의규정을 따로 두고 있진 않다. 하지만 해석상 위 예규 등에서 말하는 피압수자란 전자정보 또는 그것이 담긴 정보저장매체의 소유자, 소지자 또는 보관자로서 압수·수색영장에 의하여 현실적으로 압수처분을 받는 자를 의미한다고 보아야 할 것이다.

앞서 본 사례에서 대법원 판례 및 위 각 예규 등에 의하면, 수사기관은 위 일련의 과정에서 공무소 책임자인 A 이외에도 피압수자인 B를 반드시 참여권자로 참여시켜야 한다. 이는 압수·수색영장의 범죄사실과의 관련성 여부를 확인함에 있어 전자정보를 소유, 소지 또는 보관하는 피압수자가 해당 관련성 여부를 가장 잘 알고 있다는 점을 고려하여 전자정보 압수에 대한 참여권을 실질적으로 보장하려는 취지이다.

---

123) 이 경우 피의자 및 그 변호인은 참여통지의 대상이 될 것이나, 긴급을 요하는 경우 등 특별한 사유가 인정되는 때에는 그렇지 않다.

124) 대법원은 "피압수자 등의 참여권을 인정하여야 한다"라고 하면서 제121조를 근거로 제시하고 있으나, 해당 사안은 피압수자가 '피의자'인 경우로서 주로 피의자나 그 변호인의 참여권에 대해 논한 것이다.

아) 실질적 피압수자[125)]

　　앞서 살펴본 바와 같이 피압수자란 압수물의 소유자, 소지자 또는 보관자로서 압수·수색영장에 의하여 현실적으로 압수처분을 받는 자를 의미한다. 그런데 대법원 2021. 11. 18. 선고 2016도348 전원합의체 판결은 피의자가 소유·관리하는 정보저장매체를[126)] 피의자 아닌 피해자 등 제3자가 임의제출한 사안에서 '실질적 피압수자'란 개념을 처음으로 사용하여 압수를 당하지 않은 피의자에게도 참여권을 보장하여야 한다라고 밝혔다.

　　대법원은 위 사안에서 "피해자 등 제3자가 피의자의 소유·관리에 속하는 정보저장매체를 영장에 의하지 않고 임의제출한 경우에는 실질적 피압수자인 피의자가 수사기관으로 하여금 그 전자정보 전부를 무제한 탐색하는 데 동의한 것으로 보기 어려울 뿐만 아니라 피의자 스스로 임의제출한 경우 피의자의 참여권 등이 보장되어야 하는 것과 견주어 보더라도 특별한 사정이 없는 한 형사소송법 제219조, 제121조, 제129조에 따라 피의자에게 참여권을 보장하고 압수한 전자정보 목록을 교부하는 등 피의자의 절차적 권리를 보장하기 위한 적절한 조치가 이루어져야 한다"라고 판시하였다.

　　위 대법원 판례에 대해서는 '실질적 피압수자'라는 개념의 불명확성 및 강제수사에의 적용여부에 대한 혼선으로 인하여 수사실무상 혼란을 피하기 어렵다는

---

125) 대법원은 2023. 2. 3. 압수·수색영장 집행과 관련하여 피의자의 참여권을 강화하는 내용의 형사소송규칙 개정안을 입법예고한 바 있다. 개정안 제110조 제2항은 "검사 또는 사법경찰관은 법 제122조 단서에 정한 압수·수색영장 집행 통지의 예외사유가 해소된 경우에는 피의자, 변호인 또는 피압수자(법 제123조, 제129조에 규정된 자를 포함한다. 이하 이 조에서 같다)에게 집행에 참여할 기회를 부여하여야 한다", 제3항은 "검사 또는 사법경찰관은 전자정보에 대한 압수·수색·검증을 할 때에는 피고인, 변호인 또는 피압수자에게 전자정보에 대한 압수·수색·검증 절차를 설명하는 등 압수·수색·검증의 전 과정에서 그들의 참여권을 실질적으로 보장하기 위하여 노력하여야 한다", 제4항은 "검사 또는 사법경찰관은 현장 외의 장소에서 전자정보에 대한 압수·수색·검증을 하는 경우에는 전 과정에서 피고인, 변호인 또는 피압수자의 참여권을 보장하기 위하여 참여일, 참여장소, 참여인 등에 관하여 협의하여야 한다"라고 규정하고 있다. 위 개정안을 문언 그대로 해석하면 피의자는 피압수자가 아니더라도 반드시 참여의 기회를 보장받아야 한다는 취지로 되어 있다. 그렇다면 이하 본문에서 언급하는 전원합의체 판결의 '실질적 피압수자'라는 개념은 더이상 불필요할 것으로 보인다. 개정안의 취지가 불분명하여 개정안이 공표될 경우 실무상 혼란이 매우 가중될 것으로 예상된다. 하지만 입법예고안에 대한 반대의견이 거세짐에 따라 대법원은 2023. 6. 현재 기준으로 개정안의 공표를 미루고 있는 상태다. 추후 개정 여부를 주목할 필요가 있다.

126) 내부에는 압수의 대상이 되는 전자정보와 그렇지 않은 전자정보가 혼재되어 있었다.

비판이 제기되었다.

　　먼저, '실질적 피압수자'라는 개념 표지에 대해서 위 전원합의체 판결 이후 대법원은 "정보저장매체를 임의제출한 피압수자에 더하여 임의제출자 아닌 피의자에게도 참여권이 보장되어야 하는 '피의자의 소유·관리에 속하는 정보저장매체'란, 피의자가 압수·수색 당시 또는 이와 시간적으로 근접한 시기까지 해당 정보저장매체를 현실적으로 지배·관리하면서 그 정보저장매체 내 전자정보 전반에 관한 전속적인 관리처분권을 보유·행사하고, 달리 이를 자신의 의사에 따라 제3자에게 양도하거나 포기하지 아니한 경우로서, 피의자를 그 정보저장매체에 저장된 전자정보에 대하여 실질적인 피압수자로 평가할 수 있는 경우를 말하는 것이다. 이에 해당하는지 여부는 민사법상 권리의 귀속에 따른 법률적·사후적 판단이 아니라 압수·수색 당시 외형적·객관적으로 인식 가능한 사실상의 상태를 기준으로 판단하여야 한다. 이러한 정보저장매체의 외형적·객관적 지배·관리 등 상태와 별도로 단지 피의자나 그 밖의 제3자가 과거 그 정보저장매체의 이용 내지 개별 전자정보의 생성·이용 등에 관여한 사실이 있다거나 그 과정에서 생성된 전자정보에 의해 식별되는 정보주체에 해당한다는 사정만으로 그들을 실질적으로 압수·수색을 받는 당사자로 취급하여야 하는 것은 아니다"라고 판시하여 개념의 불명확성을 어느 정도 해소시켜 주었다.[127)]

　　위 대법원 판례는 정보저장매체의 현실적 지배·관리 및 매체 내 전자정보 전반에 관한 전속적인 관리처분권의 보유·행사 여부를 실질적 피압수자의 주요한 개념요소로 파악하고 있다. 그렇다면, 정보저장매체에 대한 피의자의 현실적 지배·관리를 인정할 수 없는 경우, 예컨대 압수·수색영장으로 인터넷서비스업체인 카카오 본사 서버를 수색하여 서비스이용자인 피의자의 카카오톡 대화내용을 압수하거나, 검찰 내부 서버에 저장되어 있는 검사인 피의자의 이메일, 쪽지, 채팅 대화 내용 등을 압수한 경우 피의자를 실질적 피압수자로 볼 수 있느냐가 문제된다.[128)]

---

127) 대법원 2022. 1. 27. 선고 2021도11170 판결.

128) 하급심 판례(서울중앙지방법원 2016. 12. 23. 선고 2016고합675 판결 등)에서 널리 받아들여지고 있는 "전자정보 그 자체는 무체물이므로 그 소유나 점유를 판단함에 있어서는 전자정보가 기억된 정보저장매체의 소유나 점유를 기준으로 판단할 수밖에 없다"라는 법리에 의하면, 이 경우에 피의자를 전자정보의 소유자라고 보기 어려운 측면이 있다.

대법원은 전자의 사안에서 "서비스이용자로서 실질적 피압수자이자 피의자인 준항고인에게 참여권을 보장하여야 한다"라고 판시하였고,[129] 후자의 사안에서도 "제3자가 보관하고 있는 전자정보에 대하여 압수·수색을 실시하면서 그 전자정보의 내용에 관하여 사생활의 비밀과 자유 등의 법익 귀속주체로서 해당 전자정보에 관한 전속적인 생성·이용 등의 권한을 보유·행사하는 실질적 피압수자이자 피의자인 준항고인에게 통지조차 이루어지지 않은 경우에는 …"라고 판시함으로써[130] 피의자를 실질적 피압수자로 보았다. 다만, 실질적 피압수자로 보는 근거는 밝히지 않았다.

다음으로, 임의제출이 아닌 강제수사에도 '실질적 피압수자'라는 개념을 적용하여야 하는지를 살펴보면, 비록 위 전원합의체 판결은 임의제출 사안에서 그 개념을 처음 사용하였으나, 이후 대법원은 위 두 사안에서 본 바와 같이 압수·수색 영장에 의하여 강제수사가 이루어진 경우에도 '실질적 피압수자'라는 개념을 사용하였고, 다수의 하급심 판결도 그 적용가능성을 전제로 '실질적 피압수자' 여부를 판단하고 있음을 확인할 수 있다.

'실질적 피압수자'의 요건을 충족하였는지 여부는 사후에 밝혀진 사정을 기초로 판단하는 것이 아니라 압수 당시의 객관적 상황을 기초로 수사기관의 관점에서 판단하여야 한다. 수사기관의 판단에는 상당한 재량의 여지가 있으나, 압수 당시의 상황으로 보아서도 수사기관의 판단이 경험칙에 비추어 현저히 합리성을 잃어서는 안 될 것이다. 압수 당시의 객관적 상황이란 압수장소, 압수물의 형태 및 위치, 소지·관리 현황, 피압수자와 가족 등 관련자들의 현장 진술 등을 토대로 구성된 객관적으로 인식 가능한 사실상의 상태를 말한다.[131]

실질적 피압수자에게 참여권을 보장하지 않은 경우 특별한 사정이 없는 이상 해당 압수물의 증거능력은 부정된다. 다만, 이와 관련하여 참고할 만한 판례가 있어 소개한다. 대법원 2021. 11. 25. 선고 2019도7342 판결은 피의자가 모텔 객실에 몰래카메라를 설치하여 투숙객의 성행위 장면을 촬영하고 모텔 주인이 이를 경찰에 임의제출한 사안에서 "위 전원합의체 판결의 경우와 달리 수사기관이 임의제출

---

129) 대법원 2022. 5. 31. 선고 2016모587 결정.

130) 대법원 2023. 1. 12. 선고 2022모1566 결정.

131) 소재환 등, "디지털 증거 압수·수색 시 참여권자 관련 실무상 문제", 형사법의 신동향 제77호 (2022), 358쪽.

받은 정보저장매체가 그 기능과 속성상 임의제출에 따른 적법한 압수의 대상이 되는 전자정보와 그렇지 않은 전자정보가 혼재될 여지가 거의 없어 사실상 대부분 압수의 대상이 되는 전자정보만이 저장되어 있는 경우에는 소지·보관자의 임의제출에 따른 통상의 압수절차 외에 피압수자에게 참여의 기회를 보장하지 않고 전자정보 압수목록을 작성·교부하지 않았다는 점만으로 곧바로 증거능력을 부정할 것은 아니다"라고 판단하였다. 이 사건 원심인 의정부지방법원 2019. 5. 13. 선고 2018노3713 판결은 몰래카메라의 압수 집행 시 피고인 내지 변호인의 참여권 미보장 및 압수한 전자정보 목록 미교부 등을 이유로 압수물의 증거능력을 부정하였다.

자) 참여권 보장과 관련하여 문제되는 구체적 사례

(1) 관리권, 지배권이 중첩적으로 존재하는 경우 참여인의 범위

예컨대, 공무소 내의 노동조합사무실을 압수·수색하는 경우와 같이 공무소와 노동조합의 관리권, 지배권이 중첩적으로 존재하는 것으로 보이는 때에 참여권자는 공무소 책임자인지 아니면 노동조합사무실의 간수자인지가 문제된다.

위와 같이 관리권, 지배권이 중첩적으로 존재한다고 보이는 경우에는 직접적인 관리자, 지배자(또는 이에 대신할 자)에게 영장을 제시함과 동시에 참여를 하게 하는 것을 기본으로 해야 할 것이다.[132] 따라서 위 사안에서 만약 조합사무실이 공무소로부터 정식으로 사용허가를 받아 사용되고 있고, 다른 사무실과는 독립적으로 구분되어 있으며, 노동조합이 전적으로 사용하고 있다면, 공무소장의 관리권은 간접적으로만 미치기 때문에 당해 사무실의 간수자인 조합 관계자에게 참여를 요구하여야 한다.

일본 판례로는, 노동조합이 교육위원회의 사용허가에 기하여 공립소학교 내의 노동조합사무실을 사용점유하고 있는 경우 해당 사무실을 현실적으로 관리, 지배하고 있는 간수자는 조합이라고 보아 조합원을 참여시키지 않고 학교 교장만을 참여시켜 압수·수색을 실시한 것은 위법하다고 본 사례가 있다.[133]

또 다른 일본 판례로, 사립대학의 학생회관을 수색한 사안에서, 학생이 대학으로부터 어느 정도 독립하여 학생회관을 관리하고 있었다는 점을 인정하면서도

---

132) 검찰수사 실무전범 Ⅱ(압수·수색), 105쪽.
133) 해당 외국 판례의 출처는 검찰수사 실무전범 Ⅱ(압수·수색), 105쪽.

동시에 회관의 마스터키를 학생 및 대학 쌍방이 보관하고 비상시에는 대학이 단독으로 그것을 사용한다는 취지의 합의가 양자 간에 이루어져 있는 점, 야간에는 대학이 단독으로 학생회관을 관리한 점 등의 사정을 종합하여, 대학은 학생에 대하여 일상적인 관리운영 이상의 권한을 부여하고 있지 않으며 학생회관의 직접적, 현실적 지배는 대학의 수중에 유보되어 있다고 보아 대학 측 사람을 참여인으로 실시한 압수·수색을 적법하다고 한 사례가 있다.[134]

(2) 실질적 참여 보장이 문제되는 사례

(가) 10명 이상의 경찰관 인원수에 비해 참여인 수는 극소수였던 사례

실질적 참여보장이 문제된 일본 판례 사례로는 14명의 경찰관이 2명을 참여인으로 해서 5개의 방을 일제히 수색한 경우 실질적인 참여가 보장되지 않았다고 판시한 예가 있다. 반면, 10명의 경찰관이 3명을 참여인으로 하여 조합사무실을 수색한 사안에서는 사무소의 상황 및 수색자, 참여인의 배치상황으로 보아 실질적 참여가 보장되었다고 본 사례가 있다. 그 외에도 1명을 참여인으로 하여 각층이 3-4개의 방으로 된 2층 건물주택을 수색한 사안에 대하여 입회인이 수시로 그 집행상황을 볼 수 있는 상태였음을 이유로 적법하다고 판단한 사례도 있다.[135]

참여의 '실질적 보장'에 관한 기준이 무엇인지에 대해서는 판례나 학설로 정립된 내용은 없는 것 같다. 영장 집행의 참여제도는 집행을 받는 당사자를 보호하고, 영장집행절차의 적정성을 담보하려는데 그 목적이 있다.[136] 그렇다면, 그 실질적 보장 여부에 대한 판단기준도 당사자 보호 및 절차의 적정성 담보 여부에서 찾아야 한다. 결국 압수·수색 집행자 수와 참여인 수를 단순하게 산술적으로 비교할 것이 아니라, 참여인 수가 극소수라고 하더라도 해당 참여인이 영장 집행 과정을 전체적으로 조망하고 관찰할 수 있고 압수·수색 집행과정에 대해 자유롭게 이의를 제기할 수 있는 상태에 있다고 한다면 실질적인 참여가 보장되었다고 볼 수 있다.

---

134) 해당 외국 판례의 출처는 검찰수사 실무전범 Ⅱ(압수·수색), 106쪽.

135) 해당 외국 판례의 출처는 검찰수사 실무전범 Ⅱ(압수·수색), 104쪽.

136) 주석 형사소송법(제5판), 625쪽.

(나) 세대주가 부재하고 그 가족인 미성년자만 있는 경우 해당 미성년자를 참여인으로 할 수 있는지 여부

이 경우에도 집행을 받을 자의 권리보호와 집행절차의 공정성 담보를 기준으로 판단하여야 한다. 미성년자라고 해서 참여인 자격이 없다고 단정지을 수는 없다. 압수·수색 집행의 의미와 참여인으로서의 역할 등을 충분히 이해할 수 있고 사리분별력도 분명한 미성년자라면 참여인으로 해도 무방하나, 그렇지 않은 경우에는 참여인의 자격을 인정하기는 어렵다.

참여인 자격을 인정하기 어려운 미성년자로 판단될 경우에는 성년자에게 연락하여 신속히 귀가하도록 조치한 후 압수·수색을 하거나 긴급을 요하는 때에는 이웃사람 또는 지방자치단체의 직원을 참여하도록 하면 된다.

(3) 참여권 보장의 시간적 범위

(가) 압수현장에서 전자정보에 대한 선별방식의 압수가 종료된 이후, 수사기관 사무실에서 이미지 파일을 탐색, 복제, 출력하는 과정에서도 참여권을 보장하여야 하는지

【사안의 개요】

① 수사관 甲은 압수·수색영장의 집행현장에서 A가 사용, 보관하던 USB에서 조세포탈 장부가 담긴 파일로 추정되는 영장 범죄사실과 관련된 엑셀파일이나 문서파일들을 추출한 뒤 이를 논리적 이미징 작업을 하여 이 사건 USB 이미지 파일을 압수하였다.

② 그 과정에서 범죄혐의와 무관한 일부 파일들이 복제되기는 하였으나, A도 거기에 자신의 개인 신상과 관련된 파일은 없었다고 진술하였고, 이러한 파일들이 다른 범죄혐의와 관련된 전자정보도 아니었다.

③ 수사관 甲은 이 사건 USB에 저장된 파일의 해시(Hash)값과 논리적 이미징 작업을 한 파일의 해시값을 각각 컴퓨터 바탕화면에 띄워놓고 A에게 보여주면서 양자의 동일성을 확인하도록 하였고, A는 이 사건 사실확인서의 '피압수자 등 관계자 확인란'에 서명하였다.

④ 이 사건 영장의 집행과정에서 수사관 甲은 압수·수색 현장에 있던 A에게도 참여권을 고지하였는데, A는 옆에 있는 다른 방에 머무르면서 필요한 경우 압수·수색 현장으로 출입하였다.

⑤ 그 후 수사관 甲은 수사기관 사무실로 복귀하여 그곳에서 압수된 이미지 파일을 탐색, 복제, 출력하였고, 그 과정에서 A에게 참여의 기회를 제공하지 않았다.

【법원 판단】 [137)]

수사기관이 정보저장매체에 기억된 정보 중에서 키워드 또는 확장자 검색 등을 통해 범죄혐의사실과 관련 있는 정보를 선별한 다음 정보저장매체와 동일하게 비트열 방식으로 복제하여 생성한 파일(이미지 파일)을 제출받아 압수하였다면 이로써 압수의 목적물에 대한 압수·수색 절차는 종료된 것이므로, 수사기관이 수사기관 사무실에서 위와 같이 압수된 이미지 파일을 탐색·복제·출력하는 과정에서도 피의자 등에게 참여의 기회를 보장하여야 하는 것은 아니다.

(나) 저장매체 반출 방식의 압수·수색 이후 수사기관 사무실에서 압수물의 탐색, 복제, 출력을 진행하는 경우 참여권을 보장하여야 하는지

형사소송법 제219조, 제121조는 '수사기관이 압수·수색영장을 집행할 때에는 피압수자 또는 변호인은 그 집행에 참여할 수 있다'라는 취지로 규정하고 있다. 저장매체에 대한 압수·수색 과정에서 범위를 정하여 출력 또는 복제하는 방법이 불가능하거나 압수의 목적을 달성하기에 현저히 곤란한 예외적인 사정이 인정되어 전자정보가 담긴 저장매체 또는 하드카피나 이미징 등 형태(이하 '복제본'이라 한다)를 수사기관 사무실 등으로 옮겨 복제·탐색·출력하는 경우에도, 그와 같은 일련의 과정에서 피압수자나 변호인에게 참여의 기회를 보장하고 혐의사실과 무관한 전자정보의 임의적인 복제 등을 막기 위한 적절한 조치를 취하는 등 영장주의 원칙과 적법절차를 준수하여야 한다. 만약 그러한 조치를 취하지 않았다면 피압수자 측이 참여하지 아니한다는 의사를 명시적으로 표시하였거나 절차 위반행위가 이루어진 과정의 성질과 내용 등에 비추어 피압수자 측에 절차 참여를 보장한 취지가 실질적으로 침해되었다고 볼 수 없을 정도에 해당한다는 등의 특별한 사정이 없는 이상 압수·수색이 적법하다고 평가할 수 없고, 비록 수사기관이 저장매체 또는 복제본에서 혐의사실과 관련된 전자정보만을 복제·출력하였다고 하더라도 달리 볼 것은 아니다. [138)]

---

137) 대법원 2018. 2. 8. 선고 2017도13263 판결.
138) 대법원 2017. 9. 21. 선고 2015도12400 판결.

(다) 전자정보에 대한 압수·수색이 종료되기 전에 혐의사실과 관련된 전자정보를 적법하게 탐색하는 과정에서 별도의 범죄혐의와 관련된 전자정보를 우연히 발견한 경우

전자정보에 대한 압수·수색이 종료되기 전에 혐의사실과 관련된 전자정보를 적법하게 탐색하는 과정에서 별도의 범죄혐의와 관련된 전자정보를 우연히 발견한 경우라면, 수사기관은 더 이상의 추가 탐색을 중단하고 법원에서 별도의 범죄혐의에 대한 압수·수색영장을 발부받은 경우에 한하여 그러한 정보에 대하여도 적법하게 압수·수색을 할 수 있다.

나아가 이러한 경우에도 별도의 압수·수색 절차는 최초의 압수·수색 절차와 구별되는 별개의 절차이고, 별도 범죄혐의와 관련된 전자정보는 최초의 압수·수색영장에 의한 압수·수색의 대상이 아니어서 저장매체의 원래 소재지에서 별도의 압수·수색영장에 기해 압수·수색을 진행하는 경우와 마찬가지로 피압수·수색 당사자(이하 '피압수자'라 한다)는 최초의 압수·수색 이전부터 해당 전자정보를 관리하고 있던 자라 할 것이므로, 특별한 사정이 없는 한 피압수자에게 형사소송법 제219조, 제121조, 제129조에 따라 참여권을 보장하고 압수한 전자정보 목록을 교부하는 등 피압수자의 이익을 보호하기 위한 적절한 조치가 이루어져야 한다.[139]

(4) 저장매체 반출 방식의 압수·수색 이후 수사기관 사무실에서 압수물의 탐색, 복제, 출력을 진행하였으나, 피의자 및 변호인에게 참여통지가 되지 않은 경우 압수물의 증거능력

위와 같이 저장매체 원본이나 복제본으로부터 범죄혐의와 관련된 전자정보를 탐색하여 이를 문서로 출력하거나 파일을 복사하는 과정은 전체적으로 영장 집행의 일환에 포함되고, 이를 위해 저장매체 자체를 복구·복제하거나 삭제된 파일을 복원하고, 암호를 풀어 복호화하는 과정 역시 영장 집행의 일환이다. 따라서 그 과정에 대하여 피고인들과 변호인에게 집행의 일시와 장소를 사전에 통지하지 아니한 것은 형사소송법 제219조, 제122조 본문, 제121조에 위배된다.

피고인들은 일부 압수·수색 과정에는 직접 참여하기도 하였고, 직접 참여하지 아니한 압수·수색절차에도 피고인들과 관련된 참여인들의 참여가 있었다. 따라서 피고인들은 추후 수사관이 압수물에 관하여 영장에 기재된 범죄혐의 관련 전자정보를 탐색할 것을 충분히 예상할 수 있었을 것으로 보인다. 그럼에도 피고인

---

139) 대법원 2015. 7. 16. 선고 2011모1839 전원합의체 결정.

들은 이후 수사기관에 대하여 압수물 분석 과정 등에 대한 참여권 보장을 요청하
지는 않았던 것으로 보인다.

통상적으로 손상된 전자정보 저장매체의 복구나 암호의 해독, 삭제된 파일의
복원 과정 등은 그 성공 가능성을 미리 예측할 수 없고 그 방법이나 소요시간 등도
가늠하기 어렵다. 따라서 이러한 조치가 수반되는 정보 분석 과정의 경우 피고인
등의 참여권을 완전히 보장하기란 현실적으로 어려움이 있다.

이 사건에 있어서 수사관들이 피고인들과 변호인에게 복호화 과정의 집행 일
시와 장소를 사전에 통지하지 않은 것은 영장 집행의 종료 시점에 관하여 나름대
로 해석한 결과인 것으로 볼 여지가 있고, 피고인들과 변호인의 참여를 의도적으
로 배제하려 하였던 것으로는 보이지 않는다.

이 사건 압수·수색 과정에서 압수된 저장매체 중 이 사건에서 증거로 제출된
것들은 추가적인 정보저장이나 내용의 변경이 불가능한 매체이거나, 객관성이 인
정되는 제3자의 서명에 의한 봉인조치에 의해 보존되어 있고, 그 해시값도 보존되
어 있다. 또한 압수 및 복호화 관련 절차에 참여한 증인들의 증언 등을 통해 그
보관의 연속성 등이 인정된다. 따라서 수사기관이 이를 분석하는 과정에서 정보를
훼손하거나 조작을 가할 개연성은 매우 낮아 보이고, 복호화 등 과정에 대한 참여
통지 누락이 이 사건 증거수집에 어떠한 영향을 미쳤다고 보이지 않는다.

위 사정을 종합적으로 고려하면, 이 사건 압수·수색 과정에서 수집된 증거는
위와 같은 복호화 등 과정 참여권과 관련된 절차 위반행위에도 불구하고, 이를 유
죄 인정의 증거로 사용할 수 있는 예외적인 경우에 해당한다고 보아야 한다.[140]

(5) 피해자 등 제3자가 피의자의 소유·관리에 속하는 정보저장매체를 임의제출한 경우 피의자의 참여권 보장여부

피해자 등 제3자가 피의자의 소유·관리에 속하는 정보저장매체를 영장에 의
하지 않고 임의제출한 경우에는 실질적 피압수자인 피의자가 수사기관으로 하여
금 그 전자정보 전부를 무제한 탐색하는 데 동의한 것으로 보기 어려울 뿐만 아니
라 피의자 스스로 임의제출한 경우 피의자의 참여권 등이 보장되어야 하는 것과
견주어 보더라도 특별한 사정이 없는 한 형사소송법 제219조, 제121조, 제129조에

---

140) 서울고등법원 2014. 8. 11. 선고 2014노762 판결(대법원 2014도10978 전원합의체 판결로 확정).

따라 피의자에게 참여권을 보장하고 압수한 전자정보 목록을 교부하는 등 피의자의 절차적 권리를 보장하기 위한 적절한 조치가 이루어져야 한다.[141]

여기서 '피의자의 소유·관리에 속하는 정보저장매체'란, 피의자가 압수·수색 당시 또는 이와 시간적으로 근접한 시기까지 해당 정보저장매체를 현실적으로 지배·관리하면서 그 정보저장매체 내 전자정보 전반에 관한 전속적인 관리처분권을 보유·행사하고, 달리 이를 자신의 의사에 따라 제3자에게 양도하거나 포기하지 아니한 경우로써, 피의자를 그 정보저장매체에 저장된 전자정보에 대하여 실질적인 피압수자로 평가할 수 있는 경우를 말하는 것이다. 이에 해당하는지 여부는 민사법상 권리의 귀속에 따른 법률적·사후적 판단이 아니라 압수·수색 당시 외형적·객관적으로 인식 가능한 사실상의 상태를 기준으로 판단하여야 한다. 이러한 정보저장매체의 외형적·객관적 지배·관리 등 상태와 별도로 단지 피의자나 그 밖의 제3자가 과거 그 정보저장매체의 이용 내지 개별 전자정보의 생성·이용 등에 관여한 사실이 있다거나 그 과정에서 생성된 전자정보에 의해 식별되는 정보주체에 해당한다는 사정만으로 그들을 실질적으로 압수·수색을 받는 당사자로 취급하여야 하는 것은 아니다.[142]

(6) 형사소송법 제106조 제4항이 전자정보의 '정보주체'에게 참여권을 보장하는 취지인지 여부

형사소송법 제106조 제4항(제219조)은 '수사기관은 압수의 목적물이 컴퓨터용디스크, 그 밖에 이와 비슷한 정보저장매체인 경우에는 기억된 정보의 범위를 정하여 출력하거나 복제하여 제출받아야 하는데, 해당 전자정보를 제공받은 경우 「개인정보 보호법」제2조 제3호에 따른 정보주체에게 해당 사실을 지체 없이 알려야 한다'라고 규정하고 있다.

그렇다면, 위 제106조 제4항은 정보주체에 대한 참여권 보장의 근거 조항인가, 만약 통지를 하지 않았을 경우 해당 압수·수색은 위법한가. 이와 관련하여 참고할 만한 하급심 판례가 있어 소개한다. 검찰수사관이 대학교 강사휴게실에 보관되어 있는 PC를 강사 A로부터 임의제출받은 사안인데, 피고인은 법정에서 "형사소송법 제106조 제4항에 의하면 검사는 개인정보를 수집하는 경우 개인정보 보호

---

141) 대법원 2021. 11. 18. 선고 2016도348 전원합의체 판결.
142) 대법원 2022. 1. 27. 선고 2021도11170 판결.

법 제2조 제3호가 규정한 정보주체에게 해당 사실을 지체 없이 알려야 함에도 불구하고, 검사는 강사휴게실 PC의 전자정보를 수집하는 과정 또는 수집이 완료된 후에 정보주체인 피고인 또는 그 가족들에게 아무런 통지를 하지 않았으므로 강사휴게실 PC에서 추출한 전자정보는 위법수집증거에 해당하므로 그 증거능력이 없다"라고 주장하였다.

이에 대해 하급심은 "개인정보 보호법 제3조 내지 제5조의 내용, 압수·수색 절차에 대한 피고인, 피의자의 참여권 등의 권리는 형사소송법이 별도로 규정하고 있는 점, 정보저장매체를 압수할 당시 그 저장매체 안에 어떠한 전자정보가 들어 있고 그 전자정보의 주체가 누구인지를 곧바로 확인하기 어려운 점, 형사소송법 제106조 제4항이 정보주체에게 그 사실을 통지하도록 하는 것 외에 정보주체로 하여금 압수·수색 절차에 참여할 수 있음을 규정하고 있지 않은 점 등을 종합하여 보면, 형사소송법 제106조 제4항의 취지는, 압수·수색 절차가 진행된 이후에 압수물의 분석을 통해 확인된 전자정보의 정보주체로 하여금 사후적인 자기정보통제권을 행사할 수 있도록 보장하기 위한 것일 뿐, 압수·수색 절차 등 수사과정의 위법행위를 억제하기 위한 것이라거나, 피고인 또는 피의자의 방어권 보장, 임의제출물의 소유자, 보관자, 점유자의 형사상 권리를 보장하기 위한 것이라고 해석할 수 없다. 따라서 검사 또는 검찰수사관이 형사소송법 제106조 제4항이 규정하는 정보주체에 대한 통지의무를 이행하지 않았다고 하더라도, 그러한 절차 위반행위가 적법절차의 실질적인 내용을 침해하는 경우에 해당한다고 할 수 없다. 또한 같은 법 제106조 제4항의 취지에 비추어 보면, 같은 조항의 위반행위를 이유로 취득한 전자정보를 범죄사실을 입증하는 증거로 사용할 수 없다고 해석하는 것은, 헌법과 형사소송법이 형사소송에 관한 절차 조항을 마련하여 적법절차의 원칙과 실체적 진실 규명의 조화를 도모하고 이를 통하여 형사 사법 정의를 실현하려 한 취지에 반하는 결과를 초래한다"라고 판단하였다.[143]

위 하급심의 대법원 판결은 형사소송법 제106조 제4항이 전자정보의 '정보주체'에게 참여권을 보장하는 취지인지에 대해서는 명확한 판단을 하지 않은 채 "피의자의 관여 없이 임의제출된 정보저장매체 내의 전자정보 탐색 등 과정에서 피의자가 참여권을 주장하기 위해서는 정보저장매체에 대한 현실적인 지배·관리 상태

---

143) 서울중앙지방법원 2020. 12. 23. 선고 2019고합738, 927, 1050(병합) 판결.

와 그 내부 전자정보 전반에 관한 전속적인 관리처분권의 보유가 전제되어야 한다. 따라서 이러한 지배·관리 등의 상태와 무관하게 개별 전자정보의 생성·이용 등에 관여한 자들 혹은 그 과정에서 생성된 전자정보에 의해 식별되는 사람으로서 그 정보의 주체가 되는 사람들에게까지 모두 참여권을 인정하는 취지가 아니므로, 위 주장은 받아들이기 어렵다"라고 판시하였다.[144]

2) 수색 증명서, 압수목록의 교부 및 압수조서의 작성

가) 의의

수색한 경우에 증거물 또는 몰취할 물건이 없는 때에는 그 취지의 증명서를 교부하여야 한다($\binom{제219조,}{제128조}$). 압수한 경우에는 목록을 작성하여 소유자, 소지자, 보관자 기타 이에 준할 자에게 교부하여야 하고($\binom{제219조,}{제129조}$), 압수의 일시·장소, 압수 경위 등을 적은 압수조서를 작성하여야 한다($\binom{수사준칙}{제40조}$). 다만, 피의자신문조서, 진술조서, 검증조서에 압수의 취지를 적은 경우에는 압수조서를 작성할 필요는 없다($\binom{수사준칙}{제40조 단서}$).

나) 압수목록의 교부 상대방

수사기관은 압수물을 압수한 경우 압수목록을 작성하여 소유자, 소지자, 보관자 기타 이에 준할 자에게 교부하여야 한다($\binom{제219조,}{제129조}$). 따라서 수사기관은 압수처분을 당한 자, 즉 피압수자에게 압수목록을 교부하면 된다.

그렇다면, 네이버 등 온라인서비스제공자가 보관하는 피의자 소유의 이메일 등을 수사기관이 압수·수색하는 경우에는 누구에게 압수목록을 교부하여야 하는가. 이에 대해 그동안의 법원 실무례는 피압수자인 온라인서비스제공자에게 압수목록을 교부하면 족하다는 입장이었다. 그런데 대법원은 2022. 5. 31. 준항고 사건에서 "서비스이용자로서 실질적 피압수자이자 피의자인 준항고인에게 참여권을 보장하지 않은 위법과 압수한 전자정보 목록을 교부하지 않은 위법을 범하였다"라고 판단하였다.[145]

---

144) 대법원 2022. 1. 27. 선고 2021도11170 판결.
145) 대법원 2022. 5. 31. 선고 2016모587 결정.

다) 압수목록의 교부시기 및 교부 방법

압수물 목록은 피압수자 등이 압수물에 대한 환부·가환부신청을 하거나 압수처분에 대한 준항고를 하는 등 권리 행사 절차를 밟는 가장 기초적인 자료가 되므로, 수사기관은 이러한 권리행사에 지장이 없도록 압수 직후 현장에서 압수물 목록을 바로 작성하여 교부해야 하는 것이 원칙이다.[146]

따라서 수사기관이 압수현장에서 전자정보를 특정해 복사·출력하는 경우에는 그 즉시, 현장에서 전자정보 추출이 불가능하여 정보저장매체를 반출하는 경우에는 정보추출이 끝난 시점에 지체 없이 제출인에게 전자정보상세목록을 교부하여야 한다.[147] 만약 압수목록에 포함되지 않은 전자정보가 있는 경우에는 해당 전자정보를 지체 없이 삭제 또는 폐기하거나 반환해야 한다. 이 경우 삭제·폐기 또는 반환확인서를 작성하여 피압수자 등에게 교부해야 한다(수사준칙 제42조 제1항, 제2항).

이러한 압수물 목록 교부 취지에 비추어 볼 때, 압수된 정보의 상세목록에는 정보의 파일 명세가 특정되어 있어야 하고, 수사기관은 이를 출력한 서면을 교부하거나 전자파일 형태로 복사해 주거나 이메일을 전송하는 등의 방식으로도 할 수 있다.[148]

한편, 압수·수색영장에 의한 압수절차에서 다른 위법사유가 없음에도 불구하고 압수조서와 압수목록이 작성되지 않았고, 압수목록이 피압수자에게 교부되지 않은 이유만으로 해당 압수물 및 그에 기초한 2차적 증거는 위법수집증거에 해당하여 증거능력이 없다고 본 하급심 판례가 있다.[149] 이 판례는 "압수목록의 교부가 피압수자 등이 압수물에 대한 환부·가환부신청을 하거나 압수처분에 대한 준항고를 하는 등 권리행사절차를 밟는 가장 기초적인 자료가 되는 점에서 압수·수색 후 압수목록의 미교부는 영장주의 및 헌법과 형사소송법이 보장하는 적법절차 원칙의 실질적인 내용을 침해하는 경우에 해당하고, 위법수집증거의 증거능력을 인정할 수 있는 예외적인 경우에 해당한다고 볼 수도 없다"라고 보았다.

이에 반해, "압수목록 또는 전자정보상세목록의 교부는 압수가 종료된 이후

---

146) 대법원 2018. 2. 8. 선고 2017도13263 판결.
147) 서울중앙지방법원 2020. 12. 23. 선고 2019고합738, 927, 1050(병합) 판결.
148) 대법원 2018. 2. 8. 선고 2017도13263 판결.
149) 대구지방법원 2021. 5. 26. 선고 2019고단5674, 2020고단6233(병합) 판결.

에 이루어지는 절차이므로, 형사소송법이 압수·수색에 관하여 정한 다른 절차들과 비교할 때 그 위반으로 인하여 피압수자에게 발생하는 법익 침해의 정도가 중하지 않은 점, 피고인이 이 사건 PC의 탐색과정에 참여하지 않겠다는 의사를 표명하였던 점까지 고려할 때 위와 같은 절차 하자가 이 사건 PC의 증거능력을 배제해야 할 정도로 중대한 것이라 보기는 어렵다"라고 판시한 하급심 판례도 있다.[150] 다만, 이 판례는 다른 위법사유의 존재를 이유로 위 PC의 증거능력을 배척하였다.

피의자가 자신의 휴대전화에 저장된 동영상을 임의제출하는 과정에서 사법경찰관이 압수조서 및 압수목록을 작성·교부하지는 않았지만, 그에 갈음하여 압수의 취지를 피의자신문조서에 기재하고, 피의자신문에서 피의자에게 해당 동영상을 재생하여 보여주면서 문답을 한 사안에서 대법원은 "(압수조서를 작성하지 않은 위법성 여부) 형사소송법 제106조, 제218조, 제219조, 형사소송규칙 제62조, 제109조, 구 범죄수사규칙 제119조 등 관련규정들에 의하면, 사법경찰관이 임의제출된 증거물을 압수한 경우 압수경위 등을 구체적으로 기재한 압수조서를 작성하도록 하고 있다. 이는 사법경찰관으로 하여금 압수절차의 경위를 기록하도록 함으로써 사후적으로 압수절차의 적법성을 심사·통제하기 위한 것이다. 구 범죄수사규칙 제119조 제3항에 따라 피의자신문조서 등에 압수의 취지를 기재하여 압수조서를 갈음할 수 있도록 하더라도, 압수절차의 적법성 심사·통제 기능에 차이가 없으므로, 위와 같은 사정만으로 이 사건 동영상에 관한 압수가 형사소송법이 정한 압수절차를 지키지 않은 것이어서 위법하다는 취지의 원심 판단에는 압수절차의 적법성에 관한 법리를 오해하여 판결에 영향을 미친 잘못이 있다. (전자정보 압수목록이 교부된 것으로 평가할 수 있는지 여부) 사법경찰관은 피의자신문 시 이 사건 동영상을 재생하여 피고인에게 제시하였고, 피고인은 촬영 동기 등을 구체적으로 진술하였으며 별다른 이의를 제기하지 않았다. 따라서 이 사건 동영상의 압수 당시 실질적으로 피고인에게 해당 전자정보 압수목록이 교부된 것과 다름이 없다고 볼 수 있다. 비록 피고인에게 압수된 전자정보가 특정된 목록이 교부되지 않았더라도, 절차 위반행위가 이루어진 과정의 성질과 내용 등에 비추어 피고인의 절차상 권리가 실질적으로 침해되었다고 보기 어려우므로 이 사건 동영상에 관한 압수는 적법하다고 평가

---

150) 서울고등법원 2021. 1. 7. 선고 2020노1164 판결.

할 수 있다"라고 판시하였다.[151]

라) 압수목록 및 압수목록교부서의 기재 내용·방식

압수목록을 작성할 때 압수방법·장소·대상자별로 명확히 구분하여 압수물의 품종·종류·명칭·수량·외형상 특징 등을 최대한 구체적이고 정확하게 특정하여 기재하여야 한다.[152]

대법원은 수사기관이 압수목록교부서를 작성함에 있어 압수방법·장소나 대상자를 전혀 구분하지 않고 압수물 중 극히 일부만 기재하였을 뿐만 아니라, 압수·수색영장 집행과 무관하게 제3자로부터 임의제출받은 것까지 압수목록에 포함시킨 사안에서 "그러한 압수목록교부서는 형식적인 부실함과 그 내용상의 오류 및 포괄적인 기재방식에 비추어 형사소송법 제219조 및 제129조에 따라 압수·수색영장의 집행 결과를 적법하게 기재한 서류라 볼 수 없다"라고 판시하였다.[153]

마) 압수목록 교부, 압수조서 기재와 관련한 구체적 쟁점

(1) 압수조서에 압수한 자의 소속기관 및 작성일자가 누락되고, 압수목록에 저장매체 용량의 오기가 있었던 경우

하급심 판결은 압수조서에 압수한 자의 소속기관 및 작성일자가 누락되고, 저장매체의 용량에 오기가 있던 사안에서 "관련 규정은 '압수 경위를 기재해야 한다'라는 것이므로 소속기관, 작성일자 누락이 반드시 요구되는 것은 아니고, 본건 압수가 이틀간 이루어진 점, 압수 경위에 대한 상세한 기재가 있는 점, 압수목록에 저장매체의 용량에 오기가 있다고 하더라도 저장매체의 제품 번호와 시리얼 번호

---

151) 대법원 2023. 6. 1. 선고 2020도2550 판결. 압수 취지를 수사보고서에 기재한 사례는 대법원 2023. 6. 1. 선고 2020도12157 판결.

152) 대법원 2022. 1. 14. 선고 2021모1586 결정은 "수사기관이 압수·수색영장에 기재된 범죄혐의사실과의 관련성에 대한 구분 없이 임의로 전체의 전자정보를 복제·출력하여 이를 보관하여 두고, 그와 같이 선별되지 않은 전자정보에 대해 구체적인 개별 파일 명세를 특정하여 상세목록을 작성하지 않고 '…·.zip'과 같이 그 내용을 파악할 수 없도록 되어 있는 포괄적인 압축파일만을 기재한 후 이를 전자정보 상세목록이라고 하면서 피압수자 등에게 교부함으로써 범죄혐의사실과 관련성 없는 정보에 대한 삭제·폐기·반환 등의 조치도 취하지 아니하였다면, 이는 결국 수사기관이 압수·수색영장에 기재된 범죄혐의사실과 관련된 정보 외에 범죄혐의사실과 관련이 없어 압수의 대상이 아닌 정보까지 영장 없이 취득하는 것일 뿐만 아니라, 범죄혐의와 관련 있는 압수 정보에 대한 상세목록 작성·교부의무와 범죄혐의와 관련 없는 정보에 대한 삭제·폐기·반환의무를 사실상 형해화하는 결과가 되는 것이어서 영장주의와 적법절차의 원칙을 중대하게 위반한 것으로 봄이 타당하다"라고 판단하였다.

153) 대법원 2022. 7. 14. 선고 2019모2584 결정.

에는 오기가 없는 점 등 근거로 조서 작성의 중대한 하자가 있다고 볼 수 없다"라고 판단하였다.[154]

(2) 압수목록에 작성일자가 누락되어 있고, 일부 내용이 사실에 부합하지 않았음은 물론, 압수·수색이 종료된 지 5개월이 지난 뒤에 압수목록이 교부된 경우

공무원인 수사기관이 작성하여 피압수자 등에게 교부해야 하는 압수물 목록에는 작성 연월일이 기재되고(제57조 제1항), 그 내용도 사실에 부합하여야 한다. 또, 압수물 목록은 피압수자 등이 압수물에 대한 환부·가환부신청을 하거나 압수처분에 대한 준항고를 하는 등 권리 행사 절차를 밟는 가장 기초적인 자료가 되므로 이러한 권리 행사에 지장이 없도록 압수 직후 현장에서 바로 작성하여 교부해야 하는 것이 원칙이다.

같은 취지에서, 작성 연월일을 누락한 채 일부 사실에 부합하지 않는 내용으로 작성하여 압수·수색이 종료된 지 5개월이나 지난 뒤에 이 사건 압수물 목록을 교부한 행위는 형사소송법이 정한 바에 따른 압수물 목록 작성·교부에 해당하지 않는다.[155]

(3) 압수조서의 작성이 압수에 있어서 본질적이고 필수적인 절차인지 여부

피고인이 압수조서를 확인한 바가 없다면서 피고인의 혈액을 임의제출 형식으로 압수하는 과정에 위법이 있다고 주장한 사례에서, 서울고등법원 2022. 11. 3. 선고 2022노1406 판결은 "형사소송법과 군사법원법은 압수조서의 작성에 관하여, 법원에 의한 압수·수색에 관한 부분(형사소송법 제1편 제10장, 군사법원법 제2편 제1장 제8절)이 아닌 법원의 서류 작성에 관한 부분(형사소송법 제1편 제6장, 군사법원법 제2편 제1장 제4절)에서 규정하면서, 수사기관의 압수·수색에 관하여 법원에 의한 압수·수색에 관한 각 규정을 준용하도록 하고 있는 형사소송법 제219조, 군사법원법 제258조에서는 압수조서의 작성에 관한 형사소송법 제49조, 제50조 또는 군사법원법 제83조, 제84조를 준용하고 있지 않을 뿐 아니라, 검찰사건사무규칙 제50조 제1항, 군검찰 사건사무규칙 제24조 제1항은 검사 내지 군검사가 압수한 경우 압수조서를 작성하도록 하면서도 그 단서에 '피의자신문조서 또는 진술조서에 압수의 취지를 기재함으로써 압수조서의 작성에 갈음할 수 있다'고 규정하고 있으므

---

154) 서울고등법원 2013. 2. 8. 선고 2012노805 판결(대법원 2013도2511 판결로 확정).

155) 대법원 2009. 3. 12. 선고 2008도763 판결.

로, 압수조서의 작성이 압수에 있어서 본질적이고 필수적인 절차라고 보기 어렵다. 따라서 압수조서를 작성하지 않았다는 이유만으로 그 압수물이 위법수집증거에 해당된다고 볼 수는 없다"라고 판시하였다.

3) 야간집행의 제한

가) 야간집행의 제한 및 예외

일출 전, 일몰 후에는 압수·수색영장에 야간집행을 할 수 있는 기재가 없으면 그 영장을 집행하기 위하여 타인의 주거, 간수자 있는 가옥, 건조물, 항공기 또는 선차 내에 들어가지 못한다(제219조; 제125조).

본조는 야간에 있어 사생활의 평온을 보호하려는 취지이므로 타인의 건조물에는 공무소인 건조물은 포함되지 아니한다. 따라서 공무소인 건조물에서는 압수·수색영장을 야간에 집행하는 것이 허용된다.[156]

도박 기타 풍속을 해하는 행위에 상용된다고 인정하는 장소, 여관, 음식점 기타 야간에 공중이 출입할 수 있는 장소(단, 공개한 시간 내에 한한다)에서 압수·수색영장을 집행함에는 일출 전 일몰 후의 제한을 받지 아니한다(제219조; 제126조).

나) 주간 집행착수 영장의 야간 계속집행 문제

야간집행 문구가 없는 압수·수색영장으로 주간에 집행착수를 하였으나 일몰 때까지 집행을 완료하지 못한 경우 일몰 후에도 계속 집행을 할 수 있는지 문제된다.

일출 이전 일몰 이후에는 주거 등에 들어가지 못한다고 규정하고 있으므로, 일몰 이전에 영장 집행이 착수된 경우에는 일몰 이후에도 영장의 집행을 계속할 수 있다.[157] 다만, 당사자가 야간 집행을 강력히 거부하는 등 계속 집행이 불가능한 상황이 발생한다면, 압수·수색영장의 집행을 중지하고 필요한 때에는 집행이 종료될 때까지 그 장소를 폐쇄하거나 간수자를 두는 조치를 취할 수 있을 것이다.[158]

---

156) 주석 형사소송법(제5판), 628쪽.
157) 주석 형사소송법(제5판), 629쪽.
158) 검찰수사 실무전범 Ⅱ(압수·수색), 100쪽 참고.

4) 영장 집행과 관련한 필요한 처분 등

가) 집행 중의 출입금지

압수·수색영장의 집행 중에는 타인의 출입을 금지할 수 있다. 그 위반자에게는 퇴거하게 하거나 집행종료시까지 간수자를 붙일 수 있다$\binom{제219조,}{제119조}$.

출입금지 등 조치는 영장의 집행 중에 한하여 가능하다. 영장의 집행 중이란 영장의 집행을 개시한 후 그 종료 때까지를 말한다. 출입금지 조치를 위반한 자에 대해서는 실력 행사에 의한 강제퇴거가 허용된다. 간수자에 대해서는 특별한 자격 제한이 없으므로 일반 개인도 가능하다. 영장 집행의 목적 달성을 위하여 필요한 최소한도의 범위 내의 장소도 그 집행하는 장소에 해당한다. 예를 들면, 압수물의 반출에 필요한 출입문 앞 노상은 집행 중인 장소에 해당한다.[159]

일본 판례중에 "압수·수색영장의 집행에 있어 출입금지처분은 원칙적으로 영장에 기재된 수색장소 자체에 대한 출입금지처분을 가리키나, 출입금지의 목적 달성을 위해서는 일반적으로 목적과의 균형상 심히 타인의 이익을 해하지 않는 범위 내에서라면 영장에 기재된 수색장소 인근의 일정 구역에 대하여도 필요한 조치를 할 수 있는 것이다. 시장이라고 칭하는 일정구역내의 대부분의 건물에 관하여 각각 압수·수색 허가장이 발부되고 이들 영장이 동시에 집행되는 상황에서 건물 거주자 등 다수인의 방해로 집행의 곤란이 초래될 것이 예상되는 경우에는 목적달성의 필요상 집행의 대상인 건물에의 진입을 금지하고 그 금지 실행의 한 방법으로서 그 시장 북쪽 서문에 여러 명의 경찰을 배치하여 진입금지의 조치를 취한 것은 적법하다"라고 판단한 것이 있다.[160]

나) 집행중지와 필요한 처분

압수·수색영장의 집행을 중지한 경우에 필요한 때에는 집행이 종료될 때까지 그 장소를 폐쇄하거나 간수자를 둘 수 있다$\binom{제219조,}{제127조}$.

영장 집행중지에 따른 폐쇄 조치는 통상 해당 장소에 대한 봉인으로 이루어진다. 영장 집행의 일시중지 역시 '영장의 집행 중'에 해당하므로 집행중지 기간 동안 형사소송법 제119조에 따라 타인의 출입을 금지하거나 그 위반자에 대해서

---

159) 주석 형사소송법(제5판), 617쪽.
160) 해당 외국 판례의 출처는 검찰수사 실무전범 Ⅱ(압수·수색), 83쪽.

는 퇴거하게 할 수 있다.

다) 집행과 필요한 처분

(1) 의의

압수·수색영장의 집행에 있어서는 건정을 열거나 개봉 기타 필요한 처분을 할 수 있다. 위 처분은 압수물에 대하여도 할 수 있다(제219조, 제120조).

'건정을 열거나 개봉'은 예시에 불과하다. 압수·수색의 집행을 원활하고 적정하게 행하기 위한 것이라면 필요한 처분으로 조치를 취할 수 있다. 다만, 해당 처분은 영장 집행의 목적을 달성하기 위하여 필요 최소한도에서 수단과 목적에 비추어 사회통념상 상당하다고 인정되는 경우여야 한다.

나아가 개별적 상황에서 영장을 집행하고 싶어도 집행이 불가능한 경우에는 집행에 앞서거나 집행 도중에 압수·수색행위 이외의 처분을 할 수 있는 것으로 해석된다.

(2) 필요처분으로 인정되는 예시

필요한 처분으로 인정되는 예로는, ① 압수목적물을 발견, 선별, 특정하기 위하여 영장에 의해 허가된 장소를 수색하는 것, ② 압수목적물이 존재할 가능성이 있는 대상물건에 강제력을 행사하여 그 내부를 검사하고 압수물의 존부를 확인하는 것, ③ 물건의 파괴(다만, 이 경우 영장집행자는 이를 피하기 위한 일정한 노력을 기울여야 한다. 예컨대, 시정된 금고를 파괴하는 경우에는 그 전에 상대방에게 스스로 금고를 열도록 설득하여야 하고, 그러한 노력 없이 금고를 파괴하는 경우에는 상당성을 결한 경우에 해당할 수 있다), ④ 차로를 주행하고 있는 수색 대상 자동차를 정지시키는 것, ⑤ USB 내에 피의사실과 관련성을 갖는 기록내용을 발견, 선별하는 작업(이는 곧 수색과정인데 그 수색을 위해서 컴퓨터를 작동시켜 USB의 기록 내용을 가독화, 가시화하는 작업도 가능하다), ⑥ 피의사실과 관련성을 갖는 사진을 발견하기 위하여 필름을 현상하는 것, ⑦ 압수·수색영장을 제시하기 이전이라도 처분을 받는 자가 증거인멸을 하는 것을 방지하기 위한 조치, ⑧ 혈액에 대한 영장 집행을 위한 채혈행위 등을 들 수 있다.

(3) 필요한 처분과 관련된 구체적 쟁점

(가) 압수·수색장소에 있는 사람들의 이동을 제한하는 행위의 가부

압수·수색장소에 있는 사람들의 이동을 제한하는 행위는 압수·수색의 집행을 방해하거나 그러한 우려가 있는 경우에만 예외적으로 인정될 수 있다고 본다. 영장 집행의 목적을 달성하기 위하여 필요 최소한도에서 수단과 목적에 비추어 사회통념상 상당하다고 인정되는 경우여야 함은 물론이다.

(나) 사람에 대한 신체, 소지품 수색

특정장소만을 압수·수색장소로 기재한 압수·수색을 가지고 그 장소에 현존하는 사람의 신체에 대해서도 당연히 수색할 수 있다고 보기는 어렵다.

다만, 해당 장소에 현존하는 사람이 수색의 목적물을 소지하고 있다고 의심하기에 족한 상황이 존재하고, 즉시 그 목적물을 확보할 필요성과 긴급성이 있다고 인정되는 경우에는 그 사람의 신체, 소지품에 대하여도 강제력을 사용하여 수색하는 것이 가능하다.

(다) 사진촬영

압수·수색 절차의 적법성을 담보하거나 증거물의 증거가치를 보존하기 위하여 집행상황이나 압수물건, 압수장소 등을 촬영하는 것은 필요한 처분으로 가능할 것이다.

(라) 전화의 발신, 수신 금지

피수색자들이 전화로 증거인멸을 통모하거나 압수·수색 집행을 방해할 위험이 있는 때에는 상당한 수단과 방법에 의하여 필요 최소한의 한도 내에서 전화의 발신, 수신을 금지할 수 있다.

(마) 피의자의 이메일 계정에 대한 접근권한에 갈음하여 발부받은 압수·수색영장에 따라 이메일 계정의 아이디 및 비밀번호를 로그인 창에 입력하여 이메일 내용을 압수·수색한 경우

【사안의 개요】

① 수사기관은 피의자 A 소유의 USB를 압수하여 그 속에 저장된 문서에서 A가 사용하는 이메일 주소와 비밀번호를 알게 되었다.

② 이에 수사기관은 법원에 다음과 같은 내용의 압수·수색영장을 청구하여 발부받았다.

압수·수색할 물건: A가 사용한 중국 인터넷서비스제공자인 甲 회사가 제공하는 이메일 계정, 받은 편지함 등 각종 편지함에 송·수신이 완료되어 저장되어 있

는 내용과 동 내용을 출력한 출력물, 동 내용을 저장한 저장매체

압수·수색할 장소: 한국인터넷진흥원(KISA) 사무실에 설치된 인터넷용 PC(온라인상 압수·수색·검증)

압수·수색 방법: 한국인터넷진흥원(KISA) 사무실에 설치된 인터넷용 PC에서 위 甲 회사의 이메일 홈페이지 로그인 입력창에 위 ①에서 입수한 이메일 주소와 비밀번호를 입력하여 로그인한 후 피의사실 관련 자료를 선별하여 저장한 저장매체 봉인·압수

③ 수사기관은 위 발부된 압수·수색영장으로 위 이메일 계정에 비밀번호를 입력하여 로그인한 다음, 총 15건의 이메일 및 그 첨부파일을 추출하여 출력·저장함으로써 압수하였다.

【쟁점】

① 피의자의 이메일 계정에 대한 접근권한에 갈음하여 발부받은 압수·수색영장에 따라 원격지의 저장매체에 적법하게 접속하여 내려받거나 현출된 전자정보를 대상으로 하여 범죄혐의사실과 관련된 부분에 대하여 압수·수색하는 것이 허용되는지 여부

② 형사소송법 제120조 제1항에서 정한 '압수·수색영장의 집행에 필요한 처분'에 해당하는지 여부

③ 이러한 법리는 원격지의 저장매체가 국외에 있는 경우라도 마찬가지로 적용되는지 여부

【법원 판단】[161]

인터넷서비스이용자는 인터넷서비스제공자와 체결한 서비스이용계약에 따라 그 인터넷서비스를 이용하여 개설한 이메일 계정과 관련 서버에 대한 접속권한을 가지고, 해당 이메일 계정에서 생성한 이메일 등 전자정보에 관한 작성·수정·열람·관리 등의 처분권한을 가지며, 전자정보의 내용에 관하여 사생활의 비밀과 자유 등의 권리보호이익을 가지는 주체로서 해당 전자정보의 소유자 내지 소지자라고 할 수 있다. 또한 인터넷서비스제공자는 서비스이용약관에 따라 전자정보가 저장된 서버의 유지·관리책임을 부담하고, 해당 서버 접속을 위해 입력된 아이디와

---

161) 대법원 2017. 11. 29. 선고 2017도9747 판결.

비밀번호 등이 인터넷서비스이용자가 등록한 것과 일치하면 접속하려는 자가 인터넷서비스이용자인지 여부를 확인하지 아니하고 접속을 허용하여 해당 전자정보를 정보통신망으로 연결되어 있는 컴퓨터 등 다른 정보처리장치로 이전, 복제 등을 할 수 있도록 하는 것이 일반적이다.

따라서 수사기관이 인터넷서비스이용자인 피의자를 상대로 피의자의 컴퓨터 등 정보처리장치 내에 저장되어 있는 이메일 등 전자정보를 압수·수색하는 것은 전자정보의 소유자 내지 소지자를 상대로 해당 전자정보를 압수·수색하는 대물적 강제처분으로 형사소송법의 해석상 허용된다.

나아가 압수·수색할 전자정보가 압수·수색영장에 기재된 수색장소에 있는 컴퓨터 등 정보처리장치 내에 있지 아니하고 그 정보처리장치와 정보통신망으로 연결되어 제3자가 관리하는 원격지의 서버 등 저장매체에 저장되어 있는 경우에도, 수사기관이 피의자의 이메일 계정에 대한 접근권한에 갈음하여 발부받은 영장에 따라 영장 기재 수색장소에 있는 컴퓨터 등 정보처리장치를 이용하여 적법하게 취득한 피의자의 이메일 계정 아이디와 비밀번호를 입력하는 등 피의자가 접근하는 통상적인 방법에 따라 원격지의 저장매체에 접속하고 그곳에 저장되어 있는 피의자의 이메일 관련 전자정보를 수색장소의 정보처리장치로 내려받거나 그 화면에 현출시키는 것 역시 피의자의 소유에 속하거나 소지하는 전자정보를 대상으로 이루어지는 것이므로 그 전자정보에 대한 압수·수색을 위와 달리 볼 필요가 없다.

비록 수사기관이 위와 같이 원격지의 저장매체에 접속하여 그 저장된 전자정보를 수색장소의 정보처리장치로 내려받거나 그 화면에 현출시킨다 하더라도, 이는 인터넷서비스제공자가 허용한 피의자의 전자정보에 대한 접근 및 처분권한과 일반적 접속 절차에 기초한 것으로서, 특별한 사정이 없는 한 인터넷서비스제공자의 의사에 반하는 것이라고 단정할 수 없다.

또한 형사소송법 제109조 제1항, 제114조 제1항에서 영장에 수색할 장소를 특정하도록 한 취지와 정보통신망으로 연결되어 있는 한 정보처리장치 또는 저장매체 간 이전, 복제가 용이한 전자정보의 특성 등에 비추어 보면, 수색장소에 있는 정보처리장치를 이용하여 정보통신망으로 연결된 원격지의 저장매체에 접속하는 것이 위와 같은 형사소송법의 규정에 위반하여 압수·수색영장에서 허용한 집행의 장소적 범위를 확대하는 것이라고 볼 수 없다. 수색행위는 정보통신망을 통해 원

격지의 저장매체에서 수색장소에 있는 정보처리장치로 내려받거나 현출된 전자정
보에 대하여 위 정보처리장치를 이용하여 이루어지고, 압수행위는 위 정보처리장
치에 존재하는 전자정보를 대상으로 그 범위를 정하여 이를 출력 또는 복제하는
방법으로 이루어지므로, 수색에서 압수에 이르는 일련의 과정이 모두 압수·수색
영장에 기재된 장소에서 행해지기 때문이다.

위와 같은 사정들을 종합하여 보면, 피의자의 이메일 계정에 대한 접근권한에
갈음하여 발부받은 압수·수색영장에 따라 원격지의 저장매체에 적법하게 접속하
여 내려받거나 현출된 전자정보를 대상으로 하여 범죄혐의사실과 관련된 부분에
대하여 압수·수색하는 것은, 압수·수색영장의 집행을 원활하고 적정하게 행하기
위하여 필요한 최소한도의 범위 내에서 이루어지며 그 수단과 목적에 비추어 사회
통념상 타당하다고 인정되는 대물적 강제처분 행위로서 허용되며, 형사소송법 제
120조 제1항에서 정한 압수·수색영장의 집행에 필요한 처분에 해당한다. 그리고
이러한 법리는 원격지의 저장매체가 국외에 있는 경우라 하더라도 그 사정만으로
달리 볼 것은 아니다.

4. 영장 집행 후의 조치

가. 전자정보 주체에 대한 통지

수사기관은 압수·수색영장으로 전자정보를 제공받은 경우에는 정보주체
$\binom{\text{개인정보보호법}}{\text{제2조 제3호}}$에게 해당 사실을 지체 없이 알려야 한다$\binom{\text{제219조, 제}}{\text{106조 제4항}}$.

이는 압수·수색 절차가 진행된 이후에 압수물의 분석을 통해 확인된 전자정
보의 정보주체로 하여금 사후적인 자기정보통제권을 행사할 수 있도록 보장하기
위한 것일 뿐, 압수·수색 절차 등 수사과정의 위법행위를 억제하기 위한 것이라거
나, 피고인 또는 피의자의 방어권 보장, 임의제출물의 소유자, 보관자, 점유자의
형사상 권리를 보장하기 위한 것이라고 해석할 수 없다.[162]

---

162) 서울중앙지방법원 2020. 12. 23. 선고 2019고합738, 927, 1050(병합) 판결.

나. 압수물의 환부, 가환부

1) 의의

수사절차에서 압수한 서류 또는 물품은 검사가 불기소결정을 하거나 공소제기 후 법원의 종국판결이 있을 때까지 수사기관 또는 법원에서 보관된다. 하지만 불기소결정 또는 판결선고 때까지 기다리지 않고 수사 도중이라도 해당 압수물에 대한 이해관계인은 압수물을 조속히 반환받아 재산권을 행사할 필요성이 있게 된다. 이를 위해 형사소송법은 압수물의 환부, 가환부 및 피해자환부제도를 규정하고 있다.

2) 압수물의 환부, 가환부

가) 개념

압수물의 환부란 압수를 계속할 필요가 없게 된 경우 압수물을 종국적으로 소유자, 소지자 또는 제출인에게 반환하는 것을 말하고, 압수물의 가환부란 압수의 효력을 존속시키면서 압수물을 피해자, 피압수자 등에게 일시적으로 반환하는 것을 말한다.

나) 대상

검사는 사본을 확보한 경우 등[163] 압수를 계속할 필요가 없다고 인정되는 압수물 및 증거에 사용할 압수물에 대하여 공소제기 전이라도 소유자, 소지자, 보관자 또는 제출인의 청구가 있는 때에는 환부 또는 가환부하여야 한다($\binom{제218조의}{2 제1항}$).[164] 형사소송법 제218조의2는 '압수를 계속할 필요가 없다고 인정되는 압수물' 및 '증거에 사용할 압수물' 모두 환부 및 가환부의 대상이 되는 것처럼 규정하고 있지만, 성질상 양자의 대상은 구별된다.

압수물의 환부 대상은 '압수를 계속할 필요가 없다고 인정되는 압수물'이다.

---

163) 법문의 구조에도 불구하고 '사본을 확보하는 등'이라는 수식어는 '압수를 계속할 필요가 없다고 인정되는 압수물'을 수식하는 것이 아니라 가환부 대상인 '증거에 사용할 압수물'을 수식하는 것이다[이주원, 형사소송법(제5판), 207쪽 참고].

164) 검사가 환부, 가환부 청구를 거부하는 경우에는 신청인은 해당 검사의 소속 검찰청에 대응한 법원에 압수물의 환부 또는 가환부 결정을 청구할 수 있고, 법원이 환부 또는 가환부를 결정하면 검사는 신청인에게 압수물을 환부 또는 가환부하여야 한다($\binom{제218조의2}{제2항, 제3항}$).

압수 계속의 필요성이 없는 압수물이란 몰수의 대상이 아님이 밝혀지거나 증거로 서의 필요성이 상실된 것을 말한다.[165] 예컨대 위법한 압수절차로 인하여 증거능 력이 없다고 판명되는 경우, 적법하게 압수는 하였으나 증거가치가 없는 경우, 검 사가 혐의없음, 죄가 안됨, 공소권 없음 등을 이유로 불기소처분하는 경우[166] 등 을 생각해 볼 수 있다. 아울러 형사소송법은 '검사 또는 사법경찰관은 체포현장에 서 압수한 물건(제200조의 2, 제200조의 3, 제 212조, 제216조 제1항 제2호) 및 긴급체포된 자가 소유, 소지 또는 보관하는 물건으로서 긴급히 압수할 필요가 있어 압수한 물건(제217조 제1항)에 대해 법관으로부터 압수·수색영장을 발부받지 못한 때에는 압수한 물건을 즉시 반환하여야 한다'라 고 규정하고 있다(제217조 제3항). 소유자 등의 청구가 있는 때에는 압수를 계속할 필요가 없다고 인정되는 압수물은 반드시 환부하여야 한다.

가환부의 대상은 '증거에 사용할 압수물'이다. 수사기관은 증거에 사용할 압 수물에 대하여 소유자 등의 가환부 청구가 있는 경우 가환부를 거부할 수 있는 특별한 사정이 없는 한 가환부하여야 한다. 가환부시에는 사본 확보 등 필요한 조 치를 취하여야 한다.

사법경찰관이 환부 또는 가환부를 하기 위해서는 검사의 지휘를 받아야 한다 (제218조의 2 제4항). 수사기관이 압수물의 환부, 가환부의 처분을 할 때에는 피해자, 피의자 또는 변호인에게 미리 통지하여야 한다(제219조, 제135조). 의견 진술의 기회를 주지 아니한 채 한 가환부결정은 위법하다는 대법원 판례가 있다.[167]

다) 효력

압수물의 환부에 의해서 압수는 효력을 상실한다. 압수물의 환부는 환부를 받 은 자에게 소유권을 확정하는 등 실체법적 효력에는 아무런 영향이 없다. 이는 압

---

165) 따라서 몰수의 대상이 되는 압수물이나 증거에 사용할 압수물은 환부할 수 없다.

166) 다만, 검찰압수물사무규칙 제56조 제1항은 "검사는 불기소처분된 고소·고발사건에 관한 압수물 중 중요한 증거가치가 있는 압수물에 관하여는 그 사건에 대한 검찰항고 또는 재정신청 절차가 종료된 후에 압수물 환부절차를 취하여야 한다"라고 규정하고 있다.
기소중지처분의 경우에도 압수물을 환부하여야 하는지 문제된다. 기소중지는 종국처분이 아니라 는 점에서 압수 계속의 필요성이 있다고 보아야 하는 것 아니냐는 의문이 들기 때문이다. 이에 대해 학설은 나뉘나, 대법원은 "외국산 물품을 관세장물의 혐의가 있다고 보아 압수하였다 하더라 도 그것이 언제, 누구에 의하여 관세포탈된 물건인지 알 수 없어 기소중지 처분을 한 경우에는 그 압수물은 관세장물이라고 단정할 수 없어 이를 국고에 귀속시킬 수 없을 뿐만 아니라 압수를 더 이상 계속할 필요도 없다"라고 판단하였다(대법원 1996. 8. 16. 선고 94모51 전원합의체 결정).

167) 대법원 1980. 2. 5. 선고 80모3 결정.

수를 해제하여 압수 이전의 상태로 환원시키는 것으로서 실체법상의 권리와는 관계없이 압수 당시의 소지인에 대하여 하는 것이다.[168] 따라서 압수물의 환부가 있어도 이해관계인은 민사소송절차에 의하여 그 권리를 주장할 수 있다(제333조 제4항 참고).

압수물의 가환부는 압수의 효력을 그대로 존속시키면서 압수물을 피해자, 피압수자 등에게 일시적으로 반환하는 것을 말한다. 그러므로 가환부를 받은 자는 압수물을 임의로 처분할 수 없고 보관의무를 지며 수사기관의 요구가 있는 때에는 이를 제출하여야 한다.[169]

라) 환부불능과 공고

압수물의 환부를 받을 자의 소재가 불명하거나 기타 사유로 인하여 환부를 할 수 없는 경우에는 검사는 그 사유를 관보에 공고하여야 한다. 공고한 후 3월 이내에 환부의 청구가 없는 때에는 그 물건은 국고에 귀속한다. 그 기간 내에도 가치 없는 물건은 폐기할 수 있고 보관하기 어려운 물건은 공매하여 그 대가를 보관할 수 있다(제219조, 제486조).

3) 압수물의 환부, 가환부와 관련된 구체적 쟁점

가) 검사는 증거에 사용할 압수물에 대하여 가환부의 청구가 있는 경우 가환부에 응하여야 하는지 여부 및 가환부를 거부할 수 있는 특별한 사정이 있는지에 대한 판단 기준

검사는 증거에 사용할 압수물에 대하여 가환부의 청구가 있는 경우 가환부를 거부할 수 있는 특별한 사정이 없는 한 가환부에 응하여야 한다. 그리고 그러한 특별한 사정이 있는지는 범죄의 태양, 경중, 몰수 대상인지 여부, 압수물의 증거로서의 가치, 압수물의 은닉·인멸·훼손될 위험, 수사나 공판수행상의 지장 유무, 압수에 의하여 받는 피압수자 등의 불이익의 정도 등 여러 사정을 검토하여 종합적으로 판단하여야 한다.[170]

---

168) 대법원 1996. 8. 16. 선고 94모51 전원합의체 결정.

169) 이은모·김정환, 형사소송법(제8판), 327쪽. 대법원 1994. 8. 18. 선고 94모42 결정.

170) 대법원 2017. 9. 29. 선고 2017모236 결정은 '피의자들이 밀수출하기 위해 허위의 수출신고 후 선적하려다 미수에 그친 수출물품으로서 甲 주식회사 소유의 렌트차량인 자동차를 세관의 특별사법경찰관이 압수·수색검증영장에 기해 압수하였는데, 甲 회사와 밀수출범죄 사이에 아무런 관련성이 발견되지 않음에도 검사가 甲 회사의 압수물 가환부 청구를 거부'한 사안에서 "관세법

나) 수사 도중에 피의자가 수사관에게 소유권포기 각서를 제출한 경우 수사기관의 압수물 환부의무가 면제되는지 여부 및 피의자의 압수물 환부청구권도 소멸하는지 여부

피압수자 등 압수물을 환부받을 자가 수사기관에 대하여 형사소송법상의 환부청구권을 포기한다는 의사표시를 한 경우에 있어서도, 그 효력이 없어 그에 의하여 수사기관의 필요적 환부의무가 면제된다고 볼 수는 없으므로, 그 환부의무에 대응하는 압수물의 환부를 청구할 수 있는 절차법상의 권리가 소멸하는 것은 아니다.[171)]

다. 압수장물의 피해자환부·교부

압수한 장물은 피해자에게 환부할 이유가 명백한 때에는 피의사건의 종결 전이라도 결정으로 피해자에게 환부할 수 있다($\substack{\text{제219조,}\\\text{제134조}}$). '피해자에게 환부할 이유가 명백한 때'란 법률상 피해자가 그 압수물의 인도를 청구할 수 있는 권리가 있음이 명백한 경우를 의미하고 그 권리에 관하여 사실상·법률상 다소라도 의문이 있는 경우에는 이에 해당하지 않는다.[172)] 압수한 장물에 대해서도 압수물의 가환부제도

제269조 제3항 제2호는 '수출의 신고를 하였으나 해당 수출물품과 다른 물품으로 신고하여 수출한 자 등은 3년 이하의 징역 등에 처한다'고 규정하고 있고, 제282조 제2항은 '제269조 제3항 등의 경우에는 범인이 소유하거나 점유하는 그 물품을 몰수한다'고 규정하고 있다. 따라서 범인이 직접 또는 간접으로 점유하던 밀수출 대상 물품을 압수한 경우에는 그 물품이 제3자의 소유에 속하더라도 필요적 몰수의 대상이 된다", "피고인 이외의 제3자의 소유에 속하는 물건의 경우, 몰수를 선고한 판결의 효력은 원칙적으로 몰수의 원인이 된 사실에 관하여 유죄의 판결을 받은 피고인에 대한 관계에서 그 물건을 소지하지 못하게 하는 데 그치고, 그 사건에서 재판을 받지 아니한 제3자의 소유권에 어떤 영향을 미치는 것은 아니다"라고 하면서 "자동차는 범인이 간접으로 점유하는 물품으로서 필요적 몰수의 대상인데 밀수출범죄와 무관한 甲 회사의 소유이어서 범인에 대한 몰수는 범인으로 하여금 소지를 못하게 함에 그치는 점 및 밀수출범죄의 태양이나 경중, 자동차의 증거로서의 가치, 은닉·인멸·훼손될 위험과 그로 인한 수사나 공판수행상의 지장 유무, 압수에 의하여 받는 甲 회사의 불이익 정도 등 여러 사정을 아울러 감안하면, 검사에게 甲 회사의 가환부 청구를 거부할 수 있는 특별한 사정이 있는 경우라고 보기 어렵다"라고 판시하였다.

171) 대법원 1996. 8. 16. 선고 94모51 전원합의체 결정.

172) 대법원 1984. 7. 16. 선고 84모38 결정은 "매수인이 피해자로부터 물건을 매수함에 있어 사기행위로 취득하였다 하더라도 피해자가 매수인에게 사기로 인한 매매의 의사표시를 취소한 여부가 분명하지 않고, 위 매수인으로부터 위탁을 받은 甲이 위 물건을 인도받아 재항고인의 창고에 임치하여 재항고인이 보관하게 되었고 달리 재항고인이 위 물건이 장물이라는 정을 알았다고 확단할 자료가 없다면, 재항고인은 정당한 점유자라 할 것이고 이를 보관시킨 매수인에 대해서는 임치료 청구권이 있고 그 채권에 의하여 위 물건에 대한 유치권이 있다고 보여지므로 피해자는

가 인정된다.

압수한 장물을 처분하였을 때에는 검사는 그 대가로 취득한 것을 피해자에게 교부하는 처분을 하여야 한다(제219조, 제333조 제2항). 여기서 '장물을 처분하여 그 대가로 취득한 것'이란 장물의 매각대금 또는 교환에 의한 취득한 물건 등을 의미한다.

라. 압수물의 보관과 폐기

1) 자청보관

압수물은 자청(自廳)보관, 즉 압수한 수사기관이 직접 보관하는 것이 원칙이다. 수사기관은 압수물에 대하여는 그 상실 또는 파손 등의 방지를 위하여 상당한 조치를 하여야 한다(제219조, 제131조). 압수물을 보관함에 있어서 선량한 관리자의 주의의무를 진다.

2) 위탁보관

운반 또는 보관에 불편한 압수물에 관하여는 간수자를 두거나 소유자 또는 적당한 자의 승낙을 얻어 보관하게 할 수 있다(제219조, 제130조 제1항). 위탁보관처분은 임치계약의 성격을 가지므로 특별한 약정이 없으면 수사기관은 보관자에게 임치료를 지급해야 할 의무를 부담하지 않는다. 따라서 창고업자에게 보관시켰던 물건을 수사기관이 영장에 의하여 압수하는 동시에 계속하여 그 창고업자의 승낙을 얻어 보관시킨 경우 수사 기관의 임치료 지급 의무를 인정하기 어렵다.[173]

3) 대가보관

몰수하여야 할 압수물로서 멸실·파손·부패 또는 현저한 가치 감소의 염려가 있거나 보관하기 어려운 압수물은 매각하여 대가를 보관할 수 있다(제219조, 제132조 제1항). 대가보관금은 몰수대상인 압수물과 동일하므로 몰수의 대상이 된다.[174]

환부하여야 할 압수물 중 환부를 받을 자가 누구인지 알 수 없거나 그 소재가

재항고인에 대하여 위 물건의 반환 청구권이 있음이 명백하다고 보기는 어렵다 할 것이므로 이를 피해자에게 환부할 것이 아니라 민사소송에 의하여 해결함이 마땅하다"라고 판시하였다.

173) 대법원 1968. 4. 16. 선고 68다285 판결.
174) 대법원 1996. 11. 12. 선고 96도2477 판결.

불명한 경우로서 그 압수물의 멸실·파손·부패 또는 현저한 가치 감소의 염려가 있거나 보관하기 어려운 압수물은 매각하여 대가를 보관할 수 있다$\binom{\text{제219조, 제}}{\text{132조 제2항}}$.

대가보관을 할 때에는 피해자, 피의자 또는 변호인에게 미리 통지하여야 한다$\binom{\text{제219조,}}{\text{제135조}}$. 사법경찰관이 압수물의 대가보관의 처분을 함에는 검사의 지휘를 받아야 한다$\binom{\text{제219조}}{\text{단서}}$.

4) 압수물의 폐기

위험발생의 염려가 있는 압수물은 폐기할 수 있다$\binom{\text{제219조, 제}}{\text{130조 제2항}}$.

법령상 생산·제조·소지·소유 또는 유통이 금지된 압수물로서 부패의 염려가 있거나 보관하기 어려운 압수물은 소유자 등 권한 있는 자의 동의를 받아 폐기할 수 있다$\binom{\text{제219조, 제}}{\text{130조 제3항}}$. 사법경찰관이 폐기처분을 할 때에는 검사의 지휘를 받아야 한다$\binom{\text{제219조}}{\text{단서}}$.

5. 디지털증거에 대한 압수·수색

가. 의의

전자정보란 컴퓨터용 하드디스크 등과 같은 정보저장매체 등에 기억된 정보를 말한다. 디지털증거는 디지털형태로 저장되거나 전송되는 전자정보 중 증거로서의 가치가 있는 것을 말하고, 이러한 정보로부터 출력된 문건도 디지털증거의 범주에 포함될 수 있다.[175] 전통적 의미인 컴퓨터상에 있는 데이터뿐만 아니라, 2진수 형태로 저장되거나 전송될 수 있는 모든 텍스트, 이미지, 오디오 및 비디오 데이터 등이 포함된다.

디지털증거는 0과 1의 조합으로 이루어진 정보자체로 그것이 저장되어 있는 각종 저장매체와는 구별되고$\binom{\text{매체}}{\text{독립성}}$, 눈에 보이지 않는 디지털 정보로 여러 출력방법 등 기술적 장치에 의해서만 사람이 인지, 식별할 수 있으며$\binom{\text{비가시성,}}{\text{비가독성}}$, 원본과 동일하게 무한 복제가 가능하고$\binom{\text{복사의}}{\text{용이성}}$, 위·변조 및 삭제가 용이하여$\binom{\text{변조의}}{\text{용이성}}$ 유체물 중

---

175) 서울고등법원 2013. 2. 8. 선고 2012노805 판결(대법원 2013도2511 판결로 확정).

거와는 구별되는 독특한 특성을 가진다.

한편, 컴퓨터 등에 저장된 전자정보에는 사생활의 비밀 등과 같이 범죄와 관련성이 없는 정보가 대거 포함되어 있고, 증거가치가 있는 것은 정보저장매체 자체가 아니라 그 속에 저장되어 있는 전자정보라는 특색이 있다.

위와 같은 특성 때문에 디지털증거는 유체물에 대한 압수·수색영장 집행과 관련한 적법절차를 그대로 적용받으면서도 유체물과 비교할 때 증거능력 인정요건이나 압수·수색 집행 과정에서 약간의 차이가 있고, 압수·수색의 대상과 범위에 있어 일정한 제한을 받게 된다.

이런 점을 고려하여 형사소송법 제219조, 제106조 제3항은 '압수의 목적물이 컴퓨터용디스크, 그 밖에 이와 비슷한 정보저장매체인 경우에는 기억된 정보의 범위를 정하여 출력하거나 복제하여 제출받아야 한다. 다만, 범위를 정하여 출력 또는 복제하는 방법이 불가능하거나 압수의 목적을 달성하기에 현저히 곤란하다고 인정되는 때에는 정보저장매체 등을 압수할 수 있다'라고 규정하고 있고, 수사기관은 디지털증거의 압수·수색에 관한 특칙으로 디지털증거의 수집·분석 및 관리 규정(대검찰청예규)과 디지털증거의 처리 등에 관한 규칙(경찰청훈령)을 따로 정하고 있다.

이하에서는 유체물인 일반증거에 대한 압수·수색과 차이 나는 부분을 중심으로 살펴보겠다.

나. 단계적 압수·수색

1) 3단계 집행

가) 원칙: 현장 선별 압수(1단계)

형사소송법 제106조 제3항 본문은 '압수의 목적물이 컴퓨터용디스크, 그 밖에 이와 비슷한 정보저장매체인 경우에는 기억된 정보의 범위를 정하여 출력하거나 복제하여 제출받아야 한다'라고 규정하고 있다.

이와 관련하여 대법원은 "전자정보에 대한 압수·수색영장을 집행할 때에는 원칙적으로 현장에서 영장 발부의 사유인 혐의사실과 관련된 부분만을 문서 출력물로 수집하거나 수사기관이 휴대한 저장매체에 해당 파일을 복사하는 방식으로

이루어져야 한다"라고 판시하였다.[176] 이와 같은 방식을 이른바 '현장 선별 방식'
이라 하며, 디지털증거에 대한 압수·수색영장 집행의 원칙적인 방식이다.

대검찰청예규인 디지털증거의 수집·분석 및 관리규정(예규 제20/조 제1항)이나 경찰청훈
령인 디지털증거의 처리 등에 관한 규칙(훈령 제14/조 제1항)도 '정보저장매체 등에 기억된 전자
정보를 압수하는 경우에는 해당 정보저장매체 등의 소재지에서 수색 또는 검증한
후 범죄사실과 관련된 전자정보의 범위를 정하여 출력하거나 복제하는 방법으로
한다'라고 규정하고 있다.

컴퓨터 등 정보저장매체를 압수·수색하는 경우 증거가치가 있는 것은 정보저
장매체 자체가 아니라 그 안에 저장되어 있는 전자정보라는 점, 해당 전자정보에
는 범죄혐의와 무관한 사생활에 관한 정보 등이 포함될 수 있는 점 등을 감안하여
컴퓨터 등 정보저장매체를 압수·수색하는 때에는 저장매체 자체의 반출을 허용하
지 않고 그 안에 저장된 전체 디지털 정보 중 범위를 정한 일부 정보만 선별하여
출력 또는 복제하도록 허용하는 취지이다.

선별은 '전수' 또는 '조건' 검색 방식에 의해서 진행된다. 전수 검색은 디지털
증거의 저장매체에 저장된 정보를 하나하나씩 모두 열어 해당 사건과의 관련성 유
무를 검토하고, 관련성이 인정되는 정보를 선별하여 출력 또는 복제하는 방식이
다. 중요한 증거의 누락을 방지할 수 있는 장점은 있으나, 압수대상 전자정보가
대용량이라면 지나치게 많은 시간이 소요된다는 단점이 있다.[177]

조건 검색은 검색 툴을 이용하여 파일 내용, 파일명, 폴더명을 대상으로 키워
드 검색을 하거나 저장폴더나 파일생성 일시에 대하여 범위를 정하여 압수대상을
추출하는 방식이다. 시간은 단축되나 주요 증거의 누락 위험성이 존재하는 단점이
있다. 어느 방식을 택하느냐는 수사기관의 재량사항이다.

나) 정보저장매체의 복제본 반출(2단계) 또는 저장매체 자체 반출(3단계)의 예외적
허용 요건

위와 같이 현장 선별 방식의 원칙에도 불구하고 정보저장매체의 소재지에서
선별 압수·수색하는 것이 현실적으로 곤란한 경우가 있을 수 있다.

---

176) 대법원 2011. 5. 26. 선고 2009모1190 결정.

177) 영장 집행에 수일이 소요될 경우 영장 집행을 일시 중지하고 그 장소를 폐쇄하는 등 필요한 처분
을 한 후 다음 날 집행을 계속하면 된다(제127조 참고).

이에 대해 대법원은 "집행현장 사정상 현장 선별 방식에 의한 집행이 불가능하거나 현저히 곤란한 부득이한 사정이 존재하더라도 저장매체 자체를 직접 혹은 하드카피나 이미징 등 형태로 수사기관 사무실 등 외부로 반출하여 해당 파일을 압수·수색할 수 있도록 영장에 기재되어 있고, 실제 그와 같은 사정이 발생한 때에 한하여 위 방법이 예외적으로 허용될 수 있을 뿐이다"라고 판시하고 있다.[178]

이러한 대법원의 판례 태도를 반영하여 대검찰청예규인 디지털증거의 수집·분석 및 관리규정도 2단계로 나누어 저장매체 전부에 대한 복제본 반출, 저장매체 자체의 반출을 단계별로 예외적으로 허용하고 있다.[179]

즉, ① 현장에서의 선별 압수 방법의 실행이 불가능하거나 그 방법으로는 압수의 목적을 달성하는 것이 현저히 곤란한 경우에는 압수·수색 또는 검증현장에서 정보저장매체 등에 들어 있는 전자정보 전부를 복제하여 그 복제본을 정보저장매체 등의 소재지 외의 장소로 반출할 수 있다(예규 제20조 제2항).

② 위와 같은 방법에도 불구하고 그에 따른 압수 방법의 실행이 불가능하거나 그 방법으로는 압수의 목적을 달성하는 것이 현저히 곤란한 경우에는 피압수자 등이 참여한 상태에서 정보저장매체 등의 원본을 봉인하여 정보저장매체 등의 소재지 외의 장소로 반출할 수 있다(동조 제3항).

이처럼 저장매체 자체를 직접 혹은 하드카피나 이미징 등 형태로 수사기관 사무실 등 외부로 옮긴 후 영장에 기재된 범죄혐의 관련 전자정보를 전수 또는 조건 검색의 방식으로 탐색하여 문서로 출력하거나 파일을 복사하는 과정 역시 전체적으로 압수·수색영장 집행의 일환에 포함된다. 따라서 저장매체 자체 등을 수사기관 사무실에 가지고 오더라도 압수·수색이 종료된 것은 아니며 선별 작업 완료시 압수·수색이 종료되는 것이다.

한편, 검사나 사법경찰관은 압수·수색영장을 집행할 때 압수물의 상실 또는 파손 등의 방지를 위하여 상당한 조치를 하여야 하므로(제219조, 제120조, 제131조 등), 압수·수색 전체 과정을 통하여 피압수·수색 당사자가 배제된 상태의 저장매체에 대한 열람·복사 금지 등 압수·수색 대상인 저장매체 내 전자정보의 왜곡이나 훼손과 오·남용

178) 대법원 2011. 5. 26. 선고 2009모1190 결정.
179) 경찰청훈령인 디지털증거의 처리 등에 관한 규칙도 동일한 취지의 규정을 두고 있다(제15조 제16조).

등을 막기 위한 적절한 조치가 이루어져야만 집행절차가 적법한 것으로 된다.[180]

다) 실무상 영장에 표기되는 컴퓨터 등 저장매체에 대한 집행방법 제한

법원도 컴퓨터 등 정보저장매체에 대한 압수·수색영장을 발부할 때 위와 같은 취지로 수사기관의 영장 집행 방법 등을 제한하고 있다.

통상적으로 법원은 위 2단계(저장매체의 복제본 반출)의 예외적 허용사유로 ① 피압수자 등이 현장에서의 선별 압수·수색에 협조하지 않거나 협조를 기대할 수 없는 경우, ② 혐의사실과 관련될 개연성이 있는 전자정보가 삭제·폐기된 정황이 발견되는 경우, ③ 출력·복제에 의한 집행이 피압수자 등의 영업활동이나 사생활의 평온을 침해하는 경우, ④ 그 밖에 위 각호에 준하는 경우를 들고 있다.

그리고 위 3단계(저장매체자체의 외부반출)의 예외적 허용사유로는 ① 집행현장에서의 하드카피·이미징이 물리적·기술적으로 불가능하거나 극히 곤란한 경우, ② 하드카피·이미징에 의한 집행이 피압수자 등의 영업활동이나 사생활의 평온을 현저히 침해하는 경우, ③ 그 밖에 위 각호에 준하는 경우를 들고 있다.

법원실무상 영장에 표기되는 '압수 대상 및 방법의 제한' 예시는 다음과 같다.

(1) 원칙: 저장매체의 소재지에서의 수색·검증 후 혐의사실과 관련된 전자정보만을 범위를 정하여 문서로 출력하거나 수사기관이 휴대한 저장매체에 복제하는 방법으로 압수할 수 있음.

(2) 저장매체 자체를 반출하거나 하드카피·이미징 등 형태로 반출할 수 있는 경우

(가) 저장매체 소재지에서 하드카피·이미징 등 형태(이하 '복제본'이라 함)로 반출하는 경우

– 혐의사실과 관련된 전자정보의 범위를 정하여 출력·복제하는 위 (1)항 기재의 원칙적 압수 방법이 불가능하거나 압수 목적을 달성하기에 현저히 곤란한 경우(① 피압수자 등이 협조하지 않거나, 협조를 기대할 수 없는 경우, ② 혐의사실과 관련될 개연성이 있는 전자정보가 삭제·폐기된 정황이 발견되는 경우, ③ 출력·복제에 의한 집행이 피압수자 등의 영업활동이나 사생활의 평온을 침해하는 경우, ④ 그 밖에 위 각호에 준하는 경우)에 한하여, 저장매체에 들어 있는 전자파일 전부를 하드카피·이미징하여 그 복제본을 외부로 반출할 수 있음.

180) 대법원 2011. 5. 26. 선고 2009모1190 결정.

(나) 저장매체의 원본 반출이 허용되는 경우

1) 위 (가)항에 따라 집행현장에서 저장매체의 복제본 획득이 불가능하거나 현저히 곤란할 때(① 집행현장에서의 하드카피·이미징이 물리적·기술적으로 불가능하거나 극히 곤란한 경우, ② 하드카피·이미징에 의한 집행이 피압수자 등의 영업활동이나 사생활의 평온을 현저히 침해하는 경우, ③ 그 밖에 위 각호에 준하는 경우)에 한하여, 피압수자 등의 참여하에 저장매체 원본을 봉인하여 저장매체의 소재지 이외의 장소로 반출할 수 있음.

2) 위 1)항에 따라 저장매체 원본을 반출한 때에는 피압수자 등의 참여권을 보장한 가운데 원본을 개봉하여 복제본을 획득할 수 있고, 그 경우 원본은 지체 없이 반환하되, 특별한 사정이 없는 한 원본 반출일로부터 10일을 도과하여서는 아니 됨.

(다) 위 (가), (나)항에 의한 저장매체 원본 또는 복제본에 대하여는, 혐의사실과 관련된 전자정보만을 출력 또는 복제하여야 하고, 전자정보의 복구나 분석을 하는 경우 신뢰성과 전문성을 담보할 수 있는 방법에 의하여야 함.

(3) 전자정보 압수 시 주의사항

(가) 위 (1), (2)항에 따라 혐의사실과 관련된 전자정보의 탐색·복제·출력이 완료된 후에는 지체 없이, 피압수자 등에게 ① 압수대상 전자정보의 상세목록을 교부하여야 하고, ② 그 목록에서 제외된 전자정보는 삭제·폐기 또는 반환하고 그 취지를 통지하여야 함(위 상세목록에 삭제·폐기하였다는 취지를 명시함으로써 통지에 갈음할 수 있음).

(나) 봉인 및 개봉은 물리적인 방법 또는 수사기관과 피압수자 등 쌍방이 암호를 설정하는 방법 등에 의할 수 있고, 복제본을 획득하거나 개별 전자정보를 복제할 때에는 해시 함수 값의 확인이나 압수·수색과정의 촬영 등 원본과의 동일성을 확인할 수 있는 방법을 취하여야 함.

(다) 압수·수색의 전체 과정(복제본의 획득, 저장매체 또는 복제본에 대한 탐색·복제·출력 과정 포함)에 걸쳐 피압수자 등의 참여권이 보장되어야 하며, 참여를 거부하는 경우에는 신뢰성과 전문성을 담보할 수 있는 상당한 방법으로 압수·수색이 이루어져야 함.

2) 단계적 압수·수색과 관련된 실무적 쟁점

가) 저장된 전자정보의 삭제 가능성만으로 3단계 집행의 예외적 사유에 해당하는지 여부

【사안의 개요】

① 수사기관은 주식회사 甲 사무실에 대한 압수·수색영장을 발부받아 사무실에 대해 영장을 집행하였다.

② 법원은 영장에 컴퓨터 등 전자정보저장매체에 대한 단계별 압수·수색 제한을 부기하였는데, 특히 3단계 집행에 대해서는 집행현장에서의 하드카피·이미징이 물리적·기술적으로 불가능하거나 극히 곤란한 경우, 하드카피·이미징에 의한 집행이 피압수자 등의 영업활동이나 사생활의 평온을 현저히 침해하는 경우, 그 밖에 위 각호에 준하는 경우로 제한하였다.

③ 수사기관은 영장 집행 과정에서 직원 A가 사무실에서 사용하던 컴퓨터 등 저장매체를 자신의 차량 트렁크에 숨기고 업무용 PC에 파일 영구삭제 프로그램을 구동하는 등 증거인멸행위를 하는 것을 목격하고 A로부터 컴퓨터 등을 압수한 후 영장 범죄사실과 관련한 전자정보가 저장되어 있는지 등을 확인하거나 하드카피·이미징을 통한 복제본을 만들지 않은 채 저장매체 원본 자체를 봉인하여 반출하였다.

【법원 판단】[181]

A는 이 사건 저장매체를 자신의 차량 트렁크에 숨기고 업무용 PC에 파일 영구삭제 프로그램을 구동하는 등 증거인멸 행위를 하였는데, 이는 이 사건 저장매체에 압수·수색영장 기재 범죄사실과 관련된 중요한 전자정보가 저장되어 있고 그것이 삭제되었을 가능성이 있다고 의심할 만한 정황이라고 할 수 있으므로 원칙적인 압수 방법이 압수 목적을 달성하기에 현저히 곤란한 사유가 있어 저장매체의 복제본을 만드는 방법으로 압수할 수 있는 예외적인 경우에 해당한다고 볼 여지는 있다. 그러나 ㉮ 당시 1차 압수·수색영장의 실제 집행 과정과 경과, 저장매체의 복제본을 만드는 과정, 이 사건 저장매체의 용량과 복제본 작성에 필요한 시간 등

---

181) 서울고등법원 2020. 8. 10. 선고 2020노115 판결(대법원 2020도11559 판결로 확정).

에 비추어 보면 영장 집행현장에서 하드카피·이미징 등의 방법으로 이 사건 저장매체의 복제본을 획득하는 것이 물리적·기술적으로 불가능하거나 극히 곤란하다고 볼 만한 사정을 발견하기 어렵고, 위와 같은 저장된 전자정보의 삭제 가능성 등만으로는 복제본을 만들어 반출하는 것이 극히 곤란한 사유로 보기도 어려운 점, ㉯ 삭제된 파일의 복구, 복호화 등에 전문 인력에 의한 기술적 조치가 필요하고 오랜 시간이 걸릴 것으로 예상된다고 하더라도 하드카피·이미징 등의 방법으로 획득한 복제본으로도 파일의 복구, 복호화 등의 조치가 가능하므로 이러한 사정만으로는 반드시 저장매체 원본 반출이 필요하다고 볼 수 없는 점, ㉰ 수사기관이 이 사건 저장매체의 복제본을 만드는 방법으로 전자정보를 압수하려고 시도한 정황도 보이지 않는 점 등에 비추어 보면, 저장매체 원본을 반출할 수 있는 경우에 해당한다고 볼 수 없다.

나) 각 단계별 영장 집행종료 시점 및 참여권 보장의 시한

1단계인 현장에서의 선별압수, 즉 수사기관이 정보저장매체에 기억된 정보 중에서 키워드 또는 확장자 검색 등을 통해 범죄혐의사실과 관련 있는 정보를 선별한 다음 정보저장매체와 동일하게 비트열 방식으로 복제하여 생성한 파일(이미지 파일)을 제출받아 압수하였다면 이로써 압수·수색 절차는 종료된 것이므로, 수사기관이 수사기관 사무실에서 위와 같이 압수된 이미지 파일을 탐색·복제·출력하는 과정에서도 피의자 등에게 참여의 기회를 보장하여야 하는 것은 아니다.[182)]

이에 반해, 2단계, 3단계 집행에 있어서는 전자정보 저장매체의 복제본 또는 전자정보 저장매체 그 자체를 매체의 소재지 밖으로 반출하여 수사기관 사무실 등으로 옮긴 후 영장에 기재된 범죄혐의 관련 전자정보를 탐색하여 해당 전자정보를 문서로 출력하거나 파일을 복사하는 과정 역시 전체적으로 압수·수색영장 집행의 일환에 포함되고, 이를 위해 저장매체 자체를 복구·복제하거나 삭제된 파일을 복원하고, 암호를 풀어 복호화하는 과정 역시 영장 집행의 일환이다. 따라서 그 과정 전체에 대해서 피의자 및 변호인 등에게 참여의 기회를 보장하여야 함은 물론이다.[183)]

---

182) 대법원 2018. 2. 8. 선고 2017도13263 판결.

183) 서울고등법원 2014. 8. 11. 선고 2014노762 판결(대법원 2014도10978 전원합의체 판결로 확정).

다) 전자정보에 대한 하나의 압수·수색절차 전과정에 적법·위법행위가 혼재되어 있을
  때 전체를 위법하다고 볼 수 있는지 여부 및 그 기준

【사안의 개요】

① 검사는 법원으로부터 압수·수색영장을 발부받아 압수장소에 임하여 피압수자 A로부터 컴퓨터 등 이 사건 저장매체를 압수하였는데, 이 사건 저장매체에 혐의 사실과 관련된 정보와 관련되지 않은 전자정보가 혼재된 것으로 판단하여 피압수자 A의 동의를 받아 이 사건 저장매체 자체를 봉인하여 검사실로 가지고 왔다.

② 그 후 검사는 이 사건 저장매체에 저장되어 있는 전자정보 파일 전부를 이미징의 방법으로 다른 매체로 복제하고 그 과정에서 A에게 참여의 기회를 부여하고 저장매체는 A에게 반환하였다(제1처분). 이러한 일련의 과정에서 적법절차를 위반한 내용은 없었다.

③ 검사는 이미징한 복제본을 자신이 소지한 외장 하드디스크에 재복재하였다(제2처분).

④ 검사는 위 재복재본을 통하여 영장 범죄혐의와 관련된 전자정보를 탐색하였고, 그 과정에서 영장 범죄혐의와 관련된 것은 물론, 관련 없는 것까지 함께 출력하였다(제3처분).

⑤ 위 2, 3처분 과정에서 A에게 참여의 기회를 부여하지 않았고, 실제로 A가 참여한 적도 없다.

【법원 판단】[184]

검사가 이 사건 저장매체에 저장되어 있는 전자정보를 압수·수색함에 있어 저장매체 자체를 자신의 사무실로 반출한 조치는 영장이 예외적으로 허용한 부득이한 사유의 발생에 따른 것이고, 제1처분 또한 준항고인들에게 저장매체 원본을 가능한 한 조속히 반환하기 위한 목적에서 이루어진 조치로서 준항고인들이 묵시적으로나마 이에 동의하였다고 볼 수 있을 뿐만 아니라 그 복제 과정에도 참여하였다고 평가할 수 있으므로 제1처분은 위법하다고 볼 수 없다.

그러나 제2, 3처분은 제1처분 후 피압수자에게 계속적인 참여권을 보장하는 등의 조치가 이루어지지 아니한 채 제1 영장 기재 혐의사실과 관련된 정보는 물론

---

184) 대법원 2015. 7. 16. 선고 2011모1839 전원합의체 결정.

그와 무관한 정보까지 재복제·출력한 것으로서 영장이 허용한 범위를 벗어나고 적법절차를 위반한 위법한 처분이라 하지 않을 수 없다.

기록에 의하면 영장에 기한 압수·수색이 이미 종료되었음을 알 수 있으므로, 영장에 기한 압수·수색의 적법성을 전체적으로 판단하여야 하는바, … 제2, 3처분에 해당하는 전자정보의 복제·출력 과정은 증거물을 획득하는 행위로서 압수·수색의 목적에 해당하는 중요한 과정인 점, 이 과정에서 혐의사실과 무관한 정보가 수사기관에 남겨지게 되면 피압수자의 다른 법익이 침해될 가능성이 한층 커지게 되므로 피압수자에게 참여권을 보장하는 것이 그러한 위험을 방지하기 위한 핵심절차인데도 그 과정에 참여권을 보장하지 않은 점, 더구나 혐의사실과 무관한 정보까지 출력한 점 등 위법의 중대성에 비추어 볼 때, 비록 제1처분까지의 압수·수색 과정이 적법하다고 하더라도 전체적으로 영장에 기한 압수·수색은 취소되어야 할 것이다.

라) 인터넷서비스제공자 소속 담당 직원에 대한 위탁방식의 압수·수색영장 집행의 위법성 여부(수사기관이 인터넷서비스제공자에게서 별도로 선별 압수·수색하지 않은 것이 위법한 압수·수색인지)

【사안의 개요】

① 수사기관은 A 사용 이메일에 대한 압수 영장을 발부받은 후 네이버 직원에게 제시하고 압수물을 송부해 줄 것을 위탁하였다.

② 네이버 직원은 '선별 작업' 및 '해시값 산출' 없이 전체를 이미징하여 수사관 이메일로 송부하고, 같은 내용을 DVD에 담아 밀봉하여 법원 검증용으로 수사관에게 전달하였다.

③ 수사관은 이메일로 받은 자료를 기초로 관련성 있는 자료만 추출하여 선별 압수 조치 후 보고서를 작성하였다.

④ 재판 과정에서 위 밀봉된 DVD 내용을 검증한 후 수사관이 선별 압수한 자료와 해시값이 동일함을 확인하였다.

【피고인 A의 주장】

① 압수·수색 집행과정에서 ㈜엔에이치엔(이하 'NHN'이라 한다)이 압수·수색·검증영장의 범죄혐의와 관련성이 없는 자료까지도 전부 추출하여 이미징하였으므로

압수·수색·검증영장의 범위를 넘어선 위법한 집행이다.

② 원본 동일성과 무결성을 보장하기 위한 해시값 산출절차를 거치지 않았고 또한 압수조서에 참여인으로 기재된 NHN 직원과 봉인·날인한 NHN 직원이 상이하므로 그 결과물이 위법하다.

【법원 판단】 [185]

① NHN에서 별도로 선별 압수·수색하지 않은 것이 위법한 압수·수색인지 (전부 위탁한 것이 위법한 압수·수색인지)

형사소송법에서 수사권의 주체를 수사기관인 검사 또는 사법경찰관으로 한정하고 강제수사에 해당하는 압수·수색의 집행주체 역시 수사기관으로 정한 취지는 … 반드시 모든 수사절차가 오로지 수사기관에 의하여만 이루어져야 한다는 것으로는 볼 수 없고, 따라서 수사 기관이 범죄혐의에 대한 수사를 함에 있어서 전문가인 사인의 협조를 받거나 그 자문을 구하는 것 역시 정당한 수사권의 범위에 속하는 적법한 절차라고 할 것이다.

인터넷서비스제공자 소속 담당 직원이 압수대상 이메일 등을 추출하여 이를 DVD에 저장, 봉인하여 전달하되, 별도로 수사기관에 이메일로도 전송하여 그 중 당초의 영장에서 제시한 범죄 관련 필요한 정보만을 선별하여 수사에 사용하도록 하는 방법으로 이루어진 압수·수색영장의 집행이 헌법과 형사소송법에서 규정한 영장주의 원칙이나 비례의 원칙 등에 위반되고 적법절차를 준수하지 아니하여 위법하다고 보기는 어렵다.

② 원본의 동일성·무결성을 인정할 수 없는지

이 법원의 검증 과정에서 DVD 봉인에 날인한 사람과 압수·수색영장에 집행참여자로 서명을 한 사람이 다르다는 점은 확인하지 못하였으나, 원본의 봉인이 확실하게 되어 있고 이후 뜯은 흔적이 없다는 사실은 확인하였다. 설사 위 두 사람이 다르다고 하더라도, NHN 측에서 봉인하여 제출한 DVD의 봉인이 이 법정까지 개봉된 흔적 없이 제출이 되었다면 그 안에 들어있는 파일은 압수·수색 대상 원본 파일임을 인정할 수 있고, 이 법정에서 원본을 개봉하여 원본 DVD에 있는 파일과 수사관이 분석에 사용한 파일의 해시값이 동일함을 확인하고 그 파일의 내용도 동

185) 서울중앙지방법원 2016. 12. 15. 선고 2016고합538, 558(병합) 판결(대법원 2017도9747 판결로 확정).

일함을 확인하였으며, 검사가 출력하여 제출한 문서도 그 원본 파일의 내용과 동일함을 인정할 수 있다.

> 바) 수사기관이 범죄 혐의사실과 관련 있는 정보를 선별하여 압수한 후에도 그와 관련이 없는 나머지 정보를 삭제·폐기·반환하지 아니한 채 그대로 보관하고 있는 경우, 범죄 혐의사실과 관련이 없는 부분에 대한 압수가 위법한지 여부

【사안의 개요】

① 수사기관은 'A가 2018. 11.경부터 2019. 3. 하순경까지 의뢰인으로부터 사건무마를 위해 경찰에 전달한다는 명목으로 금품을 받은 후, 이를 B에게 전달하여 뇌물공여를 하였다'라는 내용의 변호사법 위반, 뇌물공여의 범죄 혐의사실에 대해 수사를 하면서, 2019. 5. 17. 법원으로부터 B의 휴대전화 등에 대한 압수·수색영장(이하 '제1 압수·수색영장'이라 한다)을 발부받았다.

② 제1 압수·수색영장은 휴대전화 등에 있는 전자정보의 압수 대상 및 방법에 대해 '저장매체 자체를 반출하거나 복제본으로 반출하는 경우에도 혐의사실과 관련된 전자정보만을 출력 또는 복제하여야 하고, 완료된 후에는 지체 없이 피압수자 등에게 압수 대상 전자정보의 상세목록을 교부하여야 하고, 그 목록에서 제외된 전자정보는 삭제·폐기 또는 반환하고 그 취지를 통지하여야 한다'라고 제한하였다. 한편 B는 수사기관에 제1 압수·수색영장에 따른 휴대전화기의 전자정보에 관한 탐색·복제·출력 과정에 대한 절차 참여를 포기한다는 의사를 밝혔다.

③ 수사기관은 제1 압수·수색영장에 따라 B가 소지하던 이 사건 휴대전화를 압수하여 경찰청 디지털포렌식계에 분석의뢰 하였는데, 담당분석관은 별도의 선별작업 없이 이 사건 휴대전화에 저장된 파일 대부분을 그대로 한 개의 파일(△△△ 휴대폰.zip, 이하 '이 사건 파일'이라 한다)로 압축해 저장매체에 복제하여 담당경찰관에게 건네주었다. 한편 담당경찰관이 작성한 압수조서 및 담당경찰관이 작성하여 B에게 제시한 전자정보 상세목록에도 압수한 전자정보가 "△△△ 휴대폰.zip"이라고 기재되어 있다.

④ A는 앞서 본 의뢰인으로부터 사건청탁 명목으로 금원을 전달받았다는 내용의 변호사법 위반죄로만 기소되어 유죄판결이 선고·확정되었는데, 그 이후에도 이 사건 파일은 경찰청 내의 이미징 자료 등을 보관하는 서버에 그대로 저장된

채로 삭제되지 않고 있었다.

　⑤ 한편 수사기관은 'B가 2016. 12.경부터 2017. 5.경까지 C로부터 금품을 받았다'는 내용의 범죄 혐의사실을 수사하면서, 위와 같이 제1 압수·수색영장에 의하여 압수하여 취득한 이 사건 파일이 수사기관에 보관 중인 것을 확인한 후 이 사건 파일에 대한 압수·수색영장을 청구하였고, 법원은 2020. 4. 16. 위 범죄 혐의사실에 대해 수사기관에서 보관 중인 이 사건 파일 등에 대한 압수·수색영장(이하 '제2 압수·수색영장'이라 한다)을 발부하였다.

　⑥ 그런데 수사기관은 제2 압수·수색영장을 집행하면서 B나 그 변호인의 참여 기회를 보장하지 않았다. 이 때문에 수사기관은 다시 압수·수색영장을 청구하여 2021. 4. 7. B에 대한 일부 범죄 혐의사실이 추가된 것 외에는 제2 압수·수색영장과 거의 동일한 내용의 압수·수색영장을 발부받아(이하 '제3 압수·수색영장'이라 한다) B와 변호인의 참여 기회를 보장하여 이 사건 파일의 압수를 집행하였다.

　【법원 판단】[186]

　법원은 압수·수색영장의 집행에 관하여 범죄 혐의사실과 관련 있는 전자정보의 탐색·복제·출력이 완료된 때에는 지체 없이 영장 기재 범죄 혐의사실과 관련이 없는 나머지 전자정보에 대해 삭제·폐기 또는 피압수자 등에게 반환할 것을 정할 수 있다. 수사기관이 범죄 혐의사실과 관련 있는 정보를 선별하여 압수한 후에도 그와 관련이 없는 나머지 정보를 삭제·폐기·반환하지 아니한 채 그대로 보관하고 있다면 범죄 혐의사실과 관련이 없는 부분에 대하여는 압수의 대상이 되는 전자정보의 범위를 넘어서는 전자정보를 영장 없이 압수·수색하여 취득한 것이어

---

186) 대법원 2022. 1. 14. 선고 2021모1586 결정. 같은 취지의 하급심 판례로는 서울남부지방법원 2019. 10. 30. 선고 2019고합169 판결(대법원 2020도16829 판결로 확정), 서울고등법원 2022. 8. 12. 선고 2022노594 판결(대법원 2022도10452 판결로 확정)이 있다. 한편, 위 대법원 사안의 원심은 수사기관이 제1 압수·수색영장을 집행하면서 범죄 혐의사실과 관련된 전자정보를 탐색·선별하여 압수가 이루어진 것으로 보이고 휴대전화의 경우 혐의사실과 관련성이 없는 전자정보를 완전히 배제하는 것이 기술적으로 불가능하다는 사정 등을 들어 제1 압수·수색영장에 의한 압수처분이 위법하다고 볼 수 없다라고 판단하였다. 나아가 제2 압수·수색영장의 집행 과정에 B나 변호인의 참여 기회를 보장하지 않은 사실이 인정된다고 보면서도, 제2 압수·수색영장의 집행은 결국 제1 압수·수색영장에 의해 적법하게 수집한 증거를 다시 탐색·복제·출력하는 과정에 불과하다는 이유를 들어 절차참여를 보장한 취지가 실질적으로 침해되었다고 보기 어려워 제2 압수·수색영장에 의한 압수처분 역시 위법하다고 볼 수 없다라고 판단하였으며, 위와 같이 제1 압수·수색영장, 제2 압수·수색영장에 따른 압수가 모두 적법한 이상 제3 압수·수색영장에 의한 압수 역시 적법하다라고 판단하였다.

서 위법하고, 사후에 법원으로부터 압수·수색영장이 발부되었다거나 피고인이
나 변호인이 이를 증거로 함에 동의하였다고 하여 그 위법성이 치유된다고 볼
수 없다.

    수사기관이 압수·수색영장에 기재된 범죄 혐의사실과의 관련성에 대한 구분
없이 임의로 전체의 전자정보를 복제·출력하여 이를 보관하여 두고, 그와 같이 선
별되지 않은 전자정보에 대해 구체적인 개별 파일 명세를 특정하여 상세목록을 작
성하지 않고 '….zip'과 같이 그 내용을 파악할 수 없도록 되어 있는 포괄적인 압축
파일만을 기재한 후 이를 전자정보 상세목록이라고 하면서 피압수자 등에게 교부
함으로써 범죄 혐의사실과 관련성 없는 정보에 대한 삭제·폐기·반환 등의 조치도
취하지 아니하였다면, 이는 결국 수사기관이 압수·수색영장에 기재된 범죄 혐의
사실과 관련된 정보 외에 범죄 혐의사실과 관련이 없어 압수의 대상이 아닌 정보까
지 영장 없이 취득하는 것일 뿐만 아니라, 범죄혐의와 관련 있는 압수 정보에 대한
상세목록 작성·교부의무와 범죄혐의와 관련 없는 정보에 대한 삭제·폐기·반환의
무를 사실상 형해화하는 결과가 되는 것이어서 영장주의와 적법절차의 원칙을 중
대하게 위반한 것으로 봄이 상당하다(만약 수사기관이 혐의사실과 관련 있는 정보만을 선별
하였으나 기술적인 문제로 정보 전체를 1개의 파일 등으로 복제하여 저장할 수밖에 없다고 하더라도
적어도 압수목록이나 전자정보 상세목록에 압수의 대상이 되는 전자정보 부분을 구체적으로 특정하
고, 위와 같이 파일 전체를 보관할 수밖에 없는 사정을 부기하는 등의 방법을 취할 수 있을 것으로
보인다). 따라서 이와 같은 경우에는 영장 기재 범죄 혐의사실과의 관련성 유무와
상관없이 수사기관이 임의로 전자정보를 복제·출력하여 취득한 정보 전체에 대해
그 압수는 위법한 것으로 취소되어야 한다고 봄이 상당하고, 사후에 법원으로부터
그와 같이 수사기관이 취득하여 보관하고 있는 전자정보 자체에 대해 다시 압
수·수색영장이 발부되었다고 하여 달리 볼 수 없다.

    위와 같은 법리에 비추어 살펴보면, 수사기관이 제1 압수·수색영장을 집행하
면서 기술적인 문제를 이유로 혐의사실 관련성에 대한 구분 없이 임의로 이 사건
휴대전화 내의 전자정보 전부를 1개의 압축파일인 이 사건 파일로 생성·복제하
고, 이후 이 사건 파일에서 혐의사실과 관련된 전자정보만을 탐색·선별하여 출력
또는 복제하는 절차를 밟지 아니한 채 이 사건 파일 1개 그대로에 대해 압수조서
를 작성하고, 그 1개의 파일만을 기재한 것을 상세목록이라는 이름으로 B에게 교

부하였으며, 범죄혐의와 관련 없는 정보를 삭제·폐기·반환하는 등의 조치 역시 취하지 아니하고 오히려 이 사건 파일을 경찰청 내의 저장매체에 복제된 상태 그대로 보관하여 둔 이상, 결국 수사기관은 영장주의와 적법절차의 원칙, 제1 압수·수색영장에 기재된 압수의 대상과 방법의 제한을 중대하게 위반하여 이 사건 파일을 압수·취득한 것이므로, 결국 이 사건 파일 전체에 대한 압수는 취소되어야 한다고 봄이 상당하다.

나아가 수사기관이 위와 같이 위법하게 압수하여 취득한 이 사건 파일에 대해 별도의 범죄 혐의사실로 제2 압수·수색영장, 제3 압수·수색영장이 발부되었다고 하더라도 그 위법성은 치유된다고 보기 어렵고, 따라서 다른 점에 관하여 더 나아가 살펴볼 필요 없이 제2 압수·수색영장, 제3 압수·수색영장에 의하여 이루어진 압수 역시 취소되어야 한다.[187]

다. 디지털증거의 증거능력 요건

1) 의의

디지털증거의 특징에서 본 것처럼 디지털증거는 유체물인 일반 증거와는 다른 특성으로 인하여 그 증거능력이 인정되기 위해서는 증거능력 인정의 특수한 선결요건이 충족되어야 한다.

대법원은 디지털증거의 증거능력 인정요건으로 원본과의 동일성, 무결성, 신뢰성 등을 판시하고 있다.[188]

압수물인 디지털 저장매체로부터 출력한 문건을 증거로 사용하기 위해서는

---

187) 대법원 2023. 6. 1. 선고 2018도19782 판결도 같은 취지로 "수사기관은 복제본에 담긴 전자정보를 탐색하여 혐의사실과 관련된 정보(이하 '유관정보'라 한다)를 선별하여 출력하거나 다른 저장매체에 저장하는 등으로 압수를 완료하면 혐의사실과 관련 없는 전자정보(이하 '무관정보'라 한다)를 삭제·폐기하여야 한다. 수사기관이 새로운 범죄 혐의의 수사를 위하여 무관 정보가 남아 있는 복제본을 열람하는 것은 압수·수색영장으로 압수되지 않은 전자정보를 영장 없이 수색하는 것과 다르지 않다. 따라서 복제본은 더이상 수사기관의 탐색, 복제 또는 출력 대상이 될 수 없으며, 수사기관은 새로운 범죄 혐의의 수사를 위하여 필요한 경우에도 유관정보만을 출력하거나 복제한 기존 압수수색의 결과물을 열람할 수 있을 뿐이다. … A가 선행사건 수사 당시 이미징 사본에 관한 소유권을 포기하였다거나, 제2영장을 발부받았다는 사유만으로는 위법수집증거라도 유죄의 증거로 사용할 수 있는 예외적인 경우에 해당한다고 보기 어렵다"라고 판시하였다.
188) 대법원 2007. 12. 13. 선고 2007도7257 판결.

디지털 저장매체 원본에 저장된 내용과 출력한 문건의 동일성이 인정되어야 하고, 이를 위해서는 디지털 저장매체 원본이 압수시부터 문건 출력시까지 변경되지 않았음이 담보되어야 한다. 특히 디지털 저장매체 원본을 대신하여 저장매체에 저장된 자료를 '하드카피' 또는 '이미징'한 매체로부터 출력한 문건의 경우에는 디지털 저장매체 원본과 '하드카피' 또는 '이미징'한 매체 사이에 자료의 동일성도 인정되어야 할 뿐만 아니라, 이를 확인하는 과정에서 이용한 컴퓨터의 기계적 정확성, 프로그램의 신뢰성, 입력·처리·출력의 각 단계에서 조작자의 전문적인 기술능력과 정확성이 담보되어야 한다.

그리고 압수된 디지털 저장매체로부터 출력한 문건을 진술증거로 사용하는 경우, 그 기재 내용의 진실성에 관하여는 전문법칙이 적용되므로 형사소송법 제313조 제1항에 따라 그 작성자 또는 진술자의 진술에 의하여 그 성립의 진정함이 증명된 때에 한하여 이를 증거로 사용할 수 있다.

2) 동일성과 무결성의 요건

가) 동일성과 무결성의 의의

동일성은 디지털 저장매체 원본에 저장된 내용과 출력한 문건이 동일하여야 한다는 것이다. 이는 기본적으로 원본과 복제본의 해시값 비교를 통하여 원본과 복제본의 동일성을 확인한 후 복제본과 출력문건의 동일성을 검증하는 방법 등으로 입증이 가능하다.[189] 무결성은 압수된 이후 법정에 제출되기까지 어떠한 조작이나 변경이 없었다는 증명이다.[190] 동일성과 무결성은 표리의 관계에 있다. 학자에 따라서는 무결성은 동일성을 포함하는 개념이라고 설명하기도 한다.

---

189) 서울고등법원 2013. 2. 8. 선고 2012노805 판결(대법원 2013도2511 판결로 확정)은 '동일성'의 개념을 "저장매체 원본이 압수되더라도 원본의 훼손 방지를 위하여 복제본(하드카피 내지 이미징)을 만든 후 이를 분석하거나 그로부터 문건을 출력하게 된다. 따라서 복제본 내지는 복제본에서 출력한 문건이 증거로 제출된 경우 원본과 복제본의 동일성, 복제본에 저장된 내용과 출력문건의 동일성 여부가 입증되어야 한다. 이와 같이 동일성은 원본과 복제본 혹은 출력물 간, 또는 같은 저장매체의 압수·수색 당시와 증거로 제출될 때의 비교에 주목하는 개념이다"라고 설명하고 있다.

190) 서울고등법원 2013. 2. 8. 선고 2012노805 판결(대법원 2013도2511 판결로 확정)은 "무결성(보관의 연속성): 디지털증거의 압수에서 법정에 제출되기까지의 일련의 과정에 주목하는 개념으로서, 디지털증거에 대한 압수·수색 이후 증거로 현출되기까지 일련의 절차에서 그 증거가 변개, 훼손 등 인위적 개작이 없는 것을 의미한다"라고 설명하고 있다.

동일성과 무결성에 대해 판례는 "압수물인 디지털 저장매체로부터 출력한 문건을 증거로 사용하기 위해서는 디지털 저장매체 원본에 저장된 내용과 출력한 문건의 동일성이 인정되어야 하고, 이를 위해서는 디지털 저장매체 원본이 압수시부터 문건 출력시까지 변경되지 않았음이 담보되어야 한다. 특히 디지털 저장매체 원본을 대신하여 저장매체에 저장된 자료를 '하드카피' 또는 '이미징'한 매체로부터 출력한 문건의 경우에는 디지털 저장매체 원본과 '하드카피' 또는 '이미징'한 매체 사이에 자료의 동일성도 인정되어야 한다"라고 판시하고 있다.[191]

나) 동일성, 무결성의 입증방법 및 입증정도

(1) 판례의 태도

출력 문건과 정보저장매체에 저장된 자료가 동일하고 정보저장매체 원본이 문건 출력시까지 변경되지 않았다는 점은, ① 피압수·수색 당사자가 정보저장매체 원본과 '하드카피' 또는 '이미징'한 매체의 해시값[192]이 동일하다는 취지로 서명한 확인서면을 교부받아 법원에 제출하는 방법에 의하여 증명하는 것이 원칙이나, ② 그와 같은 방법에 의한 증명이 불가능하거나 현저히 곤란한 경우에는, 정보저장매체 원본에 대한 압수, 봉인, 봉인해제, '하드카피' 또는 '이미징' 등 일련의 절차에 참여한 수사관이나 전문가 등의 증언에 의해 정보저장매체 원본과 '하드카피' 또는 '이미징'한 매체 사이의 해시값이 동일하다거나 정보저장매체 원본이 최초 압수시부터 밀봉되어 증거 제출시까지 전혀 변경되지 않았다는 등의 사정을 증명하는 방법 또는 ③ 법원이 그 원본에 저장된 자료와 증거로 제출된 출력 문건을 대조하는 방법 등으로도 그와 같은 무결성·동일성을 인정할 수 있으며, ④ 반드시 압수·수색 과정을 촬영한 영상녹화물 재생 등의 방법으로만 증명하여야 한다고 볼 것은 아니다.[193]

한편, 디지털증거를 압수·수색영장의 집행에 의하여 압수한 것이 아니라 소유자, 소지자 내지 보관자로부터 임의제출받아 압수한 경우는 영장 집행에 있어서와 같이 엄격한 절차를 요구하기는 어렵다. 하지만 임의제출받는 경우 영장 집행

---

191) 대법원 2007. 12. 13. 선고 2007도7257 판결.
192) 해시값(Hash Value): 파일에 형성되는 일종의 디지털 지문(숫자와 영문 알파벳 32자 조합으로 이루어짐)으로 원본 데이터의 1bit만 바꾸어도 전혀 다른 값이 생기므로 이 값이 같으면 두 파일이 동일하다고 할 수 있다.
193) 대법원 2013. 7. 26. 선고 2013도2511 판결.

에 비하여 간략한 절차를 취한다고 하더라도 제출자로부터 원본이 조작되지 않았다는 취지의 확인을 받은 후 원본을 압수하여야 하고, 복사 등을 하는 경우 이로 인하여 작성된 사본을 봉인하여, 적어도 법원으로 하여금 그 무결성에 대한 합리적인 의심이 들지 않을 정도의 최소한의 조치를 취하여야 한다.[194]

원본이 소멸하였더라도 미리 추출하여 놓은 원본의 해시값이 있고 이를 신뢰할 수 있는 경우, 원본과 사본의 해시값과 비교하여 원본과 사본의 동일성을 확인할 수 있다. 그러나 원본이 소멸하였고 미리 추출하여 놓은 원본의 해시값도 없는 경우에는 원본과 사본의 동일성에 관한 증명이 전혀 불가능하지 않다고 할지라도, 사본 파일에 대한 감정 등을 통하여 인위적 개작의 흔적이 없다는 점이 밝혀지지 않은 이상 파일 복사에 관여한 수사관들의 진술과 사본에 대한 검증결과만으로는 동일성을 인정할 수 없다.[195]

이러한 무결성 및 동일성은 디지털증거의 증거능력의 요건에 해당하므로 검사가 그 존재에 대하여 구체적으로 주장·입증하여야 하는 것이지만, 이는 소송상의 사실에 관한 것이므로 엄격한 증명을 요하지 아니하고 자유로운 증명으로 족하다.[196]

(2) 디지털증거의 원본이 없는 경우 증거능력 입증방법

대화 내용을 녹음한 파일 등의 전자매체는 그 성질상 작성자나 진술자의 서명 혹은 날인이 없을 뿐만 아니라, 녹음자의 의도나 특정한 기술에 의하여 그 내용이 편집·조작될 위험성이 있음을 고려하여 그 대화 내용을 녹음한 원본이거나 혹은 원본으로부터 복사한 사본일 경우에는 복사 과정에서 편집되는 등 인위적 개작 없이 원본의 내용 그대로 복사된 사본임이 입증되어야만 하고, 그러한 입증이 없는 경우에는 쉽게 그 증거능력을 인정할 수 없다.[197]

증거로 제출된 녹음파일이 원본임을 밝히거나 원본과 동일한 사본임을 증명하는 가장 유효·적절한 수단은 원본파일이나 사본파일 생성 직후 해시값을 산출하여 추후 이를 비교하는 방법일 것이다. 그러나 그와 같은 방법에 의한 증명이

---

194) 서울중앙지방법원 2014. 4. 25. 선고 2013고합805 판결(대법원 2014도11449 판결로 확정).
195) 서울중앙지방법원 2014. 4. 25. 선고 2013고합805 판결(대법원 2014도11449 판결로 확정).
196) 서울중앙지방법원 2014. 4. 25. 선고 2013고합805 판결(대법원 2014도11449 판결로 확정).
197) 대법원 2007. 3. 15. 선고 2006도8869 판결, 대법원 2012. 9. 13. 선고 2012도7461 판결.

불가능하거나 곤란한 경우에는, 녹음파일의 수집·보관·복제 등의 절차에 관여한 사람의 증언이나 진술 또는 녹음파일에 대한 검증·감정 결과 등 제반 사정을 종합하여 그 원본성이나 원본과의 동일성 유무를 판단할 수도 있다. 그러므로 반드시 원본이 보존되어 있어야 한다거나, 디지털 포렌식 절차를 준수하였어야 한다거나, 봉인조치에 의해 보관의 연속성이 증명되어야 한다고 볼 것은 아니다.[198]

(3) 디지털 원본 영상 파일의 재생화면을 재촬영한 동영상의 증거능력

【사안의 개요】

① 수사기관은 원본 CCTV 자체 화면에 재생되는 영상을 휴대폰 카메라로 촬영한 후 수사관 휴대폰 → 수사관 컴퓨터를 거쳐 CD에 복사하여 법원에 증거로 제출하였다

② 원본 CCTV에 저장된 원본 영상은 모두 삭제되어 소멸되었고, 원본 영상을 재촬영한 휴대폰 카메라의 저장장치는 법정에 제출되지 아니하였다.

③ 수사기관은 CCTV 원본 영상 파일의 해시값, 이 사건 재촬영 파일에 관하여 휴대폰 카메라에 저장된 재촬영본 원본 파일의 해시값을 추출하여 기록하여 놓지도 않았다.

④ 원 CCTV 영상에 대한 확인 및 재촬영 당시 참여인 동석여부에 관하여, 일부 CCTV 장치 소유자 내지 관리자는 동석을 하였다고 진술하였으나, 일부소유자 내지 관리자의 경우에는 바쁜 업무를 이유로 영상의 확인 및 복사에 동석하지 아니하였다고 진술하기도 하였다.

⑤ 위 일련의 과정에서 수사기관은 CCTV의 저장장치에 저장된 원본 파일이 변작·변개되지 않은 상태에서 복사되었음을 인정할 만한 조치를 취하지 않았고, CCTV의 소유자 내지 관리자로부터 이를 확인하는 확인서를 받지도 아니하였으며, CCTV 원본이나 휴대폰에 대한 어떠한 봉인조치도 하지 않았다.

⑥ 이 사건 CD에 담긴 파일의 영상에 조작이 있는 것인지에 대한 감정을 의뢰받은 국립과학수사연구원은 동영상을 생성한 촬영기기 또는 동영상을 생성한 동종 기기로 촬영된 비교 영상 또는 촬영기기에서 지원하는 동영상 백업 비교 파일이 있어야 위 CD에 담긴 파일과 비교 동영상 파일의 구조를 분석하여 재인코딩

---

198) 서울고등법원 2014. 8. 11. 선고 2014노762 판결(대법원 2014도10978 전원합의체 판결로 확정).

을 분석할 수 있는데 그러한 비교 파일이 존재하지 아니하고, 동영상이 재생되는 모니터를 재촬영한 파일에 있어서는 재인코딩된 동영상으로 영상이 원본 데이터 형태를 갖고 있지 아니하며, 일부 파일에 있어서는 녹화된 영상을 전용뷰어에서 캡처하여 재생시키는 과정에서 재인코딩이 되었을 수 있으므로, 위 각 영상들의 편집·조작 여부를 판단할 수 없다고 회신하였다.

【법원 판단】[199]

재생되는 영상을 재촬영한 영상 파일의 경우, 그 자체로서 재촬영본의 원본이 되나, 본래 증거로 제출되었을 원 CCTV 영상의 대용물이라는 측면에서 원래 재생 되던 영상의 사본으로서의 성질을 가진다.

이 사건의 경우, 원 CCTV 장치에 기한 재생 영상을 재촬영한 원본 파일 자체 는 원 CCTV 영상과의 관계에서 전자적 방법에 의하여 복사된 것이라고 볼 수 없 어 디지털증거에서 문제되는 원 CCTV 영상과의 동일성 및 무결성이 증거능력의 요건이 된다고 볼 수 없다. 따라서 위 재촬영된 원본 자체는 CCTV 영상의 재생 상태와 촬영상황이 그대로 녹화된 것으로서 테이프나 영상파일의 내용에 인위적 인 조작이 가해지지 않은 것이 전제된다면 다른 위법사유가 없는 한 그 증거능력 을 인정할 수 있다. 따라서 원 CCTV 영상이 이미 소멸한 경우에도, 원 CCTV 영상 을 법정에 제출할 수 없음이 인정되고 촬영자·동석자의 진술, 재촬영 장비의 제

---

199) 서울중앙지방법원 2014. 4. 25. 선고 2013고합805 판결(대법원 2014도11449 판결로 확정). 이 사건의 항소심에서 검사는 "영상의 경우 문서와 달리 수정이 어렵고 위조·조작 여부를 쉽사리 판단하기 쉬우므로 동일성 및 무결성을 문서와 같은 방법으로 인정하여야 하는 것은 아니며, 피고인이 영상 중 편집되었다는 부분을 특정하면 검사는 그 부분이 편집되지 않았음을 입증하면 족하다"라는 취지로 주장하였다. 이에 대해 항소심인 서울고등법원 2014. 8. 21. 선고 2014노1268 판결은 "동영상도 CG작업 등으로 수정이 가능한 점(형사소송법 제244조의2도 피의자 진술의 영상녹화가 완료된 경우에는 원본을 봉인하도록 규정하고 있는바, 이는 동영상의 동일성 및 무결성에 대한 논란을 염두에 둔 것으로 보인다), 피고인으로서는 동영상의 임의제출 및 복사시에 참여할 기회가 없어 동영상의 동일성 및 무결성에 관하여 이의를 제기할 기회가 없었던 점, 디지털증거에 대한 동일성 및 무결성에 관한 논란을 불식시키기 위하여 대검찰청 예규에서도 관련 규정을 두고 있으나 이 사건에서는 수사기관이 동영상의 동일성 및 무결성의 유지에 필요한 조치를 전혀 하지 않았을 뿐만 아니라 그러한 조치의 필요성에 관한 인식도 전혀 없었던 것으로 보이는 점, 전체 영상에 관하여 편집 여부를 감정하는 것은 현실적으로 불가능하다는 점은 인정되나 이는 애초에 수사기관이 동영상 확보 및 복사 과정을 동영상으로 촬영하거나 봉인절차를 취하거나 해시값을 추출하는 등으로 동일성 및 무결성을 담보할 조치를 함으로써 간단히 피해나갈 수 있는 것이었던 점 등을 종합하여 보면, CCTV 영상 제출자 및 관련 경찰관의 진술만으로는 이 사건 CCTV사본 영상이 복사과정에서 인위적 개작 없이 원본의 내용 그대로 복사된 사본이라는 점이 입증되었다고 보기 어렵다"라고 판시하였다.

출, 재촬영된 영상의 내용 및 상태 등에 의하여 재촬영된 영상에 사건과의 관련성과 인위적인 조작이 가해지지 않았다는 점이 합리적으로 증명된다면 증거능력이 인정된다고 보아야 한다.

그러나 이 사건 재촬영 파일은 원래 휴대폰 카메라로 촬영한 재촬영본 원본 파일을 전자적 방법으로 복사한 것으로 원 CCTV 영상 원본과 재촬영본 원본 사이의 증거능력 인정여부와 별개로 재촬영본 원본과 재촬영본 사본 사이에 무결성 및 동일성이 인정되어야 한다. 이는 앞서 살펴본 것과 같은 디지털증거의 무결성 및 동일성 요건 판단방법에 따라 입증하면 족하다.

이 사건 재촬영 파일은 위 휴대폰에 저장되어 있는 원본 파일을 수사관의 컴퓨터로, 수사관의 컴퓨터에서 이 사건 CD로 2회 복사되었는데, 수사기관이 자신이 취득한 재촬영본 원본 파일에 대하여 어떠한 봉인장치를 하지 않았을뿐더러, 복사되는 과정에서 각 저장장치를 봉인하지 아니하여 수사관들이 아무런 제한 없이 위 각 파일에 접근하는 게 가능하였다고 할 것이므로, 수사관이나 촬영에 동석한 CCTV 소유자 내지 관리자의 진술만으로 이 사건 재촬영 파일의 무결성을 인정할 수 없다. 또한, 설령 수사관들 및 CCTV 소유자·관리자의 각 진술, 이 사건 재촬영 파일에 대한 검증을 통하여 CCTV 영상에 특별한 조작이 가해지지 않은 상태에서 재촬영되었음이 인정되더라도, 재촬영본 원본 파일이 제출되지 않을뿐더러, 이에 대한 해시값이 추출된 적이 없고, 사본 파일만으로는 변개·변작 여부를 감정할 수 없는바, 수사관들의 진술 및 이 법원의 이 사건 재촬영 파일에 대한 검증만으로는 수사관의 휴대폰 카메라에 저장된 재촬영본 원본 파일과 이 사건 CD에 복사된 이 사건 재촬영 파일의 동일성을 인정할 수도 없다. 따라서 이 사건 재촬영 파일 역시 무결성과 동일성을 인정할 수 없으므로 증거능력이 없다.

(4) 외국계 이메일 계정에 대한 압수·수색 과정에서 외국의 간수자가 참여하지도 않았고, 원본의 동일성도 확인되지 않았다는 주장에 관하여

【피고인의 주장요지】

① 외국계 이메일 계정에 대한 압수·수색은 그 서버가 외국에 있으므로 관할권이 없어 국제형사사법공조법에 정해진 절차와 방식을 따라 이루어져야 한다. 또한 외국계 이메일 압수·수색 검증 집행할 때 외국의 간수자가 참여할 수도 없어

위법수집증거이다.

② 이메일 서버의 원본과 수사기관이 증거로 제출한 메일 내용과의 확인절차가 진행되지 아니하여 이메일의 원본동일성이 확인되지 아니하였고, 무결성의 입증이 없어 그 증거능력이 없다.

【법원 판단】[201]

국정원 수사관은 외국계 서버에 접속하여 범죄혐의와 관련된 파일을 추출하여 저장하는 방법으로 압수한 것일 뿐, 외국에 위치한 서버 그 자체에 대해서 압수·수색을 한 것이 아니다. 따라서 외국계 이메일의 압수·수색에 외국의 간수자가 참여할 필요는 없고, 국정원 수사관의 이러한 행위가 국제법상 관할의 원인이 되는 특별한 문제를 야기하는 것도 아니므로 사법공조를 거쳐야 한다고 볼 수도 없다.

외국계 이메일 계정에서 압수한 증거들은 외국계 이메일 서버에 직접 접속하여 거기에 저장되어 있는 파일을 압수한 것이다. 컴퓨터를 조작하여 외국계 이메일에 아이디와 비밀번호를 입력하고 마우스를 클릭하는 행위들은 압수·수색·검증절차에 참여한 외부 디지털포렌식 전문가 김○○ 하였고, 김○○는 위 메일을 다운로드받아 컴퓨터에 저장한 후 그 해시값과 USB에 복사한 이후의 해시값을 비교하여 동일함을 확인하였으므로, 이메일의 파일을 USB에 저장하는 과정에서 어떠한 조작이 있을 수는 없었던 것으로 보인다. 일반적으로 아이디와 비밀번호를 입력하여 이메일 서버에 접속한 후 특정 파일을 열어보았을 때, 그 파일이 이메일 서버에 저장되어 있는 파일과 동일한 것임은 경험칙상 당연한 것이므로, 위 USB에 저장된 파일은 이메일 서버에 저장되어 있는 파일과 동일함이 인정된다. 또한 조○○의 각 증언 및 관련 증거들에 의하면 이 법원에 이르기까지 위 파일에 대한 어떠한 위조나 변조도 없었고 이메일의 내용을 그대로 캡쳐하여 출력하였다는 사실도 인정된다. 따라서 제출된 증거의 원본 동일성 및 무결성을 인정할 수 있다.

3) 신뢰성의 요건

디지털 정보는 변조와 조작이 용이하고, 이를 증거로 활용하기 위해서는 다양

---

201) 서울중앙지방법원 2016. 12. 23. 선고 2016고합675 판결(대법원 2017도12643 판결로 확정).

한 프로그램을 통한 분석이 선행되어야 하므로 디지털 정보를 증거화하는 과정 및 그 결과물을 신뢰할 수 있어야 한다. 이를 신뢰성이라고 한다.

대법원도 "디지털 저장매체 원본 혹은 하드카피, 이미징한 매체에 저장된 내용과 그로부터 출력된 문건의 동일성을 확인하는 과정에서 이용한 컴퓨터의 기계적 정확성, 프로그램의 신뢰성, 입력·처리·출력의 각 단계에서 조작자의 전문적인 기술능력과 정확성이 담보되어야 한다"라고 판시하였다.[202]

결국 디지털증거의 신뢰성은 도구의 신뢰성과 이를 분석하는 전문가의 신뢰성을 의미한다.

4) 디지털증거와 전문법칙 적용의 문제

가) 관련 법리

디지털 저장매체에 저장된 문건 또는 그로부터 출력된 문건이 진술증거로 사용되는 경우 '그 기재내용의 진실성'에 관하여는 전문법칙이 적용되므로, 원칙적으로 형사소송법 제313조[203]에 의하여 그 성립의 진정함이 증명된 때에 한하여 이를 증거로 사용할 수 있다.[204]

전자문서로 작성된 디지털증거가 진술증거라 하더라도, 전문증거에 해당하는지 여부는 요증사실과의 관계에 의하여 결정되는 상대적 개념이므로, 그러한 디지털증거의 존재 또는 기재내용 자체가 요증사실이 되는 경우가 아니라 디지털증거

---

202) 대법원 2007. 12. 13. 선고 2007도7257 판결.

203) 제313조(진술서등) ① 전2조의 규정 이외에 피고인 또는 피고인이 아닌 자가 작성한 진술서나 그 진술을 기재한 서류로서 그 작성자 또는 진술자의 자필이거나 그 서명 또는 날인이 있는 것(피고인 또는 피고인 아닌 자가 작성하였거나 진술한 내용이 포함된 문자·사진·영상 등의 정보로서 컴퓨터용디스크, 그 밖에 이와 비슷한 정보저장매체에 저장된 것을 포함한다. 이하 이 조에서 같다)은 공판준비나 공판기일에서의 그 작성자 또는 진술자의 진술에 의하여 그 성립의 진정함이 증명된 때에는 증거로 할 수 있다. 단, 피고인의 진술을 기재한 서류는 공판준비 또는 공판기일에서의 그 작성자의 진술에 의하여 그 성립의 진정함이 증명되고 그 진술이 특히 신빙할 수 있는 상태하에서 행하여 진 때에 한하여 피고인의 공판준비 또는 공판기일에서의 진술에 불구하고 증거로 할 수 있다. ② 제1항 본문에도 불구하고 진술서의 작성자가 공판준비나 공판기일에서 그 성립의 진정을 부인하는 경우에는 과학적 분석결과에 기초한 디지털포렌식 자료, 감정 등 객관적 방법으로 성립의 진정함이 증명되는 때에는 증거로 할 수 있다. 다만, 피고인 아닌 자가 작성한 진술서는 피고인 또는 변호인이 공판준비 또는 공판기일에 그 기재 내용에 관하여 작성자를 신문할 수 있었을 것을 요한다. ③ 감정의 경과와 결과를 기재한 서류도 제1항 및 제2항과 같다.

204) 대법원 1999. 9. 3. 선고 99도2317 판결, 대법원 2013. 1. 10. 선고 2010도3440 판결 등 참조.

에 포함된 그 기재내용의 진실성이 문제되는 경우에 전문법칙이 적용된다.[205]

따라서 이적표현물 소지와 같이 디지털 저장매체에 담긴 문건 내지는 그로부터 출력된 문건 내용의 진실성이 아닌 그러한 내용의 문건의 존재 그 자체가 직접증거로 되는 경우이거나,[206] 위와 같은 문건의 기재내용 자체가 요증사실의 구성요소를 이루는 경우,[207] 또는 그 기재내용의 진실성과 관계없는 간접사실에 대한 정황증거로 사용되는 경우에는[208] 전문증거라고 볼 수 없으므로, 전문법칙이 적용되지 않는다.

나) 녹음파일 녹취록의 증거능력 요건 및 녹취록이 전문증거인지 여부

【피고인의 주장요지】

이 사건 녹취록들은 증거능력이 없는 녹음파일에 기초하여 작성된 문서이고, 녹취자가 녹음파일의 진술 내용을 듣고 작성한 것으로서 이중의 전문증거에 해당하며, 녹음파일 내용을 악의적으로 왜곡하여 기재하는 등 오류의 한계를 넘을 정도로 부정확하므로 증거능력이 인정되어서는 안 된다.

【법원 판단】[209]

녹취록의 증거능력을 인정하기 위해서는 그 작성의 기초가 된 녹음테이프나 녹음파일 등의 증거능력이 인정되어야 하고, 나아가 그 녹취록의 기재가 해당 녹음테이프나 녹음파일 등의 내용과 동일하다는 점이 담보되어야 한다.

녹취록에 오기나 오녹취가 있다고 하여 곧바로 녹음테이프나 녹음파일 등과의 동일성을 부정할 수는 없고, 그 오기나 오녹취의 정도가 녹음 내용의 본질적인 부분을 왜곡하는 정도에 이르지 않는 한 그 동일성을 인정할 수 있다.

녹취록은 녹음파일 등에 수록된 정보를 기재한 서류에 불과하지 녹취자의 진술을

---

205) 서울고등법원 2013. 2. 8. 선고 2012노805 판결(대법원 2013도2511 판결로 확정)은 "(이러한 법리는) 문서에 담긴 내용의 진실여부가 아니고 국가기밀의 가능성이 있는 정보가 피고인의 수중에 있는지 여부가 요증사실인 국가기밀의 탐지, 수집의 점에 관하여도 동일하게 적용된다고 봄이 상당하고, 피고인이 탐지, 수집한 문건에 담겨진 내용이 국가기밀에 해당하는지 여부는 증거가치의 문제로서 증거능력과는 무관하다고 봄이 상당하다"라고 판시하였다.

206) 대법원 1999. 9. 3. 선고 99도2317 판결.

207) 대법원 2008. 9. 25. 선고 2008도5347 판결.

208) 대법원 2000. 2. 25. 선고 99도1252 판결.

209) 서울고등법원 2014. 8. 11. 선고 2014노762 판결(대법원 2014도10978 전원합의체 판결로 확정).

기재한 서류라고 볼 수는 없다. 녹취록은 그 자체로는 전문증거에 해당하지 않는다.

다) 원본 파일에 대한 증거동의가 있는 경우 이를 재녹음한 녹음파일의 진정 성립 인정 요건을 완화한 판례

한편, 원본 파일에 대한 증거동의가 있는 경우 이를 재녹음한 녹음파일의 진정 성립 인정 요건을 완화한 판례가 있다. 대법원은 피고인과의 대화내용을 녹음한 보이스펜 자체에 대하여는 증거동의가 있었지만 그 녹음내용을 재녹음한 녹음테이프, 녹음테이프의 음질을 개선한 후 재녹음한 시디 및 녹음테이프의 녹음내용을 풀어 쓴 녹취록 등에 대하여는 증거로 함에 부동의한 사안에서, "원본인 보이스펜이나 복제본인 녹음테이프 등에 대한 제1심의 검증조서(녹취록)에 기재된 진술은 그 성립의 진정을 인정하는 작성자의 법정진술은 없었으나, 피고인의 변호인이 원본인 보이스펜 자체의 청취 결과 피고인의 음성임을 인정하고 이를 증거로 함에 동의하였고, 위 검증기일에서 증거동의를 한 보이스펜에 대하여 보이스펜에 녹음된 대화내용과 녹취록의 기재가 일치하는지 확인하고, 또 녹음테이프에 수록된 대화내용도 녹취록의 기재와 일치함을 확인하였으므로, 결국 그 진정성립이 인정된다고 할 것이고, 나아가 녹음의 경위 및 대화내용에 비추어 그 진술이 특히 신빙할 수 있는 상태하에서 행하여진 것으로 인정되므로 이를 증거로 사용할 수 있다"라고 판시하였다.[210]

라) 국외 거주자 사용의 이메일 출력물에 대한 증거능력과 형사소송법 제314조

【피고인의 주장】

원심은 이메일 증거 중 일부를 A가 작성한 것이라고 인정하고 형사소송법 제314조에 따라 증거로 채택하여 조사하였다. 그러나 위와 같이 증거로 채택된 이메일이 A가 작성하였다는 점에 관하여 아무런 증거가 없고, 검찰이 A의 소환을 위하여 가능하고도 충분한 노력을 다하였다는 사정이 확인되지 않았으며, 그 진술 또는 작성이 특히 신빙할 수 있는 상태하에서 행하여졌음이 증명되지도 않으므로, 원심의 위와 같은 증거채택에는 형사소송법의 증거법리를 오해한 위법이 있다.

---

210) 대법원 2008. 3. 13. 선고 2007도10804 판결.

【법원 판단】211)

　　피고인 아닌 자가 작성한 진술서 등이 공판준비나 공판기일에서 그 작성자의 진술에 의하여 진정성립이 증명되지 않았음에도 형사소송법 제314조에 의하여 증거능력이 인정되려면, 그 작성자가 사망·질병·외국거주·소재불명, 그 밖에 이에 준하는 사유로 인하여 진술할 수 없는 때에 해당하고, 또 그 작성이 특히 신빙할 수 있는 상태에서 행하여졌음이 증명된 때에 해당하여야 한다. 여기서 '외국거주'는 진술을 하여야 할 사람이 단순히 외국에 있다는 것만으로는 부족하고, 가능하고 상당한 수단을 다하더라도 그 사람을 법정에 출석하게 할 수 없는 사정이 있어야 예외적으로 그 요건이 충족될 수 있다고 할 것인데, 통상적으로 그 요건이 충족되었는지는 소재의 확인, 소환장의 발송과 같은 절차를 거쳐 확정되는 것이기는 하지만 항상 그러한 절차를 거쳐야만 되는 것은 아니다. 경우에 따라서는 비록 그러한 절차를 거치지 않았더라도 법원이 그 사람을 법정에서 신문하는 것을 기대하기 어려운 사정이 있다고 인정할 수 있다면, 그 요건은 충족된다고 보아야 한다. 그리고 '그 작성이 특히 신빙할 수 있는 상태에서 행하여졌음이 증명된 때'는 그 서류의 작성에 허위 개입의 여지가 거의 없고 신빙성이나 임의성을 담보할 구체적이고 외부적인 정황이 증명된 때를 의미한다.

　　원심판결 이유와 기록에 의하면, 원심이 그 판시와 같은 이유로 검사 제출의 이 사건 이메일의 작성자가 A라고 인정한 것은 충분히 수긍할 수 있다. 그리고 A는 프랑스에 거주하고 있고 '자주통일과 민주주의를 위한 ○○○연대'(이하 '○○○연대'라 한다)의 총책으로 피고인들에 대한 공소사실 중 ○○○연대 구성에 의한 국가보안법위반(이적단체의 구성 등) 부분의 공동정범에 해당하기 때문에 법원으로부터 소환장을 송달받는다고 하더라도 법정에 증인으로 출석할 것을 기대하기 어렵다고 봄이 상당하므로, 법원이 그의 소재 확인, 소환장 발송 등의 조치를 다 하지 않았다고 하더라도 형사소송법 제314조의 '외국거주' 요건이 충족되었다고 할 수 있다. 또한 이 사건 이메일은 A가 피고인들을 비롯한 ○○○연대의 핵심조직원들에게 구체적인 활동내용 또는 활동방향을 지시하는 조직 내부의 의사소통 수단인 점, A가 수신자를 특정한 점 등에 비추어 보면 형사소송법 제314조의 '그 작성이

---

211) 대법원 2016. 10. 13. 선고 2016도8137 판결.

특히 신빙할 수 있는 상태에서 행하여졌음이 증명된 때'에도 해당된다.

원심이 같은 취지에서 형사소송법 제314조에 의하여 이 사건 이메일 출력물의 증거능력이 인정된다고 판단한 것은 정당하고, 거기에 형사소송법상 전문법칙의 예외에 관한 증거법리 등을 오해한 잘못이 없다.

6. 마약류 범죄에 대한 통제배달 수사기법과 영장주의

가. 마약류 범죄에 대한 통제배달 수사기법의 의의

수사실무상 마약류 범죄에 대해 통제배달(controlled delivery) 수사기법이 자주 이용되고 있다. 통제배달이란 국제우편물·특송화물을 통해 해외에서 국내로 밀수입된 마약류가 세관에 적발된 경우, 수취인을 특정할 목적으로 마약류가 은닉된 국제우편물을 보세구역 외로 반출한 후 통상적인 배달절차로 위장하여 배달을 실시함으로써 현장에서 수취인 및 관련 공범을 특정, 검거하는 특별한 수사기법이다.[212] 마약류가 은닉된 국제우편물의 경우 수취인의 성명이나 주소 등이 허위로 기재되어 있고, 수취인 연락처도 타인 명의로 가입된 휴대전화 번호가 기재되어 있는 경우가 일반적이기 때문에 통제배달을 통해 우편물을 실제 수령하는 수취인을 현장에서 특정, 검거할 필요성이 있다.[213]

통제배달은 법문에 규정된 용어는 아니나, 마약류 불법거래 방지에 관한 특례법 제4조에 그 법률적 근거가 마련되어 있다. 동법 제4조는 '세관장은 「관세법」 제246조에 따라 화물을 검사할 때에 화물에 마약류가 감추어져 있다고 밝혀지거나 그러한 의심이 드는 경우, 그 마약류의 분산을 방지하기 위하여 충분한 감시체제가 확보되어 있는 마약류 범죄의 수사에 관하여 그 마약류가 외국으로 반출되거나 대한민국으로 반입될 필요가 있다는 검사의 요청이 있을 때에는 필요한 조치를 할 수 있다'라고 규정하고 있다.

---

212) 마약류범죄수사 매뉴얼(2018), 대검찰청, 118쪽. 마약류 밀수 루트는 ① 항공기, 여객선 승객의 직접 휴대 및 기탁수화물, ② 항공 국제우편물 및 국제특송화물, ③ 항만 컨테이너 이용 대형화물이다.
213) 마약류범죄수사 매뉴얼(2018), 대검찰청, 118쪽.

나. 통제배달 수사절차 개관 및 각 단계별 쟁점

통제배달 수사는 크게 4가지 단계로 이루어진다. ① 국제우편물 통관검사 및 마약류 적발, ② 수사관할 검찰청 결정, ③ 수사착수 및 통제배달 준비, ④ 통제배달 실시 및 피의자 검거로 구성된다.

1) 1단계: 국제우편물 통관검사 및 마약류 적발

세관 공무원은 수출입물품에 대한 적정한 통관 등을 목적으로 관세법 제246조(물품의 검사), 제257조(우편물의 검사)에 따라 우편물 개봉, 시료채취, 성분분석 등 검사를 실시할 수 있다.[214]

이에 따라 세관공무원은 국제우편물을 임의로 선정하고 X-ray 검사 등을 거쳐 의심 대상물을 선별하여 개장 검사 후 은닉물을 채취하고, 성분분석 의뢰를 통해 마약류인지 여부를 확인하게 된다.

이때 위와 같은 세관공무원의 우편물 점유행위를 압수행위로 보아야 하는지가 문제된다. 만약 압수행위로 볼 경우 법원이 발부한 영장 없이 위와 같은 행위를 하는 것은 영장주의에 반하는 위법행위가 될 것이다.

이에 대해 판례는 "우편물 통관검사절차에서 이루어지는 우편물의 개봉, 시료채취, 성분분석 등의 검사는 수출입물품에 대한 적정한 통관 등을 목적으로 한 행정조사의 성격을 가지는 것으로서 수사기관의 강제처분이라고 할 수 없으므로, 압수·수색영장 없이 우편물의 개봉, 시료채취, 성분분석 등의 검사가 진행되었다 하더라도 특별한 사정이 없는 한 위법하다고 볼 수 없다"라는 입장이다.[215]

다만, 판례는 세관공무원이 대부분의 경우 특별사법경찰관의 지위를 병행하고 있는 현실을 감안할 때, 특별사법경찰관의 지위에서 실질적인 수사행위에

---

214) 제246조(물품의 검사) ① 세관공무원은 수출·수입 또는 반송하려는 물품에 대하여 검사를 할 수 있다. ② 관세청장은 검사의 효율을 거두기 위하여 검사대상, 검사범위, 검사방법 등에 관하여 필요한 기준을 정할 수 있다. ③ 화주는 수입신고를 하려는 물품에 대하여 수입신고 전에 관세청장이 정하는 바에 따라 확인을 할 수 있다.
제257조(우편물의 검사) 통관우체국의 장이 제256조 제1항의 우편물을 접수하였을 때에는 세관장에게 우편물목록을 제출하고 해당 우편물에 대한 검사를 받아야 한다. 다만, 관세청장이 정하는 우편물은 검사를 생략할 수 있다.

215) 대법원 2013. 9. 26. 선고 2013도7718 판결.

착수하였다고 볼 여지가 있다면, 이를 수사행위로 평가하여 압수·수색영장이 필요하다는 입장이다. 나아가 만약 검사가 이 단계에서 세관공무원과 긴밀한 업무협조를 한 사정이 확인될 경우에는 세관공무원의 우편물 검사행위는 실질적인 수사행위로 평가될 수 있고 이 경우에도 압수·수색영장을 받아야 한다고 보고 있다.

결국, 1단계에 있어서는 행정행위와 수사행위를 구분하여 어떤 경우에 실질적인 수사행위에 착수하였다고 평가할 수 있느냐가 주요 쟁점이다. 비록 행정행위의 외관을 가지고 있지만, 그 실질에 있어 수사기관에 의한 압수·수색에 해당하는 경우에는 영장주의 원칙이 적용되고, 법원의 영장 없이 우편물을 점유·검사하는 행위는 위법하다. 이는 비단 통제배달 수사기법에만 국한되는 문제는 아니다. 수사기관이 사인(私人) 또는 다른 행정기관을 사실상 도구로 이용하여 제3자 소유·소지물을 취거한 후 사인(私人) 등으로부터 다시 임의제출받았다면, 그 임의제출물은 영장주의를 위반한 위법수집증거로 평가될 여지가 크다고 하겠다.

2) 2단계: 수사관할 검찰청 결정

세관공무원은 위 1단계에서 마약류를 발견한 경우 인천공항을 관할하는 인천지방검찰청 검사에게 적발보고서를 보내게 된다. 인천지방검찰청 검사는 국제우편물의 국내 배송지가 인천지검 관내일 경우에는 직접 수사를 하고, 타청 관할일 경우에는 대검찰청에 공조수사를 요청하고, 대검찰청은 관할 지검에 공조수사를 지시하게 된다.

3) 3단계: 수사착수 및 통제배달 준비

수사관할 검찰청이 결정되면, 세관공무원은 마약류가 은닉된 우편물을 검사에게 인도한다. 마약범죄의 은밀성 때문에 우편물에 기재된 수취인 명의자는 마약류 범죄와 무관한 허무인이거나 성명이 도용된 사람일 가능성이 매우 크다. 이와 같은 이유에서 이 단계에서는 피혐의자를 성명불상자로 등재하고 통제배달을 위한 준비를 진행한다.

이 단계에서는 세관공무원이 검사에게 마약류가 은닉된 우편물을 인도한 행위를 임의제출로 볼 수 있는가가 문제된다. 임의제출로 본다면 이후 검사는 해당 물건에 대해서 별도로 압수·수색영장을 발부받을 필요는 없을 것이다. 이는 세관공무원이나 검사의 사실상의 점유, 보관행위를 압수로 평가할 수 있느냐의 문제이기도 하다.

이에 대해 판례는 세관공무원이나 검사의 우편물 보관행위는 점유가 아닌 수취인을 특정하기 위한 특별한 배달방법에 불과하므로, 이를 해당 우편물의 수취인이 특정되지도 아니한 상태에서 강제로 점유를 취득하고자 하는 강제처분으로서의 압수라고 할 수는 없다고 본다.216) 이에 의할 때 검사는 세관공무원으로부터 마약류가 담긴 우편물을 넘겨받더라도 임의제출을 받은 것이 아니므로, 해당 우편물을 적법하게 압수하기 위해서는 법원으로부터 압수·수색영장을 받거나 우편물의 소유자, 소지자, 보관자로부터 적법하게 임의제출을 받아야 한다. 이 부분에 대해서는 다음 항에서 살펴보겠다.

4) 4단계: 통제배달 실시 및 피의자 검거

통제배달 준비가 마무리되면, 검사의 지휘에 따라 검찰수사관이 마약류가 담긴 우편물을 직접 소지하거나 우편물 안에 은닉된 마약류를 미리 제거한 속 빈 우편물만 소지하고서 배달원의 협조를 얻어 배달원과 함께 수취지에 임하여 수취인에게 우편물을 전달한다.217) 전자를 일명 라이브배달(Live controlled delivery)이라고 하고, 후자를 일명 클린배달(Clean controlled delivery)이라고 한다.218) 우편물에 기재된 수취 명의자는 해당 마약류 범죄와 무관한 사람일 가능성이 큰 반면, 수취지에서 수령의사를 밝히면서 물건을 수취한 특정인은 피혐의자일 가능성이 매우 높다. 이때 사안의 경중이나 수취과정에서 보인 수취인의 의심스러운 언행 및 그 외 마약류 범죄에 대한 고의를 추단케 하는 여러 사정 등을 종합하여 해당 수취인을 피의자로 긴급체포하거나 피의자 또는 참고인의 신분으로 임의 동행하여 조사를 진행하게 된다.

이 단계에서 발생하는 압수·수색절차와 관련된 형사소송법적 쟁점을 정리하

---

216) 대법원 2013. 9. 26. 선고 2013도7718 판결.
217) 실무상 배달원으로 하여금 우편물을 전달하게 하는 경우도 있고, 배달원 없이 수사관이 배달원을 가장하여 전달하는 경우도 있다.
218) 클린배달은 통제배달 과정에서 마약류가 분실 또는 유실되거나 통제배달 수사의 실패에 따른 마약류 유통의 위험성을 차단할 목적으로 이루어진다.

면 다음과 같다.

우선, 클린배달의 경우에는 우편물 안에 은닉된 마약류를 미리 제거하고 수사기관 사무실에 보관하게 되므로, 형사소송법 제216조 제1항 제2호의 체포현장에서의 압수·수색 또는 동조 제3항의 범죄현장에서의 긴급압수·수색 대상에 포함되지 않는다. 앞서 살펴본 것처럼 통제배달 과정에서 이루어지는 수사기관의 우편물 보관행위는 점유가 아닌 수취인을 특정하기 위한 특별한 배달방법에 지나지 않으므로, 영장 없이 마약류를 계속적으로 보관하는 것은 영장주의에 반하여 위법하고 해당 물건은 위법수집증거로 증거능력이 없다. 따라서 수사기관은 클린배달을 실시하기 전에 법원에 사전 압수·수색영장을 청구하여 영장을 발부받아야 한다.

다음으로, 라이브배달을 통해 수취인을 피의자로 긴급체포하는 경우에는 그 피의자를 피압수자로 하여 체포현장에서의 압수·수색 형식으로 마약류를 압수한 후 법원에 사후영장을 청구하거나, 현장에서 체포된 피의자로부터 마약류를 임의제출받게 된다. 후자의 경우에는 '임의제출의 적법 요건'에서 살펴볼 체포현장에서의 임의제출 허용 여부, 즉 제출의 임의성이 주요 쟁점으로 부각된다. 한편, 라이브배달을 실시하였으나 수취인을 특정, 검거하지 못한 경우에는 마약류를 적법하게 압수하기 위해서는 피압수자를 '성명불상자'로 기재하여 법원에 사전 압수·수색영장을 청구하여 발부받아야 한다. 라이브배달을 통해 수취인을 특정하더라도 체포하지 않고 불구속 수사를 진행하는 경우에는 법원에 사전 압수·수색영장을 청구하거나 수취인으로부터 임의제출을 받을 수도 있다.

다. 통제배달과 관련된 임의제출의 적법성이 문제된 사례

1) 통상적인 통관절차에서 우편물 수취 피의자로부터 임의제출받은 경우

【사안의 개요】

세관공무원이 X-ray 검사, 개장검사 후 필로폰 은닉물을 채취하고, 인천지검 검사에게 보고한 후 인천지검 수사관 및 특사경 세관공무원이 통상 절차에 따라 통제배달 합동 수사를 진행하여 피의자를 검거하고, 피의자로부터 필로폰을 임의제출받았다.

【법원 판단】[219]

가) 관세법 제246조 제1항은 세관공무원은 수출·수입 또는 반송하려는 물품에 대하여 검사를 할 수 있다고 규정하고 있고, 제2항은 관세청장은 검사의 효율을 거두기 위하여 검사대상, 검사범위, 검사방법 등에 관하여 필요한 기준을 정할 수 있다고 규정하고 있으며, 관세법 제257조는 통관우체국의 장이 수출·수입 또는 반송하려는 우편물(서신은 제외한다)을 접수하였을 때에는 세관장에게 우편물목록을 제출하고 해당 우편물에 대한 검사를 받아야 한다고 규정하고 있다.

관세법 규정에 따른 국제우편물의 신고와 통관에 관하여 필요한 사항을 정하고 있는 '국제우편물 수입통관 사무처리'에 관한 관세청고시에서는, 국제우편물에 대한 X−ray검사 및 현품검사 등의 심사 절차와 아울러 그 검사 결과 사회안전, 국민보건 등과 관련하여 통관관리가 필요한 물품에 대한 관리 절차 등에 관하여 정하는 한편(제1−3조, 제3−6조), 위 고시 외에 다른 특별한 규정이 있는 경우에는 해당 규정을 적용하도록 하고 있다(제1−2조 제2항).

그리고 수출입물품 등의 분석사무 처리에 관한 시행세칙(2013. 1. 4. 관세청훈령 제1507호로 개정되기 전의 것)은 수출입물품의 품명·규격·성분·용도 등의 정확성 여부를 확인하기 위해서 물리적·화학적 실험 및 기타 감정분석 등이 필요하다고 인정되는 경우의 세관 분석실 등에 대한 분석의뢰 절차, 분석기준 및 시험방법 등에 관하여 규정하고 있다.

이러한 규정들과 관세법이 관세의 부과·징수와 아울러 수출입물품의 통관을 적정하게 함을 목적으로 한다는 점(관세법 제1조)에 비추어 보면, 우편물 통관검사절차에서 이루어지는 우편물의 개봉, 시료채취, 성분분석 등의 검사는 수출입물품에 대한 적정한 통관 등을 목적으로 한 행정조사의 성격을 가지는 것으로서 수사기관의 강제처분이라고 할 수 없으므로, 압수·수색영장 없이 우편물의 개봉, 시료채취, 성분분석 등의 검사가 진행되었다 하더라도 특별한 사정이 없는 한 위법하다고 볼 수 없다.

한편 형사소송법 제218조는 검사 또는 사법경찰관은 피의자, 기타인의 유류한 물건이나 소유자, 소지자 또는 보관자가 임의로 제출한 물건을 영장 없이 압수

---

219) 대법원 2013. 9. 26. 선고 2013도7718 판결.

할 수 있다고 규정하고 있고, 압수는 증거물 또는 몰수할 것으로 사료되는 물건의 점유를 취득하는 강제처분으로서, 세관공무원이 통관검사를 위하여 직무상 소지 또는 보관하는 우편물을 수사기관에 임의로 제출한 경우에는 비록 소유자의 동의를 받지 않았다 하더라도 수사기관이 강제로 점유를 취득하지 않은 이상 해당 우편물을 압수하였다고 할 수 없다.

　나) 원심은 판시와 같은 이유를 들어, (1) 인천공항세관 우편검사과에서 이 사건 우편물 중에서 시료를 채취하고, 인천공항세관 분석실에서 성분분석을 하는 데에는 검사의 청구에 의하여 법관이 발부한 압수·수색영장이 필요하지 않다고 봄이 상당하고, (2) 수사기관에서 이 사건 우편물을 수취한 피고인으로부터 임의제출받아 영장 없이 압수한 것은 적법하고, 이 사건 우편물에 대한 통제배달의 과정에서 수사관이 사실상 해당 우편물에 대한 점유를 확보하고 있더라도 이는 수취인을 특정하기 위한 특별한 배달방법으로 봄이 상당하고 이를 해당 우편물의 수취인이 특정되지도 아니한 상태에서 강제로 점유를 취득하고자 하는 강제처분으로서의 압수라고 할 수는 없다고 판단하였고, 이러한 원심의 판단은 정당하다.

2) 통상적인 통관 절차를 거치지 않고, 검사가 특정한 물품을 개봉하여 검사하고 그 내용물을 세관공무원으로부터 임의제출받아 압수한 경우

【사안의 개요】

　① 검사는 A가 멕시코에서 미국을 경유하는 항공특송화물 편으로 필로폰을 수입하려고 한다는 정보를 입수하고, 미국 수사당국과 인천공항세관의 협조를 받아 위 특송화물을 감시하에 국내로 반입하여 배달하고, A가 이를 수령하면 범인으로 검거하려고 하였다.

　② 인천공항세관 마약조사과 소속 세관공무원은 인천공항에 도달한 특송화물을 통상적인 통관절차를 거치지 않은 채 자신의 사무실로 가져왔다.

　③ 위 특송화물 속에서 필로폰이 발견되자 세관공무원은 검찰수사관에게 임의제출하였고, 검찰수사관은 영장 없이 이를 압수한 다음 대체 화물로 통제배달을 하였다.

【법원 판단】 [220]

가) 세관공무원이 수출입물품을 검사하는 과정에서 마약류가 감추어져 있다고 밝혀지거나 그러한 의심이 드는 경우, 검사는 그 마약류의 분산을 방지하기 위하여 충분한 감시체제를 확보하고 있어 수사를 위하여 이를 외국으로 반출하거나 대한민국으로 반입할 필요가 있다는 요청을 세관장에게 할 수 있고, 세관장은 그 요청에 응하기 위하여 필요한 조치를 할 수 있다(마약거래방지법 제4조 제1항). 그러나 이러한 조치가 수사기관에 의한 압수·수색에 해당하는 경우에는 영장주의 원칙이 적용된다.

물론 수출입물품 통관검사절차에서 이루어지는 물품의 개봉, 시료채취, 성분분석 등의 검사는 수출입물품에 대한 적정한 통관 등을 목적으로 조사를 하는 것으로서 이를 수사기관의 강제처분이라고 할 수 없으므로, 세관공무원은 압수·수색영장 없이 이러한 검사를 진행할 수 있다. 세관공무원이 통관검사를 위하여 직무상 소지하거나 보관하는 물품을 수사기관에 임의로 제출한 경우에는 비록 소유자의 동의를 받지 않았다고 하더라도 수사기관이 강제로 점유를 취득하지 않은 이상 해당 물품을 압수하였다고 할 수 없다. 그러나 위 마약류 불법거래 방지에 관한 특례법 제4조 제1항에 따른 조치의 일환으로 특정한 수출입물품을 개봉하여 검사하고 그 내용물의 점유를 취득한 행위는 위에서 본 수출입물품에 대한 적정한 통관 등을 목적으로 조사를 하는 경우와는 달리, 범죄수사인 압수 또는 수색에 해당하여 사전 또는 사후에 영장을 받아야 한다고 봄이 타당하다.

나) 원심은 다음과 같은 이유로 이 부분 공소사실을 무죄로 판단한 제1심판결을 그대로 유지하였다. ① 위와 같은 활동은 수사기관이 처음부터 구체적인 범죄사실에 대한 증거수집을 목적으로 한 압수·수색인데도 사전 또는 사후에 영장을 발부받지 않았으므로 영장주의를 위반하였다. ② 위법한 압수·수색으로 취득한 증거인 압수물, 압수조서와 압수물에 대한 감정서 등은 모두 증거능력이 없고 나머지 증거만으로는 공소사실을 인정하기 부족하다. 원심의 판단에 압수물의 증거능력에 관한 법리를 오해한 잘못이 없다.

---

3) 세관공무원이 특사경의 지위에서 밀수입 증거수집을 목적으로 물품을 개봉하여 검사하고 사건관계인을 조사한 후 그 내용물을 검사에게 임의제출한 경우

【사안의 개요】

① 甲은 2015. 3. 29. 중국산 발기부전치료제 70만정 및 필로폰 6kg(이하 '이 사건 밀수품'이라 한다)을 이 사건 컨테이너의 가장 안쪽 20상자에 숨겨 실은 다음 이 사건 컨테이너를 중국에서 출발하는 화객선에 선적하여 乙에게 보냈다.

② 평택세관 소속 세관공무원인 A는 2015. 3. 30. 화객선에 선적되어 평택항에 도착한 컨테이너 중 이 사건 컨테이너를 선별한 다음 컨테이너 검색센터에서 엑스레이 검색을 한 결과 이상 음영을 발견하고 정밀검사 대상으로 전환하였다.

③ A는 2015. 3. 31. 이 사건 컨테이너를 개장하여 검사하던 중 이 사건 중국산 발기부전치료제 20상자가 적재된 것을 발견하고 조사팀에 연락하였다.

④ 평택세관 소속 세관공무원으로서 특별사법경찰관인 B는 2015. 3. 31. 관세법상 밀수입 사건으로 판단하고 화주인 乙에 대하여 기초조사를 하였다.

⑤ 평택세관 소속 세관공무원인 C는 2015. 3. 31. 이 사건 중국산 발기부전치료제의 정확한 수량을 파악하기 위하여 포장을 개봉하던 중 그 안에 별도의 포장이 있는 것을 발견하고 이를 개봉하여 흰색 가루를 발견하였다.

⑥ 평택세관 소속 마약탐지요원인 D는 2015. 3. 31. 마약 시약검사 키트를 이용하여 검사한 결과 C가 발견한 흰색 가루는 필로폰으로 확인되었다.

⑦ 세관공무원으로서 특별사법경찰관인 B는 2015. 3. 31. 乙을 방문하여 화물 반입 경위를 확인한 다음 이 사건 중국산 발기부전치료제의 적발 사실을 통보하고, 甲에게 진술조서 작성을 위하여 평택세관에 출석할 것을 고지하였다.

⑧ B는 2015. 3. 31. 관세법 제296조 제1항에 따라 사전에 영장을 받은 바 없고, 2015. 3. 31. 수원지방검찰청 평택지청 소속 검찰 수사관에게 이 사건 밀수품을 인계하였다.

⑨ 수원지방검찰청 평택지청 소속 검찰 수사관은 B로부터 이 사건 밀수품을 임의로 제출받아 영장 없이 압수하였다는 취지의 압수조서를 작성하였다.

【법원 판단】²²¹⁾

　　세관공무원은 통관업무 담당자로서의 지위 외에도 '사법경찰관리의 직무를 수행할 자와 그 직무범위에 관한 법률' 제5조, 제6조에 따라 특별사법경찰관리의 직무를 수행하고, 그 직무범위와 수사 관할에 소속 관서 관할 구역에서 발생하는 관세법위반 사범, 소속 관서 관할 구역 중 우리나라와 외국을 왕래하는 항공기 또는 선박이 입·출항하는 공항·항만과 보세구역에서 발생하는 마약·향정신성의약품 및 대마 사범 등의 범죄 등이 포함된다. 따라서 세관공무원이 관할 구역 내에서 수출입물품을 검사하고 점유를 취득하는 모든 행위에 대하여 이를 일률적으로 행정조사의 성격을 가지는 것으로서 수사기관의 강제처분에 해당하지 아니하는 것으로 보아서는 아니 되고, 세관공무원이 해당 수출입물품을 검사하는 목적, 검사 대상 수출입물품을 특정하게 된 경위, 구체적인 검사의 방법 및 검사 이후의 조치 등에 비추어 세관공무원의 수출입물품 검사, 보관 등 행위가 통상적인 통관업무가 아닌 관세법위반 사범, 마약 사범 등 구체적인 범죄사실에 대한 수사에 이르렀다고 인정되는 경우에는 적법절차의 원칙과 영장주의를 규정하고 있는 헌법 제12조, 형사소송법 제215조 및 관세법 제296조에 따라 당연히 압수·수색영장이 필요하다고 보아야 한다.

　　이 사건에 관하여 보건대, 원심 및 당심이 적법하게 채택하여 조사한 증거들을 종합하여 보면, 평택세관 소속 세관공무원으로서 특별사법경찰관인 B가 이 사건 밀수품에 대한 점유를 취득한 행위는 세관공무원의 통관업무 담당자의 지위에서 적정한 통관을 목적으로 한 행정조사가 아니라 특별사법경찰관의 지위에서 관할 구역 내에서 발생한 관세법위반 사범 또는 마약 사범 등에 대한 증거수집을 목적으로 한 것으로 강제처분에 해당함에도 영장을 받지 아니하는 등으로 이 사건 밀수품에 대한 압수는 영장주의를 위반하여 위법하다고 봄이 상당하다.

　　이 사건 밀수품인 이 사건 중국산 발기부전치료제 및 필로폰은 영장 없이 위법하게 압수된 위법수집증거로서 형사소송법 제308조의2에 의하여 유죄 인정의 증거로 삼을 수 없고, 이 사건 밀수품을 기초로 하여 획득한 위 2차적 증거들도 유죄 인정의 증거로 삼을 수 없다고 봄이 상당하다.

---

221) 서울고등법원 2016. 4. 14. 선고 2015노2962 판결(대법원 2016도6295 판결로 확정).

영장에 의하지 아니한
압수·수색

IV

IV 영장에 의하지 아니한 압수·수색

1. 압수·수색·검증에 있어서의 영장주의 예외

대물적 강제수사에 있어서 압수·수색·검증의 긴급성을 감안하여 예외적으로 일정한 경우에는 영장에 의하지 않는 압수·수색·검증이 허용되고 있다.

형사소송법은 압수·수색·검증에 있어서의 영장주의 예외로 체포·구속 목적의 피의자수색, 체포현장에서의 압수·수색·검증, 피고인 구속현장에서의 압수·수색·검증, 범죄장소에서의 긴급 압수·수색·검증, 긴급체포시의 압수·수색·검증, 임의제출한 물건 및 유류한 물건의 압수를 규정하고 있다.

2. 체포·구속 목적의 피의자수색

가. 의의

검사 또는 사법경찰관은 체포영장에 의한 체포·긴급체포·구속영장에 의한 구속 또는 현행범인 체포에 의하여 피의자를 체포 또는 구속하는 경우에 필요한 때에는 영장 없이 타인의 주거나 타인이 간수하는 가옥, 건조물, 항공기, 선차 내에서 피의자를 수색할 수 있다. 다만, 체포영장 또는 구속영장에 따라 피의자를 체포 또는 구속하는 경우의 피의자 수색은 미리 수색영장을 발부받기 어려운 긴급한 사정이 있는 때에 한정한다(제216조 제1항 제1호).

이는 체포·구속하고자 하는 피의자가 타인의 주거 등에 숨어 있는 경우에 피의자의 소재를 발견하기 위한 수색은 영장 없이 할 수 있도록 한 것이다.

나. 피의자 수색의 수색 주체

본호의 행위주체는 검사 또는 사법경찰관이다. 따라서 사인(私人)이 현행범인 체포를 위하여 타인의 주거에 들어가 피의자를 수색할 수 없다.

다. 피의자 수색의 적용범위

체포·구속 목적의 피의자 수색은 피의자의 발견을 위한 처분이므로 피의자의 체포·구속 전이어야 한다. 따라서 피의자를 체포·구속한 후 타인의 주거에 들어가는 것은 본호의 적용범위를 벗어난다.

이와 관련하여 피의자의 발견을 필요로 하지 않는 경우, 즉 피의자의 추적이 계속되고 있을 때에는 피의자를 따라 주거, 건조물 등에 들어가는 것도 본호의 수색에 해당하는지 문제된다. 그것은 체포 또는 구속 자체이며 본호의 수색에 해당하지 않는다는 견해[1]가 있는 반면, 타인의 주거 등에 들어가는 것을 구속이나 체포행위 자체로 보기는 어렵고 본호가 구속이나 체포에 당연히 예상되는 부수처분을 말하는 것이므로 이 경우에도 본호에 의해 허용된다는 견해[2]가 있다. 후자가 타당하다고 본다.

피의자 이외의 자의 주거 등에 대해서는 그 장소에 피의자가 존재할 개연성이 있어야 피의자 수색이 가능하다.[3]

피의자 주거도 본호의 수색범위에 포함되는지가 문제된다. 법문에 명문으로 '타인'의 주거 등으로 규정되어 있기 때문이다. 본호에서 규정한 '타인'이란 피의자 이외의 자를 의미한다는 견해와 수사기관을 중심으로 수사기관 이외의 타인을 의미한다는 견해가 대립한다. 전자는 피의자의 주거는 제216조 제1항 제2호의 적용

---

1) 이재상, 형사소송법(제13판), 351쪽.
2) 주석 형사소송법(제5판), 291－292쪽.
3) 헌법재판소 2018. 4. 26. 선고 2015헌바370, 2016헌가7(병합) 결정.

으로 해결하여야 한다고 설명한다.

수색과 체포 사이의 시간적 접착이나 체포의 성공 여부는 문제되지 아니한다.[4] 본호는 피의자 수색에 대해 사후에 별도로 수색영장을 필요로 하지 않는다.[5]

3. 체포·구속 현장에서의 압수·수색·검증

가. 의의

검사 또는 사법경찰관은 체포영장에 의한 체포·긴급체포·구속영장에 의한 구속 또는 현행범인 체포의 규정에 의하여 피의자를 체포 또는 구속하는 경우에 필요한 때에는 영장 없이 체포현장에서 압수·수색·검증을 할 수 있다($\binom{\text{제216조 제}}{\text{1항 제2호}}$). 이는 피의자를 체포·구속하는 경우 체포현장에서 증거수집을 위하여 행하는 압수·수색·검증에 대하여 영장주의의 예외를 인정한 것이다.

나. 체포·구속 현장에서의 압수·수색·검증이 가능한 시간적 범위

체포현장에서의 압수·수색·검증이 허용되기 위해서는 압수·수색·검증이 체포행위와 시간적으로 접착성이 있어야 한다. 시간적 접착성의 의미에 대해서는 체포접착설,[6] 체포설,[7] 현장설,[8] 체포착수설[9] 등이 있다.

이러한 견해의 대립은 체포 전의 압수·수색·검증이 허용되는가 그리고 피의자의 체포가 성공하였을 것을 요하는가에서 차이가 있다.[10] 어느 견해에 의하든 피의자를 체포하기 위해 현장에 갔지만 피의자가 부재중인 경우에는 압수·수색·검증이 불가능하다. 또, 피의자가 체포현장에서 체포된 경우에는 어느 견해에

---

4) 이재상, 형사소송법(제13판), 351쪽.
5) 주석 형사소송법(제5판), 292쪽.
6) 체포행위에 시간적, 장소적으로 접착되어 있으면 충분하고 체포의 전후를 불문한다.
7) 피의자가 현실적으로 체포되었음을 요한다.
8) 압수·수색 당시에 피의자가 현장에 있음을 요한다.
9) 피의자가 수색장소에 현재하고 체포의 착수를 요건으로 한다
10) 이재상, 형사소송법(제13판), 353쪽.

따르든 체포현장에서의 압수·수색·검증은 가능하다.

　　문제는 피의자가 현장에 있었으나 도주한 경우이다. 수사기관이 피의자를 체포하기 위해 그 장소에 도착하였을 때 피의자가 그 장소에 있었다면, 설령 피의자가 그 후 도망갔더라도 체포현장에서의 압수·수색·검증이 가능하다.[11]

　　판례는 "형사소송법 제216조 제1항 제2호의 압수·수색·검증을 법이 허용하는 근거는, 체포행위가 적법하다면 그보다 기본권 침해의 정도가 작은 대물적 처분으로서 체포행위에 부수하여 체포현장에서 이루어지는 압수·수색·검증은 사전 영장을 요하지 않고, 그러한 압수·수색·검증은 수사기관이 피의자를 체포하는 경우 체포현장에서 야기될 수 있는 위험을 방지하고 피의자가 증거를 인멸하는 것을 방지하기 위한 긴급행위라는 점에 있다고 보이므로, 이러한 제도적 취지에 비추어 볼 때 위 조항의 시간적 접착성의 의미에 관하여는, 비록 피의자가 현실적으로 체포되었을 것을 요하지는 않더라도, 적어도 수사기관이 체포에 착수한 이후 압수·수색·검증이 이루어진 경우에 한하여 '체포현장'이라는 시간적 접착성의 요건을 충족한다고 봄이 타당하다"라고 판시하였다.[12]

　　위 판례 사례는 다음과 같다. 경찰관은 노래연습장에서 도우미를 고용하고 주류를 판매하였는지를 확인하기 위해 현장에 출동하여 영장 없이 압수물을 압수하였다. 그런데 재판 과정에서 경찰관이 압수·수색할 당시 도우미 영업이나 주류 판매가 이루어지고 있다는 구체적인 단서를 가지고 있지 않은 것으로 확인되었고, 경찰관은 노래연습장에 들어서면서 그곳 주인인 피고인에게 자신들의 소속을 밝히거나 단속의 취지나 영장 없이 수색을 하는 이유 등 어떠한 설명도 하지 않은 사실이 확인되었다. 이러한 사실관계를 기초로 법원은 "① 경찰관이 당초부터 피고인을 음악산업진흥법위반죄의 현행범인으로 체포하기 위함이 아니라, 제보의 내용이 맞는지 확인하기 위하여 이 사건 노래연습장을 수색하고 관련 증거품을 압수하기 위한 목적이었던 것으로 보이는 점, ② 이러한 압수·수색에 대하여 피고인

---

11) 주석 형사소송법(제5판), 294쪽. 한편, 이재상, 형사소송법(제13판), 353쪽은 '피의자가 현재하는 경우에는 체포 전에 압수·수색할 필요가 강한 경우도 있다. 또 체포현장의 압수·수색을 위하여 체포에 성공하였을 것을 요한다는 것도 강제수사의 적법성을 우연에 맡기는 결과가 된다. 따라서, 체포할 피의자가 있는 장소에서 압수·수색한 이상 체포의 전후나 그 성공 여부는 불문하고, 먼저 체포에 착수한 때에는 피의자가 도주한 경우에도 압수·수색이 허용된다고 해석함이 타당하다'라고 적고 있다.

12) 수원지방법원 2014. 11. 6. 선고 2014노3760 판결(대법원 2014도16080 판결로 확정).

이 저항하자 비로소 경찰관들은 공무집행방해의 점과 함께 음악산업진흥법위반의 점을 범죄사실로 하여 피고인을 현행범인으로 체포한 점 등을 종합하여 볼 때, 이 사건 당시 피고인에 대한 음악산업법위반의 범죄사실에 대하여 경찰관들이 현행범인 체포에 착수하지 않은 상태에서 위 범죄사실에 관한 압수·수색이 이루어졌다고 판단되므로, 이 사건 당시 경찰관들의 직무집행은 형사소송법 제216조 제1항 제2호, 제212조가 정하는 '체포현장에서 압수·수색·검증'의 요건을 충족하지 못한 것으로 봄이 타당하다"라고 판시하였다.

다. 체포·구속 현장에서의 압수·수색·검증이 가능한 장소적 범위

피의자를 체포할 때 압수·수색·검증이 가능한 장소적 범위와 관련하여서는 '피의자의 신체와 피체포자의 직접 지배하에 있는 장소라는 견해'와 '피의자의 관리권한이 미치는 범위로 다소 넓게 이해하려는 견해'가 있다. 후자의 견해를 주장하는 입장에서는 '두 견해의 차이는 예컨대 피의자의 주거에서 피의자를 체포함에 있어서 침실에서 체포를 한 후에 거실을 압수·수색·검증할 수 있는가에 있어서 직접적 지배장소라는 견해는 거실은 직접 지배장소가 아니라고 할 것이고 관리범위내라는 견해는 거실도 피의자의 관리범위 내이므로 가능하다고 본다'라고 설명하고 있다.[13] 하지만 전자의 견해를 취하더라도 위 사안에서 거실에 대한 압수·수색·검증이 가능하다고 해석할 수 있다. 거실 역시 피의자가 직접 지배하는 공간이라고 해석할 수 있기 때문이다. 이런 의미에서 본다면, 두 견해의 실질적인 차이는 없을 것으로 보인다.

법문이 체포 '현장'에서의 압수·수색·검증이라고 표현하고 있는 만큼, 체포 현장과 압수·수색·검증 장소가 장소적으로 근접해 있어야 할 것이다. 어느 정도 근접해야 하는지에 대해서는 경우에 따라서 체포경위나 압수·수색·검증 과정 등을 종합적으로 고려하여 사안별로 판단하여야 할 것이다. '피의자의 신체와 피체포자의 직접 지배하에 있는 장소라는 견해'와 '피의자의 관리권한이 미치는 범위로 다소 넓게 이해하려는 견해' 모두 일응의 기준이 될 수 있을 것이다.

---

13) 주석 형사소송법(제5판), 295쪽.

대법원 판결은 경찰이 피고인의 집에서 20m 떨어진 곳에서 피고인을 체포한 후 피고인의 집안을 수색하여 칼과 합의서를 압수하였을 뿐만 아니라 적법한 시간 내에 압수·수색·검증 영장을 청구하여 발부받지도 않은 사안에서, 위 칼과 합의서는 위법하게 압수된 것으로서 증거능력이 없고, 이를 기초로 한 2차 증거인 '임의제출동의서', '압수조서 및 목록', '압수품 사진' 역시 증거능력이 없다고 판시한 바 있다.[14]

한편, 장소적 범위와 관련하여 "체포현장에서 압수 또는 수색을 행하는 것이 도로사정이나 피의자의 저항에 의하여 곤란한 경우 가까운 경찰서에 연행하여 압수·수색을 할 수 있다. 즉 체포현장의 상황에 비추어 피의자의 저항에 의한 혼란이 발생하거나 현장 부근의 교통을 방해할 우려가 있는 등의 사정이 있어 그곳에서 바로 압수·수색을 실시하는 것이 부적당한 때에는 압수·수색을 실시할 수 있는 가장 가까운 장소까지 피의자를 연행하여 압수·수색을 실시하여도 체포현장에서의 압수·수색에 해당한다"라는 견해가 있다.[15] 실무상 대로변에서 일반 대중이 보는 앞에서 피의자를 체포하여 수갑을 채우게 되면 피의자의 인격권을 침해할 여지가 있어 일반 대중의 눈을 피할 수 있는 한적한 곳으로 피의자를 연행하여 그곳에서 체포행위를 완료하고 그 즉시 신체를 수색하여 압수를 하는 경우가 종종 있는데, 체포행위의 착수 장소와 완료 장소가 다르다고 하더라도 피의자를 연행한

---

14) 대법원 2010. 7. 22. 선고 2009도14376 판결. 대부분의 형사소송법 교과서에 체포현장에서의 압수·수색이 가능한 장소적 범위와 관련하여 위 판례가 소개되어 있어 본서에서도 소개하였으나, 다음에서 보는 것처럼, 위 판례는 쟁점을 달리하고 있음에 유의할 필요가 있다. 위 대법원 판결의 1심 판결인 서울남부지방법원 2009. 9. 9. 선고 2009고단1184 판결은 "먼저 임의제출동의서, 압수조서 및 목록, 압수품 사진에 관하여 보건대, 증인 A의 진술에 의하면, A는 칼과 합의서를 피고인으로부터 임의제출받았다는 취지이나 피고인의 집에서 20m 상당 떨어진 곳에서 피고인을 체포하여 수갑을 채운 후, 피고인의 집으로 가서 집 안을 수색하여 칼과 합의서를 압수하였다고 진술하고 있고, 나아가 피고인은 당시 수갑이 채워져 있어 신체적·정신적으로 억압된 상태로서 자유로운 의사를 표시하기 어려웠던 것으로 보이는 점, 칼과 합의서가 있는 장소를 이야기하지 않아 경찰관 7명 상당이 위 집 내부를 수색한 것으로 보이는 점, 칼과 합의서를 찾고 있는 이유에 대하여 피고인에 대하여 설명하지 않은 것으로 보이는 점 등에 비추어 볼 때 위 칼과 합의서는 피고인이 임의로 제출한 물건이라 할 수 없다. 따라서 위 칼과 합의서는 헌법과 형사소송법이 정한 절차에 따르지 아니하고 수집한 증거이므로, 이를 기초로 한 임의제출동의서, 압수조서 및 목록, 압수품 사진도 또한 증거능력이 없다고 할 것이다"라고 판시하였다. 여기서 알 수 있듯이 위 대법원 판결에서의 쟁점은 체포현장으로서 압수·수색·검증이 가능한 장소적 범위가 아니라, 임의제출의 적법성에 관한 것이었다. 만약 임의제출의 형식이 아니라 체포현장에서의 압수·수색·검증 형식으로 사후 압수·수색·검증 영장이 청구되었더라면 사건의 경위에 비추어 압수·수색·검증의 적법성이 인정될 수 있다고 보인다.

15) 임동규, 형사소송법(제15판), 258쪽.

장소에서 비로소 체포행위가 종료된 것으로 평가할 수 있으므로 위 견해는 타당하
다고 본다.

라. 압수·수색·검증의 대상

본호에 의한 압수·수색·검증의 대상은 ① 체포 또는 구속의 원인이 되는 범
죄사실과 관련이 있는 증거자료, ② 체포자에게 위해를 가할 우려가 있는 무기 기
타 흉기, ③ 도주의 수단이 될 수 있는 물건이다.

②, ③은 비록 증거자료가 아니긴 하나, 체포현장에서의 압수·수색·검증의
제도적 취지, 즉 수사기관이 피의자를 체포 또는 구속하는 경우 체포현장에서 야기
될 수 있는 위험을 방지하고 피의자가 증거를 인멸하는 것을 방지하기 위하여 긴
급행위로서 허용되는 것이라는 점(긴급행위설)에서 예외적으로 압수·수색·검증의 대상
이 된다고 해석되고 있다. 따라서 위 ②, ③은 형사소송법 제216조 제1항 제2호에
의한 압수·수색에 한하여 압수·수색의 대상이 되는 것이고, 일반적인 압수·수
색의 대상은 아님을 유의할 필요가 있다.

'압수·수색영장' 부분에서 살펴본 '해당 사건과의 관련성' 내용은 본호에 의한
압수·수색·검증에도 그대로 적용된다.

체포과정에서 별건의 증거를 발견한 경우에는 임의제출을 받거나 별도의 영
장에 의해 압수하여야 할 것이다.[16]

---

16) 이와 관련하여 참고할 만한 내용이 있어 인용한다. "피의사실과의 관련성을 요구하는 현행법의
해석으로는 체포현장에서 긴급 압수·수색을 하다가 우연히 피의자의 다른 범죄혐의에 대한 중요
한 증거를 발견한 경우에 이를 압수할 수 없게 된다. 그렇게 되면 나중에 압수·수색영장을 받아
압수하려 할 때에는 이미 증거물을 파괴하거나 은닉하여 확보하지 못할 위험이 있다. 이에 대해
현재로서는 임의제출을 구하거나 다른 범죄로 긴급체포를 하면서 긴급 압수·수색을 하는 등으로
대처해야 할 것이나 임의제출하지 않거나 다른 범죄로 긴급체포할 상황이 아니면 공백이 생긴다.
그러므로 이에 대한 해결책을 만들어 주어야 실무상 공백이 생기지 않을 것이다. 이에 대해 미국
의 판례이론으로는 수사기관이 적법하게 위치한 장소에서 직접 관찰할 수 있었던 물건에 대하여
는 압수할 수 있다고 하는 소위 육안발견이론(plain view)이 있다. 한편 독일 형사소송법은 수색
하는 도중에 해당 사건과 관련이 없으나 다른 범죄와 관련한 압수대상물이 발견되는 경우는 긴급
압수를 할 수 있다는 규정을 두어 해결하고 있다(독일 형사소송법 108조). 향후 입법론으로 검토
할 필요가 있다." 주석 형사소송법(제5판), 296쪽.

마. 사후 압수·수색·검증 영장의 청구

체포·구속 현장에서 압수한 물건을 계속 압수할 필요가 있는 경우에는 지체 없이 압수·수색·검증 영장을 청구하여야 한다. 이 경우 압수·수색·검증 영장의 청구는 체포한 때부터 48시간 이내에 하여야 한다. 압수·수색·검증 영장을 발부받지 못한 때에는 압수한 물건을 즉시 반환하여야 한다(제217조 제2항, 제3항).

바. 위법한 체포현장에서의 압수·수색의 경우, 사후영장 발부로 그 위법성이 치유되는지 여부

사법경찰관이 피의자를 현행범인으로 체포하는 경우에 필요한 때에는 영장 없이 체포현장에서 압수·수색·검증을 할 수 있으나, 이 경우에는 체포한 때부터 48시간 이내에 압수·수색영장을 청구하여야 하고, 이때 '체포현장'이라는 요건을 갖추지 못한 경우, 즉 당해 압수·수색·검증이 체포행위와 시간적으로 접착성을 갖지 못한 경우에는 그러한 압수·수색·검증은 위법하며, 이에 대하여 사후에 법원으로부터 영장을 발부받았다고 하여 그 위법성이 치유되는 것은 아니라고 보아야 한다.[17]

4. 피고인 구속현장에서의 압수·수색·검증

검사 또는 사법경찰관이 피고인에 대한 구속영장의 집행의 경우에는 그 집행현장에서 영장 없이 압수, 수색 또는 검증할 수 있다(제216조 제2항). 피고인에 대하여 구속영장을 집행하는 것은 재판의 집행기관으로서 행하는 것이나, 집행현장에서의 압수·수색·검증은 수사기관의 공소제기 후 수사에 해당하는 처분이다. 따라서 수사기관은 그 결과를 법관에게 보고하거나 압수물을 제출할 필요는 없다. 공소제기 후 증인에 대한 구인장을 집행할 때에는 본호가 적용되지 않는다.

---

17) 수원지방법원 2014. 11. 6. 선고 2014노3760 판결(대법원 2014도16080 판결로 확정).

5. 범죄장소에서의 긴급 압수·수색·검증

가. 의의

범행 중 또는 범행직후의 범죄 장소에서 긴급을 요하여 법원판사의 영장을 받을 수 없는 때에는 영장 없이 압수, 수색 또는 검증을 할 수 있다(제216조제3항). 이 경우에는 사후에 지체 없이 영장을 받아야 한다. 이는 체포 또는 구속을 전제로 하지 않는다는 점에서 긴급체포에 유사한 긴급압수, 긴급수색 및 긴급검증을 인정한 것이다.

수사기관이 범죄의 신고를 받고 그 현장에 도착하였을 때 범인이 이미 도주한 후이거나 범죄가 경미하여 체포·구속의 필요성이 없는 경우에도 통상적으로는 범죄장소에는 범죄에 관한 물적 증거가 많고 또한 증거인멸의 방지를 위한 압수·수색의 긴급성이 요청되는데, 이러한 경우에 대비하여 본항을 규정한 것이다. 즉, 본항의 경우에는 범행 중 또는 범행직후의 범죄 장소이면 족하며, 피의자가 현장에 있거나 체포되었을 것을 요건으로 하지 않는다.

나. 요건

1) 범행 중 또는 범행직후의 범죄장소

본항의 '범행 중' 또는 '범행직후'는 현행범인 체포의 요건인 '범죄의 실행 중' 또는 '실행의 직후'와 거의 같은 개념이다. 범행 중인 피의자를 현행범인으로 체포한 경우에는 체포현장에서의 압수·수색이 가능하므로, 본항은 범인이 체포되지 않은 경우에 한하여 적용되는 것이다. 범죄직후의 범죄장소이면 족하므로 범인이 범행현장에 있음을 요하지 아니한다.

2) 강제처분의 필요성, 비례성, 관련성

법문에는 긴급성만 요건으로 규정되어 있으나, 영장에 의한 압수·수색과 마찬가지로 범죄수사의 필요성, 압수·수색 대상물과 범죄사실의 관련성, 비례성 등이 충족되어야 함은 의문의 여지가 없다.

3) 긴급성

긴급을 요하여 법원판사의 영장을 받을 수 없는 경우에 한하여 본항의 압수·수색이 가능하다. 긴급성은 긴급 압수·수색을 하지 않으면 증거인멸 등의 우려가 있는지 여부를 기준으로 범죄의 성질, 죄명, 피의자의 범죄 전력 등을 종합적으로 고려하여 판단하면 될 것이다.

위 긴급성 요건은 압수·수색 실시 이전에 충족되어야 하며, 압수·수색 개시 이후 증거인멸 등 행위가 있었다고 하더라도 긴급성 요건은 충족되지 않는다. 판례는 "이 사건 발생일로부터 15일 전에도 이 사건 노래연습장에서 도우미 이용 및 주류 판매 영업이 이루어진다는 신고를 받고 이 사건 노래연습장에 출동하였으나 현장 적발에 실패하였다는 것으로서, 이 사건 노래연습장에서 그와 같이 반복적으로 도우미 이용 및 주류 판매 영업이 이루어지고 있었다면 이는 오히려 사전에 혐의를 소명할 자료를 수집하여 압수·수색·검증 영장을 신청할 시간적 여유가 있었다는 점을 뒷받침하는 사정이 되는 점, 설령 피고인이 종업원으로 하여금 주류를 폐기하도록 시도하는 등 현장에서 증거인멸을 시도하였다 하더라도 이는 이 사건 압수·수색이 이미 개시된 이후의 사정으로서, 사전에 압수·수색·검증 영장을 받지 않은 채 압수·수색을 개시할 근거는 될 수 없다고 보이는 점 등을 종합하여 보면, 이 사건 당시 경찰관들의 직무집행은 형사소송법 제216조 제3항이 정하는 '긴급을 요하여 법원 판사의 영장을 받을 수 없는 때'의 요건을 충족하지 못한 것으로 봄이 타당하다"라고 판시하였다.[18]

다. 사후 압수·수색영장의 청구

1) '지체 없이'의 시간적 범위

긴급 압수·수색을 한 경우에는 사후에 지체 없이 압수·수색영장을 받아야 한다. '지체 없이'의 시간 범위에 대하여 24시간 기준설, 48시간 기준설의 대립이 있다.

---

18) 수원지방법원 2014. 11. 6. 선고 2014노3760 판결(대법원 2014도16080 판결로 확정).

'지체 없이'라는 문구의 어의상 48시간보다 훨씬 짧은 시간 내에 청구할 수 있었음에도 이를 해태해서는 안 될 것이나, 부득이 48시간을 도과한 경우에는 긴급처분시부터 영장 청구시까지 지체함이 없었다고 할 만한 합리적인 사유가 소명된다면 그 적법성을 인정받을 수도 있을 것이다.[19] 다만, 실무적으로는 48시간을 기준으로 하고 있다.[20]

2) 압수물이 없는 경우, 압수물을 반환하여 계속 압수할 필요가 없는 경우 또는 검증만을 한 경우에도 사후영장을 청구하여야 하는지 여부

체포현장에서의 압수·수색·검증 및 긴급체포에서의 압수·수색·검증의 경우에는 긴급처분에 있어 압수한 물건을 계속 압수할 필요가 있을 때에만 사후영장을 청구하도록 하여(제217조 제2항), 압수물이 없거나 검증만을 한 때에는 사후영장을 청구하지 않아도 되는 것으로 규정하고 있다.[21]

이에 반하여 범죄장소에서의 긴급 압수·수색·검증에 관한 제216조 제3항은 '압수한 물건을 계속 압수할 필요가 있을 때'라는 제한을 두지 않고 단지 '이 경우 사후에 지체 없이 영장을 받아야 한다'라고만 규정하고 있으므로 가령 수색에만 그치고 압수물이 없는 경우나 압수물을 반환하여 계속 압수할 필요가 없는 경우 또는 검증만을 한 때에도 지체 없이 사후영장을 청구하여야 한다.[22]

대법원은 "사법경찰관이 행한 검증이 사건발생 후 범행장소에서 긴급을 요하여 판사의 영장 없이 시행된 것이라면, 이는 형사소송법 제216조 제3항에 의한 검증이라 할 것임에도 불구하고 기록상 사후영장을 받은 흔적이 없다면 이러한 검증조서는 유죄의 증거로 할 수 없다"라고 판시한 바 있다.[23]

---

19) 검찰수사 실무전범 Ⅱ(압수·수색), 151쪽.

20) 수사지휘실무(2012), 법무연수원, 422쪽, 주석 형사소송법(제5판), 299쪽.

21) 주석 형사소송법(제5판), 300쪽.

22) 주석 형사소송법(제5판), 300쪽.

23) 대법원 1984. 3. 13. 선고 83도3006 판결, 대법원 1990. 9. 14. 선고 90도1263 판결.

라. 관련 판례

1) 경찰관이 단속리스트에 기재된 게임장들 주위를 순찰하던 도중 이 사건 게임장에 남자들이 들어가는 것을 우연히 목격한 후 따라 들어가 그 내부를 수색하여 영장 없이 등급분류를 받지 아니한 게임기를 압수·수색한 경우

원심은 그 채용 증거들에 의하여, ○○경찰서 생활질서계는 불법 게임장에 대한 112신고가 접수되면 관할 지구대 소속 경찰관들로 하여금 1차로 단속을 하도록 하고, 단속에 실패한 업소에 대해서는 리스트를 작성하여 위 생활질서계 소속 경찰관들이 리스트에 기재된 업소 주변을 살피거나 잠복하는 등의 방법으로 수사해 온 사실, 이 사건 게임장에 대하여 112신고가 여러 차례 접수되었으나 그때마다 단속에 실패하였고, 이에 위 생활질서계 소속 A 경장 등은 평소 이 사건 게임장 주위를 탐문한 결과 폐쇄회로 티브이(CCTV) 및 철문이 설치되어 있으며, 환풍기가 작동되고 있음에도 문을 두드려도 열어주지 않는 등 이 사건 게임장이 112신고 내용처럼 불법 게임장이라는 의심을 하게 되었으나, 사전 압수·수색영장을 신청한 바는 없었던 사실, 위 경찰관들은 2008. 9. 8. 차량을 타고 위 리스트에 기재된 업소들을 돌아보던 중 같은 날 17:00경 이 사건 게임장이 있는 건물을 지나다가, 남자들이 이 사건 게임장 안으로 들어가는 것을 보고 뒤따라 들어가, 게임장 내부를 수색하여, 등급분류를 받지 아니한 바다이야기 게임기 47대가 보관되어 있는 것을 확인 후, 같은 날 18:30경 위 게임기 등을 모두 압수한 사실, 이 사건 게임장 업주 B는 유통시킬 목적으로 이 사건 게임기 47대를 진열·보관하였다는 범죄사실로 유죄 판결을 선고받은 사실 등 그 판시 사실들을 인정한 다음, 위와 같이 위 경찰관들은 이 사건 당일이나 그에 근접한 일시경에 이 사건 게임장에 대한 112신고 등 첩보를 접수받은 바 없고, 위 경찰관들이 이 사건 게임장을 압수·수색할 당시 이 사건 게임장에서 범죄행위가 행해지고 있다는 구체적인 단서를 갖고 있지 않았으며, 단지 위 단속리스트에 기재된 게임장들 주위를 순찰하던 도중 이 사건 게임장에 남자들이 들어가는 것을 우연히 목격한 후 따라 들어가 그 내부를 수색한 점, 불법 게임장 영업은 그 성질상 상당한 기간 동안 계속적으로 이루어지고 불법 게임기는 상당한 부피 및 무게가 나가는 것들로서 은폐나 은닉이 쉽지 아니한 점 등 그 판시와 같은 사정들에 비추어 보면, 위 경찰관들의 압수·수색은 형사소송법 제216조 제3항 소정의 '긴급성' 요건을 충족시키지 못한 것으로 위법하다고 판단하였다. 앞에서 본 법리에 비추어 살펴보면, 원심의 위와 같은 판단은 정당하다.[24)]

2) 음주운전 중 피의자가 교통사고를 일으켜 의식불명이 된 경우, 사고현장으로부터 곧바로 후송된 병원응급실 등의 장소가 범죄장소에 준한다고 볼 수 있는지

이러한 경우 피의자의 신체 내지 의복류에 주취로 인한 냄새가 강하게 나는 등 형사소송법 제211조 제2항 제3호가 정하는 범죄의 증적이 현저한 준현행범인으로서의 요건이 갖추어져 있고 교통사고 발생 시각으로부터 사회통념상 범행직후라고 볼 수 있는 시간 내라면, 피의자의 생명·신체를 구조하기 위하여 사고현장으로부터 곧바로 후송된 병원 응급실 등의 장소는 형사소송법 제216조 제3항의 범죄장소에 준한다 할 것이므로, 검사 또는 사법경찰관은 피의자의 혈중알콜농도 등 증거의 수집을 위하여 의료법상 의료인의 자격이 있는 자로 하여금 의료용 기구로 의학적인 방법에 따라 필요 최소한의 한도 내에서 피의자의 혈액을 채취하게 한 후 그 혈액을 영장 없이 압수할 수 있다고 할 것이다. 다만 이 경우에도 형사소송법 제216조 제3항 단서, 형사소송규칙 제58조, 제107조 제1항 제3호에 따라 사후에 지체 없이 강제채혈에 의한 압수의 사유 등을 기재한 영장 청구서에 의하여 법원으로부터 압수영장을 받아야 함은 물론이다.[25)]

3) 음주운전 중 피의자가 교통사고를 일으켜 의식불명인 상태에서 간호사에게 영장을 받아오겠다며 혈액 체취를 요구하여 채취한 후, 사전 영장을 발부받아 해당 혈액을 압수한 경우

【사안의 개요】

① A는 음주운전 중 교통사고를 일으켰고, 병원으로 이송되었으나 의식불명 상태였다.

---

24) 대법원 2012. 2. 9. 선고 2009도14884 판결.
25) 대법원 2012. 11. 15. 선고 2011도15258 판결.

② 경찰관은 2013. 5. 28. 00:45경 간호사에게 추후 영장을 받아오겠다고 하면서, 채혈도구를 주며 A의 혈액을 채취할 것을 요구하였다. 이에 간호사는 혈액을 채취하여 보관하였다(이하 '이 사건 혈액'이라 한다).

③ 판사는 간호사가 2013. 5. 28. 00:45경 치료용으로 채취하여 보관 중인 A 혈액 1점(치료 용도로 우선 사용하고 남은 혈액에 한함)에 대하여 압수하는 압수·수색·검증영장을 발부하였다.

④ 간호사는 이 사건 혈액을 치료용으로 사용한 적은 없었고, 치료용으로 따로 혈액을 채취하여 사용하였으며, 치료용으로 사용 후 남은 혈액은 모두 폐기하였다.

【법원 판단】

이 사건 혈액은 이 사건 영장의 압수대상이 아닌 것이 명백한데도 이 사건 영장으로 압수되었고, 이에 대하여 사후에 영장이 발부된 자료도 없다. 따라서 이 사건 혈액은 적법한 절차에 따르지 아니하고 수집한 증거로서 증거로 할 수 없고, 피고인의 혈중알콜농도를 알 수 있는 혈액알콜농도감정서, 실황조사서, 주취운전자정황진술서, 주취운전자적발보고서, 수사보고(위드마크)들도 모두 이 사건 혈액을 기초로 한 2차적 증거여서 마찬가지로 증거로 삼을 수 없다.[26)]

4) 위법한 긴급압수의 경우, 사후영장 발부로 그 위법성이 치유되는지 여부

범행 중 또는 범행직후의 범죄 장소에서 긴급을 요하여 법원 판사의 영장을 받을 수 없는 때에는 영장 없이 압수·수색 또는 검증을 할 수 있으나, 사후에 지체 없이 영장을 받아야 한다. 형사소송법 제216조 제3항의 요건 중 어느 하나라도 갖추지 못한 경우에 그러한 압수·수색 또는 검증은 위법하며, 이에 대하여 사후에

---

26) 인천지방법원 2014. 3. 28. 선고 2013노3554 판결. 이 판례의 취지를 좀 더 상술하면 다음과 같다. 즉 이 사건 영장의 압수·수색 대상은 '치료용으로 사용하고 남은 혈액'으로 제한되어 있었음에도, 경찰관이 치료용으로 사용된 적이 없는 혈액(애초 경찰관의 요구에 따라 간호사가 채취한 이 사건 혈액)을 압수하였고, 치료용으로 사용 후 남은 혈액은 모두 폐기되었으므로 이 사건 혈액은 압수·수색의 대상이 아니라는 취지이다. 이 사건은 애초 수사기관에서 조치를 잘못 취한 것이라고 평가할 수 있다. 형사소송법 제216조 제3항에 따라 경찰관이 간호사로 하여금 의료용 기구로 의학적인 방법에 따라 필요 최소한의 한도 내에서 피의자의 혈액을 채취하게 한 후 그 혈액을 영장 없이 압수하고 그 후 사후 압수·수색영장을 법원으로부터 발부받았더라면 문제는 없었을 것이다. 여기서 이 판례를 통해서 확인할 수 있는 것은 음주운전 사고의 경우 치료용으로 사용하고 남은 혈액에 대해서는 사전 압수·수색영장으로 압수·수색하는 것도 가능하다는 점이다.

법원으로부터 영장을 발부받았다고 하여 그 위법성이 치유되지 아니한다.[27)]

6. 긴급체포시의 압수·수색·검증

가. 의의

검사 또는 사법경찰관은 긴급체포된 자가 소유·소지 또는 보관하는 물건에 대하여 긴급히 압수할 필요가 있는 경우에는 체포한 때부터 24시간 이내에 한하여 영장 없이 압수·수색 또는 검증을 할 수 있다. 압수한 물건을 계속 압수할 필요가 있는 경우에는 지체 없이 압수·수색영장을 청구하여야 한다. 이 경우 압수·수색영장의 청구는 체포한 때부터 48시간 이내에 하여야 한다. 청구한 압수·수색영장을 발부받지 못한 때에는 압수한 물건을 즉시 반환하여야 한다(제217조).

형사소송법 제217조 제1항은 수사기관이 피의자를 긴급체포한 상황에서 피의자가 체포되었다는 사실이 공범이나 관련자들에게 알려짐으로써 관련자들이 증거를 파괴하거나 은닉하는 것을 방지하고, 범죄사실과 관련된 증거물을 신속히 확보할 수 있도록 하기 위한 것이다.[28)]

형사소송법 제216조 제1항 제2호는 체포현장에서의 압수·수색을 규정하고 있는데, 여기서의 '체포'에는 긴급체포도 포함되므로, 긴급체포현장에서의 압수·수색은 동호로 의율된다. 따라서 제217조의 긴급체포시 압수·수색은 체포된 때로부터 24시간 이내에 한하여 체포현장이 아닌 다른 장소에서 긴급체포된 자가 소유·소지 또는 보관하는 물건을 압수할 수 있다는 점에 의의가 있는 것이다. 그렇지만 체포현장에서의 긴급처분에 대해 본조를 의율하였다고 하여 위법한 것은 아니다.[29)]

---

27) 대법원 2017. 11. 29. 선고 2014도16080 판결.
28) 대법원 2017. 9. 12. 선고 2017도10309 판결.
29) 주석 형사소송법(제5판), 302쪽.

나. 요건

1) 압수대상

가) 긴급체포된 자가 소유·소지 또는 보관하는 물건

영장 없이 압수·수색 또는 검증할 수 있는 대상은 긴급체포된 자가 소유·소지 또는 보관하는 물건이다. 여기서 긴급체포된 자란 현실로 긴급체포된 자에 한한다. 따라서 실질적으로 긴급체포가 된 이후에 압수·수색이 이루어질 수 있다.

영장에 의한 압수·수색과 마찬가지로 범죄수사의 필요성, 압수·수색 대상물과 범죄사실의 관련성, 비례성 등이 충족되어야 함은 의문의 여지가 없다. 따라서 본조에 의해 압수할 수 있는 대상은 긴급체포의 사유가 된 범죄사실 수사에 필요 최소한의 범위 내에서 당해 범죄사실과 관련된 증거물 또는 몰수할 수 있는 것으로 판단되는 물건에 한한다.[30]

나) 체포와의 장소적 동일성이 요건인지 여부

대법원은 경찰관이 긴급체포한 장소로부터 2km 떨어진 피의자의 주거지에 대한 압수·수색을 실시한 사안에서 "형사소송법 제217조는 수사기관이 피의자를 긴급체포한 상황에서 피의자가 체포되었다는 사실이 공범이나 관련자들에게 알려짐으로써 관련자들이 증거를 파괴하거나 은닉하는 것을 방지하고, 범죄사실과 관련된 증거물을 신속히 확보할 수 있도록 하기 위한 것이다. 이 규정에 따른 압수·수색 또는 검증은 체포현장에서의 압수·수색 또는 검증을 규정하고 있는 형사소송법 제216조 제1항 제2호와 달리, 체포현장이 아닌 장소에서도 긴급체포된 자가 소유·소지 또는 보관하는 물건을 대상으로 할 수 있다"라고 판시하였다.[31]

문제는 긴급체포된 자 소유의 물건을 보관하는 제3자의 주거지도 영장 없이 수색가능한지 여부이다. 이를 예외 없이 허용하게 되면 제3자의 기본권 침해가 문제될 수 있기 때문이다. 법문에 긴급체포된 자가 소유하고 있는 물건에 대해서는 수색할 수 있다고 명문화하고 있는 점, 마약범죄 등 특정한 범죄의 수사필요성을

---

30) 대법원 2008. 7. 10. 선고 2008도2245 판결.
31) 대법원 2017. 9. 12. 선고 2017도10309 판결.

감안하여 피긴급체포자의 '소유물'이 조문에 존치하게 된 입법 경위[32) 및 위 대법원 판례 취지에 비추어 허용된다고 봄이 타당하다.

2) 긴급성 및 시한적 제한 요건

본조에 의하여 영장 없이 압수·수색·검증을 하기 위해서는 긴급히 압수할 필요가 있어야 한다. 즉, 긴급을 요하여 법원판사의 영장을 받을 수 없는 경우에 한하여 본조의 압수·수색이 가능하다. 긴급성은 긴급 압수·수색을 하지 않으면 증거인멸 등의 우려가 있는지 여부를 기준으로 범죄의 성질, 죄명, 피의자의 범죄전력 등을 종합적으로 고려하여 판단하면 될 것이다.

그리고 본조에 의한 압수·수색·검증은 피의자를 체포한 때부터 24시간 이내에 한하여 허용된다.

다. 사후영장의 청구 등

압수한 물건을 계속 압수할 필요가 있는 경우에는 지체 없이 압수·수색영장을 청구하여야 한다. 이 경우 압수·수색영장의 청구는 체포한 때부터 48시간 이내에 하여야 한다. 청구한 압수·수색영장을 발부받지 못한 때에는 압수한 물건을 즉시 반환하여야 한다(제217조).

한편, 긴급체포시 휴대폰을 긴급압수한 경우 압수의 효력이 휴대폰 내 전자정보에도 미치는지 여부가 실무상 문제된다. 이에 대해 서울고등법원은 "이 사건 휴대전화는 실질적으로 전자정보의 저장매체로서 압수된 것으로 봄이 타당하므로, 사후 압수·수색영장의 효력은 영장에 기재된 범죄사실과 관련된 전자정보에까지 미친다"라고 판단하였다.[33)

라. 위법한 긴급압수의 경우, 사후영장 발부로 그 위법성이 치유되는지 여부

앞서 살펴본 대법원 2017. 11. 29. 선고 2014도16080 판결 등의 취지에 비추

---

32) 검찰수사 실무전범 Ⅱ(압수·수색), 154쪽.
33) 서울고등법원 2018. 11. 14. 선고 2018노1588 판결(대법원 2018도18853 판결로 확정).

어 긴급체포 자체가 위법하거나 긴급성을 결여한 긴급압수 등의 경우에는 긴급 압수·수색·검증은 위법하며, 이에 대하여 사후에 법원으로부터 영장을 발부받았다고 하여 그 위법성이 치유되지 않는다고 봄이 상당하다.

7. 제123조(영장의 집행과 책임자의 참여) 및 제125조(야간집행의 제한)의 적용배제 문제

형사소송법 제220조는 '제216조의 규정에 의한 처분을 하는 경우에 급속을 요하는 때에는 제123조 제2항, 제125조의 규정에 의함을 요하지 아니한다'라고 규정하고 있다.

즉, 체포·구속 목적의 피의자수색$\binom{\text{제216조}}{\text{제1항 제1호}}$, 체포현장에서의 압수·수색·검증$\binom{\text{동항}}{\text{제2호}}$, 피고인 구속현장에서의 압수·수색·검증$\binom{\text{동조}}{\text{제2항}}$, 범죄장소에서의 긴급 압수·수색·검증$\binom{\text{동조}}{\text{제3항}}$에 있어서는 주거주, 간수자 등을 압수·수색·검증에 참여시키지 아니할 수 있고, 야간에도 압수·수색·검증을 할 수 있다.

문제는 제217조(긴급체포시 압수·수색·검증)의 경우에도 위 제220조를 적용할 수 있느냐이다. 법문 규정에 비추어 볼 때, 본조에 의한 요급처분은 본법 제216조의 처분을 할 때에만 허용되며, 본법 제217조에 의하여 압수·수색·검증을 할 때에는 허용되지 않는다.[34]

다만, 야간집행의 경우에는 야간 집행을 한 후 사후영장에 그 취지가 기재되어 있으면 야간 압수·수색도 허용된다.[35]

---

34) 주석 형사소송법(제5판), 318쪽.
35) 이재상, 형사소송법(제13판), 357쪽.

8. 유류한 물건의 압수·수색

가. 의의

검사, 사법경찰관은 피의자 기타인의 유류한 물건을 영장 없이 압수할 수 있다(제218조). 유류한 물건은 유실물보다 넓은 개념이다. 범죄현장에서 발견된 범인이 버리고 간 흉기, 혈흔, 지문,[36] 족적, 차량이 대전차 방호벽에 충돌한 살인사건에서 대전차 방호벽의 안쪽 벽면에 부착된 철제구조물에서 발견된 강판조각,[37] 도로상의 쓰레기통에 버려진 쓰레기 등이 이에 포함된다.[38]

나. 유류한 물건의 판단기준

어떤 물건이 형사소송법 제218조의 '유류한 물건'에 해당하려면 그 물건이 소지자의 점유, 즉 사실상의 지배로부터 이탈하였다고 평가할 수 있어야 한다.[39]

실무상 문제되는 것은 체포되었거나 도주 중인 피의자가 추가 증거가 발견되는 것을 방지하기 위해 증거물을 버렸고 수사기관이 사후에 이를 우연히 발견하였으나 피의자가 자신의 물건이 아니라고 주장하는 경우이다.

하급심 판례는 수사기관이 '그 점유를 취득할 당시' 해당 물건이 피의자의 지배하에 있는 것인지 여부를 '명확히' 알 수 있었느냐 여부를 기준으로 판단한다.[40] 즉, 경찰관 입장에서 여러 정황상 피의자가 도주 또는 체포 중 유류물을 버린 것이라고 추측할 수 있을지라도 유류물의 발견 장소가 불특정 다수가 이용가능한 곳이어서 경찰관이 유류물을 발견하기 이전에 이미 피의자가 유류물을 분실했을 가능성도 있는 점, 유류물의 위치가 압수영장의 압수장소를 벗어나 있는 점, 그 소유자나 관리자가 누구인지 명확히 알 수 있었다고 볼 만한 증거가 없는 점 등에 비추어 경찰관이 유류물을 발견할 당시 유류물이 피의자의 지배하에 있었다고 보기 어렵

---

36) 대법원 2008. 10. 23. 선고 2008도7471 판결.
37) 대법원 2011. 5. 26. 선고 2011도1902 판결.
38) 이재상, 형사소송법(제11판), 358쪽.
39) 서울고등법원 2022. 5. 26. 선고 2022노8 판결.
40) 서울고등법원 2021. 1. 7. 선고 2020노1164 판결, 서울고등법원 2022. 5. 26. 선고 2022노8 판결 등 참고.

다는 것이다.

다. 유류물의 경우에도 전자정보 압수의 범위와 관련성의 판단기준 및 참여권 보장, 압수목록 교부 등 압수·수색 집행에 관한 절차가 적용되는지 여부

하급심 판례는 "경찰들이 이 사건 SSD카드를 유류물로서 압수한 것을 위법하다고 보기는 어렵다. 그러나 SSD카드가 이 사건 영장이 집행되던 중에 압수된 점, 경찰들이 SSD카드가 피고인에 의하여 던져진 것임을 짐작하였을 것인 점 등을 고려할 때 경찰들로서는 이 사건 피의사실과 관련된 파일을 취득하기 위하여 SSD카드를 탐색하는 과정에서 이 사건 영장 집행과정과 마찬가지로 피고인의 참여권을 보장하고, 만약 이 사건 피의사실과 무관한 파일을 발견할 경우 그 탐색을 멈추고 별도의 압수·수색영장을 청구하여 발부받아야 한다고 봄이 타당하다. SSD카드가 유류물로 압수되었다는 사정만으로 그것이 이 사건 피의사실을 근거로 한 영장 집행과 밀접하게 연관되어 압수되었음에도 아무런 제한 없이 이를 탐색하여 별개의 범죄사실에 관한 증거를 취득할 수 있다고 볼 수는 없다. 경찰들은 SSD카드의 탐색에 관하여 피고인이 참여할 것인지 의사를 묻지 않았고, 실제로 피고인 또는 변호인의 참여 없이 탐색이 진행되었다. 그런데 SSD카드의 탐색과정에서 피의사실과 관련이 있다고 보기 어려운 SSD카드 파일들이 발견되었다. 피고인은 그와 같은 탐색과정에서 별건 증거의 취득에 관한 자신의 의견을 피력할 기회를 부여받지 못하였고, 취득한 파일의 상세목록을 교부받을 기회 역시 부여받지 못하였다. 따라서 SSD카드 자체가 아닌 그로부터 발견된 SSD카드 파일은 그 증거능력을 인정할 수 없고, SSD카드 파일을 기초로 하여 작성된 수사보고 등은 위법하게 수집된 증거를 기초로 획득한 2차적 증거로서 위법한 증거수집행위와 2차적 증거수집 사이에 인과관계가 희석 또는 단절되지 아니하였다고 봄이 타당하므로, 역시 그 증거능력이 없다"라고 판단하였다.[41]

---

[41] 서울고등법원 2021. 1. 7. 선고 2020노1164 판결, 서울고등법원 2022. 5. 26. 선고 2022노8 판결 (대법원 2022도7012 판결로 확정).

9. 당사자 동의에 의한 압수·수색(임의제출)

가. 의의

검사, 사법경찰관은 소유자, 소지자 또는 보관자가 임의로 제출한 물건을 영장 없이 압수할 수 있다($\overset{제218}{조}$). 본조의 성격에 관하여는 점유취득시에는 강제력이 없으나 일단 압수된 이후에는 피압수자의 의사와 무관하게 점유 계속 상태가 강제되고 피압수자가 임의로 다시 가져갈 수 없다는 점에서 강제처분의 일종으로 보는 견해가 통설이다.[42] 하급심 판례도 같은 취지로 판시한 바 있다.[43]

나. 임의제출의 적법성 요건

1) 개관

임의제출이 적법하기 위해서는 제출할 권한이 있는 사람이 제출하여야 하고, 그 제출이 임의적이고 자발적이어야 하며, 제출한 범위 내에서 압수가 이루어져야 한다.[44] 나아가 임의제출행위 자체가 개인정보 보호법 등과 같은 법령을 위반하여서는 안 된다. 이하에서 분설하여 살펴본다.

2) 제출권한 있는 자에 의한 제출일 것

가) 의의

임의제출은 제출할 권한이 있는 사람이 제출하여야 한다. 판례는 "동의권자가 아닌 자로부터 임의제출받은 압수물에 대해서는 유죄 인정의 증거로 사용할 수 없고 헌법과 형사소송법이 선언한 영장주의의 중요성에 비추어 볼 때 피고인이나 변호인이 이를 증거로 함에 동의하였다고 하더라도 달리 볼 것은 아니다"라고 판결하였다.[45]

---

42) 주석 형사소송법(제5판), 306쪽.
43) 서울고등법원 2021. 8. 11. 선고 2021노14 판결(대법원 2021도11170 판결로 확정).
44) 이재상, 형사소송법(제13판), 357쪽.
45) 대법원 2010. 1. 28. 선고 2009도10092 판결.

나) 제출권한자(소유자, 소지자 또는 보관자)의 의미

(1) 관련 법리

형사소송법 제218조는 임의제출을 할 수 있는 제출권한 있는 자를 '소유자, 소지자 또는 보관자'로 한정하고 있다. 여기서 '소유자'란 소유권을 가진 자를 말한다. '소지자'는 자기를 위하여 물건을 점유하는 자, '보관자'는 타인을 위하여 물건을 점유하는 자를 의미한다. 소지자 및 보관자란 반드시 적법한 권원에 기하여 소지 또는 보관할 필요는 없고,[46] 사실상 그 물건을 점유·관리하는 자이면 족하다. 따라서 절도범이 도품을 임의제출하였더라도 적법하다.

소유자, 소지자 또는 보관자이기만 하면 제출권한이 있는 자에 해당하므로, 소지자와 보관자가 임의제출한 이상 설령 소유자 본인의 동의가 없거나 소유자가 반대의사를 표하더라도 임의제출의 적법성에는 영향이 없다.

의사, 간호사, 변호사, 교도관 등이 그 업무 또는 업무상 위탁에 의하여 피의자 소유의 물건을 보관 또는 소지하는 경우 이들 역시 소지 또는 보관자로서 소유자의 의사에 반하여 임의제출을 할 수 있다. 다만, 소유자의 물건이 사생활의 비밀 기타 인격적 법익과 밀접한 연관이 있고, 임의제출로 그러한 법익이 심각하게 침해되는 사정이 있는 경우에는 임의제출의 적법성이 부정될 소지가 있을 것이다.[47] 다만, 이는 제출권한이 없는 자에 의한 제출의 문제가 아니라 보관자 또는 소지자의 임의제출의 한계와 관련된 문제라고 할 것이다.[48]

(2) 외관상 제출권한자의 인정여부

제3자가 실제로는 임의제출권한이 없음에도 불구하고 마치 그러한 권한이 있는 것과 같은 외관을 수사기관에 작출하였고, 제3자가 임의제출할 당시 수사기관이 합리적인 주의 아래 그 제3자에게 동의권한이 있다고 믿었지만, 추후 동의권한

---

46) 이재상, 형사소송법(제13판), 358쪽.

47) 대법원 1999. 9. 3. 선고 98도968 판결, 대법원 2008. 5. 15. 선고 2008도1097 판결, 대법원 2013. 9. 26. 선고 2013도7718 판결 등 참조.

48) 따라서 임의제출자가 제출의 동기가 된 범죄혐의사실과 구체적·개별적 연관관계가 인정되는 범위를 넘는 전자정보까지 일괄하여 임의제출한다는 의사를 밝혔더라도, 해당 전자정보가 피의자의 사생활의 비밀과 자유, 정보에 대한 자기결정권 등 인격적 법익과 관련되어 있고, 제한 없이 압수·수색이 허용될 경우 피의자의 인격적 법익이 현저히 침해될 우려가 있는 경우에는 그 임의제출을 통해 수사기관이 영장 없이 적법하게 압수할 수 있는 전자정보의 범위는 범죄혐의사실과 관련된 전자정보에 한정된다고 보아야 할 것이다.

이 없었던 것으로 밝혀진 경우 적법한 임의제출로 볼 수 있느냐가 문제된다.

제3자가 동의할 당시 수사관이 합리적인 주의 아래 그 제3자에게 동의권한이 있다고 믿었다면 추후 동의권한이 없었던 것으로 밝혀졌다고 하더라도 증거능력이 배제되지는 않는다는 것이 미국 판례[49]의 입장이다.

미국 판례는 피의자가 제3자에게 실제권한을 준 경우뿐만 아니라 그러한 권한이 있는 것과 같은 외관을 부여한 때에도 그 제3자가 수사기관에 동의를 할 수 있다는 부담을 피의자가 인수하였기 때문에 제3자의 동의하에 이루어진 압수·수색은 유효하다고 한다.[50] 그러한 권한이 있는 것으로 보는 것이 합당한지 여부는 수사기관이 그와 같이 판단한 것이 합리적인가 하는 점을 객관적으로 판단하여 결정한다고 한다.[51]

현재 이 문제에 대해서는 국내 학설이나 판례에서 확립된 정설이 있는 것도 아니고, 실무상 문제된 사례도 찾기 힘들다. 다만, 판례는 긴급체포의 요건 충족 여부에 대해서 사후에 밝혀진 사정을 기초로 판단하는 것이 아니라 체포 당시의 상황을 기초로 판단하여야 하며, 그 요건의 충족 여부에 관한 검사나 사법경찰관의 판단이 경험칙에 비추어 합리성을 가지고 있는지 여부를 살펴보아야 한다는 입장인데,[52] 이러한 판례의 입장을 본 쟁점에 유추 적용할 수 있다고 본다.

---

49) Illinois v. Rodriguez, 497 U.S. 177 (1990). 해당 외국 판례의 출처는 검찰수사 실무전범 Ⅱ(압수·수색), 191쪽. 이 사건은 피고인의 옛 여자친구가 사실은 한 달 전에 다른 곳으로 이사를 했음에도 불구하고 경찰에게 자신이 피고인과 방을 같이 쓰고 있다고 하면서 열쇠를 주고 방을 수색토록 한 사안이다. 연방대법원은 실제로는 압수·수색에 동의를 할 권한이 없는 자가 동의를 한 때에 있어서 경찰관이 동의를 얻은 것이라고 믿은 것이 합리적인 때에는 그 압수·수색은 유효하다고 판결하였다.

50) United States v. Matloc, 415 U.S. 164 (1974). 해당 외국 판례의 출처는 검찰수사 실무전범 Ⅱ(압수·수색), 191쪽

51) 예를 들어, 피고인이 공범에게 자물쇠로 잠겨져 있는 가방을 맡기면서 열쇠는 주지 않고 태워 없애라고 했는데 그 공범이 이를 수사기관에 임의제출한 경우에, 경찰로서는 피고인이 열쇠를 주지 않아 그 공범이 가방 안을 열어 볼 권한을 가지지 않았던 것임을 알고 있었고 또 피고인이 가방을 열지 말고 파괴하라고 지시했다는 사실도 묵시적으로 알고 있었던 때에는 그 가방 안의 물건을 증거로 할 수 없다고 한다. 또한 가정부가 열쇠도 가지고 있지 않고 주중에 낮 동안에만 집에 있으며, 피의자가 집안에서 가정부가 접근할 수 있는 범위를 제한하여 가정부가 압수·수색장소에 접근할 수 없었으며, 가정부로 일하는데 필요한 범위 내에서만 집안의 장소에 접근하는 것이 허용된다는 것을 경찰이 알고 있었던 경우에는 가정부에게 압수·수색장소에 대하여 동의를 할 권한이 있다고 믿는 것은 합리적이지 못하여 위법하다고 한다.

52) 대법원 2006. 9. 8. 선고 2006도148 판결.

(3) 제출권한 유무와 관련한 사례

(가) 미성년자인 피의자의 혈액채취가 필요한 경우, 법정대리인이 의사능력 없는 피의자를 대리하여 채혈에 관한 동의를 할 수 있는지 여부

형사소송법상 소송능력이란 소송당사자가 유효하게 소송행위를 할 수 있는 능력, 즉 피고인 또는 피의자가 자기의 소송상의 지위와 이해관계를 이해하고 이에 따라 방어행위를 할 수 있는 의사능력을 의미하는데, 피의자에게 의사능력이 있으면 직접 소송행위를 하는 것이 원칙이고, 피의자에게 의사능력이 없는 경우에는 형법 제9조 내지 제11조의 규정의 적용을 받지 아니하는 범죄사건에 한하여 예외적으로 법정대리인이 소송행위를 대리할 수 있다(제26조). 따라서 음주운전과 관련한 도로교통법위반죄의 범죄수사를 위하여 미성년자인 피의자의 혈액채취가 필요한 경우에도 피의자에게 의사능력이 있다면 피의자 본인만이 혈액채취에 관한 유효한 동의를 할 수 있고, 피의자에게 의사능력이 없는 경우에도 명문의 규정이 없는 이상 법정대리인이 피의자를 대리하여 동의할 수는 없다.[53]

(나) 경찰관이 간호사로부터 진료 목적으로 채혈된 피고인의 혈액 중 일부를 주취운전 여부에 대한 감정을 목적으로 임의제출받아 압수한 경우

형사소송법 제218조는 '검사 또는 사법경찰관은 피의자, 기타인의 유류한 물건이나 소유자, 소지자 또는 보관자가 임의로 제출한 물건을 영장 없이 압수할 수 있다'라고 규정하고 있고, 같은 법 제219조에 의하여 준용되는 제112조 본문은 '변호사, 변리사, 공증인, 공인회계사, 세무사, 대서업자, 의사, 한의사, 치과의사, 약사, 약종상, 조산사, 간호사, 종교의 직에 있는 자 또는 이러한 직에 있던 자가 그 업무상 위탁을 받아 소지 또는 보관하는 물건으로 타인의 비밀에 관한 것은 압수를 거부할 수 있다'라고 규정하고 있을 뿐이고, 달리 형사소송법 및 기타 법령상 의료인이 진료 목적으로 채혈한 혈액을 수사기관이 수사 목적으로 압수하는 절차에 관하여 특별한 절차적 제한을 두고 있지 않으므로, 의료인이 진료 목적으로 채혈한 환자의 혈액을 수사기관에 임의로 제출하였다면 그 혈액의 증거사용에 대하여도 환자의 사생활의 비밀 기타 인격적 법익이 침해되는 등의 특별한 사정이 없는 한 반드시 그 환자의 동의를 받아야 하는 것이 아니고, 따라서 경찰관이 간호사

---

53) 대법원 2014. 11. 13. 선고 2013도1228 판결.

로부터 진료 목적으로 이미 채혈되어 있던 피고인의 혈액 중 일부를 주취운전 여부에 대한 감정을 목적으로 임의로 제출받아 이를 압수한 경우, 당시 간호사가 위 혈액의 소지자 겸 보관자인 병원 또는 담당의사를 대리하여 혈액을 경찰관에게 임의로 제출할 수 있는 권한이 없었다고 볼 특별한 사정이 없는 이상, 그 압수절차가 피고인 또는 피고인의 가족의 동의 및 영장 없이 행하여졌다고 하더라도 이에 적법절차를 위반한 위법이 있다고 할 수 없다.[54]

(다) 상해죄의 증거물인 피고인 소유의 쇠파이프를 피고인의 주거지 앞마당에서 발견하였음에도 그 피해자로부터 임의로 제출받은 경우

경찰관이 피고인 소유의 쇠파이프를 피고인의 주거지 앞마당에서 발견하였으면서도 그 소유자, 소지자 또는 보관자가 아닌 피해자로부터 임의로 제출받는 형식으로 위 쇠파이프를 압수하였고, 그 후 압수물의 사진을 찍고 피고인이 공판에서 위 사진을 증거로 하는데 동의한 사건에서, 판례는 "이 사건 압수물과 그 사진은 형사소송법상 영장주의 원칙을 위반하여 수집하거나 그에 기초한 증거로서 그 절차 위반행위가 적법절차의 실질적인 내용을 침해하는 정도에 해당한다고 할 것이므로, 피고인의 증거동의에도 불구하고 위 사진은 이 사건 범죄사실을 유죄로 인정하는 증거로 사용할 수 없다"라고 판단하였다.[55]

(라) 모텔객실의 이용객이 아닌 모텔 종업원으로부터 해당 객실의 물건을 임의제출받은 경우

경찰관이 피의자 부재중인 상태에서 점유자인 피의자가 아닌 관리자인 모텔 종업원의 허락을 얻어 피의자의 모텔객실을 수색하여 1회용 주사기를 발견한 후 현장에 대기하다 귀가한 피의자를 긴급체포한 사안에서 판례는 "경찰관들이 영장 없이 이 사건 모텔 객실에 직접점유자인 피고인의 허락이 아닌 관리자의 허락을 받아 들어가 증거물을 수집하기 위한 수색을 한 행위는 위법한 수색에 해당하고, 위법한 수색을 통해 얻은 증거나 정보를 기초로 피고인을 긴급체포한 것은 위법하다"라고 판시하였다.[56]

---

54) 대법원 1999. 9. 3. 선고 98도968 판결.
55) 대법원 2010. 1. 28. 선고 2009도10092 판결.
56) 서울북부지방법원 2020. 8. 27. 선고 2020노231 판결(대법원 2020도12796 판결로 확정).

(마) 전자정보 그 자체에 대한 소유나 점유의 판단기준

【피고인의 주장요지】

카페에서 압수한 컴퓨터 하드디스크나 CCTV 영상 안에 있는 정보는 카페 영업주 또는 점장이 그 처분을 임의로 결정할 수 있는 주체가 아니므로, 영업주나 점장의 의사만으로 그 임의제출이 적법하다고 볼 수 없다.

【법원 판단】[57]

전자정보 그 자체는 무체물이므로 그 소유나 점유를 판단함에 있어서는 전자정보가 기억된 정보저장매체의 소유나 점유를 기준으로 판단할 수밖에 없다. 정보저장매체에 기억된 전자정보를 수사기관에 임의로 제출할 수 있는 형사소송법 제218조상의 소유자, 소지자 또는 보관자는 그 정보저장매체의 소유자, 소지자 또는 보관자라고 할 것이다. 따라서 국정원 수사관들은 피고인들의 PC 사용정보가 들어있는 하드디스크와 CCTV 영상이 담긴 USB를 카페 점장으로부터 임의로 제출받았으므로, 그 안에 들어있는 전자정보 역시 적법하게 임의로 제출받아 압수하였다.

(바) 검사가 교도관으로부터 보관 중이던 재소자의 비망록을 증거자료로 임의로 제출받아 이를 압수한 경우

형사소송법 제218조는 '검사 또는 사법경찰관은 피의자, 기타인의 유류한 물건이나 소유자, 소지자 또는 보관자가 임의로 제출한 물건을 영장 없이 압수할 수 있다'라고 규정하고 있고, 같은 법 제219조에 의하여 준용되는 제111조 제1항은 '공무원 또는 공무원이었던 자가 소지 또는 보관하는 물건에 관하여는 본인 또는 그 해당공무소가 직무상의 비밀에 관한 것임을 신고한 때에는 그 소속공무소 또는 당해감독관공서의 승낙 없이는 압수하지 못한다'라고 규정하고 있으며, 같은 조 제2항은 '소속공무소 또는 당해감독관공서는 국가의 중대한 이익을 해하는 경우를 제외하고는 승낙을 거부하지 못한다'라고 규정하고 있을 뿐이고, 달리 형사소송법 및 기타 법령상 교도관이 그 직무상 위탁을 받아 소지 또는 보관하는 물건으로서 재소자가 작성한 비망록을 수사기관이 수사 목적으로 압수하는 절차에 관하여 특별한 절차적 제한을 두고 있지 않으므로, 교도관이 재소자가 맡긴 비망록을 수사

---

57) 서울중앙지방법원 2016. 12. 23. 선고 2016고합675 판결(대법원 2017도12643 판결로 확정).

기관에 임의로 제출하였다면 그 비망록의 증거사용에 대하여도 재소자의 사생활의 비밀 기타 인격적 법익이 침해되는 등의 특별한 사정이 없는 한 반드시 그 재소자의 동의를 받아야 하는 것은 아니고, 따라서 검사가 교도관으로부터 보관하고 있던 피고인의 비망록을 뇌물수수 등의 증거자료로 임의로 제출받아 이를 압수한 경우, 그 압수절차가 피고인의 승낙 및 영장 없이 행하여졌다고 하더라도 이에 적법절차를 위반한 위법이 있다고 할 수 없다. 또한, 이 사건 비망록에 피고인 2의 사생활의 비밀 기타 인격적 법익이 침해되는 등의 특별한 사정이 있다고 볼 만한 자료가 없으므로, 이 점에 관한 상고이유의 주장도 받아들일 수 없다.[58]

(사) 피의자 운영의 사무실 내 피의자 소유 책상 서랍을 강제로 연 후, 그 종업원으로부터 서랍 속 물건을 임의제출받은 경우

일본 판례로는, 경찰이 피의자 A의 절도혐의로 A의 사무실을 수색하던 중, 자물쇠가 잠겨있고 종업원도 열쇠를 보관하고 있지 않은 A의 책상서랍을 수사관이 세게 잡아당겨 열어본 결과 그 안에서 각성제가 발견되어 이것을 종업원으로 하여금 임의제출하게 한 사안에서, 참여한 종업원을 보관자와 같게 보아 임의제출하게 한 것은 위법이라고 판단한 사례가 있다.[59]

(아) 경찰관이 출동현장에서 현행범인을 체포한 시민으로부터 범인을 인수하면서 시민이 현행범인으로부터 미리 빼앗아 놓은 휴대폰을 함께 인수한 경우

사법경찰관이 출동현장에서 현행범인을 체포한 A로부터 범인을 인수하면서 A가 피체포자로부터 미리 빼앗아 놓은 휴대전화기도 함께 인수하였으나, 휴대전화기에 대하여 소유자인 피체포자로부터 임의제출을 받는 형식으로 압수형식을 취한 사안에서, 원심은 "사법경찰관은 피고인으로부터 휴대전화기를 임의제출받은 것이 아니라 현행범인 체포자 A가 미리 빼앗아 놓은 휴대전화기를 인수하여 압수한 것이다. 그렇다면 이 사건 휴대전화기 제출자는 체포자 A로 봄이 옳다. 비록, 형사소송법 제218조 소정의 '소지자 또는 보관자'가 적법한 권한이 있음을 요하지 않는다는 견해가 있으나, 이 사건에서 A의 휴대전화기 압수권한을 인정하거나 A를 평온·공연한 소지자 또는 보관자로 보기 어려우므로, A를 형사소송법 제

---

58) 대법원 2008. 5. 15. 선고 2008도1097 판결. 다만, 위 판결은 사생활의 비밀 기타 인격적 법익이 침해되는 등의 특별한 사정이 있는 경우에는 예외일 수 있다는 점을 밝히고 있으므로, 주의를 요한다.

59) 해당 외국 판례의 출처는 검찰수사 실무전범 Ⅱ(압수·수색), 191쪽.

218조 소정의 제출자로 인정할 수 없다"라고 판단하였으나,[60] 대법원은 위와 같은 절차에 위법은 없다는 취지로 보았다.[61]

(자) 공동거주권자의 동의권한 문제

공동거주자의 동의권한과 관련하여 미국 판결인 1974년 United States v. Matloc 판결은 "공동거주자는 자신의 명의로 수색을 허용할 권리를 가지며, 다른 공동거주자는 공동거주자 중 1인이 공동영역에 대한 수색을 허용할 수 있다는 위험을 감수해 왔다고 파악하는 것이 합리적이다"라고 판시하였다.[62]

통상 부부나 동거인은 주거의 수색에 대해서 서로 동의할 수 있을 것이다.[63] 미국 판례로는 피고인과 헤어져 별거 중인 배우자라도 열쇠와 비밀번호를 가지고 있으면서 피고인의 집에 자주 출입했고, 피고인도 그 사실을 알면서도 배우자가 범죄 증거물이 있는 곳에 접근하는 것을 막은 적도 없고 그 증거물을 배우자가 쉽게 접근할 수 있는 곳에 계속 둔 때에는 그 배우자의 동의도 유효하다고 한 사례가 있다.[64] 그리고 수인이 하나의 컴퓨터를 공동 소유 또는 공동 사용하고 있는 경우는 그중의 1인은 컴퓨터의 공동영역의 수색에 대하여 동의할 수 있을 것이다.[65]

일본 판례는 피의자의 내연녀에게 동의권한이 있는지가 문제된 사안에서 내연의 처라는 이유만으로 동의권한이 당연히 부여되는 것은 아니라고 하면서 실질적으로 장소와 물건에 대해 점유관리를 하고 있었는지 등을 종합적으로 살펴야 한다라고 판시하였다.[66]

(차) 고용인과 피고용인 상호간의 동의권한 여부

고용인과 피고용인 간의 동의권한 문제는 사안별로 따져 보아야 한다. 고용인은 고용관계와 관련된 피고용인의 물건이나 공간 등에 대해서 압수·수색에 동의

---

60) 의정부지방법원 2020. 1. 16. 선고 2019노1078 판결은 기본적으로 현행범인 체포현장에서는 임의로 제출하는 물건이라도 압수할 수 없다는 전제하에 피고인으로부터 직접 임의제출받아도 위법한데, 더욱이 제출권한자도 아닌 체포자로부터 임의제출을 받았으므로 위법성을 부정할 수 없다는 취지이다. 이에 대해 대법원은 현행범인 체포현장에서 임의제출을 원칙적으로 부정하는 원심의 판단은 잘못된 것이라고 판단하였다.

61) 대법원 2022. 1. 27. 선고 2020도1716 판결.

62) 검찰수사 실무전범 Ⅱ(압수·수색), 188쪽.

63) 검찰수사 실무전범 Ⅱ(압수·수색), 188쪽.

64) 해당 외국 판례의 출처는 검찰수사 실무전범 Ⅱ(압수·수색), 188쪽.

65) 검찰수사 실무전범 Ⅱ(압수·수색), 188쪽.

66) 해당 외국 판례의 출처는 검찰수사 실무전범 Ⅱ(압수·수색), 190쪽.

할 권한을 가진다고 볼 것이나, 피고용인의 사생활과 관련된 물건, 예컨대 피고용인의 지갑, 핸드백, 편지 등에 대해서는 임의제출의 동의권한을 가진다고는 보기 어렵다. 한편, 피고용인이라고 하더라도 자신의 실질적인 관리 점유 관계에 있는 공간이나 물건에 대해서는 고용인에 대한 관계에서도 임의제출의 권한을 가질 수 있을 것이다.

3) 제출이 임의적이고 자발적일 것(제출의 임의성)

가) 의미 및 판단기준

임의제출의 동의는 명시적이든 묵시적이든 상관없지만, 자발적이고 임의적으로 이루어져야 한다. 비록 임의제출의 형식은 취하였을지라도 그 실질에 있어서는 수사기관의 우월적 지위를 이용하여 제출을 받은 것이라면 이는 영장주의를 잠탈한 것에 지나지 않아 위법하다.

판례는 제출의 임의성에 관하여는 검사가 합리적 의심을 배제할 수 있을 정도로 증명하여야 한다고 판시하여 엄격한 증명을 요구하고 있다.[67]

그 자발성, 임의성 여부는 동의하는 자의 나이, 교육정도, 지능, 정신적·육체적 상태, 그리고 체포여부,[68] 임의제출에 의한 압수절차와 그 효과에 대한 동의하는 자의 인식 또는 경찰관의 고지 유무, 수사기관이 임의제출을 받기 위하여 동의권자를 기망하거나 강요, 협박하였다고 볼 사정이 있는지 여부, 동의권자가 공개된 장소에 있었는지 혹은 밀폐된 장소에 있었는지 등을 종합적으로 고려하여 판단하여야 한다.

따라서 동의권자가 동의를 할 수 있는 정신적 능력이 부족하거나 수사기관의 기망이 있는 경우에는[69] 임의성, 자발성을 인정하기 어렵다.

---

67) 대법원 2016. 3. 10. 선고 2013도11233 판결.

68) 체포의 강제성에 비추어 체포시 임의제출은 원칙적으로 허용되지 않는다는 하급심 판례가 다수 존재한다. 의정부지방법원 2020. 1. 16. 선고 2019노1078 판결이 대표적이다. 그러나 이에 대해 대법원 2022. 1. 27. 선고 2020도1716 판결은 현행범인 체포현장에서 임의제출을 원칙적으로 부정하는 원심의 판단은 잘못된 것이라고 판단하였다.

69) 예컨대, 압수·수색영장이 없는 데도 있다고 기망하여 동의를 받은 경우, 혈액채취의 목적이 강간현장에 있던 혈흔과의 일치여부를 확인하기 위한 것임에도 음주운전 검사용이라고 속이고 동의를 받은 경우, 가스 유출을 조사하고 있다고 속이고 동의를 받은 경우에 그 동의는 유효하지 않다.

(1) 동의거절권의 고지 문제

수사기관이 임의제출을 받을 때 동의권자에게 동의를 거절할 수 있음을 고지해야 하는지 여부가 문제된다. 학설은 긍정설과 부정설로 나뉜다. 긍정설은 진술거부권 고지의무에 준하여 동의거절권을 고지해야 유효한 임의제출로 볼 수 있다는 입장인 반면, 부정설은 명문의 규정이 없고 동의거절권을 고지하지 않았다고 해서 반드시 임의성이 소멸되는 것은 아니라는 입장이다.

판례는 "형사소송법 및 관련 법령에서 수사기관이 형사소송법 제218조에 따라 임의제출물을 압수할 때에 피압수자에게 임의제출을 거부할 수 있는 권리가 있음을 고지할 의무 또는 임의제출에 따른 압수의 구체적인 의미를 설명할 의무를 규정하고 있지 아니하므로 이러한 고지나 설명을 하였는지 여부는 임의성 유무 판단에 고려할 여러 사정 가운데 하나로만 보아야 할 것이고, 따라서 수사기관이 위와 같은 고지나 설명을 하지 않았다는 이유만으로 제출의 임의성을 부정할 수도 없다"라고 판시하였다.[70]

이와 관련하여 미국 연방대법원도 진술거부권, 변호인의 조력을 받을 권리와는 달리 임의제출의 요건으로 상대방이 동의를 거절할 수 있다는 것을 알고 있었음을 요하지 않는다라는 입장이다.[71]

생각건대, 동의거절권의 고지의무를 규정한 명문 규정이 없는 점, 동의거절권의 고지는 동의의 임의성을 판단하는 하나의 자료로 검토하면 충분하다는 점 등을 고려할 때 부정설이 타당하다. 임의제출을 받을 당시 동의거절권을 고지하였다면 임의성을 인정하기가 더욱 용이할 것임은 의문의 여지가 없다.

(2) 수사기관이 먼저 제출을 요구한 경우 임의성을 인정할 수 있는지 여부

수사기관이 임의제출을 먼저 요구하여 제출을 받은 경우 제출의 임의성을 인정할 수 있는지 여부가 문제된다. 이에 대해 영장 없이 소유자 등에게 제출을 명하여 물건을 제출받으면 제출의 임의성이 부정되어 위법한 압수로 보아야 한다는 견해와 수사기관이 제출을 요구하였다는 이유만으로 임의성을 부정할 수는 없다는 견해가 있다.[72]

70) 서울고등법원 2021. 8. 11. 선고 2021노14 판결(대법원 2021도11170 판결로 확정).

71) United States v. Drayton, 536 U.S. 194 (2002). 해당 외국 판례의 출처는 검찰수사 실무전범 Ⅱ (압수·수색), 184쪽

72) 위 견해의 출처는 신이철, "형사소송법 제218조의 유류물 또는 임의제출물의 압수에 대한 소고", 형사법의 신동향 통권 제67호(2020), 96쪽.

이와 관련하여 참고할 만한 미국의 판례가 있다. 이 사건은 모텔에 머물고 있는 피고인으로부터 동의를 받아 모텔에서 마약을 압수한 사건으로, 피고인은 처음에는 경찰관이 모텔 안으로 들어오는 것을 거부하였다가, 경찰관이 수색을 거절할 수 있다고 알려주면서 다만 동의를 하지 않으면 피고인이 접근하지 못하게 모텔방을 현장 그대로 보존하면서 압수·수색영장을 받아오겠다고 말하자 수색에 동의하였다. 피고인은 법정에서 당시 경찰관이 '영장을 받으려고 시도할 것'이라고 하지 않고 '영장을 받을 것'이라고 하였기 때문에 영장이 기각될 것이라고는 생각을 못하여 할 수 없이 동의한 것이라고 임의성을 부인하였지만, 미국 연방법원은 "위와 같은 경찰관의 말은 크게 중요하지 않고, 오히려 피고인이 체포되지 아니한 점, 피고인이 수갑을 차거나 폭행이나 협박을 당한 사실이 없는 등 강제수사가 진행되지 않은 점, 처음에 경찰관이 수색에 동의할 필요가 없다고 말한 점, 피고인이 형사절차에 대하여 잘 아는 평균적인 지능을 가진 사람인 점, 피고인이 수사기관에 협력함으로써 경한 처분을 받을 수 있다고 생각하고 동의를 한 것일 수도 있다는 점에 비추어 동의가 임의적인 것"이라고 판시하였다.[73]

우리나라 판례에도 참고할 만한 사례가 있어 소개한다. 호흡측정에 의한 음주측정 결과 처벌수치 미달로 나오자 경찰관이 피의자에게 혈액 채취를 요구하여 피의자의 동의하에 혈액을 채취한 사건에서, 대법원은 "음주운전에 대한 수사과정에서 음주운전 혐의가 있는 운전자에 대하여 구 도로교통법(2014. 12. 30. 법률 제12917호로 개정되기 전의 것) 제44조 제2항에 따른 호흡측정이 이루어진 경우에는 그에 따라 과학적이고 중립적인 호흡측정 수치가 도출된 이상 다시 음주측정을 할 필요성은 사라졌으므로 운전자의 불복이 없는 한 다시 음주측정을 하는 것은 원칙적으로 허용되지 아니한다. 그러나 운전자의 태도와 외관, 운전 행태 등에서 드러나는 주취 정도, 운전자가 마신 술의 종류와 양, 운전자가 사고를 야기하였다면 경위와 피해 정도, 목격자들의 진술 등 호흡측정 당시의 구체적 상황에 비추어 호흡측정기의 오작동 등으로 인하여 호흡측정 결과에 오류가 있다고 인정할 만한 객관적이고 합리적인 사정이 있는 경우라면 그러한 호흡측정 수치를 얻은 것만으로는 수사의 목적을 달성하였다고 할 수 없어 추가로 음주측정을 할 필요성이 있으므로, 경찰관

---

73) United States v. Tompkins, 130 F.3d 117 (5th Cir. 1997). 해당 외국 판례의 출처는 검찰수사 실무전범 Ⅱ(압수·수색), 185쪽.

이 음주운전 혐의를 제대로 밝히기 위하여 운전자의 자발적인 동의를 얻어 혈액 채취에 의한 측정의 방법으로 다시 음주측정을 하는 것을 위법하다고 볼 수는 없다. 이 경우 운전자가 일단 호흡측정에 응한 이상 재차 음주측정에 응할 의무까지 당연히 있다고 할 수는 없으므로, 운전자의 혈액 채취에 대한 동의의 임의성을 담보하기 위하여는 경찰관이 미리 운전자에게 혈액 채취를 거부할 수 있음을 알려주었거나 운전자가 언제든지 자유로이 혈액 채취에 응하지 아니할 수 있었음이 인정되는 등 운전자의 자발적인 의사에 의하여 혈액 채취가 이루어졌다는 것이 객관적인 사정에 의하여 명백한 경우에 한하여 혈액 채취에 의한 측정의 적법성이 인정된다"라고 판시하였다.[74]

생각건대, 수사기관이 먼저 임의제출을 요구하였다는 사정만으로 바로 임의성을 부정할 수는 없다고 본다. 이는 결국 임의성 판단의 일반적 기준을 토대로 구체적 사정을 종합적으로 고려하여 판단해야 할 문제이다. 다만, 수사기관이 임의제출을 먼저 요구한 경우에는 수사기관의 우월적 지위에 따라 제출권자가 물리적, 심리적 압박에 의해 제출하였는지가 더욱 중요한 쟁점이 될 것이다. 위 두 사례에서 동의거절권의 고지 여부가 임의성을 판단하는데 중요한 요소가 되었음은 매우 의미 있는 시사점을 제공한다고 할 것이다.

(3) 별건 압수와 임의제출

압수·수색영장 발부의 사유로 된 범죄혐의사실과 무관한 별개의 증거를 압수하였을 경우 이는 원칙적으로 유죄 인정의 증거로 사용할 수 없고, 다만 수사기관이 별개의 증거를 피압수자 등에게 환부하고 후에 임의제출받아 다시 압수하였다면 증거를 압수한 최초의 절차 위반행위와 최종적인 증거수집 사이의 인과관계가 단절되었다고 평가할 수 있다. 다만, 환부 후 다시 제출하는 과정에서 수사기관의 우월적 지위에 의하여 임의제출 명목으로 실질적으로 강제적인 압수가 행하여질 수 있으므로, 제출에 임의성이 있다는 점에 관하여는 검사가 합리적 의심을 배제할 수 있을 정도로 증명하여야 하고, 임의로 제출된 것이라고 볼 수 없는 경우에는 증거능력을 인정할 수 없다.[75]

하급심 판례는 수사기관이 압수·수색영장 발부의 사유로 된 범죄혐의사실과

---

74) 대법원 2015. 7. 9. 선고 2014도16051 판결.
75) 대법원 2016. 3. 10. 선고 2013도11233 판결.

무관한 별개의 전자정보 증거를 발견하고서도 즉시 탐색을 중단하지 않고 계속 수사를 진행하다가 약 1년이 지난 시점에서 해당 증거를 피고인에게 환부하지 않고 임의제출받은 사안에서 "피고인은 해당 증거를 경찰로부터 환부받았다가 자발적으로 경찰에 다시 제출한 것이 아니라 전자정보의 내용을 확인하고 임의제출에 동의한다는 의사표시를 한 데 불과하므로 이를 새로운 임의제출로 보기는 어렵다. 경찰이 피고인에게 해당 전자정보에 대한 임의제출의 의미와 이에 따른 피고인의 불이익 등에 관하여 설명하였다거나 피고인이 이를 이해하고 있었다고 볼 만한 자료도 없고 피고인이 경찰조사를 받으면서 심리적으로 위축된 상태였을 것으로 보이므로 관련 전자정보의 제출에 임의성이 있다고 인정하기도 어렵다"라고 판시하였다.[76)]

나) 체포현장이거나 범행 중 또는 범행직후의 범죄장소에서의 임의제출 허용 여부

형사소송법에 의하면, 체포현장이거나 범행 중 또는 범행직후의 범죄장소에서의 압수·수색은 영장 없이 가능하되, 사후에 법원에 영장을 청구하도록 되어 있다.[77)] 즉, 영장주의의 예외를 허용하되 반드시 법원의 사후통제를 받아야 한다는 것이다. 그렇다면, 체포현장에서 체포된 사람이나 범죄장소에서의 소지자로부터 임의제출을 받는 것은 허용되지 않는다고 보아야 하는가.

이와 관련하여 허용설과 불허설이 대립되고 있다. 불허설의 논거는 다음과 같다. "이미 체포되었거나 체포 직전의 피의자에게는 임의적 제출의사를 원칙적으로 기대할 수 없다. 체포 대상자로부터 제출받는 절차가 강제적이지 않다고 판단할 여지가 거의 없다. 특별한 장소(예컨대, 자수현장)가 아니라, 일반적인 현행범인 체포현장에서 자신의 죄책을 증명하는 물건을 스스로 제출할 의사가 피의자에게 있다고 해석하는 것은 국민의 관념에 어긋나, 사법 신뢰를 잃기 쉽다. 설령, 현행범인 체포현장에서 피체포자의 임의제출 진술이 있다거나 사후적으로 임의제출서가 징구되었더라도, 계속 구금할 수 있는 구속영장 청구 여부 내지 확대 압수·수색을 위한 영장 청구를 판단할 권한이 있는 우월적 지위의 수사기관의 영향에 기한 것이라고 봄이 옳다. 체포대상자에 대하여 형사소송법 제218조에 따른 임의제출물 압수·수색을 인정할 필요성은 오로지 형사소송법 제217조 소정의 사후

---

76) 서울고등법원 2022. 5. 17. 선고 2021노2372 판결(대법원 2022도6496 판결로 확정).
77) 제216조 제1항 제2호, 제3항, 제217조.

압수·수색영장 절차를 생략하는 것 외에는 없다. 따라서 형사소송법 제218조에 따른 영장 없는 압수·수색은 현행범인 체포현장에서 허용되지 않는다고 해석함이 마땅하다"라는 것이다.[78]

이에 반해 대법원은 "범죄를 실행 중이거나 실행 직후의 현행범인은 누구든지 영장 없이 체포할 수 있고, 검사 또는 사법경찰관은 피의자 등이 유류한 물건이나 소유자·소지자 또는 보관자가 임의로 제출한 물건을 영장 없이 압수할 수 있으므로, 현행범인 체포현장이나 범죄현장에서도 소지자 등이 임의로 제출하는 물건을 형사소송법 제218조에 의하여 영장 없이 압수하는 것이 허용되고, 이 경우 검사나 사법경찰관은 별도로 사후에 영장을 받을 필요가 없다"라고 판시하여 일관되게 허용설을 취하고 있다.[79] 다만, 대법원은 허용설을 취하면서도 제출자의 임의성을 엄격하게 판단하고 있다.

검찰 수사관이 피고인을 현행범인으로 체포한 후 피고인에게 발견된 필로폰 약 6.1kg을 제시하고 "필로폰을 임의제출하면 영장 없이 압수할 수 있고 압수될 경우 임의로 돌려받지 못하며, 임의제출하지 않으면 영장을 발부받아서 압수하여야 한다"라고 설명하면서 필로폰을 임의로 제출할 의사가 있는지를 물었고, 피고인으로부터 "그 정도는 저도 압니다"라는 말과 함께 승낙을 받아 필로폰을 임의제출받은 사안에서 대법원은 "검찰수사관이 필로폰을 압수하기 전에 피고인에게 임의제출의 의미, 효과 등에 관하여 고지하였던 점, 피고인도 필로폰 매매 등 동종 범행으로 여러 차례 형사처벌을 받은 전력이 있어 피압수물인 필로폰을 임의제출할 경우 압수되어 돌려받지 못한다는 사정 등을 충분히 알았을 것으로 보이는 점, 피고인이 체포될 당시 필로폰 관련 범행을 부인하였다고 볼 자료가 없고, 검찰수사관이 필로폰을 임의로 제출받기 위하여 피고인을 기망하거나 협박하였다고 볼 아무런 사정이 없는 점 등에 비추어 보면, 피고인은 필로폰의 소지인으로서 이를 임의로 제출하였다고 할 것이므로 그 필로폰의 압수도 적법하다"라고 판시하였다.[80]

이에 반해 수사기관이 A의 집으로부터 20m 떨어진 곳에서 A를 체포한 후 A

---

78) 의정부지방법원 2019. 10. 31. 선고 2018노3609 판결(대법원 2019도17142 판결로 파기).
79) 대법원 2020. 4. 9. 선고 2019도17142 판결, 대법원 2022. 8. 31. 선고 2019도15178 판결.
80) 대법원 2016. 2. 18. 선고 2015도13726 판결.

의 집안을 수색하여 칼과 합의서를 압수하고 현장에서 A로부터 임의제출 동의서를 징구한 사안에서는 "A는 당시 수갑이 채워져 있어 신체적·정신적으로 억압된 상태로서 자유로운 의사를 표시하기 어려웠던 것으로 보이는 점, 칼과 합의서가 있는 장소를 이야기하지 않아 경찰관 7명 상당이 위 집 내부를 수색한 것으로 보이는 점, 칼과 합의서를 찾고 있는 이유에 대하여 A에 대하여 설명하지 않은 것으로 보이는 점 등에 비추어 볼 때 위 칼과 합의서는 A가 임의로 제출한 물건이라 할 수 없다"라고 판시하였다.[81]

생각건대, 제출의 임의성이 충분히 담보되는 한 체포현장이나 범죄장소에서의 임의제출을 부정할 하등의 이유가 없다. 다만, 이러한 경우에는 수사기관의 우월적 지위가 통상적인 임의제출의 경우보다 훨씬 강하게 작용한다는 점에서 임의성 인정을 엄격하게 할 필요가 있다. 수사기관이 임의제출을 받기 위해서 피체포자에게 임의제출에 의한 압수절차와 그 효과, 제출을 거절할 수 있음을 고지하고 충분히 설명했는지 여부, 피체포자의 심리적 위축 여부 등이 임의성을 판단하는데 중요한 요소가 될 것이다.

하급심 판례로는 수사기관이 필로폰 투약자를 긴급체포하면서 위와 같은 충분한 설명을 고지하지 않고 피체포자로부터 소변, 모발을 임의제출받은 사안에서 이는 실질적으로는 수사기관의 우월적 지위에 의하여 강제처분으로서 압수가 행하여진 것으로 보이므로, 가사 수사기관이 임의제출 형식으로 압수물을 획득하고 압수조서에 그와 같이 기재하였다고 하더라도 임의성을 인정할 수 없다고 판단한 것이 있다.[82]

4) 임의제출인이 제출한 범위 내의 압수일 것

가) 임의제출인의 자유로운 제출의사

임의제출이 되더라도 그 압수가 적법하기 위해서는 임의제출인이 제출한 범위 내에서 압수가 이루어져야 한다. 즉, 임의제출의 압수·수색의 범위는 동의자가 동의한 범위로 한정되는 것이다. 따라서 그 범위를 벗어난 압수·수색은 위법하고, 그 범위에 속하지 않는 물건을 압수하기 위해서는 별도의 영장을 발부받아

---

81) 서울남부지방법원 2009. 9. 9. 선고 2009고단1184 판결(대법원 2009도14376 판결로 확정).
82) 울산지방법원 2021. 1. 15. 선고 2020노1189 판결.

야 한다.

임의제출인은 제출범위에 대해서 포괄적으로 동의할 수 있고, 명시적 또는 묵시적으로 범위를 제한할 수도 있다. 경우에 따라서는 제출범위에 대해서 임의제출인의 의사가 불분명한 경우도 있을 수 있다. 제출범위는 결국 임의제출인의 의사해석의 문제이다. 다만, 임의제출인의 의사표시를 해석함에 있어 제출인의 주관적 의도를 기준으로 할 것은 아니고 합리적이고 객관적으로 판단하되, 그 기준은 수사기관의 관점에 의하여야 할 것이다.

미국 연방대법원은 경찰관이 마약을 찾기 위하여 자동차를 수색하겠다는 것에 대하여 피의자가 동의하면서 그 수색범위를 제한하지 않은 경우에는 마약을 찾기 위한 범위 내에서 자동차의 트렁크 안, 자동차 안에 있는 접혀진 종이봉투 등 마약이 있을 만한 곳이라고 추정되는 어느 곳이라도 수색할 수 있다고 하면서, 그 동의의 범위를 합리적이고 객관적으로 판단하면 되고, 이때 그 범위는 피의자의 주관적 의도가 아니라 수사기관의 판단에 의한다라고 보고 있다.[83]

포괄적 동의와 관련하여, 압수·수색에 대한 동의가 있은 이후 그 동의가 명시적으로 철회되지 않는 한 계속해서 차회에도 압수·수색을 할 수 있는지가 문제된다. 이와 관련하여 미국 사례로는 피의자를 체포하기 전에 동의를 받아 압수·수색을 하였는데, 그 후 피의자를 체포하고 다음날 피의자의 집에서 다시 압수·수색을 하고 증거물을 발견한 경우, 피의자의 신분이 달라진 점 등을 고려하면 체포 다음날의 수색에 대하여 사전에 동의한 것이 아닌 한 첫 번째 동의에 근거해서 그 다음날에 실행한 압수·수색은 유효하지 않다고 본 예가 있다.[84]

임의제출인의 제출범위를 벗어난 위법한 압수·수색으로 인정된 미국 사례로는 경찰관이 피의자에게 마약을 압수·수색할 것이라고 말하고 피의자의 동의를 받고서 피의자에게 불리한 내용이 적혀 있는 문서를 압수한 경우, 피의자가 트렁크를 열어서 눈으로 봐도 좋다고 동의하였지만 그 안에 있는 가방을 열어보아도 좋겠느냐는 질문에 동의하지 않았음에도 경찰관이 칼로 그 가방을 열어 그 안에 있는 마약을 압수한 경우, 계산기 등 사무용품과 비디오장비를 수색하겠다고 하여

---

83) Florida v. Jimeno, 500 U.S. 248 (1991). 해당 외국 판례의 출처는 검찰수사 실무전범 Ⅱ(압수·수색), 193쪽.
84) State v. Brochu, 237 A.2d 418 (1967). 해당 외국 판례의 출처는 검찰수사 실무전범 Ⅱ(압수·수색), 195쪽.

피의자로부터 동의를 받은 경찰관이 의자 위에 있는 텔레비전의 일련번호를 수색하는 경우, 도망친 사람을 수색하겠다는 것에 동의를 받고 사람이 들어갈 수 없는 가방을 수색한 경우, 집안을 한번 눈으로 살펴보겠다고 동의를 받아 놓고 금고를 열어본 경우, 특정 물건을 찾겠다고 동의받은 후 그 물건을 압수하였음에도 계속하여 수색한 경우 등이 있다.[85]

피의자가 소유·관리하는 정보저장매체를 피의자 아닌 피해자 등 제3자가 임의제출하는 경우 제3자의 포괄적 동의는 유효한가. 이에 대해 대법원은 "피의자가 소유·관리하는 정보저장매체를 피의자 아닌 피해자 등 제3자가 임의제출하는 경우에는, 그 임의제출 및 그에 따른 수사기관의 압수가 적법하더라도 임의제출의 동기가 된 범죄혐의사실과 구체적·개별적 연관관계가 있는 전자정보에 한하여 압수의 대상이 되는 것으로 더욱 제한적으로 해석하여야 한다. 임의제출의 주체가 소유자 아닌 소지자·보관자이고 그 제출행위로 소유자의 사생활의 비밀 기타 인격적 법익이 현저히 침해될 우려가 있는 경우에는 임의제출에 따른 압수·수색의 필요성과 함께 임의제출에 동의하지 않은 소유자의 법익에 대한 특별한 배려도 필요한바, 피의자 개인이 소유·관리하는 정보저장매체에는 그의 사생활의 비밀과 자유, 정보에 대한 자기결정권 등 인격적 법익에 관한 모든 것이 저장되어 있어 제한 없이 압수·수색이 허용될 경우 피의자의 인격적 법익이 현저히 침해될 우려가 있기 때문이다. 그러므로 임의제출자인 제3자가 제출의 동기가 된 범죄혐의사실과 구체적·개별적 연관관계가 인정되는 범위를 넘는 전자정보까지 일괄하여 임의제출한다는 의사를 밝혔더라도, 그 정보저장매체 내 전자정보 전반에 관한 처분권이 그 제3자에게 있거나 그에 관한 피의자의 동의 의사를 추단할 수 있는 등의 특별한 사정이 없는 한, 그 임의제출을 통해 수사기관이 영장 없이 적법하게 압수할 수 있는 전자정보의 범위는 범죄혐의사실과 관련된 전자정보에 한정된다고 보아야 한다"라고 판단하였다.[86]

---

85) 해당 사례의 출처는 검찰수사 실무전범 Ⅱ(압수·수색), 193-194쪽.

86) 대법원 2021. 11. 18. 선고 2016도348 전원합의체 판결. 이 사건은 피고인이 2014. 12. 11. 피해자 甲을 상대로 저지른 성폭력범죄의 처벌 등에 관한 특례법위반(카메라등이용촬영) 범행(이하 '2014년 범행'이라 한다)에 대하여 甲이 즉시 피해 사실을 경찰에 신고하면서 피고인의 집에서 가지고 나온 피고인 소유의 휴대전화 2대에 피고인이 촬영한 동영상과 사진이 저장되어 있다는 취지로 말하고 이를 범행의 증거물로 임의제출하였는데, 경찰이 이를 압수한 다음 그 안에 저장된 전자정보를 탐색하다가 甲을 촬영한 휴대전화가 아닌 다른 휴대전화에서 피고인이 2013. 12.경 피해자

나) 임의제출 범위에 대한 판단기준 시점(임의제출시) 및 입증정도

범위를 한정하여 임의제출하려던 의사가 있었는지 여부를 판단하는 시점은 임의제출 당시를 기준으로 하여야 하므로, 제출인이 임의제출 당시 범위를 제한하지 아니하고 임의제출하는 것에 동의하였던 것으로 볼 수 없는 이상, 사후 수사기관에 임의제출에 동의하는 의사를 보였다고 하더라도 하자가 치유되는 것은 아니며, 제출범위를 벗어나 압수·수색한 것은 위법하여 증거능력이 없다.[87]

소유자 등이 임의로 제출한 범위를 넘어서는 물건에 대하여 임의제출의 형식으로 실질적인 강제적 압수가 행하여진다면 이는 영장주의 원칙을 위반한 것이므로 제출 여부뿐만 아니라 제출 범위의 임의성에 관하여 엄격한 심사가 요구되고, 특히 전자정보의 경우 그 방대성과 유동성 등으로 인하여 임의제출의 범위가 명시적으로 한정되지 아니한 때에는 제출 당시 수사대상 등 제반 사정을 종합적으로 고려하여 추단되는 소유자 등의 의사에 따라 그 임의제출의 범위를 합리적으로 확정하여야 한다.[88]

다) 동의의 철회와 그에 따른 압수물의 반환 문제

압수·수색에 대한 동의를 철회할 수 있는가. 이를 제한할 근거가 없으므로 당연히 철회가 가능하다. 압수·수색 동의에 따라 압수·수색이 진행 중인데 중간에 동의 의사를 철회한 경우 압수·수색은 그 즉시 중단되어야 한다.

그렇다면 동의에 따라 이미 압수한 압수물의 경우 동의 철회 이후에 이를 반

乙, 丙을 상대로 저지른 같은 법 위반(카메라등이용촬영) 범행(이하 '2013년 범행'이라 한다)을 발견하고 그에 관한 동영상·사진 등을 영장 없이 복제한 CD를 증거로 제출한 사안이다. 대법원은 "甲은 경찰에 피고인의 휴대전화를 증거물로 제출할 당시 그 안에 수록된 전자정보의 제출 범위를 명확히 밝히지 않았고, 담당 경찰관들도 제출자로부터 그에 관한 확인절차를 거치지 않은 이상 휴대전화에 담긴 전자정보의 제출 범위에 관한 제출자의 의사가 명확하지 않거나 이를 알 수 없는 경우에 해당하므로, 휴대전화에 담긴 전자정보 중 임의제출을 통해 적법하게 압수된 범위는 임의제출 및 압수의 동기가 된 피고인의 2014년 범행 자체와 구체적·개별적 연관관계가 있는 전자정보로 제한적으로 해석하는 것이 타당하고, 이에 비추어 볼 때 범죄발생 시점 사이에 상당한 간격이 있고 피해자 및 범행에 이용한 휴대전화도 전혀 다른 피고인의 2013년 범행에 관한 동영상은 임의제출에 따른 압수의 동기가 된 범죄혐의사실(2014년 범행)과 구체적·개별적 연관관계 있는 전자정보로 보기 어려워 수사기관이 사전영장 없이 이를 취득한 이상 증거능력이 없고, 사후에 압수·수색영장을 받아 압수절차가 진행되었더라도 달리 볼 수 없다는 이유로, 피고인의 2013년 범행을 무죄로 판단한 원심의 결론은 정당하다"라고 판단하였다.

87) 대전고등법원 2018. 2. 21. 선고 2017노282 판결(대법원 2018도4075 판결로 확정).
88) 청주지방법원 제천지원 2017. 7. 10. 선고 2016고합32 판결(대법원 2018도4075 판결로 확정).

환하여야 하는가. 동의권자가 동의 철회 후 압수물의 반환을 적극적으로 요구한 경우 어떻게 해야 하는가. 임의제출의 성격에 관하여는 점유취득시에는 강제력이 없으나 일단 압수된 이후에는 피압수자의 의사와 무관하게 점유 계속 상태가 강제되고 피압수자가 임의로 다시 가져갈 수 없다는 점에서 강제처분의 일종으로 보는 견해가 통설이다. 이런 점에서 압수에 대한 동의도 철회될 수 있지만 일단 압수한 물건은 돌려줄 필요는 없다.

5) 압수조서, 압수목록의 작성 및 교부

임의제출 형식으로 압수하는 경우에도 압수조서를 작성하여야 하며, 피제출자에게 압수목록을 교부하여야 한다.[89] 다만, 피의자신문조서 또는 진술조서에 압수의 취지를 기재하는 것으로 압수조서의 작성을 갈음할 수 있다.

정보저장매체에 저장된 전자정보를 압수하기 위해 임의제출이 이루어졌다면, 임의제출의 대상물은 외장 하드디스크 등 저장매체 자체가 아니라 거기에 저장된 전자정보라고 할 것이므로, 압수목록의 교부는 압수한 전자정보의 상세 목록을 교부하는 방식으로 이루어지는 것이 원칙이다.[90] 전자정보 상세목록의 교부는 서면의 형태로 교부하는 방법 이외에 파일 형태로 복사해주거나 전자우편으로 전송하는 등의 방법으로 갈음할 수 있다.[91]

압수목록은 수사기관이 압수 직후 현장에서 교부하는 것이 원칙이므로, 수사기관이 임의제출을 받은 현장에서 전자정보를 특정해 복사·출력하는 경우에는 그 즉시, 현장에서 전자정보 추출이 불가능하여 정보저장매체를 반출하는 경우에는

---

89) 검찰사건사무규칙 제50조, (경찰청) 범죄수사규칙 제142조.

90) 대전고등법원 2015. 7. 27. 선고 2015노101 판결. 서울중앙지방법원 2020. 12. 23. 선고 2019고합 738, 927, 1050(병합) 판결은 "형사소송법 제219조, 제129조는 수사기관이 임의제출물을 압수한 경우 압수목록을 작성해 제출인에게 교부해야 한다고 규정하고 있다. 반면, 형사소송법 또는 형사소송규칙은 수사기관이 전자정보의 저장매체를 임의제출에 의하여 압수한 경우 전자정보상세목록을 작성하여 제출인에게 교부해야 한다는 규정을 두고 있지 않다. 그러나 ① 전자정보의 저장매체를 압수한 경우에는 실질적으로 개별 전자정보가 압수대상 물건에 해당하는 점, ② 전자정보가 저장된 저장매체는 대용량인 경우가 많으므로 제출인이 저장매체에 저장된 전자정보를 알기 어려운 점, ③ 제출인이 수사기관에 대하여 준항고, 가환부나 환부에 대응한 개별 정보의 삭제요청을 하기 위해서는 압수된 전자정보가 구체적으로 확정되어야 하는 점 등에 비추어 보면, 수사기관이 임의제출에 의하여 전자정보를 압수한 경우에도 전자정보의 파일이 특정된 전자정보상세목록을 작성하여 제출인에게 교부할 의무가 있다"라고 판단하였다.

91) 디지털증거의 수집·분석 및 관리규정 제23조 제2항.

정보추출이 끝난 시점에 지체 없이 임의제출인에게 전자정보상세목록을 교부하여
야 한다.[92]

　　대법원은 임의제출의 경우에는 비록 압수조서의 작성 및 압수목록의 작성·교부
절차가 제대로 이행되지 아니한 잘못이 있다 하더라도, 그것이 적법절차의 실질적
인 내용을 침해하는 경우에 해당한다거나 위법수집증거의 배제법칙에 비추어 그
증거능력의 배제가 요구되는 경우에 해당한다고 볼 수는 없다라고 판시하였다.[93]
이와 동일한 취지로 하급심 판례는 수사기관이 PC에서 정보추출이 완료된 때에
정당한 사유 없이 임의제출인 A에게 전자정보상세목록을 교부하지 않았고, 그때
부터 약 5개월이 지난 뒤에 변호인의 지적을 받고 A에게 전자정보상세목록을 교
부한 사례에서 "이 사건 PC에서 추출한 전자정보는 형사소송법 제219조, 제129조
가 규정한 절차에 따르지 않고 취득한 증거에 해당한다. 그러나 ① 수사기관의 임
의제출에 의한 압수는 제출인의 의사에 따라 대상물을 압수하고 제출인이 제출대
상을 정할 수 있다는 점에서 수사기관의 압수·수색영장에 의한 압수에 비하여 압
수목록 교부의 의미가 크지 않은 점, ② 압수목록 또는 전자정보상세목록의 교부
는 압수가 종료된 이후에 이루어지는 절차이므로, 형사소송법이 압수·수색에 관
하여 정한 다른 절차들과 비교할 때 그 위반으로 인하여 임의제출인에게 발생하는
법익 침해의 정도가 중하지 않은 점, ③ A는 임의제출을 할 당시 강사휴게실 PC에
대하여 어떠한 권리를 행사할 의사가 없었고, 실제로 강사휴게실 PC를 임의제출
한 이후 수사기관에 압수물의 내용에 대해 문의하거나 강사휴게실 PC에 대한 가
환부청구를 하지 않은 점을 종합하면, A에게 전자정보상세목록을 뒤늦게 교부한
수사기관의 잘못은 그 위반의 내용과 정도가 중대하지 않아 적법절차의 실질적인
내용을 침해하는 경우에 해당하지 않고, 위와 같은 절차 하자를 이유로 강사휴게
실 PC의 증거능력을 배제하는 것은 적법절차의 원칙과 실체적 진실 규명의 조화
를 통한 형사 사법 정의 실현에 반하는 결과를 초래한다고 판단된다. 따라서 수사
기관이 A에게 전자정보상세목록을 교부하지 않았으므로 강사휴게실 PC의 증거능
력이 없다는 변호인의 주장을 받아들이지 않는다"라고 판시한 바 있다.[94]

---

92) 서울중앙지방법원 2020. 12. 23. 선고 2019고합738, 927, 1050(병합) 판결.
93) 대법원 2011. 5. 26. 선고 2011도1902 판결.
94) 서울중앙지방법원 2020. 12. 23. 선고 2019고합738, 927, 1050(병합) 판결.

6) 임의제출과 참여권 보장

형사소송법은 임의제출의 경우에도 영장 집행의 참여권 보장에 관한 규정(제 121조 내지 제124조)을 준용($\frac{제}{조}$219) 하고 있으므로, 임의제출에 있어서도 참여권이 보장되어야 함은 물론이다.[95] 대검찰청예규인 '디지털증거의 수집·분석 및 관리 규정' 과 경찰청훈령인 '디지털증거의 처리 등에 관한 규칙'도 임의제출자에게 참여권이 보장되어야 한다고 규정하고 있다.[96]

7) 임의제출의 한계

임의제출이 그 자체의 적법성 요건을 모두 충족하였더라도 임의제출행위 자체가 개인정보 보호법 등과 같은 법령을 위반하였다면 해당 임의제출은 위법한 것이 될 수 있음에 유의할 필요가 있다.

피고인 A, B가 정당의 책임당원으로 가입할 사람들로부터 개인정보가 기재된 입당원서를 작성받은 후 甲이 입당원서를 사본하고 인적사항을 엑셀파일로 정리한 뒤 출력한 것을 피고인 B가 보관하고 있다가 경찰에 임의제출한 사안에서, 대법원은 "개인정보가 기재된 입당원서를 작성자의 동의 없이 임의로 수사기관에 제출한 행위는 개인정보 보호법 제59조 제2호가 금지한 행위로서, 舊 개인정보 보호법 제18조 제2항 제2호 또는 제7호가 적용될 수 없고, 위법수집증거에 해당한다"라고 판시하였다.[97]

---

95) 제219조가 준용하는 제121조는 "검사, 피고인 또는 변호인은 압수·수색영장의 집행에 참여할 수 있다"라고 규정하고 있으므로, 영장 집행을 수반하지 않는 임의제출에는 위 준용규정이 적용되지 않는다라는 의문이 있을 수 있다. 이에 대해 법원 실무에서도 준용설과 비준용설의 대립이 있었으나, 대법원 2021. 11. 18. 선고 2016도348 전원합의체 판결을 통해서 임의제출시에도 제121조가 적용된다는 준용설로 정리되었다.

96) 동 규정 제25조 제2항, 제26조, 동 규칙 제22조 제1항, 제13조.

97) 대법원 2022. 10. 27. 선고 2022도9510 판결. 이 사안에서 검사는 "개인정보 보호법 제18조 제2항 제7호, 형사소송법 제199조 제2항 등에 따라 수사기관의 범죄 수사를 위하여 개인정보를 목적 외 용도로 제공할 수 있어 위법수집증거가 아니다"라고 주장하였다. 이에 대해 대법원은 舊 개인정보 보호법(2020. 2. 4. 법률 제16930호로 일부 개정되기 전의 것, 이하 같다) 제18조 제2항 제7호는 개인정보처리자가 '범죄의 수사와 공소의 제기 및 유지를 위하여 필요한 경우'에는 정보주체 또는 제3자의 이익을 부당하게 침해할 우려가 있는 때를 제외하고는 개인정보를 목적 외의 용도로 이용하거나 이를 제3자에 제공할 수 있음을 규정하였으나, 이는 '개인정보처리자'가 '공공기관'인 경우에 한정될 뿐 법인·단체·개인 등의 경우에는 적용되지 아니한다(舊 개인정보 보호법 제18조 제2항 단서, 제2조 제5호 및 제6호). 또한 舊 개인정보 보호법 제18조 제2항 제2호에서 정한

다. 전자정보가 담긴 정보저장매체를 임의제출한 경우 압수방법 및 범위

1) 임의제출에 따른 전자정보 압수의 방법

수사기관이 특정 범죄혐의와 관련하여 전자정보가 수록된 정보저장매체를 임의제출받아 그 안에 저장된 전자정보를 압수할 때 형사소송법 제106조 제3항 및 이에 대한 대법원의 종합적인 해석상 현장에서 기억된 정보의 범위를 정하여 출력하거나 복제하여 제출받는 등 단계적으로 선별 압수·수색을 해야 하는지가 문제된다.

이와 관련하여, 그동안 법원 실무에서도 긍정설과 부정설[98]이 대립되고 있었으나, 대법원 2021. 11. 18. 선고 2016도348 전원합의체 판결을 통해서 긍정설로 정리되었다. 전원합의체 판결의 내용은 다음과 같다.[99]

전자정보에 대한 수사기관의 압수·수색은 사생활의 비밀과 자유, 정보에 대한 자기결정권, 재산권 등을 침해할 우려가 크므로 포괄적으로 이루어져서는 안

'다른 법률에 특별한 규정이 있는 경우'란 그 문언 그대로 개별 법률에서 개인정보의 제공이 허용됨을 구체적으로 명시한 경우로 한정하여 해석하여야 하므로, 형사소송법 제199조 제2항과 같이 수사기관이 공무소 기타 공사단체에 조회하여 필요한 사항의 보고를 요구할 수 있는 포괄적인 규정은 이에 해당하지 아니한다. 만일 형사소송법 제199조 제2항이 舊 개인정보 보호법 제18조 제2항 제2호에서 정한 '다른 법률에 특별한 규정이 있는 경우'에 포함된다면, 舊 개인정보 보호법 제18조 제2항 제7호에서 수사기관으로 하여금 공공기관에 한정하여 일정한 제한 아래 개인정보를 제공받을 수 있도록 한 입법 취지·목적을 몰각시킬 뿐만 아니라 헌법상 영장주의 및 적법절차의 원칙을 잠탈할 가능성이 크기 때문이다"라고 판단하여 검사의 주장을 기각하였다.

98) 위 대법원 판결의 원심인 서울고등법원 2021. 8. 11. 선고 2021노14 판결은 "형사소송법 제106조 제1항에서 압수의 목적물을 '피고사건과 관계가 있다고 인정할 수 있는 물건'으로 한정하고, 같은 제3항에서 '압수의 목적물이 정보저장매체인 경우에는 기억된 정보의 범위를 정하여 출력하거나 복제하여 제출받아야 한다'고 규정한 것은 피압수자의 의사에 반하여 강제력을 행사함으로써 물건을 압수하는 경우에 그 압수 범위를 필요성과 관련성이 인정되는 한도 내로 제한하려는 취지라고 보아야 하므로, 이와 달리 강제력이 가해지지 않은 상태에서 정보저장매체의 소유자, 소지자 또는 보관자가 자유로운 의사로 저장매체 자체와 그 안에 있는 전자정보 일체를 제출하는 경우에는 위와 같은 제한을 받지 않는다고 보아야 한다"라고 판시하였다. 서울고등법원 2017. 7. 5. 선고 2017노146 판결(대법원 2017도12643 판결로 확정)도 같은 취지이다.

99) 피고인이 2014. 12. 11. 피해자 甲을 상대로 저지른 성폭력범죄의 처벌 등에 관한 특례법위반(카메라등이용촬영) 범행('2014년 범행')에 대하여 甲이 즉시 피해 사실을 경찰에 신고하면서 피고인의 집에서 가지고 나온 피고인 소유의 휴대전화 2대에 피고인이 촬영한 동영상과 사진이 저장되어 있다는 취지로 말하고 이를 범행의 증거물로 임의제출하였는데, 경찰이 이를 압수한 다음 그 안에 저장된 전자정보를 탐색하다가 甲을 촬영한 휴대전화가 아닌 다른 휴대전화에서 피고인이 2013. 12.경 피해자 乙, 丙을 상대로 저지른 같은 법 위반(카메라등이용촬영) 범행('2013년 범행')을 발견하고 그에 관한 동영상·사진 등을 영장 없이 복제한 CD를 증거로 제출한 사안이다.

되고, 비례의 원칙에 따라 수사의 목적상 필요한 최소한의 범위 내에서 이루어져야 한다. 수사기관의 전자정보에 대한 압수·수색은 원칙적으로 영장 발부의 사유로 된 범죄혐의사실과 관련된 부분만을 문서 출력물로 수집하거나 수사기관이 휴대한 정보저장매체에 해당 파일을 복제하는 방식으로 이루어져야 하고, 정보저장매체 자체를 직접 반출하거나 저장매체에 들어 있는 전자파일 전부를 하드카피나 이미징 등 형태(이하 '복제본'이라 한다)로 수사기관 사무실 등 외부로 반출하는 방식으로 압수·수색하는 것은 현장의 사정이나 전자정보의 대량성으로 인하여 관련 정보 획득에 긴 시간이 소요되거나 전문 인력에 의한 기술적 조치가 필요한 경우 등 범위를 정하여 출력 또는 복제하는 방법이 불가능하거나 압수의 목적을 달성하기에 현저히 곤란하다고 인정되는 때에 한하여 예외적으로 허용될 수 있을 뿐이다.

위와 같은 법리는 정보저장매체에 해당하는 임의제출물의 압수(형소법 제218조)에도 마찬가지로 적용된다. 따라서 수사기관은 특정 범죄혐의와 관련하여 전자정보가 수록된 정보저장매체를 임의제출받아 그 안에 저장된 전자정보를 압수하는 경우 그 동기가 된 범죄혐의사실과 관련된 전자정보의 출력물 등을 임의제출받아 압수하는 것이 원칙이다. 다만 현장의 사정이나 전자정보의 대량성과 탐색의 어려움 등의 이유로 범위를 정하여 출력 또는 복제하는 방법이 불가능하거나 압수의 목적을 달성하기에 현저히 곤란하다고 인정되는 때에 한하여 예외적으로 정보저장매체 자체나 복제본을 임의제출받아 압수할 수 있다.

2) 임의제출에 따른 전자정보 압수의 대상과 범위

가) 임의제출자의 의사

범죄혐의사실과 관련된 전자정보와 그렇지 않은 전자정보가 혼재[100]되어 있

---

100) 대법원 2021. 11. 25. 선고 2019도7342 판결은 피의자가 모텔 객실에 몰래카메라를 설치하여 투숙객의 성행위 장면을 촬영하고 모텔 주인이 이를 경찰에 임의제출한 사안에서 "위 전원합의체 판결의 경우와 달리 수사기관이 임의제출받은 정보저장매체가 그 기능과 속성상 임의제출에 따른 적법한 압수의 대상이 되는 전자정보와 그렇지 않은 전자정보가 혼재될 여지가 거의 없어 사실상 대부분 압수의 대상이 되는 전자정보만이 저장되어 있는 경우에는 소지·보관자의 임의제출에 따른 통상의 압수절차 외에 피압수자에게 참여의 기회를 보장하지 않고 전자정보 압수목록을 작성·교부하지 않았다는 점만으로 곧바로 증거능력을 부정할 것은 아니다"라고 판단하였다. 이 사건 원심인 의정부지방법원 2019. 5. 13. 선고 2018노3713 판결은 몰래카메라의 압수 집행 시 피고인 내지 변호인의 참여권 미보장 및 압수한 전자정보 목록 미교부 등을 이유로 압수물의 증거능력을 부정하였다.

는 정보저장매체나 복제본을 수사기관에 임의제출하는 경우 제출자는 제출 및 압수의 대상이 되는 전자정보를 개별적으로 지정하거나 그 범위를 한정할 수 있다. 이러한 정보저장매체를 임의제출받는 수사기관은 제출자로부터 임의제출의 대상이 되는 전자정보의 범위를 확인함으로써 압수의 범위를 명확히 특정하여야 한다. 정보저장매체를 임의제출하는 사람이 거기에 담긴 전자정보를 지정하거나 제출 범위를 한정하는 취지로 한 의사표시는 엄격하게 해석하여야 하고, 확인되지 않은 제출자의 의사를 수사기관이 함부로 추단하는 것은 허용될 수 없다.

따라서 수사기관이 제출자의 의사를 쉽게 확인할 수 있음에도 이를 확인하지 않은 채 특정 범죄혐의사실과 관련된 전자정보와 그렇지 않은 전자정보가 혼재된 정보저장매체를 임의제출받은 경우, 그 정보저장매체에 저장된 전자정보 전부가 임의제출되어 압수된 것으로 취급할 수는 없다. 이 경우 제출자의 임의제출 의사에 따라 압수의 대상이 되는 전자정보의 범위를 어떻게 특정할 것인지가 문제된다.[101]

나) 임의제출에 따른 압수의 동기가 된 범죄혐의사실과 관련된 전자정보

전자정보를 압수하고자 하는 수사기관이 정보저장매체와 거기에 저장된 전자정보를 임의제출의 방식으로 압수할 때, 제출자의 구체적인 제출범위에 관한 의사를 제대로 확인하지 않는 등의 사유로 인해 임의제출자의 의사에 따른 전자정보 압수의 대상과 범위가 명확하지 않거나 이를 알 수 없는 경우에는 임의제출에 따른 압수의 동기가 된 범죄혐의사실과 관련되고 이를 증명할 수 있는 최소한의 가치가 있는 전자정보에 한하여 압수의 대상이 된다. 이때 범죄혐의사실과 관련된 전자정보에는 범죄혐의사실 그 자체 또는 그와 기본적 사실관계가 동일한 범행과 직접 관련되어 있는 것은 물론 범행 동기와 경위, 범행 수단과 방법, 범행 시간과 장소 등을 증명하기 위한 간접증거나 정황증거 등으로 사용될 수 있는 것도 포함될 수 있다. 다만 그 관련성은 임의제출에 따른 압수의 동기가 된 범죄혐의사실의 내용과 수사의 대상, 수사의 경위, 임의제출의 과정 등을 종합하여 구체적·개별적 연관관계가 있는 경우에만 인정되고, 범죄혐의사실과 단순히 동종 또는 유사 범행이라는 사유만으로 관련성이 있다고 할 것은 아니다.[102]

---

101) 대법원 2021. 11. 18. 선고 2016도348 전원합의체 판결.
102) 대법원 2021. 11. 18. 선고 2016도348 전원합의체 판결.

다) 피의자 아닌 사람이 피의자가 소유·관리하는 정보저장매체를 임의제출한 경우 전자정보 압수의 범위

피의자가 소유·관리하는 정보저장매체를 피의자 아닌 피해자 등 제3자가 임의제출하는 경우에는, 그 임의제출 및 그에 따른 수사기관의 압수가 적법하더라도 임의제출의 동기가 된 범죄혐의사실과 구체적·개별적 연관관계가 있는 전자정보에 한하여 압수의 대상이 되는 것으로 더욱 제한적으로 해석하여야 한다.

그러므로 임의제출자인 제3자가 제출의 동기가 된 범죄혐의사실과 구체적·개별적 연관관계가 인정되는 범위를 넘는 전자정보까지 일괄하여 임의제출한다는 의사를 밝혔더라도, 그 정보저장매체 내 전자정보 전반에 관한 처분권이 그 제3자에게 있거나 그에 관한 피의자의 동의 의사를 추단할 수 있는 등의 특별한 사정이 없는 한, 그 임의제출을 통해 수사기관이 영장 없이 적법하게 압수할 수 있는 전자정보의 범위는 범죄혐의사실과 관련된 전자정보에 한정된다고 보아야 한다.[103]

3) 전자정보 탐색·복제·출력 시 피의자의 참여권 보장 및 전자정보 압수목록 교부

압수의 대상이 되는 전자정보와 그렇지 않은 전자정보가 혼재된 정보저장매체나 그 복제본을 임의제출받은 수사기관이 그 정보저장매체 등을 수사기관 사무실 등으로 옮겨 이를 탐색·복제·출력하는 경우, 그와 같은 일련의 과정에서 형사소송법 제219조, 제121조에서 규정하는 피압수·수색 당사자(이하 '피압수자'라 한다)나 그 변호인에게 참여의 기회를 보장하고 압수된 전자정보의 파일 명세가 특정된 압수목록을 작성·교부하여야 하며, 범죄혐의사실과 무관한 전자정보의 임의적인 복제 등을 막기 위한 적절한 조치를 취하는 등 영장주의 원칙과 적법절차를 준수하여야 한다. 만약 그러한 조치가 취해지지 않았다면 피압수자 측이 참여하지 아니한다는 의사를 명시적으로 표시하였거나 임의제출의 취지와 경과 또는 그 절차 위반행위가 이루어진 과정의 성질과 내용 등에 비추어 피압수자 측에 절차 참여를 보장한 취지가 실질적으로 침해되었다고 볼 수 없을 정도에 해당한다는 등의 특별

---

103) 대법원 2021. 11. 18. 선고 2016도348 전원합의체 판결.

한 사정이 없는 이상 압수·수색이 적법하다고 평가할 수 없고, 비록 수사기관이 정보저장매체 또는 복제본에서 범죄혐의사실과 관련된 전자정보만을 복제·출력하였다 하더라도 달리 볼 것은 아니다.

나아가 피해자 등 제3자가 피의자의 소유·관리에 속하는 정보저장매체를 영장에 의하지 않고 임의제출한 경우에는 실질적 피압수자인 피의자가 수사기관으로 하여금 그 전자정보 전부를 무제한 탐색하는 데 동의한 것으로 보기 어려울 뿐만 아니라 피의자 스스로 임의제출한 경우 피의자의 참여권 등이 보장되어야 하는 것과 견주어 보더라도 특별한 사정이 없는 한 형사소송법 제219조, 제121조, 제129조에 따라 피의자에게 참여권을 보장하고 압수한 전자정보 목록을 교부하는 등 피의자의 절차적 권리를 보장하기 위한 적절한 조치가 이루어져야 한다.[104]

이와 같이 정보저장매체를 임의제출한 피압수자에 더하여 임의제출자 아닌 피의자에게도 참여권이 보장되어야 하는 '피의자의 소유·관리에 속하는 정보저장매체'란, 피의자가 압수·수색 당시 또는 이와 시간적으로 근접한 시기까지 해당 정보저장매체를 현실적으로 지배·관리하면서 그 정보저장매체 내 전자정보 전반에 관한 전속적인 관리처분권을 보유·행사하고, 달리 이를 자신의 의사에 따라 제3자에게 양도하거나 포기하지 아니한 경우로써, 피의자를 그 정보저장매체에 저장된 전자정보에 대하여 실질적인 피압수자로 평가할 수 있는 경우를 말하는 것이다. 이에 해당하는지 여부는 민사법상 권리의 귀속에 따른 법률적·사후적 판단이 아니라 압수·수색 당시 외형적·객관적으로 인식 가능한 사실상의 상태를 기준으로 판단하여야 한다. 이러한 정보저장매체의 외형적·객관적 지배·관리 등 상태와 별도로 단지 피의자나 그 밖의 제3자가 과거 그 정보저장매체의 이용 내지 개별 전자정보의 생성·이용 등에 관여한 사실이 있다거나 그 과정에서 생성된 전자정보에 의해 식별되는 정보주체에 해당한다는 사정만으로 그들을 실질적으로 압수·수색을 받는 당사자로 취급하여야 하는 것은 아니다.[105]

4) 임의제출된 정보저장매체 탐색 과정에서 무관정보 발견 시 필요한 조치·절차

임의제출된 정보저장매체에서 압수의 대상이 되는 전자정보의 범위를 초과하

---

104) 대법원 2021. 11. 18. 선고 2016도348 전원합의체 판결.
105) 대법원 2022. 1. 27. 선고 2021도11170 판결.

여 수사기관 임의로 전자정보를 탐색·복제·출력하는 것은 원칙적으로 위법한 압수·수색에 해당하므로 허용될 수 없다. 만약 전자정보에 대한 압수·수색이 종료되기 전에 범죄혐의사실과 관련된 전자정보를 적법하게 탐색하는 과정에서 별도의 범죄혐의와 관련된 전자정보를 우연히 발견한 경우라면, 수사기관은 더 이상의 추가 탐색을 중단하고 법원으로부터 별도의 범죄혐의에 대한 압수·수색영장을 발부받은 경우에 한하여 그러한 정보에 대하여도 적법하게 압수·수색을 할 수 있다. 따라서 임의제출된 정보저장매체에서 압수의 대상이 되는 전자정보의 범위를 넘어서는 전자정보에 대해 수사기관이 영장 없이 압수·수색하여 취득한 증거는 위법수집증거에 해당하고, 사후에 법원으로부터 영장이 발부되었다거나 피고인이나 변호인이 이를 증거로 함에 동의하였다고 하여 그 위법성이 치유되는 것도 아니다.[106)]

라. 임의제출의 제출범위가 문제되었던 사례

1) 수사과정에 비추어 임의제출인의 제출의사를 제한적으로 해석한 사례

【사안의 개요】

〈피고인 A, 피고인 B에 대한 공소사실 요지〉

피고인 B는 공무원 신분에서 국회의원 후보자가 되고자 한 사람으로 피고인 A와 공모하여 ① 2015. 3. 8. 대교식당에서 선거구민에게 음식물을 제공하여 기부행위를 하였고, ② 2015. 4.경부터 2015. 8.경까지 사이에 입당원서 모집의 방법으로 당내 경선운동 등을 하였다.

〈사실관계〉

① 피고인 A는 2016. 2. 17. 수사기관에서 최초로 조사를 받았고, 당시 수사기관은 2015. 3. 8.자 대교식당 기부행위만을 신문대상으로 삼았고, 피고인 A 역시 대교식당 기부행위에 대하여만 진술하면서 그 외에 피고인 B로부터 선거활동경비를 받은 사실이 없고 2015. 5. 말경 이후부터는 피고인 B의 선거운동을 도와준 사실이 없다고 진술하였다.

106) 대법원 2021. 11. 18. 선고 2016도348 전원합의체 판결.

② 피고인 A는 2016. 2. 26. 수사기관에 본인 사용 휴대폰을 임의제출하였다. 당시 피고인 A는 휴대폰을 제출하면서 수사할 수 있는 죄명이나 사실관계에 대해서 특별한 언급은 하지 않고, 단지 기간에 대해서만 '2014. 9.경부터 2015. 5. 말경까지'로 임의제출의 범위를 한정하였다. 같은 날 피고인 A는 수사기관에서 조사를 받으면서 2015. 3. 8.자 대교식당 기부행위에 대하여만 조사를 받았는데, 수사기관은 대교식당 기부행위 외에 다른 혐의사실에 관하여는 신문하지 않았고, 피고인 A도 대교식당 기부행위만을 인정하면서 그 외에는 피고인 B로부터 어떠한 경비를 받은 사실이 없고 2015. 5. 말경까지 피고인 B의 얼굴을 알리는 정도의 활동을 하였다는 취지의 진술만 하였으며, 위 공소사실 2항의 입당원서 모집행위에 대하여는 어떠한 진술도 하지 않았다.

③ 수사기관은 피고인 A의 휴대폰에 대한 디지털분석을 하였고, 2016. 3. 3.자 디지털증거분석 결과보고서에는 '피고인 B와 피고인 A가 공모하여 2015. 3. 8. 대교식당에서 선거구민들에게 식사를 제공함으로써 기부행위를 하였다'라는 내용으로 대교식당 기부행위의 점만이 기재되어 있다.

④ 그 후 수사기관은 휴대폰을 분석하는 과정에서 공소사실 2항의 입당원서 모집행위에 대한 자료를 확인하게 되었고, 피고인 A를 다시 소환조사하면서 입당원서 모집행위에 관하여 처음으로 심문하게 되었다.

⑤ 이후 피고인 A는 자신의 휴대폰에서 나온 입당원서 모집행위에 대한 자료에 대해서 모두 임의제출한다는 취지의 의사표시를 하였다. 다만, 수사기관은 그에 기한 별도의 임의제출 등 압수절차를 거치지는 아니하였다.

⑥ 검찰은 공소사실 1항은 물론이고, 위 휴대폰에서 나온 입당원서 모집행위에 관한 증거를 토대로 피고인 A, B를 공소사실 2항으로 기소하였다.

【법원 판단】

〈피고인 B의 주장요지〉

피고인 A는 2016. 2. 26. 피의자로 경찰조사를 받으면서 과거에 사용하던 이 사건 휴대폰을 임의제출하였는데, 그 임의제출을 통해 압수·수색의 효력이 미치는 범위는 제출 당시 피고인 A가 조사를 받던 혐의 및 피의자신문 과정에서의 질의 내용에 한정된다. 당시 피고인 A는 2015. 3. 8. 대교식당에서 선거구민들에게 음식물을 제공한 기부행위에 대하여만 조사를 받고 있었다. 따라서 이 사건 휴대폰에서 대교식당 기부행위와 관련된 디지털정보 외의 정보를 추출하여 증거로 수집한 것은 영장주의에 반한다.

〈검사의 주장요지〉

피고인 A가 2016. 2. 26. 이 사건 휴대폰을 임의제출할 당시 경찰은 피고인 A가 피고인 B의 선거 관련 각종 홍보 활동을 도와준 것을 확인하였고, 피고인 B의 추가 범죄사실에 관한 첩보를 입수한 상황이었으며, 피고인 A는 경찰 수사에 적극적으로 협조하면서 피고인 B의 선거운동 관련 활동을 도왔던 2014. 9.부터 2015. 5.까지 기간 동안의 선거 관련 증거 확보를 위한 증거분석 일체에 동의하였다. 또한, 피고인 B의 선거 관련 범행은 2015. 3. 8.자 대교식당 기부행위와 동종, 유사의 범행에 해당하므로 혐의사실의 연관성이 인정된다. 따라서 피고인 A가 2015. 3. 8.자 대교식당 기부행위에 대하여만 동의한 것으로 보기 어렵고, 휴대폰에서 추출한 증거는 피고인 B의 다른 선거 관련 범행에 대하여도 증거능력이 있다.

〈판결 내용〉[107)]

원심은, 피고인 A가 2016. 2. 26. 휴대폰을 임의제출할 때 그 임의제출의 범위를 '대교식당 기부행위'와 관련된 '2014. 9.경부터 2015. 5. 말경까지'의 전자정보로 한정하였던 것이라고 판단하였던바, 당심의 판단도 이와 같다.

이에 대하여 검사는, 피고인 A가 2014. 9.경부터 2015. 5.경까지로 기간을 한정하였을 뿐이므로, 위 기간에 해당하는 피고인 B의 선거 관련 혐의 일체에 관하여 임의제출하였던 것이고, 피고인 A가 사후동의서를 작성하여 주었음에도 압수·수색영장에 의한 압수절차를 거치도록 요구하는 것은 무용한 절차를 반복하는 것에 불과하다고 주장한다.

① 그러나 피고인 A는 2016. 2. 17. 경찰에서 2015. 3. 8.자 대교식당 기부행위 사실을 인정하면서 '위 식사자리가 처음이자 마지막이었다. 제가 제 사비로 피고인 B의 선거활동과 관련하여 지인들을 만나 돈을 쓴 것은 피고인 B와 친구 사이이기 때문에 제가 알아서 사용한 겁니다'라고 진술하였고, 2016. 2. 26. 경찰에서 '대교식당과 같은 식사자리가 또 있었느냐'라는 질문에 '있긴 있었는데 일시, 장소, 참석자를 잘 기억하지 못한다'라고 진술하였으므로, 피고인 A가 2015. 3. 8.자 대

---

107) 대전고등법원 2018. 2. 21. 선고 2017노282 판결(대법원 2018도4075 판결로 확정).

교식당 기부행위 외에는 임의로 진술할 의사가 있었던 것으로 보이지 아니하며, 그밖에 기록상 수사기관이 피고인 B의 다른 선거 관련 혐의에 관하여도 인지하여 내사를 진행하고 있었음을 인정할 증거가 없으므로, 피고인 A는 대교식당 기부행위에 한정하여 임의제출하려는 의사가 있었을 뿐으로 보인다.

② 위 임의제출 당시 피고인 A가 선거운동 전반을 도왔다는 취지로 진술하기는 하였으나, 피고인 B는 앞선 선관위 조사 당시 2015. 3. 8.자 대교식당 기부행위 범행 일체를 부인하였으므로, 선관위로서는 피고인 B가 위 기부행위의 주체인 '후보자가 되고자 하는 자'에 해당하는지 여부를 추가로 조사하기 위하여 피고인 A로부터 휴대폰을 임의로 제출받았을 여지가 크다.

③ 피고인 A가 휴대폰을 임의제출하면서 그때부터 벌써 자기의 처벌을 감수하면서 피고인 B의 선거범행 일체에 관한 수사에 협조하였던 것으로 보기도 어렵다.

④ 임의제출자가 특정 범위에 한정한 전자정보만을 임의제출한다는 의사를 표시한 경우에는 그 한정된 범위에 속하는 전자정보만이 임의제출물에 해당하고 수사기관이 그 범위에 속하지 않은 전자정보를 압수하기 위해서는 별도의 영장을 발부받아야 한다. 따라서 2015. 3. 8.자 대교식당 기부행위 외의 범죄사실에 대하여는 증거능력이 없다. 범위를 한정하여 임의제출하려던 의사가 있었는지 여부를 판단하는 시점은 임의제출 당시를 기준으로 하여야 하므로, 피고인 A가 2016. 2. 26. 임의제출 당시 범위를 제한하지 아니하고 임의제출하는 것에 동의하였던 것으로 볼 수 없는 이상, 사후 수사기관에 임의제출에 동의하는 의사를 보였다고 하더라도 마찬가지이고, 이를 무용한 절차의 반복이라 할 수도 없다. 따라서 검사의 이 부분 주장은 받아들이지 않는다.

2) 휴대폰 및 이와 정보통신망으로 연결된 네이버 클라우드에 저장된 저장파일을 임의제출받은 후 피압수자에게 알리지 않은 채 UPlusbox 클라우드에 저장된 파일을 내려받고 피압수자에게 임의제출 압수조서와 압수목록을 제출하여 서명을 받은 경우

【사안의 개요】

① 경찰관은 피고인으로부터 갤럭시노트를 임의제출받은 직후 갤럭시노트에

Naver 클라우드가 연계되어 있음을 확인하고 그곳에 저장된 파일 등의 임의제출에 갈음하여 피고인에게 Naver 클라우드의 아이디와 비밀번호 등을 문의하여 이를 제공받고, 곧바로 위 비밀번호를 변경하였다.

② 경찰관은 위 임의제출 절차가 종료된 이후 갤럭시노트를 탐색하는 과정에서 피고인으로부터 임의제출 의사를 확인받은 Naver 클라우드 이외에도 UPlusbox 클라우드가 연결되어 있음을 알게 되었다. 경찰관은 그 사실을 피고인에게 알리지 않은 채 UPlusbox 클라우드에 저장된 파일을 내려받았다.

③ 경찰은 2019. 4. 8. 위 Naver 클라우드에 저장된 파일, 삼성 휴대전화 갤럭시노트8 갤러리 파일 및 위 UPlusbox 클라우드에 저장된 파일의 각 수량 등을 확인하여 이에 관한 임의제출 압수조서와 압수목록을 작성하였다. 피고인은 2019. 5. 16.경 피의자신문을 받으러 경찰에 출석하여 위 압수조서에 참여인으로 서명하였다.

【법원 판단】[108]

UPlusbox 클라우드에 저장된 파일은 갤럭시노트 내에 저장된 것이 아니라 갤럭시노트와 정보통신망으로 연결되어 인터넷서비스제공자가 관리하는 서버에 저장된 전자정보에 해당하므로, 갤럭시노트를 임의제출하는 경우 당연히 갤럭시노트에 연결된 클라우드 저장파일까지 임의제출한 것으로 볼 수 없는 점, 증인의 진술에 의하더라도, 피고인이 갤럭시노트를 임의제출할 당시 그에 연결된 UPlusbox 클라우드 파일에 관한 임의제출 의사는 표시하지 않은 점, 이 사건 경찰들은 임의제출에 의한 압수절차 종료 이후 임의제출받은 휴대전화에 UPlusbox 클라우드가 연결되어 있음을 발견하고 이를 탐색하여 2019. 4. 8.자 압수조서를 작성하였으나 위 파일에 접근하여 정보를 탐색하고 다운받는 과정에 관하여 사전에 피고인의 동의를 얻은 바가 없는 점 등을 종합하면, 피고인이 자발적인 의사에 기하여 수사기관에 UPlusbox 클라우드 파일을 임의제출한 것으로 볼 수는 없다. 이 사건 경찰관들이 UPlusbox 클라우드 파일에 관한 사후영장을 발부받은 사실도 없다. 그렇다면 UPlusbox 클라우드 파일은 적법한 절차에 따르지 않고 수집된 것으로서 위법수집증거에 해당하여 유죄의 증거로 삼을 수 없다. 형사소송법 등에서 압수·수색

---

108) 서울고등법원 2020. 10. 15. 선고 2019노2808 판결(대법원 2020도14654 판결로 확정).

및 임의제출 절차와 관련된 조항을 둔 취지와 그를 통해 보호되는 권리·법익의 중요성, 임의제출의 경우 수사기관이 우월적 지위를 이용하여 임의제출 명목으로 실질적으로 강제적인 압수를 할 수 있으므로 제출의 임의성이 보장되어야 하는 점, 수사기관의 위반 내용과 경위 및 그 회피가능성 등을 종합하면, UPlusbox 클라우드 파일에 관한 압수조서 및 압수목록, 디지털증거분석결과보고서와 각 수사보고 중 UPlusbox 클라우드 파일을 기초로 하여 작성된 부분은 모두 위법하게 취득한 증거를 기초로 하여 획득한 2차적 증거로서 위법한 증거수집행위와 2차적 증거수집 사이에 인과관계가 희석 또는 단절되었다고 보기 어렵다. 따라서 위 2차적 증거 또한 증거능력이 없다.

> **3) 피의자가 휴대전화를 임의제출하면서 휴대전화에 저장된 전자정보가 아닌 클라우드 등 제3자가 관리하는 원격지에 저장되어 있는 전자정보를 수사기관에 제출한다는 의사로 수사기관에게 클라우드 등에 접속하기 위한 아이디와 비밀번호를 임의로 제공하였다면 위 클라우드 등에 저장된 전자정보를 임의제출하는 것으로 볼 수 있는지 여부**

수사기관이 인터넷서비스이용자인 피의자를 상대로 피의자의 컴퓨터 등 정보처리장치 내에 저장되어 있는 이메일 등 전자정보를 압수·수색하는 것은 전자정보의 소유자 내지 소지자를 상대로 해당 전자정보를 압수·수색하는 대물적 강제처분으로 형사소송법의 해석상 허용된다. 압수·수색할 전자정보가 압수·수색영장에 기재된 수색장소에 있는 컴퓨터 등 정보처리장치 내에 있지 아니하고 그 정보처리장치와 정보통신망으로 연결되어 제3자가 관리하는 원격지의 서버 등 저장매체에 저장되어 있는 경우에도, 수사기관이 피의자의 이메일 계정에 대한 접근권한에 갈음하여 발부받은 영장에 따라 영장 기재 수색장소에 있는 컴퓨터 등 정보처리장치를 이용하여 적법하게 취득한 피의자의 이메일 계정 아이디와 비밀번호를 입력하는 등 피의자가 접근하는 통상적인 방법에 따라 그 원격지의 저장매체에 접속하고 그곳에 저장되어 있는 피의자의 이메일 관련 전자정보를 수색장소의 정보처리장치로 내려받거나 그 화면에 현출시키는 것 역시 피의자의 소유에 속하거나 소지하는 전자정보를 대상으로 이루어지는 것이므로 그 전자정보에 대한 압수·수색을 위와 달리 볼 필요가 없다. 피의자가 휴대전화를 임의제출하면서 휴대전화에 저장된 전자정보가 아닌 클라우드 등 제3자가 관리하는 원격지에 저장되어 있는 전자정보를 수사기관에 제출한다는 의사로 수사기관에게 클라우드 등에 접속하기 위한 아이디와 비밀번호를 임의로 제공하였다면 위 클라우드 등에 저장된 전자정보를 임의제출하는 것으로 볼 수 있다.[109)]

4) 참고인의 신분으로 별건 피의자와 자신 간의 공범 여부를 확인시켜 주는 범위에서 휴대폰을 임의제출한 경우 임의제출의 범위

【사안의 개요】

① 피고인은 2020. 4. 6.경 주거지를 방문한 경찰관으로부터 아동·청소년 착취 영상물 제작·판매 혐의가 있는 A의 텔레그램 대화 자료에서 피고인과 A의 대화내역이 확인되었다며 A에 대한 피고인의 공범여부에 관하여 수사가 필요하다는 취지를 듣고 자신의 휴대폰을 경찰관에게 임의제출하였다.

② 위 임의제출 당시 A에 대한 수사과정에서 피고인의 혐의가 제기되거나 조사가 진행된 바는 전혀 없었다.

③ 한편, 경찰은 피고인이 참여한 가운데 휴대폰에 대한 탐색과 분석을 진행하였으나, 그 과정에서 피고인과 A의 별다른 연관성을 확인할 자료가 발견되지 않았다. 이후 피고인은 2020. 4. 23.경 휴대폰에 대해 가환부 신청을 하였고, 2020. 4. 29. 경찰은 검사의 지휘를 받아 2020. 5. 1. 오후경 휴대폰을 가환부하기로 하였다.

④ 이후 2020. 5. 1. 오전경 경찰관 甲은 피고인의 휴대폰에서 구글 드라이브 앱에 자동로그인 된 것을 알게 되어 피고인의 참여 없이 구글 드라이브를 탐색한 결과 다수의 전자정보가 있음을 확인하고, 휴대폰을 가환부받기 위하여 방문한 피고인으로부터 음란물 확인 등의 용도로 구글 드라이브의 아이디와 비밀번호를 제공받았다.

⑤ 이후 피고인은 위 구글 드라이브에서 확보된 아동·청소년이용음란물(이하 '이 사건 압수물'이라 한다)을 근거로 아동·청소년의 성보호에 관한 법률위반(음란물소

---

109) 대법원 2021. 7. 29. 선고 2020도14654 판결. 이 사건에서 피고인은 'UP1USBox 클라우드 파일과 Naver 클라우드 파일은 갤럭시노트에 저장되어 있는 것이 아니라 제3자가 관리하는 서버에 보관되어 있는 정보이므로 이에 관하여는 별도의 영장을 발부받아 압수하여야만 한다'라고 주장하였다.

지)죄로 조사를 받고 기소가 되었다.

【법원 판단】[110]

피고인이 구글 드라이브 계정에 자동로그인 된 상태로 휴대폰을 임의제출한 경우 위 계정에 저장된 전자정보까지 임의제출한 것으로 볼 여지가 있다고 하더라도, 위 휴대폰의 임의제출은 피고인이 참고인의 지위에서 'A의 신원 특정과 일부 대화내역 등을 기초로 한 공범 연관성'에 관련된 전자정보에 한하여 임의제출한 것으로 보아야 하고, 더욱이 피고인의 참여 아래 탐색한 결과 관련 전자정보가 발견되지 않았고 이에 피고인의 신청에 따라 가환부결정까지 난 상황이었으므로, 피고인의 참석 없이 위 계정에 대한 추가 탐색 중 임의제출 취지와 무관한 피고인의 범죄혐의와 관련된 전자정보가 발견되었다면 수사경찰로서는 즉시 탐색을 멈추고, 피고인에게 범죄혐의를 고지한 다음 해당 전자정보가 저장된 구글 드라이브 계정에 대하여 압수·수색영장을 발부받아 해당 전자정보를 압수하든지, 피고인에게 임의제출을 거부할 수 있음과 임의제출된 전자정보는 범죄혐의에 관한 증거로 사용될 수 있음을 명확하게 고지한 다음 피고인으로부터 해당 전자정보를 임의제출받아 압수하는 절차를 취하였어야 한다.

그럼에도 수사경찰은 위와 같은 절차를 밟지 않은 채 임의로 피고인의 참석 없이 위 계정에 있는 이 사건 파일이 포함된 전자정보들을 탐색한 후 피고인으로부터 위 계정의 아이디와 비밀번호를 제공받았을 뿐이다. 따라서 2020. 5. 1.자 임의제출에 의한 압수절차는 적법한 절차에 따른 것으로 볼 수 없다.

5) 피시방 주인으로부터 임의제출받은 CCTV 영상과 PC 사용정보가 개인정보보호법위반으로 위법수집증거에 해당하는지 여부

【피고인의 주장요지】

피고인의 모습과 피고인의 PC 사용정보가 담겨져 있는 PC방의 CCTV 영상녹화물과 컴퓨터 사용정보는 PC방 사장 A가 임의로 제출할 수 없는 피고인의 개인정보이다. 이러한 개인정보를 취득하기 위해서는 피고인으로부터 임의제출을 받거

---

110) 서울북부지방법원 2021. 12. 14. 선고 2021노1056 판결(대법원 2022도216 판결로 확정).

나 피고인의 동의를 얻어야 하며, 당사자의 동의가 없는 경우에는 압수·수색·검증 영장을 받아서 취득해야 한다.

【법원 판단】[111]

이 사건 CCTV 영상은 촬영된 피고인의 모습 그 자체로서 피고인을 알아볼 수 있는 자료이므로 개인정보에 해당한다고 할 수 있다. 그러나 이 사건에서 국정원 수사관들이 취득한 PC 사용정보의 내용은 '컴퓨터 사용시간, USB 연결시간, yeah.net 사이트 접속 및 메일발신내역 확인, 피고인이 사용한 이메일 아이디, 메일의 제목' 등이다. 그런데 당시 피고인이 사용한 아이디는 'wkfk963'일 뿐 그 자체에서 피고인의 신원을 추정할 만한 어떠한 기재도 없고, 이는 중국 사이트 www.yeah.net에 관한 것으로 피고인의 명의로 가입된 것도 아니다. 따라서 이러한 정보로는 취득한 다른 정보와의 결합을 통하여도 피고인을 쉽게 알아볼 수는 없다고 할 것이므로 이 사건 PC 사용정보는 피고인의 개인정보라고 하기 어렵다. … A는 이 사건 CCTV 영상이나 PC 사용정보에 관하여 개인정보 보호법상의 개인정보처리자라고 하기 어렵다. … 그럼에도 불구하고 피고인의 개인적인 정보가 피고인의 동의 없이 PC방 업주에 의하여 유출된 것은 사실이고, 그로 인하여 일정 부분 피고인의 사생활의 비밀 내지 개인정보에 대한 자기결정권이 침해된 것은 맞다고 판단된다. 그러나 … 이 사건 수사의 필요성과 급박성, 실체적 진실의 규명과 형사사법정의의 실현이라는 공익적 이념 등을 모두 종합하여 비교교량하여 본다면, 국정원이 수사를 위하여 A로부터 피고인에 관한 CCTV 영상과 PC 사용정보를 임의제출받은 것이 위법하게 수집한 증거로서 증거능력이 없다고 할 수는 없다.

---

111) 서울중앙지방법원 2016. 12. 15. 선고 2016고합538, 558(병합) 판결(대법원 2017도9747 판결로 확정).

통신사실 확인자료
제공요청 허가서

V

V 통신사실 확인자료 제공요청 허가서

1. 통신사실 확인자료 제공요청의 적용대상 및 의의

검사 또는 사법경찰관은 수사 또는 형의 집행을 위하여 필요한 경우 전기통신사업법에 의한 전기통신사업자에게 통신사실 확인자료의 열람이나 제출을 요청할 수 있다(통비법 제13조 제1항).

'통신사실 확인자료'라 함은 다음의 어느 하나에 해당하는 전기통신사실에 관한 자료를 말한다. ① 가입자의 전기통신일시, ② 전기통신개시·종료시간, ③ 발·착신 통신번호 등 상대방의 가입자번호, ④ 사용도수, ⑤ 컴퓨터통신 또는 인터넷의 사용자가 전기통신역무를 이용한 사실에 관한 컴퓨터통신 또는 인터넷의 로그기록자료, ⑥ 정보통신망에 접속된 정보통신기기의 위치를 확인할 수 있는 발신기지국의 위치추적자료, ⑦ 컴퓨터통신 또는 인터넷의 사용자가 정보통신망에 접속하기 위하여 사용하는 정보통신기기의 위치를 확인할 수 있는 접속지의 추적자료이다(통비법 제2조 제11호).

통신사실 확인자료 제공을 요청하는 경우에는 요청사유, 해당 가입자와의 연관성 및 필요한 자료의 범위를 기록한 서면으로 관할 지방법원 또는 지원의 허가를 받아야 한다(통비법 제13조 제3항).

통신사실 확인자료와 구별해야 할 개념으로 '통신자료'가 있다. '통신자료'는 ① 이용자의 성명, ② 이용자의 주민등록번호, ③ 이용자의 주소, ④ 이용자의 전화번호, ⑤ 이용자의 아이디(컴퓨터시스템이나 통신망의 정당한 이용자임을 알아보기 위한 이용자 식별부호를 말한다), ⑥ 이용자의 가입일 또는 해지일을 말하는데, 전기통신사업자는 법원, 검사 또는 수사관서의 장(군 수사기관의 장, 국세청장 및 지방국세청장을 포함한다), 정보수사기관의 장이 재판, 수사(「조세범 처벌법」 제10조 제1항·제3항·제4항의 범죄 중 전화, 인터넷 등을 이용한 범칙사건의 조사를 포함한다), 형의 집행 또는 국가안전보장에 대한 위해를 방지하기 위한 정보수집을 위하여 통신자료의 열람이나 제출을 요청하면 그 요청에 따를 수 있다(전기통신사업법 제83조 제3항).

이러한 통신자료에 대해서는 통신사실 확인자료 제공요청과는 달리 법원에 허가청구를 하지 않고 전기통신사업자에게 서면으로 요청하면 된다.[1]

2. 범죄수사를 위한 통신사실 확인자료 제공요청의 요건

가. 수사 또는 형의 집행을 위한 필요성 소명

통신사실 확인자료 제공요청은 수사 또는 형의 집행을 위하여 필요한 경우에 허용된다.

여기서 '수사를 위하여 필요한 경우'란 피의사실 입증을 위하여 필요한 경우뿐만 아니라, 피의자가 특정되지 않은 상황에서 피의자 특정을 위한 경우와 피의자가 특정되긴 하였으나 그 검거를 위한 소재지 파악을 위한 경우도 포함된다.

'형의 집행을 위하여 필요한 경우'란 이미 법원에서 유죄가 확정되어 형이 집행되어야 하는 단계에서 해당 범죄자의 도망 또는 수형자의 탈옥 등으로 인하여 형이 집행되지 못하고 있는 경우에, 이들의 통신사실을 추적하여 체포함으로써 형을 집행할 수 있도록 신병 확보의 필요가 있는 경우로 해석된다.[2]

통신사실 확인자료 제공요청 허가청구서에는 '요청사유'를 기재토록 되어 있는데, '요청사유'란에 수사 또는 형의 집행을 위하여 필요한 구체적인 사유를 기재하게 된다. 실무상으로는 피의사실의 요지 및 혐의의 상당성을 간략히 기재하고, 해당 피의사실에 대한 수사 등을 위하여 통신사실 확인자료가 필요한 구체적인 사

---

1) 다만, 서면으로 요청할 수 없는 긴급한 사유가 있을 때에는 서면에 의하지 아니하는 방법으로 요청할 수 있으며, 그 사유가 없어지면 지체 없이 전기통신사업자에게 자료제공요청서를 제출하여야 한다(전기통신사업법 제83조 제4항 단서).

2) 차진아, "범죄수사를 위한 통신사실 확인자료 제공요청의 문제점과 개선방안", 법조 제67권 제2호 (2018), 374쪽.

유를 기재하고 있다.

나. 보충성 요건 소명

검사 또는 사법경찰관은 통신사실 확인자료 중 실시간 추적자료, 특정한 기지국에 대한 통신사실 확인자료가 필요한 경우에는 다른 방법으로는 범죄의 실행을 저지하기 어렵거나 범인의 발견·확보 또는 증거의 수집·보전이 어려운 경우에만 전기통신사업자에게 해당 자료의 열람이나 제출을 요청할 수 있다^{(통비법 제13조})^{제2항 본문}.

이는 검사나 사법경찰관은 다른 방법으로는 범죄실행을 저지하기 어렵거나 범인의 발견·확보 또는 증거의 수집·보전이 어렵다는 등의 보충적인 요건을 갖춘 경우에만 실시간 위치정보 추적자료 요청 및 특정한 기지국에 대하여 통신사실 확인자료 제공을 요청할 수 있도록 하여 실시간 위치정보 추적자료 및 기지국에 대한 통신사실 확인자료 제공과 관련한 국민의 권리보호를 명확히 하기 위한 취지로 2019. 12. 31. 신설되었다.

다만, 통신비밀보호법 제5조 제1항 각 호의 어느 하나에 해당하는 범죄³⁾ 또

---

3) 1. 형법 제2편 중 제1장 내란의 죄, 제2장 외환의 죄 중 제92조 내지 제101조의 죄, 제4장 국교에 관한 죄중 제107조, 제108조, 제111조 내지 제113조의 죄, 제5장 공안을 해하는 죄 중 제114조, 제115조의 죄, 제6장 폭발물에 관한 죄, 제7장 공무원의 직무에 관한 죄 중 제127조, 제129조 내지 제133조의 죄, 제9장 도주와 범인은닉의 죄, 제13장 방화와 실화의 죄 중 제164조 내지 제167조·제172조 내지 제173조·제174조 및 제175조의 죄, 제17장 아편에 관한 죄, 제18장 통화에 관한 죄, 제19장 유가증권, 우표와 인지에 관한 죄 중 제214조 내지 제217조, 제223조(제214조 내지 제217조의 미수범에 한한다) 및 제224조(제214조 및 제215조의 예비·음모에 한한다), 제24장 살인의 죄, 제29장 체포와 감금의 죄, 제30장 협박의 죄 중 제283조제1항, 제284조, 제285조(제283조제1항, 제284조의 상습범에 한한다), 제286조[제283조제1항, 제284조, 제285조(제283조제1항, 제284조의 상습범에 한한다)의 미수범에 한한다]의 죄, 제31장 약취(略取), 유인(誘引) 및 인신매매의 죄, 제32장 강간과 추행의 죄중 제297조 내지 제301조의2, 제305조의 죄, 제34장 신용, 업무와 경매에 관한 죄중 제315조의 죄, 제37장 권리행사를 방해하는 죄중 제324조의2 내지 제324조의4·제324조의5(제324조의2 내지 제324조의4의 미수범에 한한다)의 죄, 제38장 절도와 강도의 죄 중 제329조 내지 제331조, 제332조(제329조 내지 제331조의 상습범에 한한다), 제333조 내지 제341조, 제342조[제329조 내지 제331조, 제332조(제329조 내지 제331조의 상습범에 한한다), 제333조 내지 제341조의 미수범에 한한다]의 죄, 제39장 사기와 공갈의 죄 중 제350조, 제350조의2, 제351조(제350조, 제350조의2의 상습범에 한정한다), 제352조(제350조, 제350조의2의 미수범에 한정한다)의 죄, 제41장 장물에 관한 죄 중 제363조의 죄
2. 군형법 제2편 중 제1장 반란의 죄, 제2장 이적의 죄, 제3장 지휘권 남용의 죄, 제4장 지휘관의 항복과 도피의 죄, 제5장 수소이탈의 죄, 제7장 군무태만의 죄중 제42조의 죄, 제8장 항명의 죄, 제9장 폭행·협박·상해와 살인의 죄, 제11장 군용물에 관한 죄, 제12장 위령의 죄 중 제78

는 전기통신을 수단으로 하는 범죄에 대한 통신사실 확인자료가 필요한 경우에는 이러한 보충성 요건은 요구되지 않는다(통비법 제13조 제2항 단서).

다. 통신사실 확인자료 제공요청의 목적이 된 범죄와의 관련성

1) 판단기준

통신비밀보호법은 통신제한조치의 집행으로 인하여 취득된 전기통신의 내용은 통신제한조치의 목적이 된 범죄나 이와 관련되는 범죄를 수사·소추하거나 그 범죄를 예방하기 위한 경우 등에 한정하여 사용할 수 있도록 규정하고(통비법 제12조 제1호), 통신사실 확인자료의 사용제한에 관하여 이 규정을 준용하도록 하고 있다(통비법 제13조의5). 따라서 통신사실 확인자료 제공요청에 의하여 취득한 통화내역 등 통신사실 확인자료를 범죄의 수사·소추를 위하여 사용하는 경우 그 대상범죄는 통신사실 확인자료 제공요청의 목적이 된 범죄 및 이와 관련된 범죄에 한정되어야 한다. 여기서 '통신사실 확인자료 제공요청의 목적이 된 범죄와 관련된 범죄'라 함은 통신사실 확인자료 제공요청 허가서에 기재한 혐의사실과 객관적 관련성이 있고 자료 제공요청 대상자와 피의자 사이에 인적 관련성이 있는 범죄를 의미한다고 할 것이다.

그중 혐의사실과의 객관적 관련성은 통신사실 확인자료 제공요청 허가서에 기재된 혐의사실 자체 또는 그와 기본적 사실관계가 동일한 범행과 직접 관련되어 있는 경우는 물론 범행 동기와 경위, 범행 수단 및 방법, 범행 시간과 장소 등을 증명하기 위한 간접증거나 정황증거 등으로 사용될 수 있는 경우에도 인정될 수 있다.

조·제80조·제81조의 죄
3. 국가보안법에 규정된 범죄
4. 군사기밀보호법에 규정된 범죄
5. 「군사기지 및 군사시설 보호법」에 규정된 범죄
6. 마약류관리에관한법률에 규정된 범죄 중 제58조 내지 제62조의 죄
7. 폭력행위등처벌에관한법률에 규정된 범죄 중 제4조 및 제5조의 죄
8. 「총포·도검·화약류 등의 안전관리에 관한 법률」에 규정된 범죄 중 제70조 및 제71조제1호 내지 제3호의 죄
9. 「특정범죄 가중처벌 등에 관한 법률」에 규정된 범죄중 제2조 내지 제8조, 제11조, 제12조의 죄
10. 특정경제범죄가중처벌등에관한법률에 규정된 범죄중 제3조 내지 제9조의 죄
11. 제1호와 제2호의 죄에 대한 가중처벌을 규정하는 법률에 위반하는 범죄
12. 「국제상거래에 있어서 외국공무원에 대한 뇌물방지법」에 규정된 범죄 중 제3조 및 제4조의 죄

다만, 통신비밀보호법이 위와 같이 통신사실 확인자료의 사용 범위를 제한하고 있는 것은 특정한 혐의사실을 전제로 제공된 통신사실 확인자료가 별건의 범죄사실을 수사하거나 소추하는 데 이용되는 것을 방지함으로써 통신의 비밀과 자유에 대한 제한을 최소화하는 데 입법 취지가 있다고 할 것이다. 따라서 그 관련성은 통신사실 확인자료 제공요청 허가서에 기재된 혐의사실의 내용과 당해 수사의 대상 및 수사 경위 등을 종합하여 구체적·개별적 연관관계가 있는 경우에만 인정된다고 보아야 하고, 혐의사실과 단순히 동종 또는 유사 범행이라는 사유만으로 관련성이 있다고 할 것은 아니다.

그리고 피의자와 사이의 인적 관련성은 통신사실 확인자료 제공요청 허가서에 기재된 대상자의 공동정범이나 교사범 등 공범이나 간접정범은 물론 필요적 공범 등에 대한 피고사건에 대해서도 인정될 수 있다.[4]

2) 관련 판례

가) 관련성을 긍정한 사례

【사안의 개요】

① 피고인 A, B에 대한 공소사실의 요지는 다음과 같다.

피고인 A는 2009. 1. 1.부터 2011. 12. 31.까지 지방공기업인 부산교통공사 사장으로 근무하면서 부산지하철의 건설 및 운영 등 위 공사의 업무를 총괄하던 자로서, 건설현장 식당 브로커인 B로부터 부산교통공사가 발주하는 지하철 1호선 다대선 지하철 공사현장의 식당운영권을 수주할 수 있도록 도와 달라는 부탁을 받고 2009. 8.~2010. 6. B로부터 4회에 걸쳐 총 2,000만 원의 뇌물을 수수하였다.

피고인 B는 위와 같이 피고인 A에게 합계 2,000만 원을 교부하여 뇌물을 공여하였다.

② 기소검사인 부산지검 소속 검사는 피고인 A와 피고인 B 간의 통화내역을 증거로 제출하였는데, 위 통화내역은 다음의 통신사실 확인자료 제공요청 허가서에 근거하여 확보한 자료들이었다.

---

4) 이상의 내용은 대법원 2017. 1. 25. 선고 2016도13489 판결.

법원	허가날짜	허가서번호	대상자 (가입자)	필요한 자료의 범위 및 요청사유(대상범죄)
서울동부 지방법원	2010. 12. 16.	2010 – 10031	B	아래 ❶과 같음
서울동부 지방법원	2010. 12. 21.	2010 – 10141	B 등	아래 ❷와 같음

❶ B의 2009. 12. 21.부터 2010. 11. 19.까지 휴대전화 8대의 통화내역(발신, 역발신, 기지국): 2010년 3월경부터 2010년 10월경까지 사이의 피내사자 C와 B 사이의 강원랜드 직원 채용 및 강원랜드 발주 공사 납품업체 선정 청탁 관련 금품수수(공여자는 B)

❷ C의 2009. 8. 1.부터 2009. 12. 20.까지 휴대전화 1대의 통화내역(발신, 역발신, 기지국), B의 2009. 8. 1.부터 2009. 12. 20.까지 휴대전화 8대의 통화내역(발신, 역발신, 기지국), B의 2009. 10. 1.부터 2010. 9. 30.까지 휴대전화 2대의 통화내역(발신, 역발신, 기지국), 전○○(B의 운전기사)의 2009. 10. 1.부터 2010. 9. 30.까지 휴대전화 2대의 통화내역(발신, 역발신, 기지국): 2009년 2월경부터 2010년 12월경까지 사이의 피내사자 C와 B 사이의 강원랜드 직원 채용 및 강원랜드 발주 공사 납품업체 선정, 대우건설 사장에 대한 인천 송도 건설현장의 식당 운영권 수주 영향력 행사 청탁 관련 금품수수(공여자는 B)

③ 피고인 A는 재판과정에서 "원심이 유죄 판단의 증거로 삼은 피고인 B의 통화내역은 피고인 B의 다른 재판에서의 사기혐의 또는 제3자가 피고인 B로부터 금품을 수수한 혐의에 기초하여 허가받은 통신사실 확인자료로서, 수사기관이 별도로 피고인 B와 피고인 A 사이의 금품수수 혐의에 기하여 통신사실 확인자료 제공허가를 받지 않는 이상 위 통화내역자료는 위법하게 수집한 증거로서 증거능력이 없고, 이에 기초한 피고인 B의 진술 또한 증거능력이 없다"라고 주장하였다.

【법원 판단】5)

원심판결 이유와 기록에 의하면, 서울동부지방검찰청 검사는 피고인 B가 건설현장 식당운영권 알선 브로커로 활동하면서 전국 여러 지역의 건설현장 식당운

---

5) 대법원 2017. 1. 25. 선고 2016도13489 판결.

영권 수주와 관련하여 공무원이나 공사관계자에게 금품을 제공한 혐의를 수사하는 과정에서, 2010. 12. 16. 및 2010. 12. 21. 통신비밀보호법 관련 규정에 따라 서울동부지방법원 판사의 허가를 받아 통신사실 확인자료를 취득한 사실, 그중 2010. 12. 16.자 허가서는 대상자가 'B'이고, 대상범죄는 '2010. 3.경부터 2010. 10.경 사이의 B와 C 사이의 강원랜드 직원 채용 및 강원랜드 발주 공사 납품업체 선정 청탁 관련 금품수수(공여자는 B)'로 기재되어 있고, 2010. 12. 21.자 허가서에는 대상자는 'B 등'으로, 대상범죄는 '2009년 2월경부터 2010년 12월경까지 사이의 C와 B 사이의 강원랜드 직원 채용 및 강원랜드 발주 공사 납품업체 선정, 대우건설 사장에 대한 인천 송도 건설현장의 식당운영권 수주 영향력 행사 청탁 관련 금품수수(공여자는 B)'로 기재되어 있는 사실, 위 통신사실 확인자료에는 피고인 B와 피고인 A가 이 사건 공소사실 기재 일시 무렵 통화한 내역이 포함되어 있고, 검사는 위 통화내역을 피고인들에 대한 이 사건 뇌물공여 및 뇌물수수의 점에 대한 유죄의 증거로 제출하고 있는 사실을 알 수 있다.

위와 같은 사실관계를 앞에서 본 법리에 비추어 살펴보면, 이 사건 통신사실 확인자료 제공요청 허가서에 기재된 혐의사실 중 피고인 B와 C 사이의 강원랜드 직원 채용 및 강원랜드 발주 공사 납품업체 선정 관련 부분은 부산교통공사가 발주하는 지하철 공사현장의 식당운영권을 수주할 수 있도록 청탁하면서 뇌물을 수수하였다는 이 사건 공소사실과 아무런 관련성도 없다고 할 것이다.

그러나 피고인 B의 인천 송도 건설현장의 식당운영권 수주 관련 금품제공 부분은 범행 경위와 수법이 이 사건 공소사실과 동일하고 범행 시기도 근접해 있을 뿐만 아니라, 기록에 의하면 당시 피고인 B에 대하여는 위 혐의사실을 포함하여 여러 건설현장의 식당운영권 수주를 위해 다수의 공무원이나 공사관계자에게 금품을 제공하였다는 혐의로 광범위한 수사가 진행되고 있었는데, 피고인 A와 관련된 이 사건 공소사실 관련 사항은 당시에는 직접 수사대상에 포함되어 있지 않았으나 나중에 부산지방검찰청에서 별도의 수사를 하는 과정에서 종전에 서울동부지방검찰청에서 확보해 두었던 통신사실 확인자료에서 이 사건 피고인들 사이의 통화내역을 확인하게 되어 이를 이 사건 공소사실에 대한 증거로 제출한 사실을 알 수 있다.

이와 같은 여러 사정, 특히 이 사건 공소사실은 건설현장 식당운영권 수주와 관련한 피고인 B의 일련의 범죄혐의와 범행 경위와 수법 등이 공통되고, 이 사건에서 증거로 제출된 통신사실 확인자료는 그 범행과 관련된 뇌물수수 등 범죄에 대한 포괄적인 수사를 하는 과정에서 취득한 점 등을 종합하여 보면, 이 사건 공소사실과 이 사건 통신사실 확인자료 제공요청 허가서에 기재된 혐의사실은 객관적 관련성이 인정된다고 할 것이고, 또한 그 허가서에 대상자로 기재된 피고인 B는 이 사건 피고인 A의 뇌물수수 범행의 증뢰자로서 필요적 공범에 해당하는 이상 인적 관련성도 있다고 할 것이다. 그러므로 위 허가서에 의하여 제공받은 통화내역은 피고인 A에 대한 이 사건 공소사실의 증명을 위한 증거로 사용할 수 있다고 보아야 한다.

그렇다면 원심이 피고인 B와 피고인 A의 위 통화내역을 이 사건 공소사실의 증명을 위한 증거로 사용할 수 있다고 판단한 것은 이유 설시에 일부 부적절한 점이 있으나 그 결론은 수긍할 수 있다.

나) 관련성을 부정한 사례

【공소사실 요지】

피고인 A는 2008. 3.경 정치자금법에 정하지 아니한 방법으로 정치자금 4,000만 원을 기부받았다는 정치자금법위반으로 기소되었다.

【변호인의 주장】

변호인은 검사가 유죄의 증거로 제출한 피의자 B 및 피의자 C에 대한 별건 사건 기록 중 수사보고(피의자 B 및 피의자 C 간의 통화내역 확인) 사본에 첨부된 '피의자 B 및 C의 역발신 내역'(이하 '이 사건 통화내역'이라 한다)이 위법수집증거에 해당하므로 증거능력이 없다고 주장한다.

【법원 판단】[6]

검사가 증거로 제출한 이 사건 통화내역은 2008. 3. 27. 에스케이텔레콤이 강원정선경찰서장에게 제공한 것으로서 강원정선경찰서의 2008. 4. 1.자 수사보고서에 첨부되어 있고, 위 수사보고서에는 피의자 B, C에 대한 공직선거법위반 사건에 대한 수사에 관한 내용이 기재되어 있다.

---

6) 서울고등법원 2014. 2. 6. 선고 2013노929 판결(대법원 2014도2121 판결로 확정).

검사는 이 사건 통화내역을 취득하는 과정에서 사전 또는 사후에 통신비밀보호법이 정한 바에 따라 지방법원 또는 지원의 허가를 받았다는 자료를 제출하지 못하고 있고, 유죄의 증거가 적법한 절차에 따른 증거능력이 있는 증거라는 점은 검사에게 입증책임이 있는 것이므로 그에 대한 증명이 없는 이상 이 사건 통화내역은 적법한 절차에 의하여 수집된 증거라고 보기 어렵다.

또한 ① 통신비밀보호법은 지방법원 또는 지원의 허가를 받지 못한 경우에는 지체 없이 제공받은 통신사실 확인자료를 폐기하도록 하고 있으므로(통비법 제13조 제3항), 이 사건 통화내역에 대하여 지방법원 또는 지원의 허가를 받지 못하였다면 결국 이 사건 통화내역의 수집 및 증거제출은 불가능하였을 것으로 보이는 점, ② 통신 및 대화의 비밀과 자유에 대한 제한에 대하여 그 대상을 한정하고 엄격한 법적 절차를 거치도록 함으로써 보장하고자 하는 통신비밀보호법이 정한 절차를 따르지 않은 위법한 통화내역의 수집은 통신의 비밀과 자유를 본질적으로 침해하는 것인 점, ③ 아래에서 보는 바와 같이 이 사건 통화내역은 피고인에 대한 이 사건 공소사실과는 전혀 관련성이 없는 다른 범죄를 수사하는 과정에서 수집된 것인 점 등에 비추어 보면 지방법원 또는 지원의 허가를 받지 않은 이 사건 통화내역의 수집은 적법절차의 실질적인 내용을 침해한 경우에 해당하고, 또한 그 증거능력을 배제하는 것이 헌법과 형사소송법이 형사소송에 관한 절차 조항을 마련하여 적법절차의 원칙과 실체적 진실 규명의 조화를 도모하고 이를 통하여 형사 사법 정의를 실현하려 한 취지에 반하는 결과를 초래하는 것으로 평가되는 예외적인 경우에 해당한다고 볼 만한 사정도 없다.

따라서 이 사건 통화내역은 적법한 절차에 따르지 아니하고 수집한 증거로서 형사소송법 제308조의2에 의하여 증거능력이 없으므로 이 사건 공소사실에 대한 유죄의 증거로 사용할 수 없다.

한편 통신비밀보호법은 통신사실 확인자료 제공요청을 위하여 지방법원 또는 지원의 허가를 받을 경우에는 그 요청사유, 해당 가입자와의 연관성을 밝힌 서면으로 받도록 하고 있고(통비법 제13조 제2항), 취득한 통신사실 확인자료를 그 목적이 된 범죄나 이와 관련되는 범죄를 수사·소추하거나 그 범죄를 예방하기 위하여 사용하는 경우 등 외에는 사용할 수 없다고 규정하고 있으므로(통비법 제13조의5, 제12조 제1호), 설령 검사가 B 및 C에 대한 공직선거법위반 사건의 수사절차에서 통신비밀보호법 제13조 제2항 또는 제3항에 의한 지방법원 또는 지원의 허가를 받았다고 하더라도 피고인에 대한 이 사건 공소사실은 B 및 C의 공직선거법위반 범죄와는 전혀 관련이 없는 것이고 B 및 C의 공직선거법위반 사건에서 지방법원 또는 지원의 허가를 받을 당시에 그 요청사유에 포함되었다고 볼 만한 아무런 증거도 없으므로, 피고인에 대한 이 사건 공소사실은 통신비밀보호법 제13조의5, 제12조 제1호에서 말하는 '그 목적이 된 범죄나 이와 관련되는 범죄'에 해당하지 아니하여 이 사건 통화내역을 피고인에 대한 이 사건 공소사실에 대한 증거로 사용하는 것은 위 규정을 위반한 것으로서 위법하다.

3. 통신사실 확인자료 제공요청의 절차

가. 판사의 허가

검사가 수사 또는 형의 집행을 위해 전기통신사업법에 의한 전기통신사업자에게 통신사실 확인자료의 열람이나 제출을 요청하려면 요청사유, 해당 가입자와의 연관성 및 필요한 자료의 범위를 기록한 서면으로 관할 지방법원(군사법원을 포함한다) 또는 지원의 허가를 받아야 한다(통비법 제13조 제3항 본문). 사법경찰관은 검사에게 통신사실 확인자료 제공요청 허가를 신청하여 검사가 법원에 허가청구를 한다(통비법 제13조의5, 제12조 제1호).

다만, 관할 지방법원 또는 지원의 허가를 받을 수 없는 긴급한 사유가 있는 때에는 통신사실 확인자료제공을 요청한 후 지체 없이 그 허가를 받아 전기통신사업자에게 송부하여야 한다(통비법 제13조 제3항 단서). 긴급한 사유로 통신사실 확인자료를 제공받았으나 지방법원 또는 지원의 허가를 받지 못한 경우에는 지체 없이 제공받은 통신사실 확인자료를 폐기하여야 한다(통비법 제13조 제4항).

여기에서 '지체 없이'가 어느 정도의 시간을 의미하는지 문제된다. 비록 통신비밀보호법 제8조 제2항은 긴급통신제한조치에 관하여 그 집행착수 후 36시간 이내에 법원의 허가를 받지 못한 때에는 즉시 이를 중지하여야 한다고 규정하고 있지만, 실무에서는 통신사실 확인자료 제공요청은 일종의 정보에 대한 압수·수색이라는 점, 통신비밀보호법 및 시행령에 특별한 규정이 있는 경우를 제외하고는 범죄수사를 위한 통신제한조치 및 통신사실 확인자료 제공의 요청에 대하여는 그 성질에 반하지 아니하는 범위에서 「형사소송법」 또는 「형사소송규칙」의 압수·수색에 관한 규정을 준용하는 점,[7] 체포현장에서의 긴급 압수·수색 및 긴급체포된 자의 소지물 등에 관한 긴급 압수·수색의 경우 48시간 내에 법원에 사후영장을 청구하도록 규정하고 있는 점 등을 종합하면 늦어도 48시간 이내에는 청구되어야 하는 것으로 해석하고 있다.[8]

나. 허가서 사본에 의한 집행이 가능한지 여부

압수·수색영장의 경우에는 비록 헌법이나 형사소송법에서 영장 집행시 영장의 원본을 제시할 것을 명문으로 규정하고 있지 아니하나, 대법원은 압수·수색영장을 집행할 때에는 영장의 원본이 제시되어야 한다는 입장을 일관되게 유지하고 있다.[9]

그렇다면 통신사실 확인자료 제공요청 허가서를 집행하는 경우에도 반드시 영장의 원본이 제시되어야 하는가. 결론부터 말하면, 압수·수색영장과는 달리 법령의 명문 규정에 의하여 사본 제시가 허용된다.

즉, 통신비밀보호법 시행령은 '검사 또는 사법경찰관은 통신사실 확인자료 제공요청 허가서를 집행함에 있어 전기통신사업자에게 집행에 관한 협조를 요청할 수 있는데, 이 경우 허가서 표지의 사본을 발급하고 자신의 신분을 표시할 수 있는 증표를 제시하도록 되어 있고, 이는 모사전송의 방법에 의할 수 있다'라고 규정하고 있다(통비법 제12조, 제37조 제3항, 제5항).

다. 범죄수사를 위한 통신사실 확인자료제공의 통지

1) 자료제공의 대상이 된 당사자에 대한 서면 통지 원칙

검사 또는 사법경찰관은 범죄수사를 위한 통신사실 확인자료제공을 받은 사

---

7) 통신비밀보호법 시행령 제42조.
8) 수사지휘실무(2012), 법무연수원, 609－610쪽.
9) 대법원 2019. 3. 14. 선고 2018도2841 판결.

건에 관하여 다음의 구분에 따라 정한 기간 내에 통신사실 확인자료제공을 받은 사실과 제공요청기관 및 그 기간 등을 통신사실 확인자료제공의 대상이 된 당사자에게 서면으로 통지하여야 한다(통비법제13조의3 제1항).

1. 공소를 제기하거나, 공소제기·검찰송치를 하지 아니하는 처분(기소중지·참고인중지 또는 수사중지 결정은 제외한다) 또는 입건을 하지 아니하는 처분을 한 경우: 그 처분을 한 날부터 30일 이내. 다만, 다음 각 목의 어느 하나에 해당하는 경우 그 통보를 받은 날부터 30일 이내

가. 수사처검사가 「고위공직자범죄수사처 설치 및 운영에 관한 법률」 제26조 제1항에 따라 서울중앙지방검찰청 소속 검사에게 관계 서류와 증거물을 송부한 사건에 관하여 이를 처리하는 검사로부터 공소를 제기하거나 제기하지 아니하는 처분(기소중지 또는 참고인중지 결정은 제외한다)의 통보를 받은 경우

나. 사법경찰관이 「형사소송법」 제245조의5 제1호에 따라 검사에게 송치한 사건으로서 검사로부터 공소를 제기하거나 제기하지 아니하는 처분(기소중지 또는 참고인중지 결정은 제외한다)의 통보를 받은 경우

2. 기소중지·참고인중지 또는 수사중지 결정을 한 경우: 그 결정을 한 날부터 1년(제6조 제8항 각 호의 어느 하나에 해당하는 범죄인 경우에는 3년)이 경과한 때부터 30일 이내. 다만, 다음 각 목의 어느 하나에 해당하는 경우 그 통보를 받은 날로부터 1년(제6조 제8항 각 호의 어느 하나에 해당하는 범죄인 경우에는 3년)이 경과한 때부터 30일 이내

가. 수사처검사가 「고위공직자범죄수사처 설치 및 운영에 관한 법률」 제26조 제1항에 따라 서울중앙지방검찰청 소속 검사에게 관계 서류와 증거물을 송부한 사건에 관하여 이를 처리하는 검사로부터 기소중지 또는 참고인중지 결정의 통보를 받은 경우

나. 사법경찰관이 「형사소송법」 제245조의5 제1호에 따라 검사에게 송치한 사건으로서 검사로부터 기소중지 또는 참고인중지 결정의 통보를 받은 경우

3. 수사가 진행 중인 경우: 통신사실 확인자료제공을 받은 날부터 1년(제6조 제8항 각 호의 어느 하나에 해당하는 범죄인 경우에는 3년)이 경과한 때부터 30일 이내

2) 예외적 통지유예 사유

다음 어느 하나에 해당하는 사유가 있는 경우에는 그 사유가 해소될 때까지 같은 항에 따른 통지를 유예할 수 있다(통비법 제13 조의3 제2항).

① 국가의 안전보장, 공공의 안녕질서를 위태롭게 할 우려가 있는 경우, ② 피해자 또는 그 밖의 사건관계인의 생명이나 신체의 안전을 위협할 우려가 있는 경우, ③ 증거인멸, 도주, 증인 위협 등 공정한 사법절차의 진행을 방해할 우려가 있는 경우, ④ 피의자, 피해자 또는 그 밖의 사건관계인의 명예나 사생활을 침해할 우려가 있는 경우

다만, 검사 또는 사법경찰관은 제2항에 따라 통지를 유예하려는 경우에는 소명자료를 첨부하여 미리 관할 지방검찰청 검사장의 승인을 받아야 한다. 다만, 수사처검사가 제2항에 따라 통지를 유예하려는 경우에는 소명자료를 첨부하여 미리 수사처장의 승인을 받아야 한다(통비법 제13 조의3 제3항). 통지유예 사유가 해소된 때에는 그 날부터 30일 이내에 통신사실 확인자료제공을 받은 사실과 제공요청기관 및 그 기간 등을 통신사실 확인자료제공의 대상이 된 당사자에게 서면으로 통지하여야 한다(통비법 제13 조의3 제4항).

3) 통신사실 확인자료제공 요청사유에 대한 당사자의 신청권

검사 또는 사법경찰관으로부터 통신사실 확인자료제공을 받은 사실 등을 통지받은 당사자는 해당 통신사실 확인자료제공을 요청한 사유를 알려주도록 서면으로 신청할 수 있다(통비법 제13 조의3 제5항).

신청을 받은 검사 또는 사법경찰관은 통지유예 사유에 해당하는 경우를 제외하고는 그 신청을 받은 날부터 30일 이내에 해당 통신사실 확인자료제공 요청의 사유를 서면으로 통지하여야 한다(통비법 제13 조의3 제6항).

라. 대장 등 비치

검사 또는 사법경찰관은 전기통신사업자로부터 통신사실 확인자료제공을 받은 때에는 해당 통신사실 확인자료제공요청사실 등 필요한 사항을 기재한 대

장과 통신사실 확인자료제공요청서 등 관련자료를 소속기관에 비치하여야 한다$\left(\substack{\text{통비법 제13}\\\text{조 제5항}}\right)$.

지방법원 또는 지원은 통신사실 확인자료제공 요청허가청구를 받은 현황, 이를 허가한 현황 및 관련된 자료를 보존하여야 한다$\left(\substack{\text{통비법 제13}\\\text{조 제6항}}\right)$.

전기통신사업자는 검사, 사법경찰관 또는 정보수사기관의 장에게 통신사실 확인자료를 제공한 때에는 자료제공현황 등을 연 2회 과학기술정보통신부장관에게 보고하고, 해당 통신사실 확인자료 제공사실등 필요한 사항을 기재한 대장과 통신사실 확인자료제공요청서등 관련자료를 통신사실 확인자료를 제공한 날부터 7년간 비치하여야 한다$\left(\substack{\text{통비법 제13}\\\text{조 제7항}}\right)$. 과학기술정보통신부장관은 전기통신사업자가 보고한 내용의 사실여부 및 비치하여야 하는 대장등 관련자료의 관리실태를 점검할 수 있다$\left(\substack{\text{통비법 제13}\\\text{조 제8항}}\right)$.

위법수집증거배제법칙

VI

VI 위법수집증거배제법칙

1. 의의

위법수집증거배제법칙이란 위법한 절차에 의하여 수집된 증거의 증거능력을 부정하는 증거법상의 법칙을 말한다. 형사소송법 제308조의2는 '적법한 절차에 따르지 아니하고 수집한 증거는 증거로 할 수 없다'라고 이를 명문으로 인정하고 있다. 헌법 제12조 제7항, 형사소송법 제309조는 '피고인의 자백이 고문, 폭행, 협박, 신체구속의 부당한 장기화 또는 기망 기타의 방법으로 임의로 진술한 것이 아니라고 의심할 만한 이유가 있는 때에는 이를 유죄의 증거로 하지 못한다'라고 규정하고 있고, 통신비밀보호법 제4조는 '불법검열에 의하여 취득한 우편물이나 그 내용 및 불법감청에 의하여 지득 또는 채록된 전기통신의 내용은 재판 또는 징계절차에서 증거로 사용할 수 없다'라고 규정하고 있다. 이들 모두 위법수집증거배제법칙을 선언한 조문이다.

위법수집증거배제법칙은 적법절차의 보장을 이론적 근거로 하고 있다. 위법수집증거는 수사기관의 수사행위 및 증거수집은 물론, 법원의 증거수집에 이르기까지 다양한 형태로 나타나지만, 수사기관의 대물적 강제수사과정에서 주로 문제된다. 위법수집증거배제법칙은 위법수사를 방지하는 가장 유효적절한 이론적 도구라고 할 것이다.

본서에서는 위법수집증거배제법칙의 연혁, 비교법적 고찰 등 이론적인 측면에 대해서는 다른 교과서의 설명에 맡기고 실무에서 주로 문제되는 판례사례를 중심으로 위법수집증거배제법칙이 어떻게 적용되는지를 살펴본다.

2. 위법수집증거배제법칙의 적용 기준과 위반효과

가. 판례상 적용기준

위법수집증거배제법칙을 적용함에 있어 헌법과 형사소송법이 정한 절차에 따르지 아니하고 수집된 위법수집증거(1차적 증거) 및 이를 기초로 수집된 2차적 증거 등 이른바 파생증거의 증거능력을 어떤 기준으로 판단하느냐가 문제된다. 대법원은 1차적 증거와 파생증거를 나누어 기준을 제시하고 있다. 파생증거의 증거능력을 판단할 때 파생증거 수집절차에 있어서는 적법절차원리가 준수되었음에도 불구하고 그 전에 이미 위법하게 수집된 1차적 증거의 위법성이 파생증거에도 여전히 미치는지 여부 등을 주로 고려하게 되나, 만약 파생증거를 수집하는 절차에도 적법절차위반이 존재한다면 해당 적법절차의 실질적 내용을 침해하였는지 여부 역시 중요한 고려요소가 될 것이다.

1) 헌법과 형사소송법이 정한 절차를 위반하여 수집한 압수물(1차적 증거)의 증거 능력 유무 및 그 판단기준

헌법과 형사소송법이 정한 절차에 따르지 아니하고 수집한 증거는 기본적 인권 보장을 위해 마련된 적법한 절차에 따르지 않은 것으로서 원칙적으로 유죄 인정의 증거로 삼을 수 없다.

다만, 수사기관의 증거 수집 과정에서 이루어진 절차 위반행위와 관련된 모든 사정, 즉 ① 절차 조항의 취지와 그 위반의 내용 및 정도, ② 구체적인 위반 경위와 회피가능성, ③ 절차 조항이 보호하고자 하는 권리 또는 법익의 성질과 침해 정도 및 피고인과의 관련성, ④ 절차 위반행위와 증거수집 사이의 인과관계 등 관련성의 정도, ⑤ 수사기관의 인식과 의도 등을 전체적·종합적으로 살펴볼 때, 수사기관의 절차 위반행위가 적법절차의 실질적인 내용을 침해하는 경우에 해당하지 아니하고, 오히려 그 증거의 증거능력을 배제하는 것이 헌법과 형사소송법이 형사소송에 관한 절차 조항을 마련하여 적법절차의 원칙과 실체적 진실 규명의 조화를 도모하고 이를 통하여 형사 사법 정의를 실현하려고 한 취지에 반하는 결과를 초래하는 것으로 평가되는 예외적인 경우라면 법원은 그 증거를 유죄 인정의

증거로 사용할 수 있다.[1]

2) 2차적 증거(파생증거)의 증거능력 유무 및 판단기준

법원이 2차적 증거의 증거능력 인정 여부를 최종적으로 판단할 때에는 먼저 절차에 따르지 아니한 1차적 증거 수집과 관련된 모든 사정들, 즉 절차 조항의 취지와 그 위반의 내용 및 정도, 구체적인 위반 경위와 회피가능성, 절차 조항이 보호하고자 하는 권리 또는 법익의 성질과 침해 정도 및 피고인과의 관련성, 절차 위반행위와 증거수집 사이의 인과관계 등 관련성의 정도, 수사기관의 인식과 의도 등을 살피는 것은 물론, 나아가 1차적 증거를 기초로 하여 다시 2차적 증거를 수집하는 과정에서 추가로 발생한 모든 사정들까지 구체적인 사안에 따라 주로 인과관계 희석 또는 단절 여부를 중심으로 전체적·종합적으로 고려하여야 한다.[2]

3) 입증책임

위와 같은 예외적인 경우에 해당하는지를 판단하는 과정에서 적법한 절차를 따르지 않고 수집된 증거를 유죄의 증거로 삼을 수 없다는 원칙이 훼손되지 않도록 유념하여야 하고, 그러한 예외적인 경우에 해당한다고 볼 만한 구체적이고 특별한 사정이 존재한다는 점은 검사가 증명하여야 한다.[3]

---

1) 대법원 2017. 9. 21. 선고 2015도12400 판결. 강학상으로는 위법수집증거배제법칙은 ① 영장주의에 위반하여 수집된 증거, ② 적법절차에 위반하여 수집된 증거, ③ 위법한 증거조사절차에 의하여 수집된 증거 등으로 분류되어 논해지고 있다.

2) 대법원 2014. 1. 16. 선고 2013도7101 판결. 한편, 이재상 교수는 통상 1차적 증거의 위법성과의 인과관계를 단절 또는 희석시킬 수 있는 요인들로서 영장의 발부, 변호인의 조력이나 신문에의 참여, 수사기관의 의도, 특히 수사의 순서 선택의 잘못 여부, 구금 후 석방 등 사정의 변경, 당사자의 동의 또는 자발적인 행위, 시간의 경과, 독립된 제3자의 행위 개입, 공개된 법정에서의 진술 등이 거론되고 있다고 하였다[이재상, 형사소송법(제11판), 584쪽].

3) 대법원 2017. 9. 21. 선고 2015도12400 판결.

나. 위반효과

1) 증거능력의 원칙적 불인정

가) 1차적 증거의 증거능력

적법한 절차에 따르지 아니하고 수집한 위법수집증거는 증거로 할 수 없음이 원칙이다. 다만, 수사기관의 절차 위반행위가 적법절차의 실질적인 내용을 침해하는 경우에 해당하지 아니하고, 오히려 그 증거의 증거능력을 배제하는 것이 헌법과 형사소송법이 형사소송에 관한 절차 조항을 마련하여 적법절차의 원칙과 실체적 진실 규명의 조화를 도모하고 이를 통하여 형사 사법 정의를 실현하려고 한 취지에 반하는 결과를 초래하는 것으로 평가되는 예외적인 경우에는 증거능력을 인정할 수 있다.

나) 2차적 증거(파생증거)의 증거능력

위법하게 수집된 증거에 기하여 발견된 2차적 증거, 즉 파생증거의 증거능력 역시 부정됨이 원칙이다. 다만, 앞서 판례에서 살펴본 인과관계의 희석 또는 단절로 볼 여지가 있는 예외적인 경우라면 증거능력을 인정할 수 있다.

2) 위법수집증거와 증거동의

가) 의의

위법수집증거라도 당사자 또는 변호인의 동의가 있다면 그 증거능력을 인정할 수 있는지 문제된다.

나) 학설대립 및 판례의 태도

우선, 학설은 제한적 긍정설과 부정설로 대립된다.

제한적 긍정설은 증거수집절차의 위법이 본질적 위법에 해당하는 경우에는 증거동의가 있더라도 증거능력이 부정되나, 그렇지 않은 경우에는 증거동의에 의해서 증거능력이 인정된다고 본다. 이 견해는 증거수집절차의 위법이 본질적 위법에 해당하는 경우로 고문에 의한 자백강요, 영장주의의 위반, 선서의 결여 등을 예시하고 있고, 진술거부권이나 증언거부권의 불고지, 증인신문참여권의 침해 등의 경우에는 동의에 의하여 증거능력을 인정할 수 있다고 한다.

부정설은 위법수집증거에 해당하여 증거능력이 부정되면 당사자의 동의가 있어도 증거로 사용할 수 없다고 본다. 그 근거로 위법의 본질성 여부를 기준으로 당사자의 동의에 의한 예외를 인정하게 될 경우 적용기준이 불명확해져 위법수집증거배제법칙이 형해화될 수 있음을 들고 있다.

부정설이 다수설이고, 판례도 부정설의 입장을 취하고 있는 것으로 보인다. 이하에서 구체적인 사례에 대한 판례의 입장을 살펴본다.

다) 구체적 판례 사례

(1) 긴급체포 후 사후영장을 받지 않은 압수물에 대한 증거동의 가부

형사소송법 제216조 제1항 제2호, 제217조 제2항, 제3항은 사법경찰관은 형사소송법 제200조의3(긴급체포)의 규정에 의하여 피의자를 체포하는 경우에 필요한 때에는 영장 없이 체포현장에서 압수·수색을 할 수 있고, 압수한 물건을 계속 압수할 필요가 있는 경우에는 지체 없이 압수·수색영장을 청구하여야 하며, 청구한 압수·수색영장을 발부받지 못한 때에는 압수한 물건을 즉시 반환하여야 한다고 규정하고 있는바, 형사소송법 제217조 제2항, 제3항에 위반하여 압수·수색영장을 청구하여 이를 발부받지 아니하고도 즉시 반환하지 아니한 압수물은 이를 유죄 인정의 증거로 사용할 수 없는 것이고, 헌법과 형사소송법이 선언한 영장주의의 중요성에 비추어 볼 때 피고인이나 변호인이 이를 증거로 함에 동의하였다고 하더라도 달리 볼 것은 아니다.[4)]

(2) 수사기관이 A에게 휴대폰을 제공하여 B와의 대화내용을 녹음하도록 한 경우, 해당 녹음파일 및 그 녹취록에 대한 증거동의 가부

A는 2009. 9. 21.경 검찰에서 피고인 B의 이 사건 공소사실 범행을 진술하는 등 다른 마약사범에 대한 수사에 협조해 오던 중, 같은 달 29.경 필로폰을 투약한 혐의 등으로 구속되었는데, 구치소에 수감되어 있던 같은 해 11. 3.경 피고인의 이 사건 공소사실에 관한 증거를 확보할 목적으로 검찰로부터 자신의 압수된 휴대전화를 제공받아 구속수감 상황 등을 숨긴 채 피고인과 통화하고 그 내용을 녹음한 다음 그 휴대전화를 검찰에 제출한 사실, 이에 따라 작성된 이 사건 수사보고는

---

4) 대법원 2009. 12. 24. 선고 2009도11401 판결.

'A가 2009. 11. 3. 오전 10:00경 피고인으로부터 걸려오는 전화를 자신이 직접 녹음한 후 이를 수사기관에 임의제출하였고, 이에 필로폰 관련 대화 내용을 붙임과 같이 녹취하였으며, 휴대전화에 내장된 녹음파일을 mp3파일로 변환시켜 붙임과 같이 첨부하였음을 보고한다'라는 내용으로, 첨부된 녹취록에는 피고인이 이전에 A에게 준 필로폰의 품질에는 아무런 문제가 없다는 피고인의 통화 내용이 포함되어 있는 사실을 알 수 있다.

위와 같은 녹음행위는 수사기관이 A로부터 피고인의 이 사건 공소사실 범행에 대한 진술을 들은 다음 추가적인 증거를 확보할 목적으로 구속수감되어 있던 A에게 그의 압수된 휴대전화를 제공하여 그로 하여금 피고인과 통화하고 피고인의 이 사건 공소사실 범행에 관한 통화 내용을 녹음하게 한 것이라 할 것이고, 이와 같이 수사기관이 구속수감된 자로 하여금 피고인의 범행에 관한 통화 내용을 녹음하게 한 행위는 수사기관 스스로가 주체가 되어 구속수감된 자의 동의만을 받고 상대방인 피고인의 동의가 없는 상태에서 그들의 통화 내용을 녹음한 것으로서 범죄수사를 위한 통신제한조치의 허가 등을 받지 아니한 불법감청에 해당한다고 보아야 할 것이므로, 그 녹음 자체는 물론이고 이를 근거로 작성된 이 사건 수사보고의 기재 내용과 첨부 녹취록 및 첨부 mp3파일도 모두 피고인과 변호인의 증거 동의에 상관없이 증거능력이 없다고 할 것이다.[5]

(3) 영장이나 감정처분허가장 없이 채취한 혈액을 이용한 혈중알코올농도 감정 결과의 증거능력 유무 및 피고인 등의 동의가 있더라도 마찬가지인지 여부

수사기관이 법원으로부터 영장 또는 감정처분허가장을 발부받지 아니한 채 피의자의 동의 없이 피의자의 신체로부터 혈액을 채취하고 사후에도 지체 없이 영장을 발부받지 아니한 채 그 혈액 중 알코올농도에 관한 감정을 의뢰하였다면, 이러한 과정을 거쳐 얻은 감정의뢰회보 등은 형사소송법상 영장주의 원칙을 위반하여 수집하거나 그에 기초하여 획득한 증거로서, 원칙적으로 그 절차 위반행위가 적법절차의 실질적인 내용을 침해하여 피고인이나 변호인의 동의가 있더라도 유죄의 증거로 사용할 수 없다고 할 것이다.[6]

---

5) 대법원 2010. 10. 14. 선고 2010도9016 판결.
6) 대법원 2012. 11. 15. 선고 2011도15258 판결.

(4) 소유자, 소지자 또는 보관자가 아닌 자로부터 받은 압수물의 효력 및 피고인이나 변호인이 증거 동의한 경우 증거능력 문제

소유자, 소지자 또는 보관자가 아닌 자로부터 제출받은 물건을 영장 없이 압수한 경우 그 '압수물' 및 '압수물을 찍은 사진'은 이를 유죄 인정의 증거로 사용할 수 없는 것이고, 헌법과 형사소송법이 선언한 영장주의의 중요성에 비추어 볼 때 피고인이나 변호인이 이를 증거로 함에 동의하였다고 하더라도 달리 볼 것은 아니다.[7]

3) 위법수집증거와 탄핵증거

위법수집증거에 해당되어 증거능력이 배제된 증거를 탄핵증거로 사용할 수 있는지가 문제된다.

이에 대해 부정설과 긍정설이 대립하나, 이를 허용할 경우 사실상 위법수집증거배제법칙을 회피하는 결과를 초래하게 되므로 부정설이 타당하다. 현재 부정설이 압도적인 다수설이다.

4) 위법수집증거와 압수·수색영장 발부에 의한 하자치유 여부

위법한 압수·수색절차로 증거를 확보하고 그 후 해당 증거에 관하여 법원으로부터 압수·수색영장을 발부받은 경우, 영장을 발부받았다는 사유만으로 그 위법성이 치유되는지가 문제된다.

예컨대, 체포현장에서의 압수·수색이거나 범행 중 또는 범행직후 범죄장소에서의 압수·수색에 있어 요건 흠결 등의 이유로 해당 압수·수색이 위법하더라도 법원으로부터 사후 압수·수색영장을 발부받은 경우이거나 제1차 압수·수색영장의 위법한 집행으로 획득한 저장매체에 저장된 전자정보를 별건에 대한 제2차 압수·수색영장으로 압수한 경우 등이다.

이에 대해 대법원은 "사법경찰관이 피의자를 현행범인으로 체포하는 경우에 필요한 때에는 영장 없이 체포현장에서 압수·수색·검증을 할 수 있으나, 이 경우에는 체포한 때부터 48시간 이내에 압수·수색영장을 청구하여야 하고, 이때 '체포현장'이라는 요건을 갖추지 못한 경우, 즉 당해 압수·수색·검증이 체포행위와 시

---

7) 대법원 2010. 1. 28. 선고 2009도10092 판결.

간적으로 접착성을 갖지 못한 경우에는 그러한 압수·수색·검증은 위법하며, 이에 대하여 사후에 법원으로부터 영장을 발부받았다고 하여 그 위법성이 치유되는 것은 아니라고 보아야 한다", "범행 중 또는 범행직후의 범죄 장소에서 긴급을 요하여 법원 판사의 영장을 받을 수 없는 때에는 영장 없이 압수·수색 또는 검증을 할 수 있으나, 사후에 지체 없이 영장을 받아야 한다. 형사소송법 제216조 제3항의 요건 중 어느 하나라도 갖추지 못한 경우에 그러한 압수·수색 또는 검증은 위법하며, 이에 대하여 사후에 법원으로부터 영장을 발부받았다고 하여 그 위법성이 치유되지 아니한다"라고 일관되게 판시하고 있다.[8]

또한, "2차 압수·수색영장 청구 당시 압수할 물건으로 삼은 전자정보는 1차 압수·수색영장에 기재된 '수색·검증할 장소'가 아닌 곳에서 소지인에게 영장을 제시하지도 않은 상태에서 '압수 방법에 대한 제한'을 위반하여 압수한 이 사건 저장매체에 저장된 정보로서, 그 자체가 위법한 압수물이어서 별건 정보에 대한 영장 청구 요건을 충족하지 못한 것이므로, 비록 2차 압수·수색영장이 판사에 의해 발부되었다고 하더라도 그 압수·수색은 영장주의의 원칙에 반하는 것으로서 위법하다고 하지 않을 수 없다"라고 판시하였다.[9]

나아가 대법원은 "임의제출물과 관련하여 임의제출인의 제출범위를 벗어나 압수·수색한 것은 위법하여 증거능력이 없고, 사후에 임의제출인이 수사기관에 제출범위를 벗어난 부분에 대해서 임의제출한 것으로 동의하였더라도 하자가 치유되는 것은 아니다"라고 판시하였다.[10]

5) 사인(私人)의 증거수집과 위법수집증거배제법칙

가) 문제제기

사인(私人)이 위법하게 수집한 증거에도 위법수집증거배제법칙이 적용되는지가 문제된다. 원래 위법수집증거배제법칙은 수사기관의 위법수사를 억제하기 위해 발전된 이론이다. 수사기관의 위법수사 억제라는 측면에서만 본다면 사인의 증거수집에 위법수집증거배제법칙이 적용될 여지는 없을 것이다. 그러나 수사기관

8) 수원지방법원 2014. 11. 6. 선고 2014노3760 판결(대법원 2014도16080 판결로 확정), 대법원 2017. 11. 29. 선고 2014도16080 판결.
9) 서울고등법원 2020. 8. 10. 선고 2020노115 판결(대법원 2020도11559 판결로 확정).
10) 대전고등법원 2018. 2. 21. 선고 2017노282 판결(대법원 2018도4075 판결로 확정).

의 위법수사 억제 외에도 적법절차의 보장이라는 큰 틀에서 본다면 결론을 달리 생각할 수도 있다. 이하에서 이에 대한 학설 및 판례의 태도를 자세히 살펴본다.

그에 앞서 짚고 넘어가야 할 부분은 사인이 수사기관의 부탁 또는 사주에 의해서 위법하게 증거를 수집하였다면 그 사인은 사실상 수사기관의 도구에 불과하여 사인의 증거수집은 실질적으로 수사기관 자신의 행위에 준해서 취급하여야 하며,[11] 수사기관이 사인을 시켜서 증거를 수집한 경우에는 영장 없이 압수한 것과 마찬가지로 위법한 것이 된다는 것이다. 즉, 이 경우는 사인의 증거수집과 위법수집증거배제법칙 논의를 벗어나는 것이다.

나) 학설 및 판례의 태도

학설은 크게 부정설, 긍정설, 이익형량설로 대립된다.

'부정설'은 위법수집증거배제법칙은 수사기관의 위법수사를 억제하기 위한 목적에서 발전된 이론이므로 사인의 증거수집에는 적용되지 않는다고 본다. 이에 반해 '긍정설'은 위법수사의 억제 이외에 적법절차의 보장 역시 위법수집증거배제법칙의 중요한 근거이므로 사인의 증거수집에 위법수집증거배제법칙이 예외없이 적용된다고 본다. '이익형량설'은 실체적 진실발견이라는 공익과 사인의 위법행위에 의한 이익침해를 비교형량하여 위법수집증거배제법칙의 적용 여부를 결정하여야 한다는 입장이다.

판례는 다음과 같이 판시하여 기본적으로 이익형량설의 입장을 취하고 있다.

모든 국민의 인간으로서의 존엄과 가치를 보장하는 것은 국가기관의 기본적인 의무에 속하는 것이고, 이는 형사절차에서도 당연히 구현되어야 하는 것이기는 하나 그렇다고 하여 국민의 사생활 영역에 관계된 모든 증거의 제출이 곧바로 금지되는 것으로 볼 수는 없고, 법원으로서는 효과적인 형사소추 및 형사소송에서의 진실발견이라는 공익과 개인의 사생활의 보호이익을 비교형량하여 그 허용 여부를 결정하고, 적절한 증거조사의 방법을 선택함으로써 국민의 인간으로서의 존엄성에 대한 침해를 피할 수 있다고 보아야 할 것이므로, 피고인의 동의하에 촬영된

---

11) 대법원 2010. 10. 14. 선고 2010도9016 판결은 수사기관이 A로부터 피고인의 마약류관리에 관한 법률위반(향정) 범행에 대한 진술을 듣고 추가적인 증거를 확보할 목적으로, 구속수감되어 있던 A에게 그의 압수된 휴대전화를 제공하여 피고인과 통화하고 위 범행에 관한 통화 내용을 녹음하게 한 행위는 불법감청에 해당하므로, 그 녹음 자체는 물론 이를 근거로 작성된 녹취록 첨부 수사보고는 피고인의 증거동의에 상관없이 그 증거능력이 없다라고 판시하였다.

나체사진의 존재만으로 피고인의 인격권과 초상권을 침해하는 것으로 볼 수 없고, 가사 사진을 촬영한 제3자가 그 사진을 이용하여 피고인을 공갈할 의도였다고 하더라도 사진의 촬영이 임의성이 배제된 상태에서 이루어진 것이라고 할 수는 없으며, 그 사진은 범죄현장의 사진으로서 피고인에 대한 형사소추를 위하여 반드시 필요한 증거로 보이므로, 공익의 실현을 위하여는 그 사진을 범죄의 증거로 제출하는 것이 허용되어야 하고, 이로 말미암아 피고인의 사생활의 비밀을 침해하는 결과를 초래한다 하더라도 이는 피고인이 수인하여야 할 기본권의 제한에 해당된다.[12]

사문서위조·위조사문서행사 및 소송사기로 이어지는 일련의 범행에 대하여 피고인을 형사소추하기 위해서는 이 사건 업무일지가 반드시 필요한 증거로 보이므로, 설령 그것이 제3자에 의하여 절취된 것으로서 위 소송사기 등의 피해자 측이 이를 수사기관에 증거자료로 제출하기 위하여 대가를 지급하였다 하더라도, 공익의 실현을 위하여는 이 사건 업무일지를 범죄의 증거로 제출하는 것이 허용되어야 하고, 이로 말미암아 피고인의 사생활 영역을 침해하는 결과가 초래된다 하더라도 이는 피고인이 수인하여야 할 기본권의 제한에 해당된다.[13]

다) 구체적인 사례

(1) 사인(私人)이 피고인 아닌 자의 대화내용을 비밀녹음한 녹음테이프 또는 비디오테이프 중 진술부분의 증거능력

수사기관이 아닌 사인이 피고인 아닌 사람과의 대화내용을 녹음한 녹음테이프는 형사소송법 제311조, 제312조 규정 이외의 피고인 아닌 자의 진술을 기재한 서류와 다를 바 없으므로, 피고인이 그 녹음테이프를 증거로 할 수 있음에 동의하지 아니하는 이상 그 증거능력을 부여하기 위하여는 첫째, 녹음테이프가 원본이거나 원본으로부터 복사한 사본일 경우(녹음디스크에 복사할 경우에도 동일하다)에는 복사 과정에서 편집되는 등의 인위적 개작 없이 원본의 내용 그대로 복사된 사본일 것, 둘째, 형사소송법 제313조 제1항에 따라 공판준비나 공판기일에서 원진술자의 진술에 의하여 그 녹음테이프에 녹음된 각자의 진술내용이 자신이 진술한 대로 녹음

---

12) 대법원 1997. 9. 30. 선고 97도1230 판결.
13) 대법원 2008. 6. 26. 선고 2008도1584 판결.

된 것이라는 점이 인정되어야 할 것이고, 사인이 피고인 아닌 사람과의 대화내용을 대화 상대방 몰래 녹음하였다고 하더라도 위와 같은 조건이 갖추어진 이상 그것만으로는 그 녹음테이프가 위법하게 수집된 증거로서 증거능력이 없다고 할 수 없으며, 사인이 피고인 아닌 사람과의 대화내용을 상대방 몰래 비디오로 촬영·녹음한 경우에도 그 비디오테이프의 진술부분에 대하여도 위와 마찬가지로 취급하여야 할 것이다.[14]

(2) 피고인이 시장에게 보낸 전자우편을 시청공무원이 권한 없이 전자우편에 대한 비밀 보호조치를 해제하는 방법으로 수집한 경우, 이를 공직선거법위반죄의 증거로 사용할 수 있는지 여부

원심판결 이유와 이 사건 기록에 의하여 살펴보면, 밀양시 가곡동장 직무대리의 지위에 있던 피고인이 원심 판시 일시경 밀양시장 A에게 밀양시청 전자문서시스템을 통하여 가곡1통장인 B 등에게 밀양시장 A를 도와 달라고 부탁하였다는 등의 내용을 담고 있는 이 사건 전자우편을 보낸 사실, 그런데 밀양시청 소속 공무원인 제3자가 권한 없이 전자우편에 대한 비밀 보호조치를 해제하는 방법을 통하여 이 사건 전자우편을 수집한 사실을 알 수 있다.

앞서 본 법리에 비추어 볼 때, 제3자가 위와 같은 방법으로 이 사건 전자우편을 수집한 행위는 정보통신망 이용촉진 및 정보보호 등에 관한 법률 제71조 제11호, 제49조 소정의 '정보통신망에 의하여 처리·보관 또는 전송되는 타인의 비밀을 침해 또는 누설하는 행위'로서 형사처벌되는 범죄행위에 해당할 수 있을 뿐만 아니라, 이 사건 전자우편을 발송한 피고인의 사생활의 비밀 내지 통신의 자유 등의 기본권을 침해하는 행위에 해당한다는 점에서 일응 그 증거능력을 부인하여야 할 측면도 있어 보인다.

그러나 이 사건 전자우편은 밀양시청의 업무상 필요에 의하여 설치된 전자관리시스템에 의하여 전송·보관되는 것으로서 그 공공적 성격을 완전히 배제할 수는 없다고 할 것이다. 또한 이 사건 형사소추의 대상이 된 행위는 구 공직선거법(2010. 1. 25. 법률 제9974호로 개정되기 전의 것, 이하 '구 공직선거법'이라 한다) 제255조 제3항, 제85조 제1항에 의하여 처벌되는 공무원의 지위를 이용한 선거운동행위로서 공무

---

14) 대법원 1999. 3. 9. 선고 98도3169 판결.

원의 정치적 중립의무를 정면으로 위반하고 이른바 관권선거를 조장할 우려가 있는 중대한 범죄에 해당한다. 여기에 피고인이 제1심에서 이 사건 전자우편을 이 사건 공소사실에 대한 증거로 함에 동의한 점 등을 종합하면, 이 사건 전자우편을 이 사건 공소사실에 대한 증거로 제출하는 것은 허용되어야 할 것이고, 이로 말미암아 피고인의 사생활의 비밀이나 통신의 자유가 일정 정도 침해되는 결과를 초래한다 하더라도 이는 피고인이 수인하여야 할 기본권의 제한에 해당한다고 보아야 할 것이다.[15)

(3) 소송사기의 피해자가 절취된 업무일지를 제3자로부터 대가를 지급하고 취득한 경우, 이를 사기죄에 대한 증거로 사용할 수 있는지 여부

이 사건 업무일지 그 자체는 피고인 경영의 주식회사가 그날그날 현장 및 사무실에서 수행한 업무내용 등을 담당직원이 기재한 것에 불과하여, 이를 피고인의 사생활 영역과 관계된 자유로운 인격권의 발현물이라고 볼 수는 없고, 사문서위조·위조사문서행사 및 소송사기로 이어지는 일련의 범행에 대하여 피고인을 형사소추하기 위해서는 이 사건 업무일지가 반드시 필요한 증거로 보이므로, 설령 그것이 제3자에 의하여 절취된 것으로서 위 소송사기 등의 피해자 측이 이를 수사기관에 증거자료로 제출하기 위하여 대가를 지급하였다 하더라도, 공익의 실현을 위하여는 이 사건 업무일지를 범죄의 증거로 제출하는 것이 허용되어야 하고, 이로 말미암아 피고인의 사생활 영역을 침해하는 결과가 초래된다 하더라도 이는 피고인이 수인하여야 할 기본권의 제한에 해당된다. 따라서 원심이 이 사건 업무일지가 증거능력이 있는 것이라는 전제에서 이를 사실인정의 자료로 삼은 조치는 옳다.[16)

(4) 간통 피고인의 남편인 고소인이, 피고인이 실제상 거주를 종료한 주거에 침입하여 획득한 휴지 및 침대시트

원심은, 피고인들 사이의 이 사건 간통 범행을 고소한 피고인 A의 남편인 甲이 피고인 A의 주거에 침입하여 수집한 후 수사기관에 제출한 혈흔이 묻은 휴지들 및 침대시트를 목적물로 하여 이루어진 감정의뢰회보에 대하여, 다음과 같은 이유로 위 감정의뢰회보의 증거능력을 인정하고, 공소사실을 유죄로 인정하였다. 즉,

---

15) 대법원 2013. 11. 28. 선고 2010도12244 판결.
16) 대법원 2008. 6. 26. 선고 2008도1584 판결.

甲이 피고인 A의 주거에 침입한 시점은 피고인 A가 그 주거에서의 실제상 거주를 종료한 이후이고, 위 감정의뢰회보는 피고인들에 대한 형사소추를 위하여 반드시 필요한 증거라 할 것이므로 공익의 실현을 위해서 위 감정의뢰회보를 증거로 제출하는 것이 허용되어야 한다. 이로 말미암아 피고인 A의 주거의 자유나 사생활의 비밀이 일정 정도 침해되는 결과를 초래한다 하더라도 이는 피고인 A가 수인하여야 할 기본권의 제한에 해당된다는 것이다.

앞서 본 법리를 원심판결 이유에 비추어 보면 위와 같은 원심판단은 정당한 것으로 수긍이 가고, 거기에 상고이유에서 주장하는 바와 같은 법리오해의 위법이 없다.[17]

3. 위법수집증거배제법칙과 관련한 구체적 사례

가. 1차적 증거의 증거능력과 관련한 구체적 사례

1) 수사기관이 영장 없이 촬영한 피의자에 대한 비디오테이프의 증거능력

누구든지 자기의 얼굴 기타 모습을 함부로 촬영당하지 않을 자유를 가지나 이러한 자유도 국가권력의 행사로부터 무제한으로 보호되는 것은 아니고 국가의 안전보장·질서유지·공공복리를 위하여 필요한 경우에는 상당한 제한이 따르는 것이고, 수사기관이 범죄를 수사함에 있어 현재 범행이 행하여지고 있거나 행하여진 직후이고, 증거보전의 필요성 및 긴급성이 있으며, 일반적으로 허용되는 상당한 방법에 의하여 촬영을 한 경우라면 위 촬영이 영장 없이 이루어졌다 하여 이를 위법하다고 단정할 수 없다.

이 사건 비디오촬영은 피고인들에 대한 범죄의 혐의가 상당히 포착된 상태에서 그 회합의 증거를 보전하기 위한 필요에서 이루어진 것이고 공소외 2의 주거지 외부에서 담장 밖 및 2층 계단을 통하여 공소외 2의 집에 출입하는 피고인들의 모습을 촬영한 것으로 그 촬영방법 또한 반드시 상당성이 결여된 것이라고는 할 수 없다 할 것인바, 위와 같은 사정 아래서 원심이 이 사건 비디오 촬영행위가 위

---

17) 대법원 2010. 9. 9. 선고 2008도3990 판결.

법하지 않다고 판단하고 그로 인하여 취득한 비디오테이프의 증거능력을 인정한 것은 정당하고 거기에 영장 없이 촬영한 비디오테이프의 증거능력에 관한 해석을 그르친 잘못이 있다고 할 수 없다.[18]

2) 선거범죄를 조사하면서 진술녹음 사실을 미리 알려주지 아니한 채 녹음한 파일 및 녹취록의 증거능력

공직선거법 제272조의2 제1항은 선거범죄 조사와 관련하여 선거관리위원회 위원·직원은 관계인에 대하여 질문·조사를 할 수 있다는 취지로 규정하고, 공직선거관리규칙 제146조의3 제3항에서는 '위원·직원은 조사업무 수행 중 필요하다고 인정되는 때에는 질문답변내용의 기록, 녹음·녹화, 사진촬영, 선거범죄와 관련 있는 서류의 복사 또는 수집 기타 필요한 조치를 취할 수 있다'라고 규정하고 있으므로 선거관리위원회의 직원은 선거범죄의 조사를 위하여 관계인의 진술내용을 녹음할 수 있다.

한편 공직선거법 제272조의2 제6항은 선거관리위원회 위원·직원이 선거범죄와 관련하여 질문·조사하거나 자료의 제출을 요구하는 경우에는 관계인에게 그 신분을 표시하는 증표를 제시하고 소속과 성명을 밝히고 그 목적과 이유를 설명하여야 한다고 규정하고 있는데, 이는 선거범죄 조사와 관련하여 조사를 받는 관계인의 사생활의 비밀과 자유 내지 자신에 대한 정보를 결정할 자유, 재산권 등이 침해되지 않도록 하기 위한 절차적 규정이므로, 선거관리위원회 직원이 관계인에게 사전에 설명할 '조사의 목적과 이유'에는 조사할 선거범죄혐의의 요지, 관계인에 대한 조사가 필요한 이유뿐만 아니라 관계인의 진술을 기록 또는 녹음·녹화한다는 점도 포함된다.

따라서 선거관리위원회 위원·직원이 관계인에게 진술이 녹음된다는 사실을 미리 알려 주지 아니한 채 진술을 녹음하였다면, 그와 같은 조사절차에 의하여 수집한 녹음파일 내지 그에 터 잡아 작성된 녹취록은 형사소송법 제308조의2에서 정하는 '적법한 절차에 따르지 아니하고 수집한 증거'에 해당하여 원칙적으로 유죄의 증거로 쓸 수 없다.[19]

---

18) 대법원 1999. 9. 3. 선고 99도2317 판결.
19) 대법원 2014. 10. 15. 선고 2011도3509 판결.

3) 긴급체포 후 피의자를 석방하였으나 법원에 석방통지를 하지 않은 사안에서 긴급체포 중에 작성된 피의자신문조서의 증거능력

기록에 의하면, A가 2009. 11. 2. 22:00경 긴급체포되어 조사를 받고 구속영장이 청구되지 아니하여 2009. 11. 4. 20:10경 석방되었음에도 검사가 그로부터 30일 이내에 법 제200조의4에 따른 석방통지를 법원에 하지 아니한 사실을 알 수 있으나, A에 대한 긴급체포 당시의 상황과 경위, 긴급체포 후 조사 과정 등에 특별한 위법이 있다고 볼 수 없는 이상, 단지 사후에 석방통지가 법에 따라 이루어지지 않았다는 사정만으로 그 긴급체포에 의한 유치 중에 작성된 A에 대한 피의자신문조서들의 작성이 소급하여 위법하게 된다고 볼 수는 없다.[20]

4) 공범으로서 별도로 공소제기된 다른 사건의 피고인 甲에 대한 진술 녹화 비디오테이프와 관련하여 녹화당시 진술거부권이 고지된 바 없는 경우 공범 乙에 대해 증거능력을 가지는지 여부: 진술거부권 등 불고지 효과의 제3자적 효력

공범으로서 별도로 공소제기된 다른 사건의 피고인 甲에 대한 수사과정에서 담당검사가 甲과 그 사건에 관하여 대화하는 내용과 장면을 녹화한 비디오테이프에 대한 법원의 검증조서는 이러한 비디오테이프의 녹화내용이 피의자의 진술을 기재한 피의자신문조서와 실질적으로 같다고 볼 것이므로 피의자신문조서에 준하여 그 증거능력을 가려야 한다.

검사가 위 녹화 당시 위 甲의 진술을 들음에 있어 동인에게 미리 진술거부권이 있음을 고지한 사실을 인정할 자료가 없으므로 위 녹화내용은 위법하게 수집된 증거로서 증거능력이 없는 것으로 볼 수밖에 없고, 따라서 이러한 녹화내용에 대한 법원의 검증조서 기재는 乙에 대한 유죄증거로 삼을 수 없다.[21]

---

20) 대법원 2014. 8. 26. 선고 2011도6035 판결.
21) 대법원 1992. 6. 23. 선고 92도682 판결.

5) 피고인이 아닌 자가 수사과정에서 진술서를 작성하였으나 수사기관이 그에 대한 조사과정을 기록하지 아니하여 형사소송법 제244조의4 제3항, 제1항에서 정한 절차를 위반한 경우, 그 진술서의 증거능력 유무

형사소송법 제221조 제1항,[22] 제244조의4 제1항, 제3항,[23] 제312조 제4항, 제5항[24] 및 그 입법 목적 등을 종합하여 보면, 피고인이 아닌 자가 수사과정에서 진술서를 작성하였지만 수사기관이 그에 대한 조사과정을 기록하지 아니하여 형사소송법 제244조의4 제3항, 제1항에서 정한 절차를 위반한 경우에는, 특별한 사정이 없는 한 '적법한 절차와 방식'에 따라 수사과정에서 진술서가 작성되었다 할 수 없으므로 증거능력을 인정할 수 없다.[25]

6) 피해자와 통화를 하던 중 피해자와의 통화가 끝난 후 통화가 끊기지 않은 상태에서 휴대폰 너머로 '악'소리와 '우당탕' 소리를 들었다는 甲의 진술은 통신비밀보호법 제14조 제1항에서 금지하는 '공개되지 아니한 타인 간의 대화를 전자장치 또는 기계적 수단을 이용하여 청취'한 것이어서 상해죄의 증거로 사용할 수 없는지 여부

피고인은 이 사건 공소사실 중 상해 부분과 관련하여 甲의 진술 중 일부에 대하여 통신비밀보호법 제14조 제2항, 제1항, 제4조에 따라 재판에서 증거로 사용할 수 없는 위법수집증거에 해당한다고 주장하였다. 그러나 甲이 들었다는 '우당

---

22) 제221조(제3자의 출석요구 등) ① 검사 또는 사법경찰관은 수사에 필요한 때에는 피의자가 아닌 자의 출석을 요구하여 진술을 들을 수 있다. 이 경우 그의 동의를 받아 영상녹화할 수 있다.

23) 제244조의4(수사과정의 기록) ① 검사 또는 사법경찰관은 피의자가 조사장소에 도착한 시각, 조사를 시작하고 마친 시각, 그 밖에 조사과정의 진행경과를 확인하기 위하여 필요한 사항을 피의자신문조서에 기록하거나 별도의 서면에 기록한 후 수사기록에 편철하여야 한다.
③ 제1항 및 제2항은 피의자가 아닌 자를 조사하는 경우에 준용한다.

24) 제312조(검사 또는 사법경찰관의 조서 등) ④ 검사 또는 사법경찰관이 피고인이 아닌 자의 진술을 기재한 조서는 적법한 절차와 방식에 따라 작성된 것으로서 그 조서가 검사 또는 사법경찰관 앞에서 진술한 내용과 동일하게 기재되어 있음이 원진술자의 공판준비 또는 공판기일에서의 진술이나 영상녹화물 또는 그 밖의 객관적인 방법에 의하여 증명되고, 피고인 또는 변호인이 공판준비 또는 공판기일에 그 기재 내용에 관하여 원진술자를 신문할 수 있었던 때에는 증거로 할 수 있다. 다만, 그 조서에 기재된 진술이 특히 신빙할 수 있는 상태하에서 행하여졌음이 증명된 때에 한한다.
⑤ 제1항부터 제4항까지의 규정은 피고인 또는 피고인이 아닌 자가 수사과정에서 작성한 진술서에 관하여 준용한다.

25) 대법원 2015. 4. 23. 선고 2013도3790 판결.

탕' 소리는 사물에서 발생하는 음향일 뿐 사람의 목소리가 아니므로 통신비밀보호법에서 말하는 타인 간의 '대화'에 해당하지 않는다. '악' 소리도 사람의 목소리이기는 하나 단순한 비명소리에 지나지 않아 그것만으로 상대방에게 의사를 전달하는 말이라고 보기는 어려워 특별한 사정이 없는 한 타인 간의 '대화'에 해당한다고 볼 수 없다. 나아가 甲의 위 진술을 상해 부분에 관한 증거로 사용하는 것이 피해자 등의 사생활의 비밀과 자유 또는 인격권을 위법하게 침해한다고 볼 수 없어 그 증거의 제출은 허용된다고 판단된다.[26]

7) 판사의 서명만 있고, 그 옆에 날인이 없는 압수·수색영장으로 집행한 경우 증거물의 증거능력

이 사건 영장에는 야간집행을 허가하는 판사의 수기와 날인, 그 아래 서명날인란에 판사 서명, 영장 앞면과 별지 사이에 판사의 간인이 있으므로, 판사의 의사에 기초하여 진정하게 영장이 발부되었다는 점은 외관상 분명하다. 당시 수사기관으로서는 영장이 적법하게 발부되었다고 신뢰할 만한 합리적인 근거가 있었고, 의도적으로 적법절차의 실질적인 내용을 침해한다거나 영장주의를 회피할 의도를 가지고 이 사건 영장에 따른 압수·수색을 하였다고 보기 어렵다.

이 사건 영장이 형사소송법이 정한 요건을 갖추지 못하여 적법하게 발부되지 못하였다고 하더라도, 그 영장에 따라 수집한 이 사건 파일 출력물의 증거능력을 인정할 수 있고 이에 기초하여 획득한 2차적 증거인 위 각 증거 역시 증거능력을 인정할 수 있다.[27]

8) 검찰총장의 지시에 따라 기관장의 결재를 생략한 채 차장검사의 전결로 기소한 경우의 적법성

【피고인의 주장요지】

검찰총장은 각급 검찰청 기관장을 통하여서만 각급 검찰청 소속 검사들을 지휘할 것을 지시할 수 있는데, 이 사건에서 검찰총장은 서울중앙지검장을 통하지 않고 직접 서울중앙지검 3차장검사, 반부패수사2부장을 직접 지휘하였고, 피고인

---

26) 대법원 2017. 3. 15. 선고 2016도19843 판결.
27) 대법원 2019. 7. 11. 선고 2018도20504 판결.

에 대한 기소여부 승인권자인 서울중앙지검장의 직무를 차장검사인 A로 하여금 처리하게 하였으므로, 검찰청법 제21조 제2항을 위반하여 서울중앙지검장의 소속 검사에 대한 지휘·감독권을 침해한 것이다. 따라서 이 사건 공소제기는 적법절차에 위배되고, 선별적 기소이며 정치적 목적의 부실기소인바, 이는 검사가 자의적으로 공소권을 행사하여 피고인에게 실질적인 불이익을 줌으로써 소추재량권을 현저히 일탈한 것으로 공소권의 남용에 해당한다.

【법원 판단】[28]

가) 검사는 단독관청으로서 각자가 자기 책임 아래 검찰사무를 처리해야 하고, 단독으로 공소를 제기할 권한이 있다. 따라서 공소 제기의 과정에서 상급자 지휘를 따르지 않거나 내부 결재절차가 준수되지 않았다는 것만으로는 특별한 사정이 없는 한 공소제기의 효력에 영향을 미칠 수는 없다.

나) 지방검찰청 검사장은 그 검찰청의 사무를 맡아 처리하고 소속 공무원을 지휘·감독하므로(검찰청법 제21조 제2항), 이 사건에서 서울중앙지검장은 소속 검사를 지휘·감독할 권한과 책임이 있다. 그러나 검찰청법은 검찰총장은 대검찰청의 사무를 맡아 처리하고 검찰사무를 총괄하며 검찰청의 공무원을 지휘·감독한다고 규정하고 있는데(검찰청법 제12조 제2항), 총괄대상인 검찰사무를 '대검찰청 사무'로 제한하고 있지 않고, 지휘·감독 대상의 공무원을 대검찰청 공무원으로 제한하고 있지 않으므로, 지방검찰청 소속 공무원도 원칙적으로 지휘·감독 대상에 포함된다. 결국 이 사건에서 검찰총장이 서울중앙지검장이나 서울중앙지검 소속 검사를 직접 지휘했더라도 검찰청법을 위반한 것이라고 볼 수 없다.

다) 한편 검찰총장과 검사장의 관계에 대하여, 검찰 사무 운영에 있어 각급 검찰청 검사장의 독립성이 존중될 필요가 있으며 검찰총장의 지휘감독권은 검찰 전체의 운영상 필요한 일반적 지휘·감독이나 검찰 전체에 있어 검찰권행사의 통일성을 이루기 위한 경우 또는 국가적으로 중요한 사건에 대해 검찰총장이 국민에 대해 책임을 져야 할 필요가 있는 경우 등에만 관여하고 그 이외에는 검사장의 책임하에 사무처리를 맡기는 것이 적절하다는 견해가 있다. 그러나 검사동일체의 원칙은 검찰권행사의 전국적인 균형성이나 통일성을 기하기 위한 것뿐만 아니라

---

28) 서울중앙지방법원 2021. 1. 28. 선고 2020고단421 판결.

하급 검사가 공정하고 적정하게 검찰사무를 처리하도록 통제하는 것에도 의의가 있는 점, 이 사건에서 서울중앙지검장이 수사팀에 공소제기 보류 지시를 한 이유는 피고인에 대한 소환조사가 필요하다는 것이나, 피고인이 수차례 소환장을 받고도 출석하지 않은 점, 그 밖에 기소 시점까지 수집된 증거의 입증 정도 등에 비추어, 이 사건 공소제기 과정에서 검찰총장이 서울중앙지검장이나 소속 수사팀을 지휘한 것으로 인하여, 피고인에게 어떠한 실질적 불이익이 있었다고 볼 수 없다. 결국 위 주장은 이유 없다.

9) 카카오톡 대화 감청을 실시간 방식이 아닌 서버에 저장된 메시지 내역을 정기적으로 받은 경우의 위법성

통신비밀보호법에 규정된 '통신제한조치'는 '우편물의 검열 또는 전기통신의 감청'을 말하는 것으로($\substack{\text{통비법 제3}\\\text{조 제2항}}$), 여기서 '전기통신'은 전화·전자우편·모사전송 등과 같이 유선·무선·광선 및 기타의 전자적 방식에 의하여 모든 종류의 음향·문언·부호 또는 영상을 송신하거나 수신하는 것을 말하고($\substack{\text{통비법 제2}\\\text{조 제3호}}$), '감청'은 전기통신에 대하여 당사자의 동의 없이 전자장치·기계장치 등을 사용하여 통신의 음향·문언·부호·영상을 청취·공독하여 그 내용을 지득 또는 채록하거나 전기통신의 송·수신을 방해하는 것을 말한다고 규정되어 있다($\substack{\text{통비법 제2}\\\text{조 제7호}}$). 따라서 '전기통신의 감청'은 위 '감청'의 개념 규정에 비추어 전기통신이 이루어지고 있는 상황에서 실시간으로 그 전기통신의 내용을 지득·채록하는 경우와 통신의 송·수신을 직접적으로 방해하는 경우를 의미하는 것이지 이미 수신이 완료된 전기통신에 관하여 남아 있는 기록이나 내용을 열어보는 등의 행위는 포함하지 않는다 할 것이다.

그리고 통신제한조치허가서에는 통신제한조치의 종류·그 목적·대상·범위·기간 및 집행장소와 방법을 특정하여 기재하여야 하고($\substack{\text{통비법 제6}\\\text{조 제4항}}$), 수사기관은 그 허가서에 기재된 허가의 내용과 범위 및 집행방법 등을 준수하여 통신제한조치를 집행하여야 한다. 이때 수사기관은 통신기관 등에 통신제한조치허가서의 사본을 교부하고 그 집행을 위탁할 수 있으나($\substack{\text{통비법 제9조}\\\text{제1항, 제2항}}$), 그 경우에도 집행의 위탁을 받은 통신기관 등은 수사기관이 직접 집행할 경우와 마찬가지로 허가서에 기재된 집행방법 등을 준수하여야 함은 당연하다. 따라서 허가된 통신제한조치의 종류가 전기통신의 '감청'인 경우, 수사기관 또는 수사기관으로부터 통신제한조치의 집행을 위탁받은 통신기관 등은 통신비밀보호법이 정한 감청의 방식으로 집행하여야 하고 그와 다른 방식으로 집행하여서는 아니 된다. 한편 수사기관이 통신기관 등에 통신제한조치의 집행을 위탁하는 경우에는 그 집행에 필요한 설비를 제공하여야 한다(통비법 시행령 제21조 제3항).

그러므로 수사기관으로부터 통신제한조치의 집행을 위탁받은 통신기관 등이 그 집행에 필요한 설비가 없을 때에는 수사기관에 그 설비의 제공을 요청하여야 하고, 그러한 요청 없이 통신제한조치허가서에 기재된 사항을 준수하지 아니한 채 통신제한조치를 집행하였다면, 그러한 집행으로 인하여 취득한 전기통신의 내용 등은 헌법과 통신비밀보호법이 국민의 기본권인 통신의 비밀을 보장하기 위해 마련한 적법한 절차를 따르지 아니하고 수집한 증거에 해당하므로(형사소송법 제308조의2), 이는 유죄 인정의 증거로 할 수 없다.

위 사실을 앞서 본 법리에 비추어 살펴보면, 이 사건 통신제한조치허가서에 기재된 통신제한조치의 종류는 전기통신의 '감청'이므로, 수사기관으로부터 집행 위탁을 받은 카카오는 통신비밀보호법이 정한 감청의 방식, 즉 전자장치 등을 사용하여 실시간으로 이 사건 대상자들이 카카오톡에서 송·수신하는 음향·문언·부호·영상을 청취·공독하여 그 내용을 지득 또는 채록하는 방식으로 통신제한조치를 집행하여야 하고 임의로 선택한 다른 방식으로 집행하여서는 안 된다고 할 것이다. 그런데도 카카오는 이 사건 통신제한조치허가서에 기재된 기간 동안, 이미 수신이 완료되어 전자정보의 형태로 서버에 저장되어 있던 것을 3~7일마다 정기적으로 추출하여 수사기관에 제공하는 방식으로 통신제한조치를 집행하였다.

이러한 카카오의 집행은 동시성 또는 현재성 요건을 충족하지 못해 통신비밀보호법이 정한 감청이라고 볼 수 없으므로, 이 사건 통신제한조치허가서에 기재된 방식을 따르지 않은 것으로서 위법하다고 할 것이다. 따라서 이 사건 카카오톡 대화내용은 적법절차의 실질적 내용을 침해하는 것으로 위법하게 수집된 증거라 할 것이므로, 유죄 인정의 증거로 삼을 수 없다.[29]

---

29) 대법원 2016. 10. 13. 선고 2016도8137 판결.

10) 해외 채증 사진이 영토주권에 반하는지 여부

【사안의 개요】

① 수사기관은 피고인이 일본 또는 중국에서 반국가단체의 구성원과 접선하는 모습을 비디오카메라, 디지털 캠코더, 디지털 카메라를 사용하여 촬영하였고, 그 과정에서 중국·일본과 사이에 형사사법공조절차를 거치지 아니하였다.

② 피고인은 법정에서 사법공조 없이 무단으로 타국에서 수사활동을 한 것은 그 나라의 영토주권을 침해한 것으로서 이를 통하여 얻은 증거는 위법수집증거라고 주장하였다.

【법원 판단】[30]

비록 위 동영상의 촬영행위가 증거수집을 위한 수사행위에 해당하고 그 촬영장소가 우리나라가 아닌 일본이나 중국의 영역에 속한다는 사정은 있으나, 촬영의 상대방이 우리나라 국민이고 공개된 장소에서 일반적으로 허용되는 상당한 방법으로 이루어진 촬영으로서 강제처분이라고 단정할 수 없는 점 등을 고려하여 보면, 위와 같은 사정은 그 촬영행위에 의하여 취득된 증거의 증거능력을 부정할 사유는 되지 못한다. 결국 위 사진들의 증거능력을 인정한 원심의 조치는 정당하다.

11) 커피숍에서 몰래 촬영한 영상물의 위법성 판단기준

【사안의 개요】

① (2013. 11. 2. 사진촬영 경위) 국정원 수사관은 피고인과 A에 대해서 동향 내사를 하는 중에 피고인이 A와 회합한다는 정황을 확인하였다. 이에 영장을 받지 않은 채 ○○커피숍 사장 B의 동의를 얻어 피고인과 A가 앉을 것 같은 고객용 테이블 근처 천장 쪽에 피고인과 A가 알아차리지 못하게끔 미리 네트워크 카메라(CCTV와 유사한 모양으로, 줌 기능이 있고 실시간으로 원격 조종이 가능하다)를 설치하였다. 그 후 이 카메라로 피고인과 A가 테이블에 마주 앉아서 대화하며 태블릿 PC를 보여주는 장면, 태블릿 PC의 화면내용 등을 촬영하였다.

② (2013. 12. 14. 사진촬영 경위) 2013. 12. 11. 법원으로부터 압수·수색·검증영장

---

30) 대법원 2013. 7. 26. 선고 2013도2511 판결.

을 발부받았고, 영장의 유효기간은 2014. 1. 4.까지, 검증할 장소는 ○○빌딩에 있는 '○○커피숍', 검증의 대상 및 방법은 '피고인, A의 회합 예정 장소인 ○○커피숍 내·외에 정사진 및 동영상 촬영장치 설치, 대상자간 회합 및 지령수수 장면 등 국가보안법위반 범죄의 모의 내지 실행장면 촬영'이다. 국정원 수사관은 2013. 12. 14. 위 ○○커피숍에서 그곳 사장 B의 협조하에 미리 설치해 둔 네트워크 카메라를 이용하여 영상을 촬영하였다.

③ (2014. 1. 4. 사진촬영 경위) 2014. 1. 2. 법원으로부터 압수·수색·검증영장을 발부받았고, 영장의 유효기간은 2014. 1. 11.까지, 검증할 장소는 위 '○○커피숍' 이다. 국정원 수사관은 2014. 1. 4. 위 ○○커피숍에서 위 B의 협조하에 미리 설치해 둔 네트워크 카메라를 이용하여 영상을 촬영하였다.

④ 피고인은 법정에서 다음과 같이 주장하였다. 1) 2013. 11. 2. 커피숍에서 피고인 등을 몰래 촬영한 것은 영장이 없고, 커피숍 사장의 동의를 받았다 하더라도 그는 피고인의 개인정보를 처리할 권한이 없으므로, 결국 위 촬영은 위법하다. 2) 2013. 12. 14.과 2014. 1. 4. 위 커피숍에서 피고인을 촬영한 것은 영장에 의한 것이라고 하더라도 그 영장을 청구하면서 위법하게 수집한 위 2013. 11. 2.자 영상을 첨부하였으므로, 이는 위법한 증거를 기초로 취득한 증거이다.

【법원 판단】[31]

1. 일반적 판단기준

누구든지 자기의 얼굴이나 모습을 함부로 촬영당하지 않을 자유를 가지나, 이러한 자유도 무제한으로 보장되는 것은 아니고 국가의 안전보장·질서유지·공공복리를 위하여 필요한 경우에는 그 범위 내에서 상당한 제한이 있을 수 있으며, 수사기관이 범죄를 수사함에 있어 현재 범행이 행하여지고 있거나 행하여진 직후이고, 증거보전의 필요성 및 긴급성이 있으며, 일반적으로 허용되는 상당한 방법으로 촬영한 경우라면 위 촬영이 영장 없이 이루어졌다 하여 이를 위법하다고 단정할 수 없다.[32]

---

31) 서울중앙지방법원 2016. 12. 15. 선고 2016고합538, 558(병합) 판결(대법원 2017도9747 판결로 확정).

32) 대법원 2013. 7. 26. 선고 2013도2511 판결은 "피고인들은 일본 또는 중국에서 북한 공작원들과 회합하는 모습을 동영상으로 촬영한 것은 위 피고인들이 회합한 증거를 보전할 필요가 있어서 이

2. 2013. 11. 2. 촬영 관련 B의 처분이 개인정보 침해인지 여부

우선, 피고인의 모습이 촬영된 네트워크 카메라 영상물은 피고인 개인을 알아볼 수 있는 개인정보에 해당하고, 또 피고인을 무단으로 촬영한 것은 일정 부분 초상권, 인격권, 사생활의 비밀, 개인정보 자기결정권에 대한 침해에 해당할 소지가 있기는 하다. 그러나 B가 수사기관에 동의한 내용은 가게에 네트워크 카메라를 설치하도록 동의한다는 것뿐이어서 그 카메라가 B의 소유로 된다거나 그 영상 녹화물에 관하여 B가 어떠한 처분권을 가지게 되는 것은 아니다. 따라서 B가 직접 피고인의 개인정보를 처리한 것이라고는 볼 수 없고, 2013. 11. 2.자 영상물이 개인정보 보호법을 위반하였다고 볼 수도 없다.

3. 2013. 11. 2. 촬영이 영장주의 등에 위반하여 위법한지 여부

수사, 즉 범죄혐의의 유무를 명백히 하여 공소를 제기·유지할 것인가의 여부를 결정하기 위하여 범인을 발견·확보하고 증거를 수집·보전하는 수사기관의 활동은 수사 목적을 달성함에 필요한 경우에 한하여 사회통념상 상당하다고 인정되는 방법 등에 의하여 수행되어야 한다.

수사기관이 영장 없이 피고인을 몰래 촬영한 행위를 적법하다고 하여 증거능력을 인정하기 위해서는 앞서 본 법리와 같이 증거보전의 필요성, 긴급성 및 촬영의 상당성 등이 있어야 한다.

그런데 이 사건 증거들에 의하여 인정할 수 있는 다음과 같은 사정들을 종합하면, 국정원 수사관이 2013. 11. 2. 피고인과 그의 태블릿 PC의 영상을 몰래 촬영한 것은 위 요건을 갖추지 못하였고, 따라서 이는 적법절차 및 영장주의 원칙을 위반하여 위법하게 수집한 증거라고 판단된다.

가. 피고인이 받고 있었던 범죄혐의는 반국가단체 구성원과 비밀리에 회합하거나, 사상학습을 하면서 그 활동을 찬양·고무한다는 것 등으로 그 내용이 국가의 존립·안전이나 자유민주적 기본질서를 위태롭게 할 정도로 중대하다. 또 그에 관한 증거물을 취득하기 위해서는 피고인이 A와 만나서 대화하며 제시하는 태블릿

루어진 것이고, 피고인들이 반국가단체의 구성원과 회합 중이거나 회합하기 직전 또는 직후의 모습을 촬영한 것으로 그 촬영 장소도 차량이 통행하는 도로 또는 식당 앞길, 호텔 프런트 등 공개적인 장소인 점 등을 알 수 있으므로, 이러한 촬영이 일반적으로 허용되는 상당성을 벗어난 방법으로 이루어졌다거나, 영장 없는 강제처분에 해당하여 위법하다고 볼 수 없다"라고 판시하였다.

PC의 화면 등을 현장에서 몰래 촬영할 필요성이 있었던 것으로는 인정된다.

나. 그런데 이 사건 촬영은 피고인과 A가 알아채지 못하도록 미리 커피숍 내부 테이블 근처 천장에 별도의 특수한 네트워크 카메라 장비를 설치하여 촬영한 것이다. 이러한 촬영 방식은 업소의 내·외부에서 일반적인 카메라 촬영방법으로 타인의 모습을 촬영하는 것과 다르므로 그 자체로 침해의 방법과 정도가 중하다고 보인다. 일반적으로 커피숍에 있는 사람으로서는 누군가가 통상의 카메라나 CCTV 등을 통하여서라도 자신의 모습 자체를 볼 수 있다는 점에 대하여는 어느 정도 예상할 수 있다고 할 것이지만, 테이블 근처에 특수한 몰래 카메라가 달려있고 이를 통하여 자신의 은밀한 행동과 태블릿 PC의 화면내용까지 세세히 관찰하여 촬영할 것이라고는 예측하기 어렵기 때문이다. 따라서 이 사건에서 특별한 네트워크 카메라 장비를 미리 설치하여 피고인을 몰래 촬영한 것은 일반적으로 허용되는 상당한 방법이라고 보기 어렵다.

다. 위 카메라를 이용하여 촬영한 것은 단순히 피고인의 외양과 행태가 아니고 피고인이 소지하여 A에게 열람시킨 태블릿 PC의 화면 내용인바, 이는 개인의 내밀한 영역에 해당하는 것이다. 따라서 영장을 받지 않은 채 피고인의 태블릿 PC의 내용까지 촬영한 것은 피고인의 사생활의 비밀 등을 지나치게 침범한 것으로써 그 촬영의 대상과 내용상으로도 상당성이 인정된다고 보기 어렵다.

라. 2013. 11. 2. 녹화 영상은 국정원 수사관 C가 촬영한 것이다. C는 이 법원에서 '피고인과 A에 대하여 동향 내사를 하는 도중에 회합한다는 정황을 긴급하게 확인하여 영장을 받지 않은 채 B의 동의를 얻어 네트워크 카메라를 설치하였다'라고 진술하였으나, 이후의 촬영 때는 법원으로부터 영장을 받아서 촬영하였던 점에 비추어 보면, 이 당시에도 그 필요성을 소명하고 영장을 받아서 촬영할 수 있었을 것으로 보인다. 설사 당시 긴급을 요하여 영장을 받을 수 없었더라도 일단 위와 같이 촬영을 한 후 이를 유죄의 증거로 사용하려면 사후에 지체 없이 영장을 받았어야 함에도, 그러한 조치를 취하지 않았다.

4. 2013. 12. 14.과 2014. 1. 4. 촬영의 경우

2013. 12. 14. 및 2014. 1. 4. 수사관들은 별도로 법원으로부터 적법한 영장을 발부받아 그 영장에 기재된 방법으로 피고인의 태블릿 PC를 촬영하였는데, 이때

앞의 2013. 11. 2. 촬영으로 인해 취득한 정보만이 영장 발부의 근거가 된 것도 아니다. 수사관들은 별도의 수사상 필요성에 따라 법관의 영장에 근거하여 피고인의 모습을 촬영한 것이므로 이를 위법하게 수집한 증거라고 할 수는 없다. 따라서 비록 수사기관이 2013. 11. 2. 피고인을 촬영한 것이 그의 개인정보나 사생활의 비밀 등을 침해한 위법한 것이고, 그것이 이후의 수사에 일부 영향을 미쳤다 하더라도, 2013. 12. 14. 및 2014. 1. 4. 촬영은 앞선 촬영행위의 위법행위와 인과관계가 단절 또는 희석되었다고 보지 않을 수 없다.

5. 피고인 및 변호인들의 이 부분 주장 중 2013. 11. 2. 촬영에 관한 주장은 이유 있고, 2013. 12. 14. 및 2014. 1. 4. 촬영에 관한 주장은 이유 없다.

12) 경찰이 나이트클럽 손님으로 가장해 음란공연을 촬영한 CD 및 현장사진의 증거능력

【사안의 개요】

① 경찰관들은 국민신문고 인터넷사이트에 '이 사건 나이트클럽에서 남성무용수의 음란한 나체쇼가 계속되고 있다'라는 민원이 제기되자 그에 관한 증거수집을 목적으로 이 사건 나이트클럽에 출입하였다. 이 사건 나이트클럽은 영업시간 중에는 출입자격 등의 제한 없이 성인이라면 누구나 출입이 가능한 일반적으로 개방되어 있는 장소이다.

② 경찰관들은 이 사건 나이트클럽의 영업시간 중에 손님들이 이용하는 출입문을 통과하여 이 사건 나이트클럽에 출입하였고, 그 출입 과정에서 보안요원 등에게 제지를 받거나 보안요원이 자리를 비운 때를 노려 몰래 들어가는 등 특별한 사정은 없었다.

③ 피고인은 이 사건 나이트클럽 내 무대에서 성행위를 묘사하는 장면이 포함된 공연을 하였고, 경찰관들은 다른 손님들과 함께 객석에 앉아 그 공연을 보면서 불특정 다수의 손님들에게 공개된 피고인의 모습을 촬영하였다.

【법원 판단】[33)]

원심은, 경찰관들이 이 사건 나이트클럽에 손님으로 가장하고 출입하여 피고

---

33) 대법원 2023. 4. 27. 선고 2018도8161 판결.

인의 공연을 촬영한 행위는 강제수사에 해당함에도 사전 또는 사후에 영장을 발부받은 사실이 없으므로, 그 촬영물이 수록된 CD 및 그 촬영물을 캡처한 영상사진은 위법수집증거로서 증거능력이 없다라고 판단하였다.

그러나 원심의 판단은 다음과 같은 이유로 받아들이기 어렵다.

수사기관이 범죄를 수사하면서 현재 범행이 행하여지고 있거나 행하여진 직후이고, 증거보전의 필요성 및 긴급성이 있으며, 일반적으로 허용되는 상당한 방법으로 촬영한 경우라면 위 촬영이 영장 없이 이루어졌다 하여 이를 위법하다고 할 수 없다(대법원 1999. 9. 3. 선고 99도2317 판결 등 참조). 다만 촬영으로 인하여 초상권, 사생활의 비밀과 자유, 주거의 자유 등이 침해될 수 있으므로 수사기관이 일반적으로 허용되는 상당한 방법으로 촬영하였는지 여부는 수사기관이 촬영장소에 통상적인 방법으로 출입하였는지 또 촬영장소와 대상이 사생활의 비밀과 자유 등에 대한 보호가 합리적으로 기대되는 영역에 속하는지 등을 종합적으로 고려하여 신중하게 판단하여야 한다.

사실관계가 위와 같다면, 이 사건 촬영물은 경찰관들이 피고인에 대한 범죄의 혐의가 포착된 상태에서 이 사건 나이트클럽 내에서의 음란행위 영업에 관한 증거를 보전하기 위한 필요에 의하여, 불특정 다수에게 공개된 장소인 이 사건 나이트클럽에 통상적인 방법으로 출입하여 손님들에게 공개된 모습을 촬영한 것이다. 따라서 영장 없이 촬영이 이루어졌다 하여 이를 위법하다고 할 수 없어 이 사건 촬영물과 그 촬영물을 캡처한 영상사진은 그 증거능력이 인정된다.

13) 감청에 의한 대화의 녹음, 청취의 경우 집행위탁의 위법성 여부

【사안의 개요】

① 국가정보원 수사관은 A 등의 전화대화 감청에 대한 통신제한조치 허가서를 법원으로부터 발부받은 후, 甲에게 허가서가 발부된 사실을 알려주고 이를 보여주면서 기간과 범위를 설명한 다음 각 대상자의 대화를 녹음해 달라고 요청하였다. 그 후 甲은 그 대상자의 대화를 녹음한 후 수사관에게 제출하였다.

② 피고인은 법정에서 다음과 같이 주장하였다. 통신비밀보호법 제9조 제1항, 제14조에 따르면 감청에 따른 '대화의 녹음·청취'의 경우에는 집행위탁이 허용되

지 않는다. 만약 허용된다고 하더라도 같은 법 제9조 제2항, 제3항에 따라 집행위탁을 받은 자는 그에 관한 대장을 작성하여야 한다. 따라서 甲에게 집행위탁을 하여 취득한 이 사건 채택 녹음파일들은 통신비밀보호법을 위반하여 수집된 증거로서 증거능력이 없다.

【법원 판단】[34]

　　우편물의 검열 또는 전기통신의 감청(이하 '통신제한조치'라 한다)과 관련하여, 통신비밀보호법 제9조 제1항은 '통신제한조치는 이를 청구 또는 신청한 검사·사법경찰관 또는 정보수사기관의 장이 집행한다. 이 경우 체신관서 기타 관련기관 등(이하 '통신기관 등'이라 한다)에 그 집행을 위탁하거나 집행에 관한 협조를 요청할 수 있다'라고 규정하고, 나아가 같은 법 제9조 제3항은 '통신제한조치를 집행하는 자와 이를 위탁받거나 이에 관한 협조요청을 받은 자는 당해 통신제한조치를 청구한 목적과 그 집행 또는 협조일시 및 대상을 기재한 대장을 대통령령이 정하는 기간 동안 비치하여야 한다'라고 규정하면서, 같은 법 제17조 제1항 제2호는 위 대장을 비치하지 아니한 자를 처벌하도록 규정하고 있다.

　　이처럼 통신비밀보호법 제9조 제1항 후문 등에서 통신기관 등에 대한 집행위탁이나 협조요청 및 대장 비치의무 등을 규정하고 있는 것은 통신제한조치의 경우 해당 우편이나 전기통신의 역무를 담당하는 통신기관 등의 협조가 없이는 사실상 그 집행이 불가능하다는 점 등을 고려하여 검사·사법경찰관 또는 정보수사기관의 장(이하 '집행주체'라 한다)이 통신기관 등에 집행을 위탁하거나 집행에 관한 협조를 요청할 수 있음을 명확히 하는 한편 통신기관 등으로 하여금 대장을 작성하여 비치하도록 함으로써 사후 통제를 할 수 있도록 한 취지라고 할 것이다.

　　한편 '대화의 녹음·청취'에 관하여 통신비밀보호법 제14조 제2항은 통신비밀보호법 제9조 제1항 전문을 적용하여 집행주체가 집행한다고 규정하면서도, 통신기관 등에 대한 집행위탁이나 협조요청에 관한 같은 법 제9조 제1항 후문을 적용하지 않고 있으나, 이는 '대화의 녹음·청취'의 경우 통신제한조치와 달리 통신기관의 업무와 관련이 적다는 점을 고려한 것일 뿐이므로, 반드시 집행주체가 '대화의 녹음·청취'를 직접 수행하여야 하는 것은 아니다. 따라서 집행주체가 제3자의 도

---

34) 대법원 2015. 1. 22. 선고 2014도10978 전원합의체 판결.

움을 받지 않고서는 '대화의 녹음·청취'가 사실상 불가능하거나 곤란한 사정이 있는 경우에는 비례의 원칙에 위배되지 않는 한 제3자에게 집행을 위탁하거나 그로부터 협조를 받아 '대화의 녹음·청취'를 할 수 있다고 봄이 타당하고, 그 경우 통신기관 등이 아닌 일반 사인에게 대장을 작성하여 비치할 의무가 있다고 볼 것은 아니다.

14) 감청 대상인 발언자의 범위

【사안의 개요】

① 수사기관은 법원으로부터 피의자 A를 대상자로 하는 감청 허가서인 통신제한조치 허가서를 발부받았다. 위 허가서는 그 통신제한조치의 종류에 '대화의 녹음·청취'를 포함하고 있고, 통신제한조치의 대상과 범위를 '대상자와 상대방 사이의 국가보안법위반 혐의사실을 내용으로 하는 대화에 대한 녹음 및 청취'로 기재하고 있다.

② A가 참석한 2013. 5. 12. 회합에는 약 130여 명의 인원이 참석하여 일정한 사항에 관하여 강연을 하고 이를 청취하거나, 같은 주제에 관하여 토론하고 그 내용을 발표하는 등의 행사가 진행되었다.

③ 수사기관은 위 허가서에 근거하여 2013. 5. 12. 회합에서 이루어진 사람들의 대화 내용을 녹음하였는데, 당시 녹음된 내용은 1) A가 참석한 행사에서 강연자나 사회자, 발표자가 참석자들 전원을 대상으로 발언한 부분, 2) A가 참석한 가운데 이루어지는 토론에서 A와 상대방 사이의 대화, 3) 행사 시작 전후에 B가 A와는 무관하게 제3의 인물과 대화를 나누는 부분이었다.

④ 피의자 A는 법정에서 다음과 같이 주장하였다. 통신비밀보호법 제6조 제1항은 각 피의자별로 통신제한조치 허가를 신청하도록 하고 있다. 이 사건 녹음파일은 피의자에 대한 통신제한조치 허가서에 근거하여 위 허가서에 기재되지 않은 타인의 대화를 녹음한 것으로 위 규정에 반한다. 또한 통신비밀보호법 제8조는 위와 같이 통신제한조치 허가서에 기재되지 않은 타인의 대화를 녹음한 경우 사후에 법원의 허가를 받도록 하고 있다. 그러나 검사는 이러한 경우에도 법원의 사후 허가를 받지 않아 위 규정을 위반하였다.

【법원 판단】[35)]

통신비밀보호법 제1조는 … '통신'과 '대화'로 구분하고 있다. … '대화'의 정의 규정은 없다. … 통신비밀보호법상 '대화'는 우편이나 전자적 방식의 중계에 의하지 아니한, 원칙적으로 장소적으로 근접한 현장에 있는 당사자 간의 육성에 의한 의사소통행위를 의미 … 당사자가 마주 대하여 이야기를 주고받는 경우만을 가려내어 이러한 것만이 보호된다고 해석할 것은 아니므로 … 당사자 중 한 명이 일방적으로 말하고 상대방은 듣기만 하는 경우 역시 포함된다.

위 허가서들에 기한 녹음·청취의 대상 및 범위에는 허가서 기재 대상자의 발언뿐만 아니라 그 대화 상대방의 발언도 포함된다. … 허가서에 기재된 대상자가 참석한 위 행사에서 강연자나 사회자, 발표자 등이 참석자들 전원을 대상으로 발언한 부분 또는 대상자가 참석한 가운데 이루어지는 토론은 대상자와 상대방 사이의 대화에 포함되고, 대상자 이외의 사람들이 말한 부분은 대화의 상대방의 발언으로서 허가서의 녹음·청취 범위에 포함된다. … 다만, 위 녹음 내용 중에는 행사 시작 전후에 B가 대상자와는 무관하게 제3의 인물과 대화를 나누는 부분이 포함되어 있는데, 이 부분은 허가서의 녹음·청취 범위에 포함된다고 보기 어렵다. … 그러나 '통신제한조치'나 '대화의 녹음·청취'에 있어서는 불가피하게 허가된 대상과 범위를 벗어나는 현장음이나 제3자의 음성이 포함될 수밖에 없음을 고려할 때, 일부 허가의 범위를 벗어난 내용이 녹음되어 있다고 하여 그 녹음 전체가 위법하다고 볼 수는 없다.

15) 공소제기 후 진행된 수사의 위법성 문제

가) 피고사건과 관련하여 피고인에 대한 수사를 위한 압수·수색 가능여부

(1) 당해 사건에 대해서는 원칙적 소극

형사소송법은 제215조에서 검사가 압수·수색영장을 청구할 수 있는 시기를 공소제기 전으로 명시적으로 한정하고 있지는 아니하나 … 일단 공소가 제기된 후에는 그 피고 사건에 관하여 검사로서는 법 제215조에 의하여 압수·수색을 할 수

---

35) 서울고등법원 2014. 8. 11. 선고 2014노762 판결(대법원 2015. 1. 22. 선고 2014도10978 전원합의체 판결로 확정).

없다고 보아야 하며, 그럼에도 검사가 공소제기 후 법 제215조에 따라 수소법원 이외의 지방법원판사에게 청구하여 발부받은 영장에 의하여 압수·수색을 하였다 면, 그와 같이 수집된 증거는 기본적 인권 보장을 위해 마련된 적법한 절차에 따르 지 않은 것으로서 원칙적으로 유죄의 증거로 삼을 수 없다.[36]

(2) 공소제기된 범죄사실이 아닌 다른 범죄사실에 대해서는 원칙적 적극

공소가 제기되지 않은 범죄사실은 수소법원에 계속 중인 사건이 아니므로, 이 러한 범죄사실에 대해서는 공판중심주의·직접주의·당사자주의 원칙의 적용이 문 제될 수 없다. 또한 수소법원의 심판 대상은 공소장에 기재된 범죄사실에 한정되 므로, 수소법원은 공소장에 기재되어 있지 않아 심판할 수 없는 범죄사실에 대해 서는 압수·수색영장을 발부할 수 없다.

따라서 검사는 공소제기된 범죄사실에 대하여 추가수사를 하기 위해서는 수 소법원에 압수·수색영장을 청구해야 하지만, 공소제기된 범죄사실이 아닌 다른 범죄사실에 대해서는 형사소송법 제215조에 따라 지방법원 판사에게 압수·수색 영장을 청구할 수 있고, 그 압수·수색영장의 집행을 통해 취득한 증거는 적법한 절차에 따라 수집된 증거로서 증거능력이 있다.[37]

(3) 기소 후 이루어진 압수·수색영장에 기재된 일부 범죄사실이 피고사건의 공소사실과 동일한 경우 해당 압수·수색영장이 무효인지, 해당 압수·수색영장으로 수집된 다른 범죄사실에 대한 증거 역시 모두 무효인지

검사가 기소 후 압수·수색영장을 청구한 목적, 기소 후 이루어진 압수·수색 영장에 기재되어 있는 범죄사실과 공소사실의 비교, 압수·수색영장에 의하여 압 수하려고 한 물건과 실제로 압수한 물건 등을 종합적으로 고려하여, 압수·수색영 장에 잘못된 기재사항이 일부 포함되어 있다고 하더라도 그 부분이 다른 기재사항 과 구분되고, 기재사항의 잘못이 압수·수색영장 전체를 위법하게 할 정도로 중대

---

36) 대법원 2011. 4. 28. 선고 2009도10412 판결. 이는 검사가 피고인을 기소한 후, 공판절차 진행 중에 법 제215조에 의하여 수소법원이 아닌 지방법원 판사로부터 피고인에 대한 압수·수색영장 을 발부받고 압수물을 위 피고인에 대한 재판의 유죄 증거로 제출한 사안이다. 법원은 검사로서는 이 사건에서 수소법원에 압수·수색에 관한 직권발동을 촉구하거나 법 제272조에 의한 사실조회 를 신청하여 절차를 위반하지 않고서도 소정의 증명 목적을 달성할 수 있었던 점 등 그 판시와 같은 사정들에 비추어 볼 때, 위 증거들이 유죄 인정의 증거로 사용할 수 있는 예외적인 경우에 해당하지 않는다고 판단하였다.

37) 서울중앙지방법원 2020. 12. 23. 선고 2019고합738, 927, 1050(병합) 판결.

하지 않으면 압수·수색영장 자체가 무효라고 할 수 없고, 압수·수색영장의 잘못된 기재사항에 의하여 이루어진 집행행위만 위법한 것이므로, 그러한 집행행위를 통하여 취득한 증거만 증거능력이 없다고 보는 것이 타당하다.[38]

나) 기소 후 피고사건과 관련하여 작성된 조서의 증거능력

(1) 당해 사건에 관한 피고인 또는 공범에 대한 피의자신문조서·진술조서의 증거능력

대법원은 검사가 공소제기 후 당해 사건에 관하여 피고인 또는 공범자에 대한 피의자신문조서나 진술조서를 작성하였더라도 그러한 사정만으로는 그 증거능력을 부정할 수 없다고 일관되게 판시하고 있다.[39]

비록 대법원의 입장에 의할 때 기소 후 당해 사건과 관련하여 피고인 조사가 가능하다고 하더라도 기소 후에는 피고인은 소송 당사자로서의 지위를 가지므로 기소 후 피고인을 조사하는 것은 당사자의 요청이 있거나 해당 범죄사실에 대해 피고인 외에 진범이 나타나는 등 예외적인 경우를 제외하고는 자제하는 것이 바람직하다.

(2) 당해 사건에 관한 참고인에 대한 진술조서·진술서 등의 증거능력

(가) 판단기준

이에 대한 명시적인 대법원 판례는 없지만, 공소제기 후에 피고인 조사를 인정하는 대법원 판례의 태도에 비추어 공소제기 후 당해 사건에 관하여 참고인 조사 역시 허용된다고 볼 것이다.[40] 다만, 피고인에게 유리한 증언을 한 증인을 수사기관이 신문하여 증언내용에 대한 조서를 받는 것은 허용되지 않는다고 해야 한다.[41]

또한, 서울중앙지방법원도 "공소가 제기된 후에 이루어진 임의수사는 당사자주의·공판중심주의·직접심리주의에 반하거나 피고인의 공정한 재판을 받을 권리를 침해하는 예외적인 사유에 해당하지 않는 한 원칙적으로 허용된다. 따라서 검사가 작성한 참고인들에 대한 진술조서가 피고 사건의 공소가 제기된 후에 작성되었다는 사정만으로 그 증거능력이 없다고 할 수 없고, 참고인들의 진술을 통하여

---

38) 서울중앙지방법원 2020. 12. 23. 선고 2019고합738, 927, 1050(병합) 판결.

39) 대법원 1982. 6. 8. 선고 82도754 판결, 대법원 1984. 9. 25. 선고 84도1646 판결, 서울중앙지방법원 2020. 12. 23. 선고 2019고합738, 927, 1050(병합) 판결.

40) 이재상, 형사소송법(제11판), 358쪽.

41) 이재상, 형사소송법(제11판), 358쪽.

얻어진 2차 증거들의 증거능력도 인정된다. 공소가 제기된 후 검찰조사를 받은 참고인들이 이 법정에서 검사가 작성한 진술조서에 대한 성립의 진정과 진술의 임의성을 인정하는 진술을 하였고, 이와 달리 변호인이 주장하는 사유로 인하여 참고인들이 검찰조사에서 허위의 진술을 하였다거나 예외적으로 증거능력을 부정할 만한 위법사유가 있었다고 보이지 않는다. 따라서 변호인의 위 주장을 받아들이지 않는다"라고 판시하였다.[42]

(나) 법정에서 증언을 한 증인을 검사가 소환하여 작성한 진술조서 및 진술서의 증거능력

공판준비 또는 공판기일에서 이미 증언을 마친 증인을 검사가 소환한 후 피고인에게 유리한 그 증언 내용을 추궁하여 이를 일방적으로 번복시키는 방식으로 작성한 진술조서를 유죄의 증거로 삼는 것은 당사자주의·공판중심주의·직접주의를 지향하는 현행 형사소송법의 소송구조에 어긋나는 것일 뿐만 아니라, 헌법 제27조가 보장하는 기본권, 즉 법관의 면전에서 모든 증거자료가 조사·진술되고 이에 대하여 피고인이 공격·방어할 수 있는 기회가 실질적으로 부여되는 재판을 받을 권리를 침해하는 것이므로, 이러한 진술조서는 피고인이 증거로 할 수 있음에 동의하지 아니하는 한 그 증거능력이 없다고 하여야 할 것이고, 그 후 원진술자인 종전 증인이 다시 법정에 출석하여 증언을 하면서 그 진술조서의 성립의 진정함을 인정하고 피고인 측에 반대신문의 기회가 부여되었다고 하더라도 그 증언 자체를 유죄의 증거로 할 수 있음은 별론으로 하고 위와 같은 진술조서의 증거능력이 없다는 결론은 달리할 것이 아니다.[43]

이러한 법리는 검사가 공판준비기일 또는 공판기일에서 이미 증언을 마친 증인을 소환하여 피고인에게 유리한 증언 내용을 추궁한 다음 진술조서를 작성하는 대신 그로 하여금 본인의 증언 내용을 번복하는 내용의 진술서를 작성하도록 하여 법원에 제출한 경우에도 마찬가지로 적용되고,[44] 검사가 공판준비 또는 공판기일에서 이미 증언을 마친 증인에게 수사기관에 출석할 것을 요구하여 그 증인을 상대로 위증의 혐의를 조사한 내용을 담은 피의자신문조서의 경우도 마찬가지이다.[45]

---

42) 서울중앙지방법원 2020. 12. 23. 선고 2019고합738, 927, 1050(병합) 판결.
43) 대법원 2000. 6. 15. 선고 99도1108 전원합의체 판결.
44) 대법원 2012. 6. 14. 선고 2012도534 판결.
45) 대법원 2013. 8. 14. 선고 2012도13665 판결은 "기록에 의하면, A에 대한 각 검찰 피의자신문조서

(3) 피고인에 대한 1심 무죄 선고 후, 항소심에서 검사가 증인으로 신청하여 신문할 수 있는 사람을 수사기관에 소환하여 작성한 진술조서의 증거능력

제1심에서 피고인에 대하여 무죄판결이 선고되어 검사가 항소한 후, 수사기관이 항소심 공판기일에 증인으로 신청하여 신문할 수 있는 사람을 특별한 사정 없이 미리 수사기관에 소환하여 작성한 진술조서는 피고인이 증거로 할 수 있음에 동의하지 않는 한 증거능력이 없다. 검사가 공소를 제기한 후 참고인을 소환하여 피고인에게 불리한 진술을 기재한 진술조서를 작성하여 이를 공판절차에 증거로 제출할 수 있게 한다면, 피고인과 대등한 당사자의 지위에 있는 검사가 수사기관으로서의 권한을 이용하여 일방적으로 법정 밖에서 유리한 증거를 만들 수 있게 하는 것이므로 당사자주의·공판중심주의·직접심리주의에 반하고 피고인의 공정한 재판을 받을 권리를 침해하기 때문이다.[46]

다) 검사가 공판기일에 증인으로 신청하여 신문할 사람을 수사기관에 미리 소환하여 면담한 경우 해당 증인의 법정진술의 신빙성

검사가 공판기일에 증인으로 신청하여 신문할 사람을 특별한 사정 없이 미리 수사기관에 소환하여 면담하는 절차를 거친 후 증인이 법정에서 피고인에게 불리

사본은 A가 제1심 공판기일에서 증언을 마친 후 검사가 A를 소환하여 위증죄의 피의자로 조사하면서 작성한 것으로서, 이는 피고인이 이 사건 지게차를 가져간 경위에 관한 A의 법정에서의 증언 내용을 검사가 추궁하여 A로부터 그 중 일부가 진실이 아니라는 취지의 번복 진술을 받아낸 것인 사실, 검사가 A에 대한 각 검찰 피의자신문조서 사본을 원심법원에 유죄의 증거로 제출하자 피고인은 이를 증거로 함에 동의하지 아니하였고, 이에 검사의 신청에 따라 A가 증인으로 채택되었으나 소환이 되지 아니하여 A에 대한 증인신문이 이루어지지 못하자 원심은 A를 증인으로 채택한 결정을 취소한 다음 그에 대한 각 검찰 피의자신문조서 사본을 증거로 채택한 사실을 알 수 있다. 이러한 사실관계를 앞서 본 법리에 비추어 살펴보면, A에 대한 각 검찰 피의자신문조서 사본 역시 이 사건에서 증거능력이 없다고 할 것이다"라고 판시하였다.

46) 대법원 2019. 11. 28. 선고 2013도6825 판결. 이 사건의 경위는 다음과 같다. 검사는 참고인 A에 대한 진술조서를 작성하였고, 피고인을 기소한 후 해당 진술조서를 피고인에 대한 주된 증거로 법원에 제출하였다. 피고인은 A에 대한 진술조서에 동의하여 A의 출석 없이 공판절차가 진행되었다. 그 후 1심 법원이 피고인에 대해 무죄를 선고하자, 검사는 이에 대해 항소하면서 항소이유서에 A를 증인으로 신청할 예정이라고 주장하였다. 그 후 검사는 항소심 1회 공판기일이 열리기 하루 전에 A를 참고인으로 불러 조사하면서 추가 진술조서(이하 '이 사건 진술조서'라 한다)를 작성하였다. 검사는 이 사건 진술조서를 작성하면서 A에게 1심 무죄 판결과 변호인의 의견서를 보여주고 A가 알고 있는 내용과 다른 부분을 알려달라고만 하였을 뿐 곧 있을 항소심에서 A를 증인신청할 예정이라고 알려주지 않았다. 항소심 1회 공판기일이 열리자 검사는 이 사건 진술조서를 증거로 제출하고 피고인이 이 사건 진술조서에 부동의하자 A를 증인으로 신청하였다. 이 사건 진술조서를 작성할 당시 A는 검찰에서 별건으로 수사를 받고 있었을 뿐만 아니라, 일부 별건으로 기소되어 공판절차가 진행 중이었다.

한 내용의 진술을 한 경우, 검사가 증인신문 전 면담 과정에서 증인에 대한 회유나 압박, 답변 유도나 암시 등으로 증인의 법정진술에 영향을 미치지 않았다는 점이 담보되어야 증인의 법정진술을 신빙할 수 있다고 할 것이다. 증인에 대한 회유나 압박 등이 없었다는 사정은 검사가 증인의 법정진술이나 면담 과정을 기록한 자료 등으로 사전면담 시점, 이유와 방법, 구체적 내용 등을 밝힘으로써 증명하여야 한다.

검사는 제1심과 원심에서 두 차례에 걸쳐 증인신문 전에 A를 소환하여 면담하였다. 면담 과정에서 A는 자신의 검찰 진술조서와 제1심 법정진술 내용을 확인하였을 뿐만 아니라 검사에게 법정에서 증언할 사항을 물어보기까지 하였다. 그리고 그 직후 이루어진 증인신문에서 ○○지검 사건 및 차명 휴대전화와 관련하여 종전 진술을 번복하였고, ○○지검 사건에 대해서는 피고인에게 불리한 진술을 점점 구체적으로 하였다. 사정이 이러하다면 A가 제1심과 원심 법정에서 진술하기 전에 검찰에 소환되어 면담하는 과정에서 수사기관의 회유나 압박, 답변 유도나 암시 등의 영향을 받아 종전에 한 진술을 공소사실에 부합하는 진술로 변경하였을 가능성을 배제하기 어렵다. 따라서 검사가 증인신문 전 면담 과정에서 회유나 압박 등으로 A의 법정진술에 영향을 미치지 않았다는 점을 증인의 진술 등으로 증명하지 못하는 한 원심이 제1심과 달리 유죄로 판단한 근거가 된 A의 ○○지검 사건 관련 법정진술 및 차명 휴대전화 관련 원심 법정진술은 신빙성을 인정하기 어렵다.[47]

라) 공소제기 후에 당해 사건에 관하여 임의제출받은 증거의 증거능력

공소가 제기된 후에도 피고인이나 제3자가 피고사건에 관한 증거물을 수사기관에 제출하는 경우에는 수사기관은 특별한 사정이 없는 한 형사소송법 제218조에 의하여 임의제출물을 압수할 수 있다. 공소제기 후 수사기관의 임의제출물 압수가 반드시 공소장 송달이나 공판준비기일 진행 전에 이루어져야만 적법하다고 볼 것은 아니다.[48]

---

47) 대법원 2021. 6. 10. 선고 2020도15891 판결.
48) 서울고등법원 2021. 8. 11. 선고 2021노14 판결(대법원 2021도11170 판결로 확정).

나. 2차적 증거(파생증거)의 증거능력과 관련한 구체적 사례

1) 진술거부권을 고지하지 않은 상태에서 임의로 행해진 피고인의 자백을 기초로 한 2차적 증거 중 피고인 및 피해자의 법정진술

진술거부권을 고지하지 않은 것이 단지 수사기관의 실수일 뿐 피의자의 자백을 이끌어내기 위한 의도적이고 기술적인 증거확보의 방법으로 이용되지 않았고, 그 이후 이루어진 신문에서는 진술거부권을 고지하여 잘못이 시정되는 등 수사 절차가 적법하게 진행되었다는 사정, 최초 자백 이후 구금되었던 피고인이 석방되었다거나 변호인으로부터 충분한 조력을 받은 가운데 상당한 시간이 경과하였음에도 다시 자발적으로 계속하여 동일한 내용의 자백을 하였다는 사정, 최초 자백 외에도 다른 독립된 제3자의 행위나 자료 등도 물적 증거나 증인의 증언 등 2차적 증거 수집의 기초가 되었다는 사정, 증인이 그의 독립적인 판단에 의해 형사소송법이 정한 절차에 따라 소환을 받고 임의로 출석하여 증언하였다는 사정 등은 통상 2차적 증거의 증거능력을 인정할 만한 정황에 속한다.

강도 현행범인으로 체포된 피고인에게 진술거부권을 고지하지 아니한 채 강도범행에 대한 자백을 받고, 이를 기초로 여죄에 대한 진술과 증거물을 확보한 후 진술거부권을 고지하여 피고인의 임의자백 및 피해자의 피해사실에 대한 진술을 수집한 사안에서, 대법원은 "제1심 법정에서의 피고인의 자백은 진술거부권을 고지받지 않은 상태에서 이루어진 최초 자백 이후 40여 일이 지난 후에 변호인의 충분한 조력을 받으면서 공개된 법정에서 임의로 이루어진 것이고, 피해자의 진술은 법원의 적법한 소환에 따라 자발적으로 출석하여 위증의 벌을 경고받고 선서한 후 공개된 법정에서 임의로 이루어진 것이어서, 예외적으로 유죄 인정의 증거로 사용할 수 있는 2차적 증거에 해당한다"라고 판시하였다.[49]

---

49) 대법원 2009. 3. 12. 선고 2008도11437 판결.

2) 영장 없이 획득한 금융거래정보에 기하여 범인을 특정하여 긴급체포한 경우, 제1심 법정에서의 자백 및 해당 범죄사실 이외의 범죄에 대한 피해자들의 진술

【사안의 개요】

① 2012. 2. 1.경 피해자로부터 절도 범행 신고를 받은 경찰관들은 범행현장인 대구백화점 내 ○○○ 매장에서 범인이 벗어 놓고 간 점퍼와 그 안에 있는 이 사건 카드회사 발행의 매출전표를 발견한 후, 이 사건 카드회사에 공문을 발송하는 방법으로 이 사건 카드회사로부터 위 매출전표의 거래명의자가 누구인지 그 인적 사항을 알아내었고 이를 기초로 하여 피고인을 범행의 용의자로 특정하였다.

② 경찰관들은 2012. 3. 2. 피고인의 주거에서 절도 혐의로 피고인을 긴급체포하였다. 긴급체포 당시 피고인의 집 안에 있는 신발장 등에서 새것으로 보이는 구두 등이 발견되었는데, 그 이후 구금 상태에서 이루어진 2차례의 경찰 피의자신문에서 피고인은 위와 같은 절도 범행(이하 '제1범행'이라 한다) 이외에도 위 구두는 2012. 1. 초 대구백화점 △△△△ 매장에서 절취한 것(이하 '제2범행'이라 한다)이라는 취지로 자백하였다.

③ 그 후 검사는 피고인에 대하여 구속영장을 청구하였으나 2012. 3. 4. 대구지방법원이 피고인에 대한 구속영장을 기각하여 같은 날 피고인이 석방되었다.

④ 2012. 3. 9. 피고인은 경찰에서 이루어진 제3회 피의자신문에서 2011. 4.경 대구 중구에 있는 동아쇼핑 지하 1층 ▽▽▽ 매장에서 구두 1켤레를 절취하였다(이하 '제3범행'이라 한다)고 자백하였고, 피해품인 위 구두를 경찰에 임의로 제출하였다.

④ 한편 위와 같은 자백 등을 기초로 제2, 3범행의 피해자가 확인된 후 2012. 3. 18.경 그 피해자들이 피해 사실에 관한 각 진술서를 제출하였고, 그 후 2012. 6. 20. 열린 제1심 제2회 공판기일에서 피고인은 제1 내지 3 범행에 대하여 전부 자백하였다.

【법원 판단】[50]

수사기관이 법관의 영장에 의하지 아니하고 매출전표의 거래명의자에 관한 정보를 획득한 경우, 이에 터 잡아 수집한 2차적 증거들, 예컨대 피의자의 자백이

---

50) 대법원 2013. 3. 28. 선고 2012도13607 판결.

나 범죄 피해에 대한 제3자의 진술 등이 유죄 인정의 증거로 사용될 수 있는지를 판단할 때, 수사기관이 의도적으로 영장주의의 정신을 회피하는 방법으로 증거를 확보한 것이 아니라고 볼 만한 사정, 위와 같은 정보에 기초하여 범인으로 특정되어 체포되었던 피의자가 석방된 후 상당한 시간이 경과하였음에도 다시 동일한 내용의 자백을 하였다거나 그 범행의 피해품을 수사기관에 임의로 제출하였다는 사정, 2차적 증거 수집이 체포 상태에서 이루어진 자백 등으로부터 독립된 제3자의 진술에 의하여 이루어진 사정 등은 통상 2차적 증거의 증거능력을 인정할 만한 정황에 속한다고 볼 수 있다.

　　이 사건에서 수사기관이 법관의 영장도 없이 위와 같이 매출전표의 거래명의자에 관한 정보를 획득한 조치는 위법하다고 할 것이므로, 그러한 위법한 절차에 터 잡아 수집된 증거의 증거능력은 원칙적으로 부정되어야 할 것이고, 따라서 이와 같은 과정을 통해 수집된 증거들의 증거능력 인정 여부에 관하여 특별한 심리·판단도 없이 곧바로 위 증거들의 증거능력을 인정한 제1심의 판단을 그대로 유지한 원심의 조치는 적절하다고 할 수 없다.

　　그러나 피고인의 제1심 법정에서의 자백은 수사기관이 법관의 영장 없이 그 거래명의자에 관한 정보를 알아낸 후 그 정보에 기초하여 긴급체포함으로써 구금 상태에 있던 피고인의 최초 자백과 일부 동일한 내용이기는 하나, 피고인의 제1심 법정에서의 자백에 이르게 되기까지의 앞서 본 바와 같은 모든 사정들, 특히 피고인에 대한 구속영장이 기각됨으로써 석방된 이후에 진행된 제3회 경찰 피의자신문 당시에도 제3범행에 관하여 자백하였고, 이 사건 범행 전부에 대한 제1심 법정 자백은 최초 자백 이후 약 3개월이 지난 시점에 공개된 법정에서 적법한 절차를 통하여 임의로 이루어진 것이라는 점 등을 전체적·종합적으로 고려하여 볼 때 이는 유죄 인정의 증거로 사용할 수 있는 경우에 해당한다고 보아야 할 것이다.

　　나아가 제2, 3범행에 관한 각 피해자들의 진술서 또한 그 진술에 이르게 되기까지의 앞서 본 바와 같은 모든 사정들, 즉 수사기관이 매출전표의 거래명의자에 관한 정보를 획득하기 위하여 이 사건 카드회사에 공문까지 발송하였던 사정 등에 비추어 볼 때 의도적·기술적으로 금융실명법이 정하는 영장주의의 정신을 회피하려고 시도한 것은 아니라고 보이는 점, 제2, 3범행에 관한 피해자들 작성의 진술서는 제3자인 피해자들이 범행일로부터 약 3개월, 11개월 이상 지난 시점에서 기존의 수사절차로부터 독립하여 자발적으로 자신들의 피해 사실을 임의로 진술한 것으로 보이고, 특히 제3범행에 관한 진술서의 경우 앞서 본 바와 같이 피고인이 이미 석방되었음에도 불구하고 이 부분 범행 내용을 자백하면서 피해품을 수사기관에 임의로 제출한 이후에 비로소 수집된 증거인 점 등을 고려하여 볼 때, 위 증거들 역시 유죄 인정의 증거로 사용할 수 있는 경우에 해당한다고 봄이 타당하다.

3) 위법한 강제연행 후 법원으로부터 피의자의 소변 등 채취에 관한 압수영장을 발부받아 그 영장에 의하여 2차 채뇨가 이루어진 다음 이를 분석한 소변감정서의 증거능력

【사안의 개요】

① 피고인의 지인인 A는 2012. 5. 5. 01:00경 '피고인이 정신분열증 비슷하게 안절부절못하는 등 정신이 이상한 것 같은데 모텔에서 마약을 하였거나 자살할 우려가 있다'라는 취지로 경찰에 신고하였다.

② 이에 경찰관들이 피고인이 있던 모텔 방에 들어갔고, 당시 피고인은 마약 투약혐의를 부인하는 한편 모텔 방안에서 운동화를 신고 안절부절못하면서 경찰관 앞에서 바지와 팬티를 모두 내리는 등의 행동을 하였다.

③ 경찰관들은 피고인에게 마약 투약이 의심되므로 경찰서에 가서 채뇨를 통하여 투약 여부를 확인하자고 하면서 동행을 요구하였고, 이에 대하여 피고인이 "영장 없으면 가지 않겠다"라는 취지의 의사를 표시한 적이 있음에도 피고인을 경찰서로 데려갔다.

④ 피고인은 같은 날 03:25경 경찰서에서 채뇨를 위한 '소변채취동의서'에 서명하고 그 소변을 제출(이하 '제1차 채뇨절차'라 한다)하였는데, 소변에 대한 간이시약검사결과 메스암페타민에 대한 양성반응이 검출되어 이를 시인하는 취지의 '소변검사시인서'에도 서명하였다.

⑤ 경찰관들은 같은 날 07:50경 피고인을 마약류 관리에 관한 법률위반(향정) 혐의로 긴급체포하였고, 23:00경 피고인에 대한 구속영장과 피고인의 소변 및 모발 등에 대한 압수·수색·검증영장(이하 '압수영장'이라 한다)을 청구하여 2012. 5. 6.경 부산지방법원으로부터 위 각 영장이 발부되었다.

⑥ 경찰관들은 2012. 5. 7. 피고인에게 압수영장을 제시하고 피고인으로부터 소변과 모발을 채취(이하 '제2차 채뇨절차'라 한다)하고, 이를 송부받은 국립과학수사연구소는 피고인의 소변과 모발에서 메스암페타민에 대한 양성반응이 검출되었다는 내용이 담긴 이 사건 소변 감정서 및 모발 감정서(이하 '이 사건 각 감정서'라 한다)를 제출하였다.

【법원 판단】[51]

피고인이 동행을 거부하겠다는 의사를 표시하였음에도 불구하고 경찰관들이 영장에 의하지 아니하고 피고인을 강제로 연행한 조치는 위법한 체포에 해당하고, 이와 같이 위법한 체포상태에서 마약 투약 여부의 확인을 위한 채뇨 요구가 이루어진 이상, 경찰관들의 채뇨 요구 또한 위법하다고 평가할 수밖에 없다. 그렇다면 위와 같이 위법한 채뇨 요구에 의하여 수집된 '소변검사시인서'는 적법한 절차에 따르지 아니한 것으로서 유죄 인정의 증거로 삼을 수 없다고 할 것이다.

그러나 이 사건 각 소변감정서는 다음에서 보는 사정을 전체적·종합적으로 고려하여 볼 때, 이를 유죄 인정의 증거로 사용할 수 있는 경우에 해당한다.

우선 연행 당시 피고인이 … 마약을 투약한 것이거나 자살할지도 모른다는 취지의 구체적 제보 … 경찰관 앞에서 바지와 팬티를 내리는 등 비상식적인 행동을 하였고 … 당시 상황에 비추어 피고인에 대한 긴급한 구호의 필요성이 전혀 없었다고 볼 수 없다.

나아가 위와 같은 상황에서는 … 긴급체포하는 것도 고려할 수 있었다고 할 것이고, 실제로 경찰관들은 그 임의동행시점으로부터 얼마 지나지 아니하여 … 긴급체포의 절차를 밟는 등 절차의 잘못을 시정하려고 한 바 있으므로, 경찰관들의 위와 같은 임의동행조치는 단지 그 수사의 순서를 잘못 선택한 것이라고 할 수 있지만 관련 법규정으로부터의 실질적 일탈 정도가 헌법에 규정된 영장주의 원칙을 현저히 침해할 정도에 이르렀다고 보기 어렵다.

그리고 연행 당시 … 피고인이 마약 투약 혐의를 부인하면서 경찰서에의 동행을 거부하였으므로 경찰관들로서는 피고인의 임의 출석을 기대하기 어려울 뿐 아니라, 시일의 경과에 따라 피고인의 신체에서 마약 성분이 희석·배설됨으로써 증

---

51) 대법원 2013. 3. 14. 선고 2012도13611 판결.

거가 소멸될 위험성이 농후하였으므로 달리 적법한 증거수집 방법도 마땅하지 아니하였다고 할 것이다.

그렇다면 설령 수사기관의 연행이 위법한 체포에 해당하고 그에 이은 제1차 채뇨에 의한 증거 수집이 위법하다고 하더라도, 피고인은 이후 법관이 발부한 구속영장에 의하여 적법하게 구금되었고 법관이 발부한 압수영장에 의하여 2차 채뇨 및 채모 절차가 적법하게 이루어진 이상, 그와 같은 2차적 증거 수집이 위법한 체포·구금절차에 의하여 형성된 상태를 직접 이용하여 행하여진 것으로는 쉽사리 평가할 수 없으므로, 이와 같은 사정은 체포과정에서의 절차적 위법과 2차적 증거 수집 사이의 인과관계를 희석하게 할 만한 정황에 속한다고 할 것이다.

반면 메스암페타민 투약 범행은 … 중대한 범죄이다. 이와 같이 중대한 범행의 수사를 위하여 피고인을 경찰서로 동행하는 과정에서 위법이 있었다는 사유만으로 법원의 영장 발부에 기하여 수집된 2차적 증거의 증거능력마저 부인한다면, 이는 오히려 헌법과 형사소송법이 형사소송에 관한 절차조항을 마련하여 적법절차의 원칙과 실체적 진실 규명의 조화를 도모하고 이를 통하여 형사 사법 정의를 실현하려 한 취지에 반하는 결과를 초래하게 될 것이라는 점도 아울러 참작될 필요가 있다.

4) 구속영장을 제시하지 아니하고 A를 구속한 다음, 그 후 이루어진 A에 대한 검사 작성 피의자신문조서 및 A의 법정진술의 증거능력

피고인은 2008. 6. 25. 08:38경 체포영장에 의하여 체포되어 같은 날 11:00경 수원지방검찰청 검사실에 인치된 후 2008. 6. 26. 00:40경 수원구치소에 구금된 사실, 피고인에 대한 구속영장이 2008. 6. 27. 발부된 사실, 위 구속영장은 같은 날 23:10경 수원구치소에서 교도관리에 의하여 집행된 것으로 구속영장에 기재되어 있는 사실, 2008. 7. 1. 피고인에 대한 검사 작성의 제3회 피의자신문조서가 작성되었고, 그 이후인 2008. 7. 7. 피고인에 대한 검사 작성의 제4회 피의자신문조서가, 2008. 7. 11. 피고인에 대한 검사 작성의 제6회 피의자신문조서가 작성된 사실, 피고인은 2008. 7. 2. 변호인을 선임하였고, 2008. 7. 3. 변호인을 통하여 구속영장을 제시받지 못한 채 불법적으로 구금되어 있다는 등의 사유를 주장하면서 구속적부심사청구를 한 사실, 피고인은 이에 따라 열린 2008초적63 구속적부심사 사건의 심문절차에서 판사로부터 구속영장을 제시받은 사실, 피고인은 검사 작성의 제 4회, 제6회 피의자신문조서에서 이 사건 공소사실 중 일부만을 시인한 사실, 피고 인은 제1심 소송이 계속 중이던 2008. 8. 18. 변호인을 통하여 구속영장을 제시받 지 못한 채 구속되어 있다는 등의 사유를 주장하면서 보석허가청구를 한 사실, 피 고인과 그 변호인은 모두 제1심의 제1회 공판기일에서 범의를 일부 부인하였을 뿐 이 사건 공소사실의 객관적인 사실관계는 모두 인정하였고, 제2회 공판기일 이 후 원심의 각 공판기일에 이르기까지 이 사건 공소사실을 모두 자백한 사실을 알 수 있다.

피고인의 주장과 같이 피고인에 대한 구속영장의 집행 당시 구속영장이 사전 에 제시된 바 없다면, 이는 헌법 및 형사소송법이 정한 절차를 위반한 구속집행이 고, 그와 같은 구속 중에 수집한 피고인의 진술증거인 피고인에 대한 검사 작성의 제3회 내지 제6회의 피의자신문조서와 피고인의 법정진술은 예외적인 경우가 아 닌 한 유죄인정의 증거로 삼을 수 없는 것이 원칙이다. 더욱이 구속 직후 피고인이 위와 같은 구속영장이 사전에 제시됨이 없이 구속된 불법구금임을 주장하면서 법 원에 구속적부심사를 청구하고 제1심 법원에 보석을 청구하는 등 구속집행절차상 의 위법을 다투고 있는 상황이라면, 원심으로서는 피고인에 대한 구속영장을 집행 하는 과정에서 실제로 위 피고인이 주장하는 바와 같은 위법이 있는지를 살펴보고 나아가 위 각 증거를 유죄 인정의 증거로 삼을 수 있는지에 대하여 심리해 보았어 야 한다. 그런데도 제1심이 이 점에 관하여 전혀 심리를 하지 아니한 채 피고인에 대한 검사 작성의 제4회, 제6회의 각 피의자신문조서와 피고인의 법정진술의 각 증거능력을 인정하고 이를 유죄 인정의 증거로 채택하여 이 사건 공소사실에 대하 여 유죄의 죄책을 인정하였으며, 원심은 피고인이 양형부당만을 항소이유로 주장 하였다는 이유만으로 이 점에 대한 심리에 이르지 아니한 채 제1심판결을 그대로 유지하였는바, 이러한 조치는 잘못된 것이다.

그러나 피고인의 제1심 법정진술은, 앞서든 법리나 위 인정사실에 나타난 다 음에서 드는 각 사정을 전체적·종합적으로 고려해 볼 때, 이를 유죄 인정의 증거 로 사용할 수 있는 경우에 해당한다. 즉, 피고인은 구속적부심사의 심문 당시 구속 영장을 제시받은 바 있어 그 이후에는 구속영장에 기재된 범죄사실에 대하여 숙지 하고 있었던 것으로 보이고, 구속 이후 원심에 이르기까지 구속적부심사와 보석의 청구를 통하여 사전에 구속영장을 제시받지 못한 구속집행절차의 위법성만을 다투었을 뿐 그 구속 중 이루어진 피고인의 진술증거인 피고인에 대한 검사 작성의 피의자신문조서와 법정에서의 피고인 진술의 임의성이나 신빙성에 대하여는 전혀 다투지 아니하였으며, 구속 이후 피고인에 대한 검사 작성의 제4회, 제6회 피의자 신문조서의 작성 시에는 이 사건 공소사실 중 일부만을 시인하는 태도를 보이다가, 오히려 변호인과 충분히 상의를 한 제1심 법정 이후에는 이 사건 공소사실 전부에 대하여 자백하는 것으로 태도를 바꾼 후 원심에 이르기까지 그 자백을 번복하고 있지 아니하였다.[52]

5) 위법한 1차 압수·수색영장 집행 이후 이루어진 2차 압수·수색영장 및 그 후 진행된 추가 압수·수색영장과 임의제출로 취득한 증거의 증거능력

【사안의 개요】

① 검사 A는 2018. 2. 8. 피의자 甲에 대해 압수·수색영장(이하 '1차 압수·수색영장'이라 한다)을 발부받았다. 1차 압수·수색영장의 범죄사실은 '피의자 甲이 공무원의 직무에 관하여 丙 회사의 직원 乙로부터 부정한 청탁을 받고 丁에게 뇌물을 공여하게 하였고, 피의자 乙은 甲의 요구에 따라 丙 회사의 자금을 丁에게 지급하도록 하여 丙 회사 자금에 대한 업무상 관리 임무에 위배하여 금원을 횡령하였다'라는 취지였다.

② 검사 A는 2018. 2. 8. 丙 주식회사에 도착하여 1차 압수·수색영장을 집행하였는데, 압수·수색장소가 아닌 곳에서 회사 직원 C에게 영장을 제시하지 않고 C로부터 저장매체인 PC 등을 압수하였다. 당시 검사는 1차 압수·수색영장에 기재된 '압수 방법에 대한 제한(현장 선별 방식으로 압수하되, 예외적인 사유에 한하여 저장매체 전체의 복제본 반출 또는 저장매체 자체 반출을 허용하며, 저장매체 자체를 반출하는 경우 원본은 지체 없이 반환하되, 특별한 사정이 없는 한 원본 반출일로부터 10일을 도과하여서는 아니 된다)'을 위반하여 PC 원본 자체를 반출하는 방법으로 압수하였고, 10일이 도과하여도 원본 자체를 반환하지 아니하였다. 검사 A는 C, 변호사 및 丙 회사의 보안담당자가 참여한 가운데 2018. 2. 9.부터 2018. 2. 19.까지 이 사건 저장매체에 대한 이미징,

---

52) 대법원 2009. 4. 23. 선고 2009도526 판결.

파일 복구, 복호화 작업을 완료한 후 2018. 2. 20.부터 2018. 3. 7.까지 4회에 걸쳐 압수 대상 전자정보를 선별하기 위한 탐색 절차를 진행하였다.

③ 검사 A는 2018. 3. 7. 이 사건 저장매체에 저장된 파일명을 탐색하는 과정에서 丙 회사측의 부당노동행위를 추단케 하는 정보를 발견하고, 2018. 3. 8. 노조의 고발에 따라 丙 회사측의 부당노동행위를 수사 중이었던 검사 B에게 관련 전자정보 발견 사실을 통보하였다.

④ 검사 B는 이 사건 저장매체를 반환하지 않은 상태에서 丙 회사의 대표인 D를 피의자로 하여 D의 노동조합법위반 혐의로 이 사건 저장매체에 대한 압수·수색영장을 청구하여 2018. 3. 9. 법원으로부터 영장(이하 '2차 압수·수색영장'이라 한다)을 발부받았다.

⑤ 2차 압수·수색영장의 범죄사실은 '피의자 D가 노동조합의 대표자 또는 노동조합으로부터 위임을 받은 자와의 단체협약 체결 기타 단체교섭을 정당한 이유 없이 거부하거나 해태하는 행위를 하고, 근로자가 노동조합을 조직 또는 운영하는 것을 지배하거나 이에 개입하는 행위를 하였다'라는 것이었고, 압수할 장소는 '검찰청 검사실', 압수할 물건은 '이 사건 저장매체에 저장된 전자정보 중 이 사건 부당노동행위와 관련된 전자정보'였다.

⑥ 검사 B는 2018. 3. 27. 2차 압수·수색영장을 집행하여 1차 증거인 이 사건 저장매체에 저장된 전자정보 중 이 사건 부당노동행위와 관련된 전자정보(이하 '이 사건 전자정보'라 한다)를 압수하였다.

⑦ 검사 B는 위 1, 2차 압수·수색영장 집행 이후에도 추가 압수·수색영장을 발부받아 여러 증거를 확보하였고, 피고인 및 참고인들로부터 일부 임의제출을 받기도 하였다.

【법원 판단】[53]

1. 1차 압수·수색 절차의 위법성

압수·수색장소가 1차 압수·수색영장에 기재된 적법한 수색·검증 장소가 아닌 점, 이 사건 저장매체를 압수하여 봉인·반출할 당시 그 소지인인 C에게 영장을 제시하지 않은 위법이 있는 점, 검사는 1차 압수·수색영장에 명시된 '압수 대상

53) 서울고등법원 2020. 8. 10. 선고 2020노115 판결(대법원 2020도11559 판결로 확정).

및 방법의 제한'에 위반하여 이 사건 저장매체를 압수한 점에 비추어 수사기관은 1차 압수·수색영장 집행 과정에서 절차를 위반하였다.[54]

    2. 2차 압수·수색 절차의 위법성(이 사건 전자정보의 압수가 2차 압수·수색 영장의 발부·집행으로 적법하게 된다고 볼 수 있는지 여부)

    저장매체에 저장된 전자정보에 대한 압수·수색이 종료되기 전에 혐의사실과 관련된 전자정보를 적법하게 탐색하는 과정에서 별도의 범죄혐의와 관련된 전자정보를 우연히 발견한 경우라면, 수사기관으로서는 더 이상의 추가 탐색을 중단하고 법원으로부터 별도의 범죄혐의에 대한 압수·수색영장을 발부받은 경우에 한하여 그러한 정보에 대하여도 적법하게 압수·수색을 할 수 있다.

    이 사건에서 수사기관은 1차 압수·수색영장에 의해 이 사건 전자정보에 대한 압수·수색이 종료되기 전 이를 탐색하는 과정에서 별도의 범죄인 이 사건 범죄혐의와 관련된 전자정보를 우연히 발견하고, 법원으로부터 이 사건 범죄혐의에 대한 2차 압수·수색영장을 발부받아 관련 전자정보를 압수하였고, 2차 압수·수색영장 발부 이후의 탐색이나 전자정보 압수 과정에 별다른 절차 위반이 없었던 점이 인정되기는 한다.

    그러나 2차 압수·수색영장 청구 당시 압수할 물건으로 삼은 전자정보는 1차 압수·수색영장에 기재된 '수색·검증할 장소'가 아닌 곳에서 소지인인 C에게 영장을 제시하지도 않은 상태에서 '압수 방법에 대한 제한'을 위반하여 압수한 이 사건 저장매체에 저장된 정보로서, 그 자체가 위법한 압수물이어서 앞서 본 별건 정보에 대한 영장 청구 요건을 충족하지 못한 것이므로, 비록 2차 압수·수색영장이 판사에 의해 발부되었다고 하더라도 그 압수·수색은 영장주의의 원칙에 반하는 것으로서 위법하다고 하지 않을 수 없다.

    3. 이 사건 전자정보와 그 출력물의 증거능력

    앞서 본 바와 같이 위법하게 수집된 이 사건 전자정보와 그 출력물은 영장주의 원칙 및 헌법과 형사소송법이 정한 적법절차의 실질적인 내용을 침해하여 취득한 증거로 볼 수 있고, 예외적으로 증거능력이 인정되는 경우에 해당한다고 할 수도 없으므로, 위 증거들에 대하여는 증거능력을 인정할 수 없다.

---

54) 이 부분은 판결문 취지를 간략히 요약한 것이다.

　4. 2차적 증거의 증거능력

　가. 이 사건 전자정보와 그 출력물을 기초로 작성된 증거, 피고인들과 참고인
　　　들의 진술증거 중 이 사건 전자정보 출력물을 제시받거나 그 내용에 기초
　　　하여 진술한 부분

　위 증거들은 이 사건 전자정보와 그 출력물을 기초로 작성된 증거, 이 사건
전자정보 출력물을 제시받거나 그 내용에 기초하여 진술한 증거로서 위법하게 수
집된 이 사건 전자정보를 기초로 하여 획득한 2차적 증거에 해당하고, 이는 1차적
증거수집 과정에서의 절차적 위법과 사이에 직접적인 인과관계가 있으므로 증거
능력을 인정할 수 없다.

　나. 1, 2차 압수·수색영장 집행 이후 추가 압수·수색영장으로 취득한 증거

　다음과 같은 사정들에 비추어 보면, 검찰이 1, 2차 압수·수색영장 집행 이후
별도의 영장 집행을 통해 수집한 위 증거들은 이 사건 전자정보의 증거수집 과정
에서의 절차적 위법과 사이에 인과관계가 희석 내지 단절되었다고 볼 수 있어 예
외적으로 증거능력을 인정할 수 있다.

　㉮ 이 사건 전자정보의 수집 그 자체는 검사가 의도적으로 영장주의의 원칙
을 회피하려는 의도에서 비롯된 것은 아닌 것으로 보인다.

　㉯ 비록 1차 압수·수색영장을 집행하는 과정에서 영장 요건을 갖추지 못하고
영장 미제시 등과 같은 중대한 절차 위반이 있었다고 하더라도, 당시 검사 B는 丙
회사 및 그 협력업체들의 이 사건 부당노동행위와 관련한 다수의 고발로 수사를
진행하고 있었고 이미 그 수사가 종결된 사건들도 있었으므로, 추가 압수·수색영
장을 청구하는 과정에서 1, 2차 압수·수색영장의 집행으로 수집된 증거 외에도
이와 관련한 수사자료 등을 비롯하여 적법하게 수집된 자료들도 함께 제출되었을
것이고, 이러한 수사자료 등을 종합하여 범죄사실과의 관련성, 압수·수색의 필요
성 등을 검토하고 판단하여 추가 압수·수색영장이 발부된 것으로 보인다.

　㉰ 비록 2차 압수·수색영장에는 위 2항에서 본 것과 같은 위법이 있다고 하
더라도 1차 압수·수색영장의 집행 과정에서 있었던 절차적 위법 등은 2차 압
수·수색영장을 집행하는 과정에서 보완되었고, 2차 압수·수색영장 발부 이후 집
행 과정에서 탐색이나 전자정보 압수 등에 별다른 절차 위반은 없었다. 또한 추가

압수·수색영장의 발부와 그 집행 과정에서는 영장 청구 요건 등을 비롯하여 별다른 절차 위반 등의 행위는 없었으므로 추가 압수·수색영장의 집행으로 수집한 증거들 자체에 관하여 증거수집 과정에서의 위법은 없었다.

㉮ 수사기관으로서도 1차 압수·수색영장의 집행 과정에서 발생한 C의 이 사건 저장매체 은닉행위에 대하여 1차 압수·수색영장과 관련된 자료들일 것으로 판단한 나머지 C를 현행범인으로 체포하였음에도 정해진 기한 내에 이에 대한 사후영장을 발부받지 않았을 가능성이 높고, 이 사건 전자정보의 양과 내용 등에 비추어 보면, 그 내용을 구체적으로 탐색하지 않는 한 별건 압수·수색영장이 필요하다는 것을 알 수 없었을 것으로 보인다.

㉯ 수사기관이 위법한 압수·수색을 통하여 수집한 증거와 이를 기초로 하여 획득한 2차적 증거의 증거능력을 부정하는 것은 그것이 수사기관의 위법한 압수·수색을 억제하고 권한의 남용과 재발을 방지하기 위한 가장 효과적이고 확실한 대응책이기 때문인데, 추가 압수·수색영장의 내용과 형식, 발부 경위 등에 비추어 보면, 수사기관이 추가 압수·수색영장을 발부받아 그에 기초하여 수집한 증거들의 경우 위법수집증거의 증거능력을 부정함으로써 달성하려는 목적을 실질적으로 침해한다고 보기도 어렵다.

㉰ 추가 압수·수색영장의 집행으로 수집한 증거들은 위법한 1, 2차 압수·수색영장의 집행으로 수집된 증거들도 추가 압수·수색영장 발부의 근거가 되었을 것이나, 이는 판사가 영장 청구의 소명자료 등을 종합적으로 검토하여 범죄사실과의 관련성, 압수·수색의 필요성 등이 있다고 판단하여 발부한 영장에 기초하여 취득된 것이므로, 1, 2차 압수·수색영장 집행 과정에서의 위법과 관련성이 다소 떨어진다고 볼 수 있다.

다. 1차, 2차 압수·수색영장 집행 이후 피고인들과 참고인들이 임의제출한 증거

위 증거들은 이 사건 전자정보로부터 독립하여 피고인들과 참고인들의 자유로운 의사에 따라 임의로 제출받아 취득한 증거들인 점, 당시 피고인들과 참고인들이 수사기관에 특별한 이의를 제기하였다고 볼 만한 사정이 없는 점 등에 비추어 보면, 피고인들과 참고인들이 임의제출하여 수집한 위 증거들은 이 사건 전자정보의 증거수집 과정에서의 절차적 위법과 사이에 인과관계가 희석 내지 단절되

었다고 볼 수 있어 예외적으로 증거능력을 인정할 수 있다.

6) 증거능력이 없는 녹음파일을 제시받거나 그 대화 내용을 전제로 한 피고인들의 법정진술 및 참고인들의 수사기관 및 법정 진술의 증거능력

【사안의 개요】

① 검사는 '피의자 甲이 공천과 관련하여 공천심사위원에게 거액을 제공하였다'라는 범죄사실로 이 사건 압수·수색영장을 발부받았고, 압수할 물건은 乙이 소지하고 있는 휴대전화로 특정되어 있었다.

② 검사는 乙의 휴대전화를 압수하여 분석하는 과정에서 乙, 丙 사이의 대화가 녹음된 이 사건 녹음파일을 발견, 이를 통해 乙과 丙에 대한 공직선거법위반의 혐의점을 인지하고 수사를 개시하여 이들을 공직선거법위반으로 기소하였으나,[55] 乙, 丙으로부터 해당 녹음파일을 임의로 제출받거나 새로운 압수·수색영장을 발부받지 아니하였다.

③ 乙, 丙 사이의 대화가 녹음된 이 사건 녹음파일은 乙, 丙 사이의 범행에 관한 것으로서 甲이 그 범행에 가담 내지 관련되어 있다고 볼 만한 사정이 없었다.

④ 한편, 수사 및 공판에서 진행된 경과는 다음과 같다.

– 검사는 乙, 丙을 조사하면서 이 사건 녹음파일을 들려주었고, 乙, 丙은 일부 공소사실을 자백하는 취지로 진술하였다. 그 후 검사는 이들을 공직선거법위반으로 기소하였고, 피고인 乙, 丙은 공판기일에 출석하여 진술거부권을 고지 받고 변호인의 충분한 조력을 받은 상태에서 이 사건 녹음파일이 위법하게 수집된 증거로서 증거능력이 없다고 다투면서 이 사건 공소사실에 대하여 진술하였다.

– 검사는 참고인 A, B, C를 소환하여 조사하면서 이 사건 녹음파일에서 지득한 내용을 기초로 '乙이 丙을 도와달라고 말한 사실이 있는지 여부' 등을 질문하였고 그 과정에서 이 사건 녹음파일을 들려주거나 그 존재를 언급한 사실은 없었다. 참고인 A, B, C는 이후 피고인 乙, 丙에 대한 공판기일에 증인으로 출석하여 증언거부권 및 위증의 벌을 경고 받고 선서한 후 이 사건 공소사실에 대하여 진술

---

55) 乙은 정당이 특정인을 후보자로 추천하는 일과 관련하여 甲으로부터 5,000만 원을 제공받았고, 丙에게 선거운동과 관련하여 3억 원의 제공을 요구하였다는 공소사실로, 丙은 乙에게 선거운동과 관련하여 3억 원의 제공을 약속하였다는 공소사실로 각각 기소되었다.

하였다.

　【법원 판단】

　　먼저, 이 사건 녹음파일의 증거능력에 대해 대법원은 "이 사건 영장에서 당해 혐의사실을 범하였다고 의심된 '피의자'는 甲에 한정되어 있는데, 수사기관이 압수한 이 사건 녹음파일은 피고인 乙과 피고인 丙 사이의 범행에 관한 것으로서 甲이 그 범행에 가담 내지 관련되어 있다고 볼 만한 아무런 자료가 없다. 결국 이 사건 영장에 기재된 '피의자'인 甲이 이 사건 녹음파일에 의하여 의심되는 혐의사실과 무관한 이상, 수사기관이 별도의 압수·수색영장을 발부받지 아니한 채 압수된 이 사건 녹음파일은 '해당 사건'과 '관계가 있다고 인정할 수 있는 것'에 해당한다고 할 수 없으며, '적법한 절차에 따르지 아니하고 수집한 증거'로서 이를 증거로 쓸 수 없다고 할 것이고, 그와 같은 절차적 위법은 헌법상 규정된 영장주의 내지 적법절차의 실질적 내용을 침해하는 중대한 위법에 해당하는 이상 예외적으로 그 증거능력을 인정할 수 있는 경우로 볼 수도 없다"라고 판단하였다.[56]

　　다음으로, 피고인 乙, 丙이 검찰에서 한 진술의 증거능력에 대해 원심과 대법원 모두 "위 인정사실에 의하면, 피고인들이 검찰에서 한 진술 역시 적법절차에 따르지 아니하고 수집된 이 사건 녹음파일을 기초로 획득된 2차적 증거로서 이를 유죄 인정의 증거로 사용할 수 없다"라고 판단하였다.[57]

　　그다음으로, 피고인 乙, 丙이 법정에서 한 진술의 증거능력에 대해서는 원심과 대법원의 판단이 상이하였는데, 원심은 "피고인들이 1심 및 당심 법정에서 한 진술은 공개된 법정에서 진술거부권을 고지 받고 변호인의 충분한 조력을 받은 상태에서 자발적으로 이루어진 것이므로, 이를 유죄 인정의 증거로 사용할 수 있다"라고 판단한 반면, 대법원은 "위 피고인들의 제1심 법정진술의 경우에는 그 증거능력이 부정되어야 할 이 사건 녹음파일을 제시받거나 그 대화 내용을 전제로 한 신문에 답변한 내용이 일부 포함되어 있으므로, 그와 같은 진술과 이 사건 녹음파일 수집과정에서의 절차적 위법과의 사이에는 여전히 직접적 인과관계가 있다고 볼 여지가 있어, 원심이 이 부분 진술까지 그 증거능력이 있다고 단정한 데에는 부적절한 점이 없지 아니하다"라고 판단하였다.

---

56) 대법원 2014. 1. 16. 선고 2013도7101 판결.
57) 부산고등법원 2013. 6. 5. 선고 2012노667 판결.

마지막으로, 참고인들이 검찰 및 법정에서 한 진술의 증거능력에 대해서는 원심과 대법원 모두 "참고인들은 피고인 乙의 진술과 통화내역을 기초로 참고인으로 소환되었을 뿐만 아니라 검찰조사 과정에서 이 사건 녹음파일을 듣거나 수사관으로부터 그 내용을 고지 받은 것으로 보이지 아니하고, 그 후 법원의 적법한 소환에 따라 자발적으로 공개된 법정에 출석하여 위증의 벌을 경고 받고 선서한 후 자신이 직접 경험한 사실을 임의로 진술한 점, 수사기관이 의도적으로 영장주의의 취지를 회피하려고 시도한 것은 아니라고 보이는 점 등을 고려해 볼 때, 이 역시 유죄 인정의 증거로 사용할 수 있는 경우에 해당한다"라고 판단하였다.

사항색인

판례색인

[헌법재판소]

저자소개

김정헌(金廷憲)

- 現 부장검사
- 부산중앙고, 고려대 법학과 졸업
- 제42회 사법시험 합격(2000), 제32기 사법연수원 수료(2003)
- 미국 조지메이슨 대학교 방문학자
- 서울중앙지검, 수원지검, 대구지검, 창원지검, 광주지검, 제주지검 등에서 근무
- 『중국저작권법』(법영사), 『항고업무편람 개정판』(서울고검) 공저

제2판
강제수사실무 절차론

초판발행	2023년 1월 20일
제2판발행	2023년 7월 31일
지은이	김정헌
펴낸이	안종만·안상준
편 집	사윤지
기획/마케팅	최동인
표지디자인	BENSTORY
제 작	고철민·조영환
펴낸곳	(주) 박영사
	서울특별시 금천구 가산디지털2로 53, 210호(가산동, 한라시그마밸리)
	등록 1959. 3. 11. 제300-1959-1호(倫)
전 화	02)733-6771
f a x	02)736-4818
e-mail	pys@pybook.co.kr
homepage	www.pybook.co.kr
ISBN	979-11-303-4502-4 93360

copyright©김정헌, 2023, Printed in Korea

정 가   26,000원